「十三五」国家重点图书

产业组织与企业成长丛书

财智睿读

丛书主编　杨蕙馨

企业成长：中间性组织与网络效应研究

杨蕙馨　等著

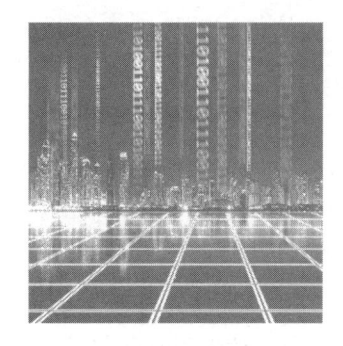

Enterprise Growth:
Research on Inter-organization and
Network Effect

中国财经出版传媒集团

经济科学出版社
Economic Science Press

图书在版编目（CIP）数据

企业成长：中间性组织与网络效应研究/杨蕙馨等著.
—北京：经济科学出版社，2021.1
（产业组织与企业成长丛书）
ISBN 978－7－5218－2311－0

Ⅰ.①企… Ⅱ.①杨… Ⅲ.①企业成长－研究－中国
Ⅳ.①F279.23

中国版本图书馆 CIP 数据核字（2021）第 013794 号

责任编辑：李一心
责任校对：孙　晨
责任印制：范　艳　张佳裕

企业成长：中间性组织与网络效应研究
杨蕙馨　等著
经济科学出版社出版、发行　新华书店经销
社址：北京市海淀区阜成路甲 28 号　邮编：100142
总编部电话：010－88191217　发行部电话：010－88191522
网址：www.esp.com.cn
电子邮箱：esp@esp.com.cn
天猫网店：经济科学出版社旗舰店
网址：http://jjkxcbs.tmall.com
北京季蜂印刷有限公司印装
787×1092　16 开　25.5 印张　520000 字
2021 年 3 月第 1 版　2021 年 3 月第 1 次印刷
ISBN 978－7－5218－2311－0　定价：98.00 元
（图书出现印装问题，本社负责调换。电话：010－88191510）
（版权所有　侵权必究　打击盗版　举报热线：010－88191661
　QQ：2242791300　营销中心电话：010－88191537
　电子邮箱：dbts@esp.com.cn）

本书得到教育部创新团队"产业组织与企业成长"（项目批准号：IRT_17R67）、国家社科基金重点项目"创新驱动我国制造业迈向全球价值链中高端研究"（批准号：18AJY011）资助

总　　序

改革开放以来,中国产业组织从传统走向现代、从封闭走向开放、从分离走向融合,推动了经济结构和产业结构的持续优化升级,中国企业成长从弱小走向强大、从落后走向领先、从量变走向质变,得到了世界范围内的广泛赞誉,创造了经济发展的"中国奇迹"。面对新的国际竞争局势和中国经济新的发展阶段,我们应该清醒地认识到:一方面,部分产业的市场结构不合理问题突出,市场高度集中和过度竞争现象共存,部分产业生产能力严重过剩,产业迁移面临地区配套基础差、投资环境恶劣等诸多难题;另一方面,多数企业过度依赖对外技术引进、自主研发能力弱,过度依赖国际市场需求、市场营销能力不强,过度偏好规模扩张、产品或服务的附加值低。如何在世界科技革命孕育转变、全球经济格局重塑、资源环境约束越发趋紧和国内生产总值增速放缓的背景下,抓住新的战略机遇,立足中国产业组织和企业成长领域的实际需求,深入研究相关问题并将成果及时推广应用,对转变经济发展方式、实现中华民族伟大复兴的中国梦具有重要意义。为此,我们组织撰写了这套《产业组织与企业成长丛书》。

这套丛书重点关注国际金融危机后,如何以基本要素结构升级为支撑、以创新驱动为动力、以市场需求为导向,突破能源、资源、生态与环境的约束,提高产业科技化和信息化水平,培育战略性新兴产业、先进制造业和现代服务业,构建现代产业发展新体系,实现产业结构升级与业态创新的统一,最终为政府制定新时期的相关政策、服务高质量发展提供参考。持续关注国际金融危机后,如何通过构建主导型国际生产网络,提高中国跨国企业的国际竞争力,如何通过研究互联网条件下大中小企业规模演变规律,实现中小微企业的跨越成长,如何结合区域经济特点和发展目标,在实地考察与调研的基础上,提出有针对性的对策建议。

推出这套丛书的目的有三:一是研究国际金融危机后中国产业组织和企业成长领域所面临的现实问题,为政府和企业提供扎实的决策依据;二是推出研究国际金融危机后中国产业组织与企业成长领域新的学术力作,深化相关研究;三是提出新课题,供学界同仁、朋友共同关注和探讨。

自20世纪90年代中期,我就开始研究产业组织与国有企业的改革成长问题,陆续承担完成了多项国家哲学社会科学基金重大项目、重点项目和一般项目，2013 年以我为首席专家的"产业组织与企业成长"研究团队获得教育部"创新团队发展计划"立项资助，这是对我们研究团队长期以来研究方向与研究工作的莫大肯定和鼓舞。在教育部、山东大学以及山东大学管理学院的支持下，我带领的"产业组织与企业成长"团队出色地完成了第一个资助期任务，达到了预期目标，并且得到了滚动资助，这是对我所带领的团队的莫大鼓励和鞭策。这套丛书就是"产业组织与企业成长"团队、教育部"创新团队发展计划"和国家哲学社会科学基金重大招标课题"构建现代产业发展新体系研究"、国家哲学社会科学基金重点项目"创新驱动我国制造业迈向全球价值链中高端研究"的阶段性成果之一。随着国际经济形势的变化和中国经济发展步入新时代，中国企业在国际分工中的地位和面临的竞争环境正在发生重大变化，新现象、新问题不断涌现，这将是我们未来持续研究的任务。这也恰恰是我们一直坚持的研究团队建设和发展的理念：从现实重大问题出发，创新和产学研结合，致力于面向改革和产业、企业发展的实际需求，立足解决实际问题，不断拓展和凝练研究方向。

当我们推出这套丛书的时候，内心喜悦与惶恐同在。喜悦的是，于经年沉案思索、累月外出调研、素日敲字打磨、历次激烈讨论后，成果终得以付梓；惶恐的是，丛书选题仍存在许多不足之处，书中也不免有疏漏之笔，希望广大同仁、朋友对此提出批评与建议，让我们进一步修正和完善！

杨蕙馨
2020 年冬于泉城济南

目 录

第一篇 中间性组织

第 1 章 中间性组织存在的合理性与稳定性分析 … 3
1.1 引言 … 3
1.2 文献评述 … 3
1.3 中间性组织存在的合理性分析 … 6
1.4 中间性组织存在的稳定性分析 … 9
1.5 结束语 … 9

第 2 章 基于博弈分析的中间性组织的运行研究 … 11
2.1 中间性组织的一般运行模式 … 11
2.2 中间性组织伙伴选择的博弈分析 … 12
2.3 中间性组织成员企业参与合作的动力机制的博弈解释 … 13
2.4 中间性组织运行机制的博弈分析 … 14
2.5 合作习俗的博弈解释 … 17
2.6 结束语 … 18

第 3 章 中间性组织的组织形态及其相互关系研究 … 21
3.1 引言 … 21
3.2 中间性组织的特征 … 21
3.3 中间性组织的组织形态及其相互关系 … 23
3.4 启示 … 30

第 4 章 中间性组织的竞争优势分析 … 32
4.1 引言 … 32

4.2 中间性组织的竞争优势 …………………………………………… 32
4.3 对中间性组织的选择 …………………………………………… 38

第 5 章 中间性组织的演化过程分析
——基于分工理论的解释 …………………………………… 42
5.1 引言 ……………………………………………………………… 42
5.2 社会分工、企业、市场、技术与中间性组织的共同演进 …… 43
5.3 中间性组织的波动成长过程 …………………………………… 46
5.4 结论 ……………………………………………………………… 48

第 6 章 中间性组织网络中企业间信任关系对企业合作的作用研究 …………………………………………………………… 50
6.1 引言 ……………………………………………………………… 50
6.2 对称性企业间信任关系对成员企业建立合作关系的作用 …… 51
6.3 对称性企业间信任关系对成员企业维持合作关系的作用 …… 54
6.4 非对称性企业间信任关系对成员企业合作的作用 …………… 56
6.5 结束语 …………………………………………………………… 58

第 7 章 中间性组织网络中成员企业的学习模式研究 ……………… 60
7.1 中间性组织网络中成员企业的两种学习模式 ………………… 61
7.2 模仿学习与有目的学习发生的条件 …………………………… 62
7.3 模仿学习的演化稳定均衡 ……………………………………… 64
7.4 有目的学习的演化稳定均衡 …………………………………… 66
7.5 模仿学习与有目的学习的经济效应 …………………………… 67

第 8 章 从技术角度对企业内部组织演进的考察 …………………… 70
8.1 传统的组织结构设计理论 ……………………………………… 70
8.2 企业组织的本质 ………………………………………………… 71
8.3 技术变迁与企业组织演进 ……………………………………… 74
8.4 结束语 …………………………………………………………… 79

第二篇 产业集聚与企业集群

第 9 章 中国制造业产业集聚的实证研究 …………………………… 83
9.1 引言 ……………………………………………………………… 83

9.2 研究对象界定与指标设计 …………………………………………… 84
9.3 实证分析 ……………………………………………………………… 85
9.4 结论 …………………………………………………………………… 92

第 10 章 产业集群对经济增长的"后向关联"效应分析 ………… 94

10.1 引言 …………………………………………………………………… 94
10.2 经济增长理论的发展历程——外生增长模式向内生增长
模式的演进 …………………………………………………………… 95
10.3 产业集聚与经济增长的前后向连接模型 …………………………… 97
10.4 促进经济增长的产业集聚效应——关于后向连接的经济解释 …… 103
10.5 基于"后向连接"效应的启示 ……………………………………… 105

第 11 章 基于内部协调机制的新产业区理论评述 ………………… 107

11.1 引言 …………………………………………………………………… 107
11.2 "新产业区"学派 …………………………………………………… 107
11.3 "新的产业空间"学派 ……………………………………………… 111
11.4 "创新环境"学派和"创新系统"学派 …………………………… 112
11.5 "集群"学派 ………………………………………………………… 113
11.6 结语 …………………………………………………………………… 114

第 12 章 集群剩余与企业集群内部协调机制 ……………………… 117

12.1 引言 …………………………………………………………………… 117
12.2 企业集群内部协调的目标：追求集群剩余 ………………………… 117
12.3 企业集群内部协调机制 ……………………………………………… 118
12.4 协调机制与集群剩余实现 …………………………………………… 122
12.5 结语 …………………………………………………………………… 124

第 13 章 知识溢出效应与企业集聚定位决策 ……………………… 126

13.1 技术距离与知识溢出效应的关系 …………………………………… 126
13.2 知识溢出效应与企业集聚定位决策的关系 ………………………… 130
13.3 对我国高新技术产业园区发展的启示 ……………………………… 134

第 14 章 政府在产业集群成长运行中的作用研究
——基于博弈的分析 ……………………………………………… 137

14.1 引言 …………………………………………………………………… 137
14.2 政府在产业集群成长运行中的定位 ………………………………… 137

14.3 政府在产业集群成长运行中策略选择的博弈解释 ·········· 140
14.4 结论与启示 ··· 146

第 15 章　融入演化路径的集群政策研究 ·················· 148
15.1 引言 ·· 148
15.2 关于弹性集群政策的思考 ································ 148
15.3 集群类型及其演化路径 ·································· 149
15.4 不同演化阶段的集群政策需求 ···························· 152
15.5 不同阶段的集群政策实施手段 ···························· 156
15.6 结论 ·· 158

第 16 章　集群企业对转移知识的整合分析 ················ 160
16.1 集群企业的知识整合 ···································· 160
16.2 集群企业知识整合的过程 ································ 161
16.3 集群企业知识创造的螺旋及其对企业成长的作用 ············ 164
16.4 集群企业对转移知识进行整合的障碍和措施 ················ 166
16.5 结语 ·· 168

第 17 章　企业集群中知识溢出的途径分析 ················ 169
17.1 引言 ·· 169
17.2 企业集群中知识溢出的途径 ······························ 170
17.3 促进知识溢出的对策研究 ································ 174

第 18 章　中小企业的集群式技术创新研究 ················ 176
18.1 中小企业的发展状况 ···································· 176
18.2 技术创新效率与企业规模 ································ 177
18.3 集群式技术创新：一种新的中小企业技术创新组织模式 ······ 178
18.4 结束语 ·· 181

第三篇　产业链与分工制度

第 19 章　产业链纵向关系与分工制度安排的选择及整合 ······ 185
19.1 引言 ·· 185
19.2 分工、产业链纵向关系与分工制度安排 ···················· 186

19.3 产业链分工制度安排的选择 ………………………………………… 189
19.4 产业链分工制度安排的整合 ………………………………………… 191
19.5 结论 …………………………………………………………………… 195

第 20 章 纵向交易治理、分工制度安排与企业边界 …………………… 198

20.1 引言 …………………………………………………………………… 198
20.2 纵向交易治理与分工制度安排 ……………………………………… 199
20.3 分工制度安排与企业边界变动 ……………………………………… 201
20.4 结论 …………………………………………………………………… 204

第 21 章 产业链环节重塑架构下平台问题研究 …………………………… 206

21.1 问题提出 ……………………………………………………………… 206
21.2 双边市场平台问题的研究 …………………………………………… 207
21.3 产业平台问题的研究 ………………………………………………… 210
21.4 一个统一的架构体系："一体两翼式"产业链 ……………………… 212
21.5 结论及研究展望 ……………………………………………………… 216

第 22 章 国际服务外包中知识转移的特点及其动力机制
——关系契约的视角 ……………………………………………… 218

22.1 引言 …………………………………………………………………… 218
22.2 国际服务外包中知识转移的特点和契约特性 ……………………… 219
22.3 国际服务外包中知识转移的动力机制 ……………………………… 221
22.4 结论与启示 …………………………………………………………… 227

第 23 章 经济全球化条件下离岸制造外包发展趋势和产业间差异 …………………………………………………………… 230

23.1 引言 …………………………………………………………………… 230
23.2 离岸制造外包水平的测度 …………………………………………… 231
23.3 离岸制造外包的现状和发展趋势 …………………………………… 233
23.4 离岸制造外包水平的产业间差异及其影响因素 …………………… 239
23.5 研究结论和政策启示 ………………………………………………… 241

第 24 章 国际服务外包中知识转移对接包企业技术能力的影响 …………………………………………………………… 244

24.1 引言 …………………………………………………………………… 244
24.2 作为企业间知识整合机制的国际服务外包 ………………………… 246

24.3　国际服务外包中知识转移的内容及其影响因素 ·················· 249
24.4　国际服务外包中知识转移对接包企业技术能力的影响机制 ········· 252
24.5　接包企业利用知识转移实现技术能力提升的策略和路径选择 ······ 254
24.6　结论与建议 ··· 257

第四篇　网络效应

第 25 章　网络效应视角下技术标准的竞争性扩散
　　　　　——来自 iOS 与 Android 之争的实证研究 ·················· 261
25.1　问题提出 ··· 261
25.2　理论模型构建：标准扩散机制中网络效应的提炼与表达 ·········· 262
25.3　实证研究：iOS 与 Andriod 操作系统之争 ···················· 268
25.4　模型仿真分析 ······································· 272
25.5　结论与启示 ··· 274

第 26 章　用户基础、网络分享与企业边界决定 ·················· 279
26.1　引言 ·· 279
26.2　"e"化企业网络外部性的获得 ··························· 280
26.3　基于用户基础的企业横向边界决定 ························ 283
26.4　网络分享下的企业纵向边界决定 ·························· 287
26.5　结束语 ·· 291

第 27 章　互联网条件下企业边界及其战略选择 ················· 295
27.1　引言 ·· 295
27.2　互联网条件下企业边界的变化 ···························· 296
27.3　互联网条件下企业边界的决定 ···························· 299
27.4　互联网条件下企业的战略选择 ···························· 302
27.5　结论与研究意义 ····································· 306

第 28 章　网络效应视角下技术标准的共存均衡与兼容性
　　　　　技术研发策略研究
　　　　　——一个防降价均衡博弈分析 ························· 309
28.1　网络效应视角下技术标准竞争的复杂性 ···················· 310
28.2　模型的基本假定 ····································· 311

28.3 技术标准的共存均衡分析 ……………………………………………… 313
28.4 技术标准兼容性研发创新投资决策 …………………………………… 325
28.5 结论 ……………………………………………………………………… 329

第29章 基于社会网络视角的知识转移研究述评 …………………………… 332

29.1 引言 ……………………………………………………………………… 332
29.2 对偶关系特征的影响 …………………………………………………… 332
29.3 多元网络结构特征的影响 ……………………………………………… 334
29.4 评价与研究展望 ………………………………………………………… 336

第五篇 全球价值链

第30章 中国制造业融入垂直专业化分工全球价值链的研究述评 ………… 343

30.1 引言 ……………………………………………………………………… 343
30.2 全球价值链与垂直专业化分工 ………………………………………… 344
30.3 中国制造业与垂直专业化分工 ………………………………………… 347
30.4 中国制造业融入垂直专业化分工 GVC 的影响 ……………………… 349
30.5 结论及未来展望 ………………………………………………………… 351

第31章 从全球价值链到新产业生态系统 …………………………………… 356

31.1 全球价值链的捆绑 ……………………………………………………… 356
31.2 向价值网络演进 ………………………………………………………… 357
31.3 从模块化到新产业生态系统 …………………………………………… 359

第32章 价值链断裂、新产业生态系统形成与我国企业全球研发 ………… 365

32.1 引言 ……………………………………………………………………… 365
32.2 全球价值链分析范式在指导企业转型升级实践中的弊端 ………… 367
32.3 价值链断裂与重整：从模块化到新产业生态系统 ………………… 369
32.4 全球研发：新产业生态系统形成的助推器 ………………………… 374
32.5 结论与建议 ……………………………………………………………… 379

第 33 章　经济全球化条件下的国际生产网络与发展中国家价值链的重构 ………… 382

33.1　经济全球化条件下的国际生产网络的形成 ……………………… 382
33.2　国际生产网络中价值链分工的层级关系 …………………………… 384
33.3　经济全球化条件下发展中国家价值链的重构与产业升级 ………… 388

后记 …………………………………………………………………………………… 394

第一篇
中间性组织

第 1 章

中间性组织存在的合理性与稳定性分析[*]

1.1 引 言

市场是产品所有权交易合约,是各种所有者的人格化独立交易。企业则是要素使用权的转让合约,是各要素使用权的让渡。而中间性组织是通过企业与市场的相互渗透,在信息技术的支持下,基于企业核心能力的、企业之间建立在信用基础上的、以合作为目的的相对稳定并普遍存在的一种契约安排。简单地讲,它是一种规制结构,其具体形态表现为虚拟企业、战略联盟、企业集群、企业网络等多种形态。

由于人的有限理性和机会主义倾向,中间性组织网络内参与合作的企业普遍存在着事前隐藏信息的逆向选择和事后隐藏行动的道德风险,再加上合作中一项专用性资产投入后准租值的产生,使得事后的机会主义行为就成为可能,而且所投入的资产专用性越高,所产生的可占用性准租值越多,事后的机会主义行为就越严重。这些都会导致合作的失败,那么,中间性组织是否具有生命力、其合理性与稳定性何在就成为亟须回答的问题。本章试图运用经济学逻辑推理的方法,用交易成本经济学的理论证明中间性组织作为一种规制结构存在的合理性,并用博弈方法验证它存在的稳定性。

1.2 文 献 评 述

中间性组织的思想渊源可以追溯到经济学鼻祖亚当·斯密。斯密的劳动分工理论指出,分工能够获得更高的产量和更低的成本。这意味着分工和专业化的发展可以促进经济增长,分工的好处在于能够获得分工经济与专业化经济,从而提

---

[*] 本章作者为杨蕙馨、冯文娜,发表在《经济学动态》2004 年第 9 期(有改动)。

高生产效率。分工与专业化的不断深化在带来分工与专业化经济的同时，也会由于分工层次的增加带来交易成本的增加。分工与专业化的好处和交易成本增加的两难构成了分工演进的基本约束。纷繁复杂的分工活动需要进行相应的协调整合或者规制才能实现分工的效率。这实际上就提出了对分工活动的整合方式或规制结构进行研究的要求。基于交易成本分析的分工规制结构的研究经历了从"企业—市场"两分法到"企业—中间性组织—市场"三分法的演进。

新制度经济学在交易成本的统一框架内解释了市场和企业存在的原则，以1937年科斯的经典论文《企业的性质》为基础，把纯粹市场和科层企业看作是由交易成本决定的相互竞争和相互替代的两种制度安排。科斯认为，企业的存在是因为市场的运行存在交易成本，如果把由市场协调的各项活动放在企业内进行，由企业的管理者统一协调就可以节约市场运行的交易成本，因而企业是节约市场交易成本的替代物。当企业内管理协调的费用（组织成本）等于相应的市场运行的协调费用时，企业的边界就确定了。科斯的重要贡献在于两方面：一是揭示了市场的运行是有成本的，二是使人们认识到配置资源的手段不只有市场一种方式，还有企业这种方式，这两种配置方式在一定程度上是可以相互替代的。科斯理论的局限也是十分明显的：一是企业史的研究证明，企业与市场是相互促进、共同发展的关系而不是此消彼长的关系，二是企业与市场的边界往往没有明确的分野。

张五常（Cheung）继承并发展了科斯的理论。他在《企业的契约性质》中指出，企业并不是用非市场方式替代市场方式，而是用交易成本较低的要素市场替代交易成本较高的中间产品市场，因而是市场形态高级化的表现。企业与市场都是一种合约形式，市场是产品所有权交易合约，企业是要素使用权转让合约。根据科斯的理论推理，张五常在分析了发现价格的成本、了解产品信息的成本、度量成本及协议达成成本这四种市场交易成本的基础上，说明了企业替代市场的原因。同科斯一样，张五常也无法回答企业边界的模糊性问题，并且他们对交易成本的分析只是基于市场依赖，忽视了企业存在的技术基础。

阿尔钦、德姆塞茨、钱德勒则从技术依赖角度探讨了企业存在的原因，扩大了企业分析的基础。1972年阿尔钦和德姆塞茨在《生产、信息成本和经济组织》一文中提出的"团队生产"理论认为，在一定技术条件下，"团队生产"通过投入资源的联合使用所创造的产出大于每种资源分别生产所创造的产出之和，即产品不是每种资源的可分离的产出之和。在他们看来，古典企业产权结构就是为克服企业内部各要素所有者的偷懒和"搭便车"而建立的制度安排，他们从技术依赖性角度出发，认为产权安排是导致企业产生的根源。1977年，钱德勒从技术依赖角度解释了美国企业的成长，分析了企业内管理协调取代市场协调的历史过程。他认为当企业管理协调成本较低时，管理这只"看得见的手"就取代了市场这只"看不见的手"，管理协调导致的成本节约大于市场协调导致的交易成本的节约，从而导致科层组织对市场的替代。但是，他们三人与科斯和张五常一样，均未能跳出"企业与市场之间直接协调和自动协调的二分法",假定企业间的交易是直接的和无摩擦的、交易成本和技术是不可分的,从而使他们的研究局限于对企业与市场之间替代关系的分析,而忽视了企业间相互合作的事实,忽视了企业与市场的互补关系。

分工活动的复杂化使得分工活动不再单纯的发生在企业内部,不只靠企业内部单一的计划和控制实现协调,而是更多发生在企业与企业之间,这种企业间的相互依赖导致分工的协调不可能单纯的由价格机制的自动调节来实现。经济和社会发展的实践表明,简单的市场—企业两分法的规制结构已无法解释现实中纷繁的经济现象,协调和整合更加复杂的分工活动需要更为多样化的规制结构。中间性组织的研究开始引起人们的重视,市场—企业两分法逐渐发展演变为市场—中间性组织—企业的三分法。

首先做出尝试的是威廉姆森。他指出当不确定性、交易频率和资产专用性都较低时,市场是有效的协调手段,而当这三个变量较高时,企业就会出现,处于这两者之间的是双边、多边和杂交的中间组织形态。威廉姆森的贡献有两点:一是从三个维度对交易进行划分,用资产专用性概念分析规制结构,并把它运用到企业间的长期合约关系分析;二是提出了中间性组织是比市场有效、比企业灵活的协调方式。但威廉姆森并未把中间性组织与市场、企业放在并列的地位,故他的分析只表明了中间性组织思想的萌芽。

理查德森从互补性活动的角度指出,企业间专业化分工后协调是必不可少的。用理查德森的话说就是企业间活动是互补的,相互补充的活动既然在企业间需要协调,那么,就需要在企业间建立各种各样的组织安排。理查德森最大的贡献就在于揭示出把市场和企业做二分法的分析会引起关于企业性质的误导。他把市场看作企业间密集合作的网络,企业的本质体现的是分工原则,所以企业的生产和资源配置活动是无法由市场替代的。[①]

普费弗和萨兰西克(Pfeffer and Salancik)基于资源依赖的研究表明,在开放的系统中,企业可以同时从内部及外部获取资源,如果资源依赖是短期的或通过信任可以从外部获取,那么依赖内部的自我积累就不如通过与环境的交互作用获取资源更合算,因而需要复杂多样的组织安排来协调企业间的活动。这种协调不是通过政府计划也不是通过一体化为一个企业,而是通过企业间的多样化契约安排来实现,这样可以降低交易成本和生产成本,推动技术的联合开发,减少企业进入其他领域的障碍。

里坎德·兰逊(Ricard Larsson)指出无论是在市场上还是企业内,市场原则和组织原则都是共同存在的,也就是说市场与企业相互联结、相互渗透,这种联结与渗透最终导致了企业间复杂的中间性组织形式。兰逊建议用市场、中间性组

[①] Richardson G. B., The organisation of industry. Economic Journal, 1972, 82: 883-896.

织和科层企业的三级制度框架替代传统的市场与科层企业两级制度框架，并形象地把中间性组织比作"看不见的手"和"看得见的手"相互之间的"握手"。①

杨小凯认为企业的本质是一种用劳动市场代替产品市场的分工协调组织，当劳动市场的交易效率高于中间产品的交易效率时，分工会通过劳动市场和企业进行组织，企业内部分工越细、内部的专业化水平越高，企业的规模就越大，当企业内部分工达到一定程度之后，企业的生产效率就无法进一步提高。由于科技的进步，特别是信息技术的应用，企业发现如将某些交易用市场方式来组织可能效率更高，那么企业会将这些交易外部化。随着交易外部化的加深，企业间的分工水平就会越来越高，相应地每个企业将越来越专业化，企业规模就会逐渐收缩。企业根据不同中间产品交易效率的变化，将核心能力保留在企业内部，而那些并不重要的业务则由市场组织。因此，企业间接定价的范围有所缩小，由市场直接定价的范围有所扩大，企业间出现了网络化趋势，也就是说，当企业内分工增加到一定程度后，单纯通过企业内部的行政协调已很难保证低成本和高效率，由此需引入市场机制，这样在企业与市场中间就存在一种中间性的规制结构。

总之，许多学者从不同侧面阐述了中间性组织与企业和市场的本质区别及中间性组织的形成机理，验证了中间性组织存在的普遍性及其组织形态的独立性，证明了中间性组织不是企业与市场的一种简单的黏合，但却在中间性组织是否具有生命力的问题上没有达成共识，未能提炼出中间性组织的共性和本质属性。如果不能阐明中间性组织的共性和本质属性，弄清其存在的合理性与稳定性，那么，对中间性组织及其具体形态的进一步研究就失去了根基。

1.3 中间性组织存在的合理性分析

市场和企业是对分工进行组织、整合的两种规制结构，由此产生的对资源配置的管理，分别导致了管理成本和交易成本。管理成本是指企业组织和协调生产所耗费的费用（最简单的如与职工签约的费用）。交易成本包括调查和信息成本、谈判和决策成本以及制定和实施政策的成本，即一切不直接发生在物质生产过程中的成本。

交易成本分析可以证明中间性组织存在的合理性。一项交易由企业内部科层组织花费的成本之所以低于外部市场组织花费的成本，主要原因是内部组织交易降低了交易的不确定性，或内部控制的效率比较高。假定某企业内部组织交易的成本用 C_f 表示，即 C_f 代表由一项特定活动的不完全或完全的内在化而引起的管

---

① Larsson, R., The handshake between invisible and visible hands. International Studies of Management & Organization, 1993, 23: 87–106.

理成本。而由市场组织同样内容的交易所费成本用 C_m 表示，即 C_m 为一特定的以市场为基础的活动的交易成本。由市场来组织的收益用 B_m 表示，即 B_m 描绘销售收入超出所有的生产、销售和管理成本的部分，而不仅仅 C_m 包含的成本。由企业内部组织交易的收益用 B_f 表示，B_f 的定义与 B_m 相当，只是这种同样的活动在企业内部加以组织。

管理活动的增加会引起企业的收益和生产成本的相应变化。在边际收益递减规律的作用下，收益增加的幅度将按照一个递减率发生。当处于低水平的管理努力时，对任何一项管理活动增加的投入，只需以其他管理活动中"少量的"减少为代价。但考虑到组织努力的凸线性质，对任何一项管理活动相继增加的管理投入，将会在其他管理活动中造成越来越大的效率下降，由此决定了收益曲线的形状。成本曲线的形状取决于投入的价格和相应的生产函数，投入的价格是由一个渐增的机会成本确定的，生产函数则具有规模收益递减的特性，这是由组织努力的凸线性质即产出的增加速度随投入的增加而递减所确定的。利用微观经济学方法可以把生产函数转换成相关的成本函数，因此，其成本函数将具有成本的增加速度随产出的增加而递增的性质，这也就决定了成本曲线的形状。

图 1-1 中，在区域 $M_1 - M_2$ 之间，因为 B_f 大于 C_f，而 C_m 大于 B_m，说明企业组织这项交易的管理成本低于市场组织同样交易的交易成本，企业在这种情况下是有效的整合方式，相反情况下（见图 1-2）市场则是有效的。

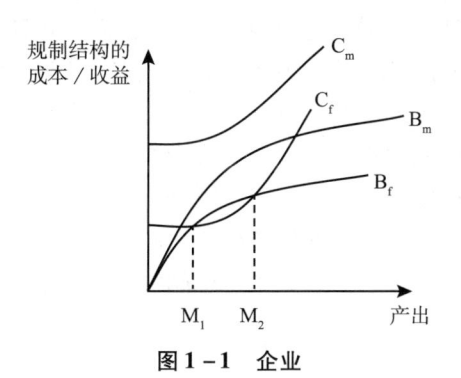

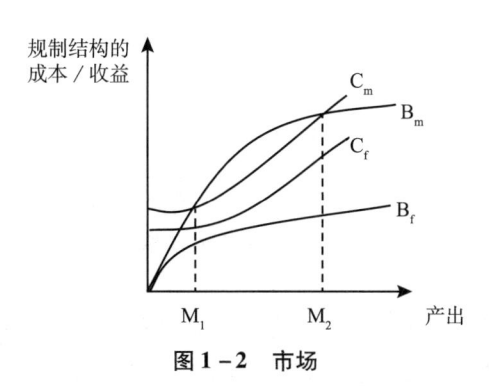

图 1-1 企业

图 1-2 市场

图 1-3 中，由于 $C_m > B_m$，且 $C_f > B_f$，即组织该项交易的两种规制结构的成本都大于收益，自然就没有企业和市场去从事该项交易，也就是图 1-3 所示的是不可行的规制结构。

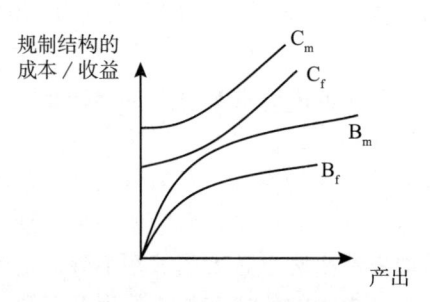

图 1-3　不可行的规范结构

图 1-4 中，$C_f < C_m$，即内部科层组织一项交易的成本小于通过外部市场来组织该项交易的成本，内部化是有效率的。但是 $B_f < C_f$，即内部化后组织这项交易的收益小于成本，内部化是无利可图的，也就是该项交易实行企业内部组织的办法是不可行的，造成这种情况的原因可能是涉及一项企业无法获得的、需要高度特殊化技能的投入。$C_m > B_m$ 意味着以市场为基础的关系使外部购置成为不可行的，造成这种情况的原因可能涉及具有信息不对称性的小额贸易，考虑到刚才谈到的技能方面的特征，这完全是有可能的。从图 1-4 还可以看出，内部组织在控制该项交易上有着成本上的优势，建立在长期合作和信任基础上的契约有助于通过外部市场来组织该项交易的成本（C_m）向下移动（向 C_f 方向），从而使兼具市场与企业规制结构优势的经济关系成为可行。由于外部市场组织这一交易的收益大于内部组织的收益，即 $B_m > B_f$，由此，在区域 $M_1 - M_2$ 之间将外部市场的收益优势和内部组织控制成本的优势相结合，构建一种兼具企业与市场二者优势的规制结构就是自然而然的。这也正是中间性组织能够产生的原因。

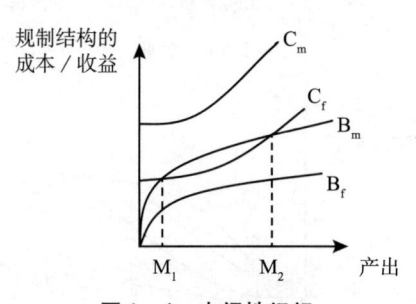

图 1-4　中间性组织

可见，完全按照企业或市场进行交易只是各种交易方式的两个特例，大量的交易是介于企业和市场间的中间形式。中间性组织的根本特点是带有企业和市场的双重特性,"看得见的手"(企业行政命令式的计划控制)与"看不见的手"(市场的价格机制)同时调节着资源的配置。

1.4 中间性组织存在的稳定性分析

既然中间性组织的成员是以一种契约方式结合起来的,那么由于人的有限理性和交易环境的不确定性,使契约具有不完全性。存在专用性资产投资关系的情况下,契约中的一方当事人利用契约存在的漏洞占用他方的准租值,从而导致在契约履行过程中重新谈判。即使重新谈判进行得非常顺利,双方所获得的收益也将依赖于当事人讨价还价的能力,而不是依赖于事前所制定的条款。所以,当事人会因为担心在重新谈判中被对手剥夺自己的收益而不愿意进行投资,这就引起了"敲竹杠"(hold up)问题。在资产具有专用性的长期契约中,契约当事人事后的机会主义行为就属于"敲竹杠"行为,而且投入的资产专用性越高,事后的机会主义行为就越严重。自我执行机制被看作是履行不完全契约的有效工具,即当发生争执时,当事人往往依赖诚信、信誉自行解决而不是诉诸法律,因为在当事人看来,利用法律程序是要花费交易成本的。自我执行机制其实就是把个人惩罚条款强加到能够观察到的可能违约的交易对手身上。个人惩罚条款通常包括两方面内容:一方面是终止契约所直接造成的未来交易的损失,另一方面是违约后信誉贬值带来的损失。包含了个人惩罚条款的中间性组织的契约(协议)是可自我执行的协议,当然这种契约可以是书面的,也可以是隐含的默契。

契约中的一方是否会采取违反协议的行为,取决于他的个人计算,即违反协议的收益是否大于被对方发现而终止协议所带来的未来收益的损失(违反协议的成本)。可以想象,如果双方认为交易是一次性的,那么未来收益的损失就微不足道,在这种情况下违约的成本几乎为零,则双方违约的概率就十分大。如果交易关系是无限次重复的,那么就会选择遵守合约的策略。从这个意义上讲,只有在协议双方都认为遵守协议是各自的利益之所在,他们才会遵守而不是违背协议。总之,协议的稳定性是一个成本问题,可以通过博弈论及帕累托有效配置理论分析(分析过程由于篇幅限制省略)得出结论:当企业流动性很弱时,在充分的监督条件下,企业不会选择违约行为,中间性组织网络内成员企业间的合作是可维持的、具有稳定性的。

1.5 结 束 语

从理论上论证中间性组织存在的合理性与稳定性,回答中间性组织是否具有生命力的问题，弄清楚中间性组织在一定的条件下是比企业和市场更有效率的一种规制结构，那么，企业就可以考虑通过外部网络化来提高效率。市场、中间性组织、企业三种规制结构各有优劣，每一种规制结构都有其适用的分工整合领域，不同的交易可以选择不同的规制结构，规制结构转换应遵循的原则就是使转换带来的收益大于由此追加的成本。经济和社会发展的实践证明，中间性组织是稳定的，而在一定的条件下是比企业与市场更有效率的一种规制结构，"小企业、大网络"将成为中小企业未来的发展趋势，中小企业依据自己的核心能力把资源和精力集中在核心业务上，通过企业与企业间的合作以网络形式参与市场竞争会更有效率。这也印证了为什么会出现企业平均规模下降的趋势。[①]

本章对中间性组织合理性的论证主要沿袭了交易成本经济学的理论，而没有提出一种全新的分析方法，所以，对中间性组织合理性与稳定性的理论论证还有待于进一步完善。

---

① 张永生在《厂商规模无关论：理论与经验证据》（中国人民大学出版社2002年版）一书中从经合组织国家、亚洲新兴工业化国家（地区）以及中国的数据发现，企业平均规模不是越来越大而是越来越小，总体呈倒"U"型变化趋势。大企业在效率高于中小企业的情况下比重之所以会不断下降，原因在于随着新交易和通讯工具的发展以及产权制度的演变，分工的深化不是在企业内部发展，而是在越来越专业化和越来越小的企业之间发展。结果是分工加深的同时，生产力上升，但企业平均规模下降。

第 2 章

基于博弈分析的中间性组织的运行研究*

2.1 中间性组织的一般运行模式

概括地讲，中间性组织是以任务为导向的一种合作运行模式，即网络内的企业依据市场机遇（任务目标）确立临时性的合作。这种运转方式包含两层意思：首先在任务明确的前提下，网络内的成员企业将依据每项任务具体的资源和能力要求，选择具有适当能力和资源的企业组成一个类似任务小组的团队来参与任务的完成，而不是网络内全部企业都参与此项任务的完成。每个企业只对与自己能力、资源相关的任务做出贡献。其次任务小组成员间的合作以任务的完成为终结，临时性的合作关系解除之后，参与此任务完成的企业重新回到网络中。这些企业与网络的相互关联并不会发生改变，依然是建立在信用基础上的、以合作为目的的契约关系。这种模式可用图 2-1 直观地表示出来。

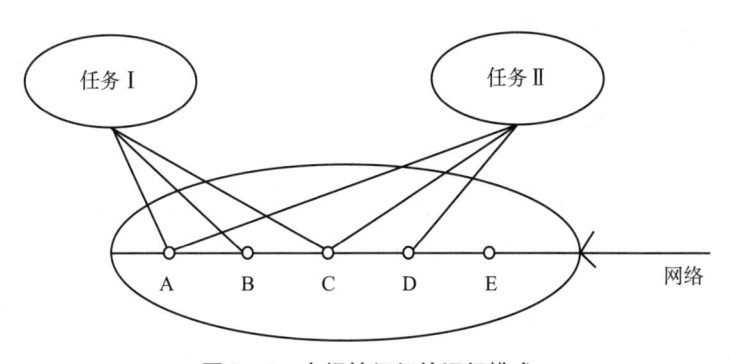

图 2-1 中间性组织的运行模式

图 2-1 中结点 A、B、C、D、E 代表网络中的企业，每一项任务都要寻找最

---

* 本章作者为杨蕙馨、冯文娜，发表在《经济学动态》2005 年第 6 期（有改动）。

适合的企业参与合作。任务Ⅰ由企业A、企业B及企业C合作完成，任务Ⅱ由企业A、企业C及企业D合作完成。对企业A和企业C来讲，它们共同参与了任务Ⅰ和任务Ⅱ的完成。这种情况有可能发生在两种情形下：一是任务Ⅰ与任务Ⅱ在时间上具有继起性。二是企业A与企业C的能力和资源有剩余，可以同时满足两项任务。企业E没有参加这两项任务，原因也可能是两种：一是企业E不具备这两项任务所要求的资源和能力。二是企业E具备部分资源与能力，但与网络中的其他成员相比不具有比较优势，因而为追求任务完成的效率，企业E不参与任何一项任务的完成。

2.2　中间性组织伙伴选择的博弈分析

在任务确定的条件下，任务发起人选择合作伙伴的准则是选择最合适的企业参与合作以使自己的收益最大化。在实施伙伴选择时，任务发起人看重的是被选择方的任务完成能力（质量、价格、完工时间等）及其声誉或被信任程度。当被选择方越具有强任务完成能力及良好声誉时，其参与合作的可能性就越大，反之则可能性越小。

假定分工在企业间进行，即企业内部分工的成本高于企业间分工，这意味着完成一项交易可供选择的方式包括市场交易及企业间合作两种。假设在任务确定的条件下，企业1为任务发起人，企业2为被选中的合作企业。企业1先行动，由它选择合作还是不合作，当企业1选择不合作时博弈结束，这意味着企业1通过市场交易完成该任务。当企业1选择合作时，企业2选择接受或是拒绝，若企业2选择拒绝则博弈结束，即合作没有成功、任务未能完成，若企业2选择接受，则双方合作完成该项任务，博弈结束。

假定企业1从市场上购买的产品与从合作企业购买的产品完全同质。若假设V表示企业1购买产品所获收获，P表示企业1购买产品所付价格，C_1表示全部市场交易成本，C_2表示全部合作交易成本，C_3表示产品的生产成本。那么，企业1选择不合作的收益等于所获收益与所付价格及所承担的交易成本之差（$V-P-C_1/2$），其所付价格为企业1通过市场交易购买所需产品而支付的价格，并假定所承担的交易成本为全部市场交易成本的一半，此时企业2的收益为零。当企业1选择合作而企业2选择拒绝时，双方收益均为零。若企业1选择合作同时企业2选择接受，企业1的收益等于所获收益与所付价格及所承担的交易成本之差（$V-P-C_2/2$），其所付价格为企业1为购买合作企业2生产的任务所需产品所支付的价格，通常情况下，该价格小于等于企业1从市场上购买的价格。为便于分析，假定两个价格相等，同时假定企业1只承担全部合作交易成本的一半。企业2的收益等于所获收益（数值上等于产品的卖价）与全部生产成本及所承担的交易成本之差（$P - C_3 - C_2/2$）。博弈的扩展式为图 2-2。

```
                       企业1 ●
                      /       \
                 不合作         合作
                    /             \
                   /           企业2 ○
           (V–P–C₁/2, 0)        /    \
                             拒绝    接受
                              /        \
                             /          \
                         (0, 0)    (V–P–C₂/2, P–C₃–C₂/2)
```

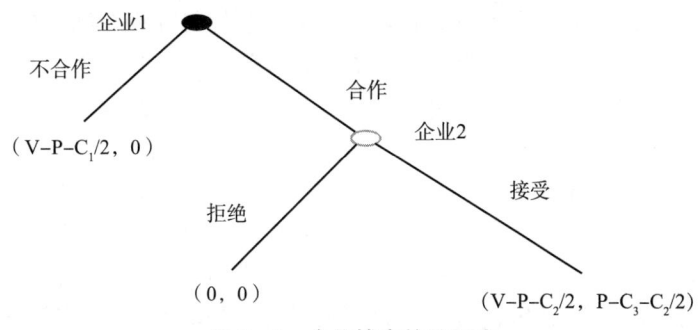

图 2-2　合作博弈的扩展式

企业 1 和企业 2 进行合作的关键是双方通过协商确定交易价格，这一协商过程实际上是一个讨价还价过程，本章采用纳什讨价还价模型[①]（Nash bargaining solution）解决上述协商问题，通过纳什讨价还价解可以确定博弈双方均达到最大效用或帕累托最优的条件，因而纳什讨价还价解可以用于分析中间性组织合作伙伴选择的问题（任务发起人选择合作伙伴的准则是选择最合适的企业参与合作以使自己的效益最大化）。

纳什讨价还价解满足 $Max(V - P - C_2/2)(P - C_3 - C_2/2)$，最优解的一阶条件是：$P = (V + C_3)/2$，将该条件代入原收益表达式得：企业 1 的最大收益为 $R = (V - C_3 - C_2)/2$，企业 2 的最大收益为 $(V - C_3 - C_2)/2$。分析企业 1 取得最大收益时的一阶条件 $\frac{\partial R}{\partial C_3} < 0$，$\frac{\partial R}{\partial C_2} < 0$，即企业 2 生产产品的成本越低，企业 1 的收益越大，合作的交易成本越低，企业 1 的收益越大。因而企业 1 为使自己的收益达到最大，所选择的合作伙伴是任务完成能力最强（以成本高低代表任务完成能力的强弱），同时声誉最好的（以交易成本高低代表声誉的好坏）成员企业。

将最优解的一阶条件代入企业 1 不合作的收益中，得到 $R' = (V - C_3 - C_1)/2$，比较 R' 与 R，得到企业 1 选择市场交易的条件为 $C_1 < C_2$，即市场交易的成本低于合作的交易成本时，企业 1 选择不合作是博弈的均衡；反之，企业 1 选择合作，（合作，接受）为博弈的均衡结果。

2.3　中间性组织成员企业参与合作的动力机制的博弈解释

利益驱动是中间性组织成员企业参与合作的直接动力，即通过合作博弈参与

[①] 模型参见张维迎. 博弈论与信息经济学 [M]. 上海：上海三联书店，上海人民出版社，2002：199-200.

人能获得比不合作更多的收益。合作中参与人充分协商、彼此信任，参与人克服了自身的弱点（如财力或能力上的不足），最大限度地提高了自己的效用水平。事实上，中间性组织网络内各成员企业相互依存、优势互补，通过资源整合，合作参与人将会比独立行动获得更多的效益。企业间能力的联合所产生的价值大于企业各自独立利用这些能力所产生的价值之和。多人合作博弈描述的就是这样一种情形。

假设多人合作博弈局中人集合 $N=(1,2,3,\cdots,n)$，N 的任一子集成为一个联盟。联盟一旦形成，该联盟就作为一个整体共同行动，其目的是该联盟获得最大利益。n 人合作博弈可以用特征函数 $v(N)$ 描述，$v(N)$ 表示联盟 N 中的局中人通过合作所获得的支付，特征函数的确定过程就是合作博弈建立的过程。为刻画局中人在合作博弈中多得到的支付分配，引入 n 维向量 $x=(x_1, x_2, \cdots, x_n)$，称向量 x 为合作博弈的一个分配，向量 x 满足条件：(1) $\sum_{i=1}^{n} = v(N)$；(2) $x_i \geq v\{i\}$，$i=1, 2, \cdots, n$，并以 $I(v)$ 表示 n 人合作博弈的全部分配所构成的集合。条件（1）为群体理性条件，它表明 n 个局中人的支付总和应等于联盟 N 所获支付；条件（2）为个体理性条件，即每个局中人所获收益至少与其单干时所得一样多，否则他不会与任何其他局中人结盟。能够同时满足上述两个条件的分配很多，假设分配 x, $y \in I(v)$，如果满足 (a) $x_i > y_i$，$i \in N$ 且 (b) $\sum_{i \in S} x_i = v(N)$，则称分配 x 优于分配 y。式（a）表示联盟中的成员一致同意选取分配 x 而不是分配 y；式（b）表明分配 x 中给以 N 中成员的支付可由联盟 N 付出。由所有不被优超的分配构成的集合 $c(v)$ 就称为 n 人合作博弈的核心。n 人合作博弈有稳定核心的充要条件是该合作博弈是匀称的，即任何参与人既没有愿望也没有能力改变博弈的结局时，核心中的分配就是稳定的。[①] 因而，稳定的不被优超的核心解的存在诱发了中间性组织成员企业参与合作的积极性，博弈参与人收益的改善是合作得以实现的直接动力。

2.4　中间性组织运行机制的博弈分析

克瑞普斯、米尔格罗姆、罗伯茨和威尔逊的声誉模型[②]（KMRW 模型）验证了在不完全信息动态博弈条件下，合作均衡的出现。以囚徒困境为例，由于信息

---

① 合作博弈核心解的稳定性的数学证明参见于维生. 博弈论及其在经济管理中的应用 [M]. 北京：清华大学出版社，2004：136－147.

② 模型参见张维迎. 博弈论与信息经济学 [M]. 上海：上海三联书店，上海人民出版社，2002：364－373.

的不完全，每个行为人都有的概率是非理性的，① 那么，不论多么小，但严格大于零，只要博弈重复的次数足够多，合作均衡就会出现。KMRW 模型运用到中间性组织运行中的直观解释是，尽管每个成员企业在选择合作时冒着被其他成员企业欺骗的风险，从而可能得到一个较低的现阶段支付，但是，如果选择不合作就暴露出自己是非合作型的，从而失掉从长期合作得到的未来收益。当然，这是以对方是合作型为前提的。如果博弈重复次数足够多的话，未来收益的损失将超过一次被欺骗带来的损失。所以在关系建立之初，每个参与人都愿意保持愿意合作的信誉，而不愿意暴露自己是非合作型的，即使他在本质上并不是合作型的。只有在博弈快结束的时候，参与人才会出一次性地把自己过去建立的声誉利用尽，合作才会停止。

合作均衡的实现条件是信息的不完全性和博弈重复进行。现实中，博弈双方所占有的信息往往是不完全的，博弈方可以有意识地去制造进一步的信息不完全，以增加进入博弈的可能性，而能否进行重复博弈，则源于基于彼此信任程度的成本收益分析，即实施背叛的收益与一直采取合作的收益的比较，而制止背叛的唯一办法就是加大背叛的损失，使博弈双方相信合作比背叛更有利于自己收益的改善。这就要求设计某种机制来增加背叛的损失。

中间性组织是建立在信任基础上的以合作为目的的一种契约形式，这种信任既包括制度信任又包括人际信任。② 因而，为实现中间性组织合作的长期性就应增加网络内的制度惩罚和人际惩罚，使博弈各方出于对收益损失及心理损失的考虑而放弃背叛。无论是制度惩罚还是人际惩罚实质上就是在契约中规定的或是在心理上无形中形成的惩罚矩阵，而其惩罚作用表现为原支付矩阵加上惩罚矩阵后得到的支付矩阵，使得博弈各方选择背叛的收益大大低于选择合作的收益，从而维护了合作的长期进行。但如果惩罚措施（制度惩罚或人际惩罚）不力，即使扣除惩罚的成本，博弈各方从背叛中获得的好处大于他采取合作策略所带来的好处，那么惩罚措施就是无效的或者说是低效率的，因此，惩罚措施的制定应以抑止背叛行为为原则。

假设支付矩阵为图 2-3，背叛为双方的占优策略。假定通过契约商定，实施这样的惩罚措施：如果某人采取背叛策略，那么就罚去 3，如果采取合作策略，不奖不罚。这样，就引入一个惩罚矩阵，如图 2-4 所示。如此，在存在惩罚措施的状态下，支付矩阵为图 2-5。对于每个博弈参与者来说，如果存在适当的惩罚措施，合作的策略就是占优策略。当然惩罚措施也可以采用舆论谴责，当博弈参与者出现背叛行为时，会受到舆论的谴责和亲戚朋友的抛弃，所以由于

---

① 完全信息静态博弈条件下，坦白是每个行为人的占优战略，选择坦白是理性的；相反，选择抵赖则是非理性的。而当双方都选择抵赖时双方的收益得到明显改善，双方同时选择抵赖的行为即为合作行为。

② 卢曼区分了制度信任和人际信任。（Luhmann, Trust and Power, Chichesrer, John Wiley & Sons Ltd, 1979）二者共同维护着中间性组织的良性运作。

人际关系的破坏而造成的心理成本会使博弈参与者放弃背叛行为。但是舆论谴责的作用有限，往往会因为不道德的行为带来的利益大于道德的满足时，舆论谴责的作用便失效了。因而当人际惩罚没有力量约束博弈参与者行为时，就需要强有力的制度惩罚产生，以弥补人际惩罚的不足。

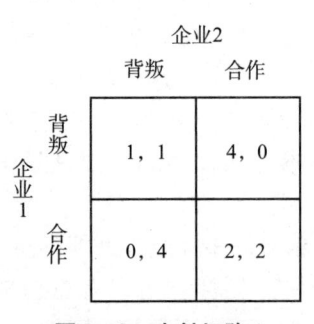

	企业2 背叛	企业2 合作
企业1 背叛	1, 1	4, 0
企业1 合作	0, 4	2, 2

图 2-3　支付矩阵 1

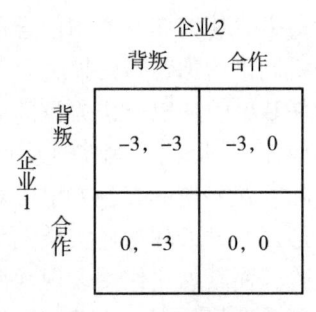

	企业2 背叛	企业2 合作
企业1 背叛	-3, -3	-3, 0
企业1 合作	0, -3	0, 0

图 2-4　惩罚矩阵

	企业2 背叛	企业2 合作
企业1 背叛	-3, -3	-3, 0
企业1 合作	0, -3	0, 0

图 2-5　支付矩阵 2

惩罚是使中间性组织成员企业间的合作得以延续的保证，在存在惩罚机制（制度惩罚或人际惩罚）的条件下，在中间性组织的运行过程中博弈参与人可以采取以下两种策略来实现对不合作参与人的惩罚，维护合作的延续。

策略一，如果对方一采取不合作的策略，他随即也采取不合作策略，并且永远采取不合作策略,在博弈论里面称为触发策略或冷酷策略(trigger strategy)。如果对方知道你的策略是冷酷策略,那么对方将不敢采取不合作策略,因为一旦他采取了不合作策略,双方便永远进入不合作的困境。因此,只要有人采取冷酷策略,那么双方均愿意采取合作策略。但是,这种策略面临一个问题:如果双方存在误解,或者由于一方发生选择性的错误,这个错误是无意的,即泽尔腾所说的"颤抖的手"。[①] 那么结果将是双方均采取不合作的策略,也就是说,这种策略不给对方一个改正错误或解释错误的机会。

策略二,若你采用不合作策略,我也采用不合作策略,但是如果你采取了合作策略,我也采取合作策略。这叫"一报还一报"策略,或者称之为"针锋相对"策略(tit-for-tat)。这就意味着,博弈参与人第一步采取合作,接着对方采取什么策略,他便跟着做什么。

2.5 合作习俗的博弈解释

声誉模型证明每个参与人都愿意保持愿意合作的信誉,而不愿意暴露自己是非合作型的,即使他在本质上并不是合作型的。每个成员企业很乐意使用他们所掌握的任何信息来显示自己具有合作性的行为偏好。

事实上,在现实经济生活中博弈参与人往往不符合完全理性的假设,换言之,完全理性的条件很难满足,参与人的有限理性[②]是显而易见的。由于博弈参与人有限理性的影响,博弈的合作均衡与演化过程将更为复杂。参与人的有限理性意味着在重复博弈的过程中,参与人往往不可能一开始就找到最优策略,参与人要通过模仿与试错,逐步寻优才能找到较好的策略,而且即便找到了最优策略,有限理性的参与人仍有可能会再次偏离。

假设有限理性的参与人具有一定的统计分析能力和对不同策略收益的事后判断能力,但缺乏事前的预见与预测能力。有限理性的重复博弈并不要求支付函数对参与人构成共同知识,实际上,参与人甚至可以不知道自己的支付函数,他们只需要对既往的博弈结果加以统计分析便可以得到各种平均支付水平的有关信息。假设有限理性参与人不可能一开始就找到最佳的策略:(合作,合作),因此在参与人中有些是"合作"类型的,有些是"不合作"类型的,并且参与人的类型将随着参与人的学习过程与策略调整而发生改变。这就意味着,即使参与人的学习速度较慢,他们只要简单地依据过去多次博弈的结果来调整自己的策略选择就能够使博弈达到合作均衡。即如果统计结果表明某一特定策略的平均支付高

---

① 颤抖的手是指在任何一个博弈中,每一个参与人都有一定的可能性犯错误,类似于一个人用手抓东西时,手一颤抖,他就可能抓不住他想抓的东西了。

② 有限理性这一概念最早是由西蒙提出的,指人的行为只能是"意欲合理,但只能有限达到"。

于混合策略的平均支付，则他将倾向于更多地使用这种策略。这就是说，在有限理性的重复博弈中，最优的均衡策略是通过参与人的模仿、学习、调整的过程达到的，且这个均衡能够经受有限理性所引起的错误与偏离的干扰，换言之，博弈在受到少量干扰后仍能达到均衡，即均衡是稳定的。①

事实上，在中间性组织的网络中，所有成员企业通过直接或间接联系嵌入社会关系网络中，② 这一社会关系网络使信息交流与学习行为成为可能，随着时间的演进和博弈的进行，一部分参与者因合作而带来的有利结果得以传播，这改变了其他参与人对博弈行为的预期，同时导致所有参与人都选择能够带来有利结果的行为。所以，所有博弈参与人最终会集中在这个特定的均衡结果上，网络的新进入者也迟早会顺应这个结果，因为依据这一均衡结果，新进入的参与人可以预期到参与合作的博弈结果，对他而言，合作是帕累托改进的行为选择。因此，合作已成为一种习俗，顺应这个习俗是每个参与人对其他参与人的最优反应，网络内的所有博弈参与人都将无例外的遵守这个合作习俗。

韦伯在《经济与社会》一书中对习俗概念作了清晰明确的规定。他说："我们应该把习俗定义为一种典型的一致性行动，这种行动之所以被不断重复，是因为人们出于不假思索的模仿而习惯了它。它是一种不经由任何人在任何意义上'要求'个人遵从之而存在的一种集体行动的方式。"③ 哈耶克认为："个人几乎像遗传的本能那样无意识地习惯于遵从习得的规则。"④

合作习俗一旦生成，它就以社会规则的形式固化到每个博弈参与人身上，使成员企业在行为选择时产生自我强制性约束。合作习俗实际上给所有参与人一种确定的信息，即选择合作的同时亦会从别人那里获得同样的合作。这里并不要求每个参与人都是理性的，而是每个参与人均假定所有参与人今天会大致继续昨天的情形，这样就使参与人不必每天揣度、算计并周详地考虑别人要干什么和正在干什么，而只是简单地假定别人亦会遵循以前的行为模式。

2.6 结 束 语

为促使合作更加稳定，中间性组织应进一步改善和加强制度信任与人际信任，通过改变博弈参与人的收益来促使合作趋于稳定。制度信任的建立与维护需

---

① 有限理性重复博弈所达到的合作均衡说明，博弈成功者（合作策略选择者）要比不成功者繁衍得更快，而这一过程被称为复制动态的进化选择过程。
② 这里社会关系既包括由血缘、地缘、业缘等因素决定的既有关系，也包括由于实际交往而形成的交往关系。
③ Max Weber, Economy and Society, New York, Bedminister Press. 1968, P315.
④ F. Hayek, The Fatal Conceit: The Errors of Socialism, Chicago, The University of Chicago Press, 1988, P17.

要政府及成员企业的共同努力，政府负有制定富有效力的法律、减少无效法律的责任，而成员企业则负有完善契约、降低契约不完全性的责任。以交往关系为基础的人际信任，是根据过去的经验和将来行为的预期来确定信任，其维护应当从信息公开、透明的角度考虑，建立健全企业信誉的社会评价体系，实现人际信任的制度化。而以既有关系为基础的人际信任，是由于具有共同的文化和伦理特征而产生信任的，因而信任的维护就应当从社会文化的同一性入手。

第一，法制在信任建立的全过程中发挥着重要作用，是企业间信任产生的重要外部条件和冲突解决机制。在信任建立之前，它影响企业对未来收益的计算；在交易后，它是纠正失信的重要手段。法制对企业间信任的影响必须考虑两个重要因素：一是法制的成本；二是法制收益的处置。法制成本过大，会导致纠正失信的成本过大，就会导致守信的收益变小。如果法制收益处置不当也会导致纠正失信的积极性下降。

明确规定交易各方责任与义务的契约会抑制合作中机会主义行为的滋生与蔓延，促使合作关系的开展和持续。因而，契约订立的程序化及契约条款的标准化将为企业间信任的建立和发展提供有力的保障。

第二，网络内企业信誉的社会评价体系。选择可以反映企业可信任程度的经济标准、法律标准和道德标准，客观、公正地对企业的历史、现状与趋势进行综合分析，根据分析结果对企业可信任程度给予评价。依据每一时期的评价结果建立企业信誉档案，且每个企业的信誉档案在网络内都是共识，即不存在信息的不对称。由于每个企业值得信赖的状况都是网络的共同知识，就使得企业面临信誉扫地被淘汰出局的风险，因而每个成员企业都有动力维护和提高自己的信誉状况。

第三，网络的文化建设。协调企业间文化的冲突，宣传诚实守信的合作原则，实现以诚实守信为共同价值观的合作性文化。社会文化的作用带有根本性和预防性的特征。当这种合作性文化在网络内被普遍接受时，它对合作的维护作用将是巨大的。

参考文献

[1] 科斯，斯蒂格利茨. 契约经济学 [M]. 北京：经济科学出版社，2003.

[2] 于维生. 博弈论及其在经济管理中的应用 [M]. 北京：清华大学出版社，2004.

[3] 谢识予. 经济博弈论 [M]. 上海：复旦大学出版社，1997.

[4] H. 培顿·扬. 个人策略与社会结构——制度的演化理论 [M]. 上海：上海三联书店、上海人民出版社，2004.

[5] 盖瑞·J. 米勒. 管理困境——科层的政治经济学 [M]. 上海：上海三联书店、上海人民出版社，2002.

[6] 潘天群. 博弈生存——社会现象的博弈论解读 [M]. 北京：中央编译出版社，2002.

[7] 吴昊，杨梅英，陈良猷. 合作竞争博弈中的复杂性与演化均衡的稳定性分析 [J].

系统工程理论与实践，2004，24（2）：90 – 94.

［8］简兆权. 战略联盟的合作博弈分析［J］. 数量经济技术经济研究，1999（8）：34 – 36.

［9］吴炯，胡培，舒建平. 企业的两重边界性及其合作博弈解释［J］. 管理科学学报，2004，7（2）：7 – 12.

［10］Luhmann. Trust and Power［M］. Chichesrer, John Wiley and Sons Ltd.，1979.

［11］Max Weber. Economy and Society［M］. New York, Bedminister Press, 1968.

［12］F. Hayek. The Fatal Conceit: The Errors of Socialism［M］. Chicago, The University of Chicago Press, 1988.

［13］Parkhe A, Rosenthal E C, Chandran R. Prisoner's Dilemma Payoff Structure in Interfirm Strategic Alliances: An Empirical Test［J］. Omega, 1993, 21（5）：531 – 539.

［14］Smith J M, Price G R. The Logic of Animal Conflict［J］. 1973, 246（5427）：15 – 18.

第 3 章

中间性组织的组织形态及其相互关系研究[*]

3.1 引　　言

　　企业组织和产业组织一直处于不断演化的过程中，有学者提出 21 世纪的企业组织（或产业组织）的格局是"小企业、大网络"。与学者们的预见相一致，近年来有资料表明，无论是 OECD 国家、亚洲新兴工业化国家还是中国等发展中国家，企业平均规模的变化趋势都是越来越小。而且以"小企业、大网络"为特征的虚拟企业、战略联盟、企业集团等新兴的经济组织形态更是层出不穷、方兴未艾。从经济组织演化发展的趋势及发达国家实际情况来看，有必要关注这些富有活力和效率的新兴经济组织的产生与演进，透过纷繁复杂的现象看到背后的机理，找出它们的共性与本质属性。对这些共性与本质属性的研究反过来又会对多种多样的组织形态的发展起到指导作用。

3.2　中间性组织的特征

　　中间性组织是在信息技术的支持下，企业之间基于核心能力，建立在信用基础之上，以合作为目的，依靠价格机制和权威机制配置资源，具有网络特性的相对稳定且普遍存在的一种契约安排。
　　中间性组织不是科层企业和市场的某种简单的折中，它在结构和功能上具有自己的一些特征。

---

[*] 本章作者为杨蕙馨、冯文娜，发表在《财经问题研究》2005 年第 9 期（有改动）。

3.2.1 结构特征

(1) 是多个企业基于各自的核心能力而结成的一种动态联盟。

即多个企业为了赢得或寻找某一市场,而将资源集中在核心能力上结成联盟,并且这种联盟是具有相对稳定性的系统,不是静态的而是处于不断演进之中,随环境变化而变化。

(2) 建立在信用基础上以合作为目的的一种契约关系。

由于人的有限理性和交易环境的不确定性,任何契约关系都是不完全的,不完全契约就会引起机会主义行为,而通过法律程序解决或惩罚机会主义行为是需要交易成本的。因此,中间性组织中通过企业在彼此间建立相互信任的机制,以共同协商的谈判,来克服可能出现的机会主义行为而形成相互依赖的合作。

(3) 网络结构。

首先,网络中各成员企业是独立平等的关系,相互之间遵循自愿互利的原则,拥有自己独立的决策权,即使网络中存在核心企业,各成员企业的关系也是平等的。其次,网络中各成员企业相互依存,优势互补,各自拥有自己的特定优势,并根据这种优势在网络中确立相应的位置,通过重组生产要素产生协同效应,达到优化资源配置的效果。再次,网络具有开放性。成员企业自主控制与网络的关系、自主决定与网络之间联系的建立或中断、加强或减弱,在网络整体层面上表现为网络边界的扩展或收缩。最后,网络组织中的联系是直接的和点到点的,发现问题和机会的知识可能通过多种松散的联合或不太紧密地联结获得,不像科层企业是逐级(一点到多点或多点到一点)的联结,也不似市场松散的一次性的直接联系。

(4) 以信息技术为支持手段,特别是因特网技术,此平台为中间性组织的高效运作提供了可能。

3.2.2 功能特征

(1) 中间性组织是市场和企业的相互渗透。

它糅合了企业组织权威机制的有计划性和市场价格机制的竞争性的优点。一方面它克服了市场失灵,防止交易费用过大,另一方面它又克服了一体化组织失灵,防止组织费用过高,从而达到交易费用和组织费用的最小化和效率的最大化。

(2) 合作式竞争(collective competition)。

中间性组织的成员企业间的竞争是在合作的过程中产生的,企业间的竞争不再是单个企业与单个企业的竞争,而是联盟间的竞争,联盟最终强化而不是抑制了竞争。联盟的目的是获得互补的能力,每个企业分工从事自己最擅长的领域,正如杨小凯指出的，每个企业的核心能力作为一种企业独有的、难以模仿的中间产品，其市场交易效率极低，必须通过企业来组织，而那些不体现核心能力的部分可以部分或全部交由市场进行组织。如此通过合作参与竞争，比单个企业参与竞争要有效率。但是，联盟内部企业间的竞争没有因企业间的协调机制而消除，因为企业间存在着一旦其他企业掌握了需要由外部（本企业）配合的能力，或外部环境的变化使得其他企业不再需要由外部（本企业）提供的能力时，就会对本企业造成威胁，所以企业间的合作式竞争将更为激烈。

3.3 中间性组织的组织形态及其相互关系

3.3.1 中间性组织的组织形态

既然中间性组织是市场和企业的相互渗透，则中间性组织具有企业和市场的双重特性。

中间性组织的组织形态多种多样，如企业网络、虚拟企业、网络企业、企业簇群、战略联盟、企业集团等。

（1）企业网络。

企业网络是指由一组自主独立而且相互关联的企业及各类机构为了共同的目标，依据专业化分工和协作建立的，一种长期性的企业间的联合体。企业网络主要是以契约、协议等非产权方式建立的，网络内各成员企业之间尽管实力上存在差异，但彼此之间不存在相互控制，是一种平等的关系。理解企业网络要把握：第一，企业网络是由一定数量规模的成员企业或组织构成，一般要3家以上。第二，联合体内的企业之间围绕某一共同的目标进行合作，是有指向的、长期性的契约联合。企业网络一般包括三类相互联系持续互动的组织：某类相似或相关的企业、政府有关部门和机构及其他中介机构、高水平的研究机构和大学。

企业网络的特征包括：第一，弹性生产联合体。一方面企业网络中单个企业的生产总是集中于有限的产品和生产过程具有专业化的特点，另一方面企业网络内的企业在相互竞争中相互补充，网络作为一个整体其生产是相当灵活和多样的。第二，企业网络长期交易的特征会弥补交易合同中信息不完全的缺陷，即企业网络在动态信息不对称的情况下更为有效。

企业网络的基本功能就是挖掘综合优势，发挥组织效应，既提高企业网络化后的整体利益和维持企业的可持续发展，又使企业网络中的成员企业获得比以前单个企业更大的利益。企业通过以网络为纽带形成的资源、品牌、信息等优势可增强与竞争对手的竞争能力。

（2）虚拟企业。

虚拟企业的概念最早是由美国经济学家肯尼思·普瑞斯于1991年提出，此后国内外大批学者都从不同侧面对虚拟企业进行了界定。[①]

本章认为虚拟企业是指在现代信息技术的支持下，当新的市场机遇出现时，具有不同核心能力或优势资源且相互独立的企业结成的一个临时性的动态联盟。其特点是：第一，组织结构上的临时性。虚拟企业是为了适应迅速变化的市场而产生的临时性联合体，它与市场机会共生共灭，这就要求企业的组织结构能够及时反映市场的动态，能根据目标和环境的变化随时进行重组。第二，虚拟企业的成员要削减企业活动范围，使其能集中所有的资源于核心竞争力上，企业只保留最关键的功能组织，其他功能组织以各种形式借用外力将其虚拟化。

虚拟企业的实质是在企业内部引进市场机制，下属部门的独立性增强，用市场机制自行控制和衡量它们的经济行为，不必为监督这些部门而支付组织费用，同时，部门与原企业的经常性交易还受企业行政机制的约束，没有因完全市场化而增加市场交易的不确定性。其优势体现在：第一，虚拟企业层次少，易于形成高效率的经营管理决策。第二，虚拟企业创业投入少，适应性强，管理灵活。第三，虚拟企业专业性强，主业突出，具有创造高附加值产品（服务）的潜力。虚拟企业分两种形式：一种是功能虚拟即将技术开发、生产、销售等功能委托给其他企业；另一种是形式虚拟即完全依赖互联网，突破原有的企业实体形式，如虚拟银行。

（3）网络企业。

网络企业是指在信息时代背景下，依托网络技术、计算机技术、通信技术等新型技术手段，通过对传统企业的组织结构、业务流程、管理思想进行变革后产生的一种新的企业运作方式和组织形态。

网络企业具有以下特征：第一，以先进技术为基础。网络企业是伴随互联网的发展而出现的，企业的信息处理、产品设计等日常工作都离不开计算机的支持，同时，无线通信、远距离传输、宽带视频技术手段也在企业变革过程中发挥了重要作用。可以说，技术的进步是促使网络企业产生的原因，也是推动网络企业前进的动力。第二，以协作分工为形式。网络企业最显著的特征在于其业务和管理的网络化。网络企业是由多个独立的企业结点和这些企业结点之间的联系组成的，各个结点分担不同的任务单元，通过网络进行协同工作，共同完成一个任务目标，从而打破了各个企业结点之间的独立性，组成一个有机的网络企业整

[①] 具有代表性的有美国学者詹姆斯·马丁在《生存之路——由计算机技术引发的全新经营革命》一书中的概括，他认为"虚拟企业组织是一个资源整合体，这些资源来自不同的企业被整合，使虚拟企业更像一个真正的企业实体。计算机化企业网络（即虚拟企业组织）是一个企业联合体，这些企业对各自的能力加以组织，为了抓住一个事业机遇能够快速组合或分解。"（詹姆斯·马丁.《生存之路——由计算机技术引发的全新经营革命 [M]. 北京：清华大学出版社，1997：157.）

体。第三，共同愿景是网络企业成员聚合的基础。共同愿景产生网络企业的凝聚力和向心力，形成共同价值观和归属感。在网络企业中，来自不同成员企业的组织成员之间通过共同愿景这种网络精神，以信任取代监督，通过网络企业的战略协调强化自主负责的个人约束机制。

网络企业的基本形式有虚拟企业、独立作业小组和作业小组联盟。

根据组织灵活性的要求，企业组织网络化包括企业组织外部网络化和企业组织内部网络化两方面内容。企业组织内部网络化是以企业内部各部门、人员为网络结点，企业组织外部网络化是以本企业和外部企业为结点形成企业之间的关联。中间性组织是企业组织外部网络化的结果。独立作业小组带有明显的企业组织内部网络化的特征，其基本思想就是把一个企业划分为若干个相对独立的生产单元，即首先按照成组技术的原理将被加工零件划分为不同的零件组，再把一组适合加工若干零件的机床集合在一起，形成加工过程相对封闭的生产单元，然后由若干熟练工人组成的小组在计算机软件和网络的支持下，相对独立地去组织生产。所以，网络企业只是部分的属于中间性组织。

容易和网络企业相混淆的一个概念是网络产业。所谓网络产业是指在产品或服务的生产、运输、分销和用户消费等环节中具有很强垂直关系，生产厂商必须借助于传输网络才能将其产品或服务传递给用户，用户也必须借助于传输网络才能使用厂商生产的产品或服务的产业。这些产业在市场结构上呈现为独占垄断、区域垄断或寡头垄断的特征，具体包括铁路、电力、电信、供水、供气等产业。网络产业最明显的特征就是以一个物理连接的配置网构成网络产业的实体基础。这与网络企业的网络概念是两种不同的状态。网络产业的网络是物理状态，而网络企业则是虚拟状态。但是，网络产业是具有网络性质的产业。因此，网络产业、企业网络、网络企业都同样具有网络的一些基本特征。例如网络的外部正效应、规模经济等。

（4）企业簇群。

亚当·斯密在《国民财富的性质和原因的研究》一书中最早论述了企业簇群这一组织现象。此后，马歇尔、熊彼特、胡佛等经济学家又对企业簇群这一概念进行了拓展和描述。我国学者仇保兴认为，企业簇群是一群自主独立又相互关联的企业依据专业化分工和协作建立起来的组织，这种组织的结构介于纯市场和层级模式两种组织之间，它比市场稳定，比层级组织灵活。

簇群从本义上理解是一群相同或相似的元素紧密地聚集在一起。由此延伸，企业簇群是在某一特定领域内相互联系的、在地理位置上集中的企业和机构的集合。一个簇群一般包括一批对竞争起重要作用的相互联系的企业和其他实体，如零部件、机器设备和服务等专业化投入的供应商，专业化基础设施的提供者，下游销售渠道和客户，辅助性产品的制造商，以及与技能或技术相关的企业。此外，许多簇群还包括提供专业化培训、教育、信息、研究和技术支持的政府和其他机构。

企业簇群具有显著的产业属性和地理集中特性：第一，簇群产品存在技术可分性，即产品或服务具有较长的价值链，技术上进行工序分解的可能性越大，越能吸引众多企业聚集在一起。第二，簇群产品存在差异性。这种差异性靠产品的精心设计获得，主要体现在水平方向上，即产品外观形态上的差异，而不是在产品的实质功能和效用方面。由于消费者需求的高度个性化使消费者求新求变，从而使产品外观形态的变化比产品内在功效的变化更能带给消费者心理满足。第三，企业地理空间上的接近性。企业所处竞争环境动态多变，对产品的速度经济要求非常高，因协调、沟通以及信息反馈的因素，企业的生产组织必须在地理空间上相互接近，这样可以获得较低的运输成本。

根据企业间合作关系的不同企业簇群可以分为水平型、垂直型、水平与垂直共存型三种形式。水平型的企业簇群是指区域内的企业规模相对都较小，市场价格机制在企业间合作的协调上发挥主要作用，而权威机制的作用较弱，如浙江省一些传统产业的专业化生产地区（"中国袜业之乡"——浙江省大唐镇等）。垂直型的企业簇群是指区域内大量中小企业围绕着一个或几个大型企业进行配套协作，以权威机制为主导，价格机制为辅助，如日本东京南部出现的新产业区。水平与垂直共存的簇群的特征是几家或十几家大中型企业利用垂直一体化关系与其他小企业（作为分包商）进行合作生产经营，同时在中小企业之间存在着水平关系上的相互合作，如北京中关村地区。

企业簇群和产业群的含义是有差异的。企业簇群有地理接近的要求，而产业群可以是地理接近型的，也可以是地理分散型的，甚至跨越了国界。事实上，美国、加拿大、墨西哥的许多产业群应该被看作是一个区域集团整体。波特在《国家竞争优势》中所研究的主要是指国家层次或者一国内部较大区域层次的产业群。如荷兰的花卉产业群、丹麦的农业与食品加工产业群都是国家级产业群的例子，美国加州的葡萄酒产业群是区域层次的产业群。把地理接近作为企业簇群的关键特征是符合我国企业簇群的实际状况的，如浙江嵊州的领带集群等。

（5）战略联盟。

简单地讲，战略联盟就是几家拥有不同关键资源的企业，为了彼此的利益而建立的合作关系。在典型的战略联盟中，没有任何一家企业担当联盟关系的核心调节人，各企业既是委托人又是代理人，享有平等地位，不存在控制与被控制的关系。战略联盟最主要的形式是项目联合开发，两个或多个独立的企业同意在某项目上合作，或者共享信息或生产性资源。联盟可以是横向的，也可以是纵向的，甚至是网状的。战略联盟可能没有正式的契约，也没有购买或出售权益，这种合作关系是松散的。企业通过组建战略联盟简化了重复性交易，降低市场风险，既在一定程度上减少了市场自由交易中存在的不确定性和交易费用，又避免了完全企业化而造成的高额组织费用。

合资企业是战略联盟的一种特殊形式，它是由两家或多家企业设立并且共同所有的一家新的独立组织，合资企业有两种形式：一种是分工合作型，是指合作各方充分利用自己拥有的优势进行合作生产；另一种是共同投资型，合作各方为了共同开发或生产而共同出资建立一家新企业。合资企业的优势是可以同时获得独立企业的规模和范围经济以及与联盟相关的协调效果。

战略联盟的实施要满足以下条件：第一，产品的开发、生产和营销要求多个职能领域的专业能力。第二，任何一家企业单独开发所有必要的能力将耗资巨大。第三，成功的开发、生产和营销需要不同领域之间紧密地协调。

（6）企业集团。

企业集团的研究兴起于20世纪30年代的日本，荒宪治郎和内田纠夫等最早从结构和职能两个角度定义了企业集团。本章认为企业集团是由母公司、子公司和关联企业等多个法人企业（有时也包含有部分非法人企业）组成的企业联合体，产权关系是形成企业集团的最核心的纽带。关联企业不仅包括参股企业，而且还包括下包企业和分销商等。企业集团内部一般分为核心层、紧密层和松散层，其中母子公司控股关系构成企业集团的核心层，参股关系构成企业集团的紧密层，而关联企业则构成企业集团的松散层。从核心层到紧密层再到松散层，集团内部的企业属性逐渐减弱，市场属性逐渐增强。

可以说，企业集团将企业的活动按照其核心程度进行不同程度的市场化，将这些活动分散到集团内位于不同层次的企业中去，重要的活动交由核心企业完成，而相对次要的活动交给紧密层或松散层完成。集团内部既有中间产品的交易又有劳动交易，既涉及交易成本又涉及组织成本。

企业集团一般具有三个特征：第一，多法人。企业集团是由多个法人组织组成的企业联合体，各成员有各自的经济利益又有共同的利益目标。第二，多层次。企业集团各成员之间可以是横向联合也可以是纵向联合或混合式联合，按股权参与分为核心层、紧密层、松散层。第三，产权纽带。以控股、参股形成资产纽带。企业集团的组织结构也有不同的类型，如"H"型、"M"型、"U"型，按照交易内部化从弱到强的程度可以排序为：市场—"H"型企业集团—"M"型企业集团—"U"型企业集团—企业。

3.3.2　各组织形态之间的相互关系

下面对几个完全的中间性组织的组织形态予以比较。目前，多数学者都是以构建中间性组织的纽带为切入点对其组织形态及其相互关系进行研究。企业簇群是以地理空间为纽带形成的中间性组织的典型代表，以产权为纽带的典型组织形态为企业集团，同时还有战略联盟等多种形态是以契约为纽带的中间性组织。这些研究虽然具有科学性，但对于组织形态间相互关系的全面理解还存在明显不足，本章试图从不同的角度做出解释。

（1）从企业网络的再界定看它们的关系。

企业网络的实质在于它是以契约、协议等非产权方式建立的，网络内各成员企业之间尽管实力上存在差异，但彼此不存在相互控制，因而它们之间是一种平等的关系。企业网络的外延涵盖的范围事实上涉及虚拟企业、企业簇群、战略联盟和企业集团所有这些中间性组织。我们认为上述中间性组织形式并不都是企业网络，只是其中的部分。例如，战略联盟中只有一部分属于企业网络的外延涵盖范围。从企业网络的外延与相关的几个概念的外延比较可以更深入地理解它们之间的关系：

第一，企业簇群强调的是空间上的集聚性，其主要运作方式是企业的网络化，任何一种形式的企业簇群都是通过独立企业的长期性互补合作来达成特定的目标。不同之处在于，除了水平型的企业簇群外，其他形式的成员企业间存在或多或少不同程度的控制关系。因而只有水平型的企业簇群是企业网络的一种形式，同时，一个企业簇群中可能包含有许多个企业网络。

第二，严格意义上的虚拟企业是转瞬即逝的，当某一项目完成后，该虚拟企业随即消失，而企业网络的契约联合却是长期性的。从这个意义上说，虚拟企业与企业网络是两类组织，它们之间互不相交。但现实生活中，严格意义上的虚拟企业是不存在的，至少是非常罕见的。像思科公司这样著名的虚拟企业，它的30多家合作企业的合作关系也是长期性的，所以从深层次看本质，现实生活中的许多"虚拟企业"应该是企业网络。因此，我们说虚拟企业是企业网络在信息时代的表现，是企业网络发展的高级阶段，它突破了地域的限制。

第三，严格地说，由两家企业组成的任何形式的战略联盟都不是企业网络。企业网络一般要求三家以上企业的合作，多家企业组成的供应链协作性质的战略联盟才可称为企业网络。同时，作为战略联盟特殊形式的合资企业由于使用了包括投资、入股等在内的资本或产权方式的联结，要依靠设立统一的管理机构来协调成员企业，而不具备企业网络的性质。

第四，企业集团母子公司之间存在产权上的从属关系，成员企业之间大多存在控制关系，而企业网络成员之间是一种平等独立的关系。因而严格意义上的企业集团与企业网络没有交叉，但成员企业因分包关系而形成的控制关系较弱的企业集团属于企业网络的范畴。以上关系可以用图3-1表示。

（2）从战略联盟的形成路径看几者的关系。

第一，既然企业组织外部网络化是以本企业和外部企业为结点形成的企业之间的联系，那么，战略联盟、企业集团、虚拟企业、企业簇群和企业网络均是其表现形式。多方合作、关系松散、机动灵活、动作高效是其共同特点，但也有区别。战略联盟与企业网络的区别上面已经谈过，下面分析战略联盟与企业集团、虚拟企业、企业簇群的区别。

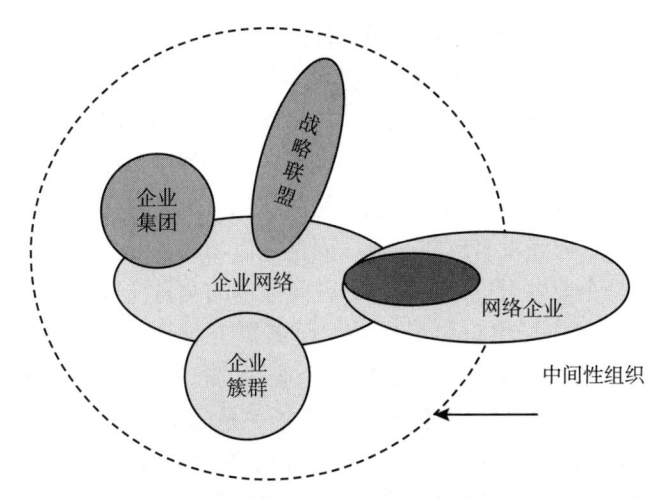

图 3-1 企业网络与其他组织形态关系

资料来源：改编自陈守明．现代企业网络［M］．上海：上海人民出版社，2002：45．

战略联盟与企业集团的区别表现在：首先，企业集团的母子公司是以产权关系为纽带结成的联盟关系，而战略联盟企业之间的合作关系要松散得多，它们之间甚至可以在没有正式契约的情况下建立联盟。其次，企业集团的成员企业在法律上地位是平等的，但核心层事实上拥有紧密层的部分控制支配权力，战略联盟的成员企业更多的是以平等协商而非行政命令来协调活动。

值得注意的是，现实中的企业集团往往会以集团的名义或者是以母、子公司的名义参与战略联盟，或是在某一地区与其他企业一起组成企业簇群，这样看来，似乎这些中间性组织之间存在交叉。引起混乱的原因是，现实中的企业集团是狭义的实体概念与这里比较的企业集团属不同层次，这里强调的是本质属性，是对不同组织形态特性的比较。现实中的情况应该理解为中间性组织网络的交叉，一个成员企业既属于这个中间性组织的网络又同时属于别的中间性组织的网络。

战略联盟与虚拟企业的区别表现在：首先，严格意义上的虚拟企业是转瞬即逝的，速度是其竞争优势的关键来源。战略联盟的组建则需要冗长昂贵的谈判磋商，不利于抓住转瞬即逝的市场机会。其次，分析的角度不同。战略联盟从多个企业入手，着重描述多个企业的联盟关系，是多个企业形成的有机体。而虚拟企业是指一个企业，这个企业实行的是虚拟经营，分析的重点是单个企业如何实行虚拟经营。最后，战略联盟是企业将自身无法完成或无法高效完成的工作交与其他企业完成，自身保留核心竞争力。而虚拟企业则常常将企业的基本功能都交给其他企业，自己只进行沟通和整合的工作，企业只是一个"空壳"。虚拟企业对计算机网络的依赖程度要比战略联盟强。

战略联盟与企业簇群的区别表现在：首先，合资企业是战略联盟的形式之一，这是一个新组建的独立法人实体，但簇群的成员企业只建立合作关系并不建立新的实体企业。其次，簇群最显著的特征是地理集中特性，战略联盟的成员企业则可以是异地或同城，表现出弱地理集中性。最后，簇群带有很强的产业特性，但战略联盟并不具有严格的产业性，可以组建跨产业的联盟。

第二，中间性组织是在企业和市场的相互转化过程中形成的，表现为市场组织化和企业市场化。市场组织化是将市场交易内部化为企业内交易，把市场关系变成企业内的治理关系，但还没有形成企业，而是在市场关系的基础上形成有组织的市场。企业市场化是企业内引进市场机制，使企业内的交易模拟市场关系进行。

战略联盟是通过市场组织化形成的，而虚拟企业是通过企业市场化形成的。战略联盟是多个企业的松散联合，实质是企业间的长期契约，联盟各方受契约约束，超越了正常的市场交易，但仍建立在市场关系的基础上，是在市场交易关系中引进企业的行政机制的中间性组织。虚拟企业则在企业内部引进市场机制，增强下属部门的独立性，变行政隶属关系为准市场交易关系，它是通过企业市场化形成的。企业集团同虚拟企业具有相同的形成路径，而企业网络与企业簇群则同战略联盟一样都是通过市场组织化形成的。

总之，市场通过中间性组织到一体化企业就像连续光谱一样，市场和一体化企业就是光谱的两极，中间性组织的各种形态依一定顺序排列其间。

3.4 启 示

现代信息技术的发展极大地改变了传统的企业与市场的结构，经济组织呈现出多样化和复杂化的发展趋势，涌现出多种多样的中间性组织的形态。从经济组织的演化和发达国家实际运行的情况看，中间性组织正显示出富有活力和效率的特征，在社会经济生活中扮演越来越重要的角色。如何恰当地选择和构建有效率的经济组织将成为提高国家与地区、产业与企业竞争力的关键。

第一，中间性组织是企业间分工发展的产物，企业在专业化进程中把不体现核心能力的业务交由市场组织而把核心能力保留在企业内部，专业化使企业规模下降，规模大并不意味着规模经营，相反，单纯的规模扩张往往导致规模不经济，过多过大的企业科层势必造成组织失灵，只有建立在专业化基础之上的规模经营才能产生规模经济。企业追求专业化的过程就是市场机制与行政权威机制相结合的过程。

第二，以分工理论与企业能力理论解释中间性组织揭示了企业培养核心能、加强诚信建设的必要，企业应集中精力培养核心能力，化比较优势为竞争优势。同时，知识的扩散必然导致企业的知识被模仿，使企业赖以生存的知识不断更新，因而知识技术的创新能力是企业不竭动力的源泉，是企业核心能力的源泉。

第三，中间性组织的成员企业是按照自愿原则，自主决定与网络之间联系的建立或中断，所以，借助外力盲目的"拉郎配"、用行政命令强行组建的企业集团、战略联盟等，其后果往往会适得其反。

参考文献

［1］杨小凯，张永生．新兴古典经济学与超边际分析［M］．北京：社会科学文献出版社，2003．

［2］陈守明．现代企业网络［M］．上海：上海人民出版社，2002．

［3］张旭梅．敏捷虚拟企业［M］．北京：科学出版社，2003．

［4］詹姆斯·马丁．生存之路——由计算机技术引发的全新经营革命［M］．北京：清华大学出版社，1997．

［5］仇保兴．小企业集群研究［M］．上海：复旦大学出版社，1999．

［6］魏后凯．对产业集群与竞争力关系的考察［J］．经济管理，2003（6）：4-11．

［7］孟韬，于秀娟．企业联盟与虚拟企业的解析［J］．财经问题研究，2001（7）：15-18．

［8］赵中伟，邵来安．小企业集群竞争优势形成机理与地方政府促进其发展的措施［J］．经济问题探索，2002（10）：20-26．

［9］于立，于左，陈艳利．企业集团的性质、边界与规制难题［J］．产业经济评论（山东大学），2002（2）．

［10］程承坪．企业性质问题新论［J］．财经研究，2003（7）：11-16．

［11］慕继丰，冯宗宪，陈方丽．企业网络的运行机理与企业的网络管理能力［J］．外国经济与管理，2001（10）：21-25．

［12］黄泰岩，牛飞亮．西方企业网络理论述评［J］．经济学动态，1999（4）：63-67．

［13］杨蕙馨，冯文娜．中间性组织存在的合理性与稳定性分析［J］．经济学动态，2004（9）：28-32．

［14］杨蕙馨，冯文娜．中间性组织的竞争优势分析［J］．人文杂志，2005（1）：66-71．

［15］Williamson. Comparative Economics Organization：The Analysis of Discrete Structure Alternatives［J］. Administrative Science Quarterly, 1991（36）：269-296.

［16］Williamson. Markets and Hierarchies：Antitrust Implication［M］. The Free Press, 1975.

第 4 章

中间性组织的竞争优势分析[*]

4.1 引　　言

企业组织和产业组织一直处于不断演化的过程中，有学者提出 21 世纪的企业组织（或产业组织）的格局是"小企业、大网络"。而以"小企业、大网络"为特征的虚拟企业、战略联盟、企业集团等新兴的经济组织形态更是层出不穷、方兴未艾。这些新型的经济组织一般被称为介于企业与市场之间的中间性组织。

中间性组织是在信息技术的支持下，企业之间基于核心能力，建立在信用基础之上，以合作为目的，依靠价格机制和权威机制配置资源，具有网络特性的相对稳定且普遍存在的一种契约安排。中间性组织的研究最早可以追溯到威廉姆森，此后众多学者对中间性组织与科层组织和市场组织的本质区别进行了大量研究，近年来国内外涌现出一大批以中间性组织的各种组织形态为研究对象的文献。本章从分析中间性组织的竞争优势入手，接着从企业视角对中间性组织的选择问题进行研究，目的是为企业特别是中小企业选择恰当的中间性组织形态、提高竞争力提供参考。

4.2　中间性组织的竞争优势

中间性组织在价格机制与权威机制的共同协调下，兼具了科层组织与市场组织的优点，具有比市场组织稳定、比科层组织灵活的特性，其竞争优势表现在：

---

[*] 本章作者为杨蕙馨、冯文娜，发表在《人文杂志》2005 年第 1 期（有改动）。

4.2.1 速度优势

当今时代，消费者需求偏好转换快，产品生命周期缩短，企业间竞争日趋白热化，一旦出现市场机会，谁能以最快的速度最准确地满足市场需求，谁就会在竞争中立于不败之地。中间性组织的速度优势就是指其能够迅速、准确地满足快速变化的市场需求。迅速是指中间性组织对市场和竞争的变化具有动态适应性，能够在第一时间反映市场需求的变化。准确则是指中间性组织能够有效地满足变化了的市场需求。

首先，中间性组织的特殊运行模式决定了其对市场变化能迅速反映。中间性组织的运行是以任务为导向的，只要市场有新的需求产生，中间性组织就会针对这一新的需求，组织最有效率的成员企业进行合作，在价格机制与权威机制协同作用下，高效配置资源，实现对需求的满足。其次，在先进信息技术支持下，信息在中间性组织中的高效传播决定了其满足需求的准确性。

假设某中间性组织处于某一成熟制造业，其网络共有 n 个结点（即 n 个成员企业），从原材料购进到产出最终产品共经历 m 个环节（S_1，S_2，…，S_m），每个环节都有 $\frac{n}{m}$ 个成员企业（n > m > 0），他们属于相互竞争的同类产品生产者。同时网络中每个结点既是信息的接收者又是信息的发出者。

假设信息传递依次经过 S_1，S_2，…，S_m m 个环节，由于每个环节 S_i，i ∈ (1，2，…，m)，都存在 $\frac{n}{m}$ 同类产品生产者，在价格机制的作用下，将从 $\frac{n}{m}$ 个生产者中筛选出最有效率的一个 S_{imax} 与下一个环节进行合作。各环节最有效率的生产者 S_{1max}，S_{2max}，…，S_{mmax} 就构成一条信息传播的通路。

假设以信息在传播过程中有无损耗来定义信息的有效性，那么信息发生损耗就称为失效信息，不发生损耗则为有效信息。假设网络每个结点信息有效的概率为 p，失效概率为 q，且 p + q = 1。由于每个结点既是信息的接收者又是发出者，在每个环节 S_i 中，每个结点的信息都将在 $\frac{n}{m}$ 个结点间共享，这样部分失效的信息就会被有效信息剔除掉，信息在共享中实现了纠偏，且被纠偏 $\frac{n}{m}$ 次，因而经过这一环节，信息失效的可能性就会大大降低，其概率为 $q^{\frac{n}{m}}$，即 $\frac{n}{m}$ 个 q 的乘积，因为 0 < q < 1，所以 $q^{\frac{n}{m}} < q$。那么整个网络信息传播有效性的概率就等于 m 个环节有效概率的乘积，$p = (1 - q^{\frac{n}{m}})^m$，求极限 $\lim\limits_{n \to \infty}(1 - q^{\frac{n}{m}})^m = 1$。这说明作为开放性网络的中间性组织在信息传播方面富有效率，且网络的规模越大，信息失效的可能性就越小。高效传播的信息确保了中间性组织在满足迅速变化的市场需求上的

准确性。

4.2.2 研发（R&D）优势

中间性组织成员企业间的竞争式合作以及知识、技术在网络中的共享，使研发成为中间性组织的内在要求。知识不同于信息，爱因斯坦说"知识的核心是经验，其余的只不过是信息而已"。知识的核心是认知者的行为经验，而信息是作为可编码的知识存在的。网络中知识的溢出是知识能够共享的前提，而知识的溢出或流动的难易是由知识的特性决定的。简单地讲，知识具有专用性及默会性。专用性是指知识是具体的或局域的，只适用于某个具体情境下的具体认知实践。按照专用性程度的不同，知识可以分为通用知识和专用知识。知识的默会性是指知识的不能完全表达性，即很难用编码化的信息表达出知识的全部内容，难以交流或分享。按照默会性程度的不同，知识可以分为显性知识和隐性知识。专用性、默会性越弱的知识越容易溢出；相反，越是只适用于特定环境只可意会不可言传的知识越不易溢出。

中间性组织存在两种形式的合作关系，为知识的溢出创造了有利条件。一种是正式的合作关系，企业与其他企业、研发机构结成长期稳定的研发合作关系。通用性可交流的知识在这种合作关系中实现扩散与溢出。另一种则是非正式的合作关系，即基于共同的社会文化背景基础上建立的人与人之间的社会关系。专用性默会性强的知识通过人与人之间有效的非正式的交流与接触实现传递和扩散。

在企业专业化进程中，由于存在知识溢出，部分知识因为能被轻易模仿而快速传播被多数人掌握，而另一部分知识则因难以模仿和溢出性差而被保留在企业内部，这部分知识就是企业的核心能力。对企业来讲，拥有关键性的有价值的隐含经验类知识越多则企业越有竞争力[1]。因此，成员企业间竞争的关键就是阻止自己的核心能力被模仿。从动态的角度看，企业组织拥有的以实现其市场价值的隐含经验类知识最终也将被其他企业所模仿，随着科技的进步，其可交流程度将逐步提高，因而企业内部研发成为企业避免核心能力丧失的唯一途径。另外，中间性组织成员企业间的研发合作协议将保障企业间合作研发的顺利进行。

众所周知，公共物品由私人提供会导致投资不足，换句话说，如果企业增加公共物品投资，社会将会获益，引起"搭便车"现象。成员企业间共性技术的共享可以看作是共性技术研发企业流向其他企业的收益损失，所以共性技术研发企业的研发积极性将会降低，通过在成员企业间建立研发协议将有助于缓解"搭便车"现象。成员企业之所以愿意参与合作研究，原因在于如果没有合作机制，单

---

[1] Asheim, Cooke, Localized Innovation Networks in Global Economy, paper presented on the IGV commission on the organization of industrial space residential conference, Gothenburg, Sweden, 1998.

个企业可能会由于研发实力不足而导致共性技术落后，而共性技术是成员企业后续研发的基础，共性技术研发的缺乏最终会导致企业竞争力的丧失。因而从长期看，合作研发是不可或缺的。再者，成员企业间协作的关键是优势互补，每个企业都旨在增强自己的优势而不是内部化别人的优势，那么竞争就是"双赢"而不是"零和"（即获得的收益不是竞争企业的损失，而且别人收益的增加会给自己的收益带来更大程度的增加），换言之，成员企业在合作研发条件下得到的收益大于不参与合作时得到的最大收益。从而成员企业出于自身利益考虑有选择合作研发的积极性。

参与合作研发的成员企业可以处于价值链的任一环节，研发贯穿于价值链的全过程。合作研发的模式打破了传统的从科学发现到产品研发再到产品商业化的线性模式，从而使研发能更合理、更快捷地反映需求变化（见图 4-1）。

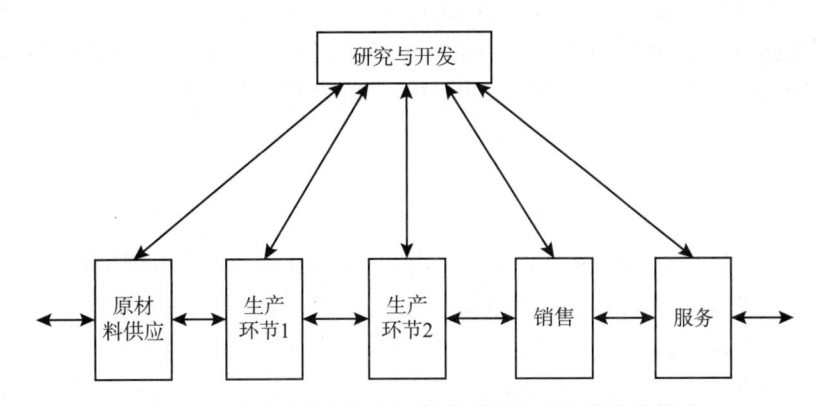

图 4-1 中间性组织合作研发的成员企业研发合作模式

4.2.3 协同优势

既然网络内各成员企业相互依存、优势互补，那么，通过资源整合，合作者将会比独立行动获得更多的效益。企业间能力的联合所产生的价值大于企业各自独立利用这些能力所产生的价值之和就是协同效应。

成员企业选择合作或不合作是对合作效益与不合作效益的理性选择，当且仅当合作效益大于不合作效益时，选择合作才是合理的。合作效益等于合作收益与合作成本之差，同理，不合作效益是不合作收益减去不合作成本之差。由于成员企业间能力与资源的互补，合作将大大提高成员企业的效益。虽然每个成员企业都不会从提高网络整体效益的角度选择自己的行为，但是在经济理性条件下，他们会"利己"地选择能够带来更高效益的合作行为，又因为网络中成员企业的行为不是彼此孤立的，后行动者在自己行动之前能观测到先行动者的行为，因而只要有一个成员企业选择了合作，其他成员企业也会因"利己"目的而选择合作。

最终不但提高了每个成员企业的效益，同时也导致了整个网络总效益的提高（网络总效益等于各成员企业效益之和）。无疑这种合作是双赢的，与任一成员企业合作都将提高其绝对效益。相反，如果合作降低了任一合作方的绝对效益，那么合作将无法继续，这是成员企业"利己"选择的必然结果。而合作能否顺利实现要归根于成员企业的信用情况，建立在良好的信任基础上的合作才是协同效应产生的根源。

网络内的信任机制使企业间能够相互理解，可以缓解企业间的冲突，形成一种和谐的气氛，协同优势就是在这样的氛围中发挥出来的。正是由于成员企业的相互合作，放大了集体生产率，就会使某一特定区域内成员企业的信誉提高，从而吸引更多的消费者，这样在这一区域就会产生区位品牌优势。由于人力资源和物质资源在网络内的自由流动必然会降低搜寻和交易资源的交易成本，因而企业从网络内获取资源远比从网络外获取经济得多。再加之企业与客户之间通过网络直接连接减少了中间环节，节约了流动成本。所以，企业在合作中追求协同优势的同时必然带来成本的节约，从而使中间性组织比一体化企业更具有成本优势。

1+1>2的协同效应使网络具有外部性。网络外部性的基本含义是一个结点连接到网络的价值取决于已经连接到该网络的结点的数量，换句话说就是网络的参与者越多，这个网络的价值就越高。由此不难理解，在极端的情况下，网络正外部性可以导致"赢家通吃"的市场。假设一个新成员加入一个已经有n个结点的网络，那么现在有n+1个结点。这时除原有的n个结点的交易对这个新成员开放外，新成员也是原来n个成员的交易接受者，只要这个网络有容纳额外交易的足够能力，网络的价值对原有成员就是增加的。因为他们没有增加成本就可以接受新成员的交易，并向新成员发出交易，新成员的加入不仅提高了新成员自己的效用水平，同时也提高了原有成员的效用水平。所以网络外部效应会促使中间性组织自增强。自增强的方式可以是外来者的进入，也可以是新企业的内生。这种网络的动态发展表明，即使有单个企业因为破产而退出网络也不会影响整个网络的正常运行，中间性组织就是在不断的吐故纳新中完成了自增强。

4.2.4 规模经济

规模经济体现在三个层次，第一层是单一产品的规模经济，第二层是工厂水平的规模经济，第三层是多工厂的规模经济。可以用形式化的语言来描述规模经济。假定某企业生产产量q的总成本为C(q)，如果对任何n个产出q_1，q_2，…，q_n，有$\sum_{i=1}^{n} C(q_i) > C(\sum_{i=1}^{n} q_i)$。这一成本函数可以解释三个层次上的规模经济。当多工厂生产的产品各不相同时，这一函数可以解释为，同时生产各种不同产品比分别生产它们所花费的成本更低，也就是范围经济。对于类似的但不完全相同的产品和服务，规模经济与范围经济这两个概念也可以互换使用。

规模经济存在的前提是专业化经济和广大的市场。专业化经济不同于规模经济，专业化经济与每个经济主体生产活动范围的大小有关，而不是企业规模扩大的经济效果①。专业化经济是分工的结果，分工的发展导致经济主体从事越来越专业化②的活动，专业化减少了经济主体的学习时间使其较快地达到熟练水平，从而提高效率，带来专业化经济。当分工发生在企业内部时，企业内部专业化经济就会引起单一产品和工厂水平的规模经济。如果一种商品的生产效率会因为运用中间产品而提高的话，那么分工将发生在企业之间，由于每个企业从事专业化活动而产生的专业化经济将导致多工厂水平的规模经济。换言之，由于整个中间性组织网络内的专业化协作，将会导致网络内部单位产品的长期平均成本大幅度降低，实现了规模基础上的收益递增，如图4-2所示，长期成本曲线由 LAC 降到 LAC′。同时由于网络内专业化的企业合作生产多样化的产品，就形成了网络的范围经济。

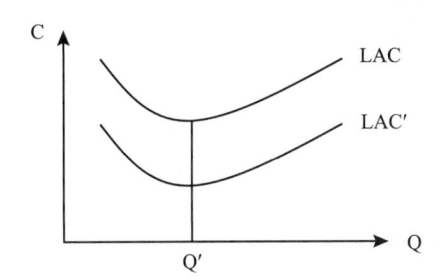

图 4-2　网络内部长期平均成本曲线示意

专业化基础上形成的中间性组织更容易获得分工经济。所有经济主体的专业化经济合起来就是分工经济，它同经济主体之间依赖程度加大后生产力改进的潜力有关，所以分工经济是另一种社会网络效果，而不是规模经济那种纯技术概念。分工经济的产生并不需要每个中间产品都有专业化经济，只要一种活动中专业化经济十分显著，就可以有分工经济，因为通过投入产出的联系以及分工的网络，一种活动的专业化经济可以转移到另一种活动上。因此，即使看门的工作没有什么专业化经济，看门人照样可以同其他诸如汽车制造业等专业化经济很强的部门的专家一样，分享分工经济的好处③。

---

① 张永生. 厂商规模无关论：理论与经验证据 [M]. 北京：中国人民大学出版社，2002：173.
② 专业化是指经济主体从事性质、范围相对固定的一类工作。
③ 张永生. 厂商规模无关论：理论与经验证据 [M]. 北京：中国人民大学出版社，2002：175.

4.3 对中间性组织的选择

上述对中间性组织竞争优势的分析说明，市场组织与科层组织只是各种交易方式的两个特例。对于某类分工活动，选择中间性组织的结构加以整合，可能是最有效的。中间性组织作为一种整合类型有其适用的分工整合领域。以威廉姆森为代表的学者从分析交易的特性出发，对什么样的交易由中间性组织来组织最节省交易成本的问题做出了解释。

威廉姆森认为，可以从交易的不确定性、交易的频率和资产的专用性程度三个维度区分每一项交易的特征。他的结论是：①如果资产的专用性程度低，无论是否存在不确定性或交易频率大小，只要采用市场进行组织就可以了。因为在这种情况下交易双方都能够根据市场价格机制很容易地低成本地寻找交易伙伴达成交易。②当资产的专用性或不确定性较高但不是很高时，可以采用中间性组织，至于到底采用哪种组织形态还要看交易的频率。③当资产专用性与不确定性非常高时，一般采用科层企业的组织方式。

兰逊又在威廉姆森分析的基础上对交易的维度进行修正，结合资源依赖的观点，用特定资源依赖代替资产专用性，得出如下结论：①在内在化成本和行为者之间的信任程度都较低时，不确定性、交易频率和特定资源依赖程度越高，这些资源依赖越可能由科层企业协调。②在外在化成本较低时，不确定性、交易频率和特定资源依赖程度越低，这些资源依赖越可能采用市场协调。③在较低的召集成本、较高的内在化成本或行为者之间信任程度较高时，不确定性、交易频率和特定资源依赖程度越高，资源依赖的协调越可能由作为企业间契约的网络（中间性组织）来协调。[①]

威廉姆森给出了下面的模型（经作者简化）。用 C_c 表示企业内部的生产成本；C_m 表示利用市场上外部供应商生产的生产成本；TC_c 表示企业内部生产的代理和影响成本（影响成本是指下级向上传递有利于自己的信息从而影响上级决策所发生的费用）；TC_m 表示向外部供应商购买的交换成本（包括交换谈判的直接成本、签订和执行契约的成本和有关要挟和关系专用性资产投资不足的成本，以及协调中断和私有信息泄露的成本）；函数 $\Delta C = (C_c + TC_c) - (C_m + TC_m)$ 表示一体化企业的生产和交换成本与市场交换的生产和交换成本之差，$\Delta C > 0$ 说明

---

① Ricard Larsson, The Handshake Between Invisible and Visible Hands, Int. Studies of Mgt. & Org. 1993, 23 (1): 103. 原文为 Under the conditions of low convening costs combined with high internalization costs and/or high trust between parties, and the more uncertain, frequent, and specific resource interdependences are, the more likely these resource interdependences will be coordinated by the handshake of interorganizational agreements. 兰逊认为，召集成本是为了使众多行为者达成一致意见而召集他们参与谈判所发生的成本。

市场交换优于纵向一体化企业，ΔC<0 表明市场的交换成本增加高于生产成本的节约，纵向一体化企业是更优的，ΔC=0 表明通过市场与通过企业来组织生产是无差异的。在 ΔC 接近于零的一段区间内就会发现各种市场机制与行政权威机制相结合的生产组织方式，而 C_c 与 TC_c 又是资产专用性水平的函数。当资产专用性水平高时，纵向一体化企业是更优的组织整合模式，相反，专用性足够低时，市场交换则更优，如图 4-3 所示。

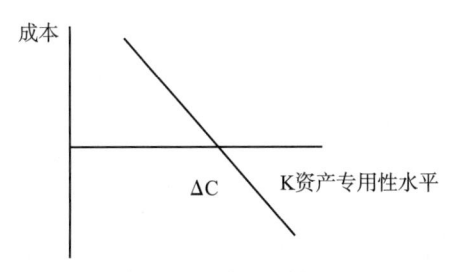

图 4-3　威廉姆森交易成本模型简化图

上述模型是采用交易成本构建的，但是交易成本究竟有多大，在不同的环境和时间交易成本差异有多大等，目前尚没有得到经验性的估计，原因是交易成本的定义是启发性的而非真正由测定得来的，同时由于生产和交易成本是被联合决定的，这也导致对交易成本的单独估计变得相当困难。国内外学者都在找寻解决这一问题的途径。亚历山德拉·贝纳姆[①]（Alexandra Benham）在《交换成本的测量》一文中建议借用"交换成本"这一"交易成本"的子集来进行研究。总之，由于交易成本的不可测量性导致威廉姆森的分析只具有启发性而操作性较差，而且，威廉姆森只考虑了成本，没有考虑到收益，是一种比较静态的分析。

现实中企业面临的选择是是否将一部分业务外部化给市场，或者是否将一部分业务内部化到企业中来。企业追求的不是生产的具体组织方式，而是由某种组织方式带来的利润，只要有利于利润增加的组织方式就是应当选择的。但从决策的角度看，经济决策应该基于经济成本的概念，经济成本有别于实际支出，它包括机会成本的同时又不包括实际支出中有关沉没成本的部分，所以基于经济成本的指标是净现金流入量而不是利润。假定企业只有 A 和 B 两项业务，企业打算将业务 B 外包，下面从短期和长期两方面分析（不考虑税收）。短期内管理资源总量是给定的，因此，对任何一种活动增加管理投入的唯一方式就是从其他活动转移资源，同时假定其他条件不变，只有组织生产的方式变化。假定短期内共有管理资源 X 用于业务 A 的为 X_A，用于业务 B 的为 X_B，如将业务 B 外包，那么转

[①] 该文收于科斯，诺斯等. 制度、契约与组织 [M]. 北京：经济科学出版社，1999.

换所消耗的资源为 Y，并且假定业务 B 外包后，原有业务 B 的资源在除掉转换所消耗的资源 Y 后全部投入业务 A 的生产，当然实现这一假定的前提是企业原有生产业务 A 的能力有剩余。业务 B 外包前净现金流入量 $NCF_1 = R_A(X_A) - C_A(X_A) + R_B(X_B) - C_B(X_B)$，式中 $R_i(X_i)$ 代表收益，$C_i(X_i)$ 代表成本，$i = A, B$。将业务 B 外包发生的转换成本为 $C_C 1 = C_c(Y) + R_B(Y)$，式中 $R_B(Y)$ 意味着资源 Y 的机会成本即资源 Y 投入 B 业务生产的收益。业务 B 外包后净现金流入量 $NCF_2 = R_A(X_A + X_B - Y) - C_A(X_A + X_B - Y) - C_D - C_{C1}$，式中 C_D 表示从分包企业购买相同数量的业务 B 的产品所耗费的成本。这样企业衡量是否外包就可依据函数 $\Delta NCF = NCF_2 - NCF_1$，当 $\Delta NCF > 0$ 时，业务 B 外部化更有利，企业应当转换现有的生产组织方式。当 $\Delta NCF < 0$ 时，则维持现在的生产组织方式更有利。当 $\Delta NCF = 0$ 时，将业务 B 外部化与不进行外部化效率是一样的。如果转换生产组织方式后收益要在长期后取得，管理资源的总量会增加，假定增加是按期等比例的，则函数式

$$NCF_{1i} = \delta_i R_A(\lambda_i X_A) + \delta_i R_B(\lambda_i X_B) - \delta_i C_B(\lambda_i X_B),$$

$$NCF_1 = \sum_{i=1}^{n} NCF_{1i},$$

$$NCF_{2i} = \delta_i R_A(X_A + X_B - Y) - \delta_i C_A(\lambda_i(X_A + X_B - Y)) - \delta_i C_D - C_C(Y) - \delta_i R_B(\lambda_i Y),$$

$$NCF_2 = \sum_{i=1}^{n} NCF_{2i}$$

式中，δ_i 表示贴现因子，$\delta_i = \frac{1}{(1+r)^i}$，$i = 1, 2, \cdots, n$，$r$ 是贴现率，λ 表示增长系数，$\lambda_i = (1 + \alpha\%)^i$，$\alpha\%$ 是资源的增长率。

本章的研究只适用于上述集中度下降快、市场结构具有较强竞争性的产业。在上述产业中，企业生存的关键不是企业规模的大小，而是竞争力的强弱。而专业化是中小企业增强竞争力的重要途径，专业化的中小企业参与到中间性组织的网络中，就可以获得比独立行动更多的效益。

现实世界中中间性组织的组织形态多种多样，如虚拟企业、企业簇群、战略联盟、企业集团等。那么中小企业该如何选择呢？专业化的成员企业从自身利益出发参与到中间性组织的网络中，实现了成员企业间互补性资源与能力的协同作用。因而，中间性组织的网络是否需要成员企业所具备的能力，就成为成员企业参与的前提。同时，成员企业的企业文化、战略目标是否存在严重冲突也与合作能否实现息息相关。再者，成员企业的产权情况、地理位置等客观因素也影响着成员企业的选择。

建立在信任基础上的合作是使中间性组织在速度、研发等方面具有竞争优势的根源。持续竞争优势的获得离不开网络内信任程度的加深。那么，建立有效的信息披露机制与监督机制就显得格外重要。通过一个良好的信用公告机制或"声誉机制"增强信息的透明性，将一次博弈变为重复博弈，实现合作的延续。同

时，有效的监督与处罚将保持网络的有效运行，通过正负两方面的激励来规范成员企业的行为，诱发其参与合作的积极性，降低成员企业采取机会主义行为的风险，不断提高成员企业的信任程度，对保证中间性组织持续竞争优势的获得是非常重要的。

第 5 章

中间性组织的演化过程分析

——基于分工理论的解释[*]

5.1 引　　言

随着虚拟企业、企业集团、企业集群、战略联盟以及特许经营等具体的中间性组织及其形态的蓬勃发展（中间性组织是在信息技术的支持下，企业之间基于核心能力，建立在信用基础之上，以合作为目的，依靠价格机制和权威机制配置资源，具有网络特性的相对稳定且普遍存在的一种契约安排），研究者展开了揭示中间性组织成长演化规律的尝试，其中具有代表性的模型包括：资源、行动、行动者模型、需求导向模型和耗散结构模型。本章的研究另辟蹊径，以分工为逻辑起点，以期通过严密的逻辑推理描述出中间性组织产生、发展、消亡的演化过程。

从分工视角解释企业演变规律的研究由来已久。杨小凯就是其中杰出的代表，他认为企业会根据不同中间产品交易效率的变化，对保留在企业内部的业务和交由市场组织的业务进行选择，从而改变企业间接定价和市场直接定价的范围。杨小凯对企业演化的研究十分有创见，他指出了企业网络化的演化趋势，然而，他并没有对此进行过多的解释。同时，在杨小凯的研究中，社会分工与企业内部分工被混淆了，因而我们不得不说杨小凯的研究是存在瑕疵的，但其结合交易成本进行分析的研究思路是极富借鉴意义的。

此外，马克思也从分工视角对企业（生产组织）的演化进行了研究。可惜的是，马克思所处的时代限制了他对中间性组织现象的进一步研究。事实上，马克思对资本主义企业的研究主要集中在以手工工场为代表的一类企业上，但马克思却为后人留下了珍贵的遗产，即结合社会分工与企业内部分工共同进行分析的研究思路。本章对中间性组织演化的研究深受杨小凯和马克思研究的影响，甚至有

---

[*] 本章作者为冯文娜、杨蕙馨，发表在《理论学刊》2007 年第 7 期（有改动）。

些思想直接来源于他们。

5.2　社会分工、企业、市场、技术与中间性组织的共同演进

　　马克思指出，社会分工发展到一定阶段产生了协调分工的新的制度形式——企业。企业不是单纯的劳动者聚集地，为了提高劳动生产率就产生了企业内部分工，随着企业内部分工越来越细，生产过程被细分为更多数目的越来越专业化的操作，企业内部的生产迂回程度逐渐加深。企业内部分工使得企业内部的协调成为一种技术性的需要，或者说，有分工就必然有协调，而协调是以资本的绝对权威为基础的，企业内部分工必须服从于"资本的指挥与纪律"。有协调就有协调成本，有协调成本就有协调效率，而且协调的难易程度随企业内部分工的加深而增加，协调效率会随企业内部分工程度的提高而降低。这就意味着，企业内部分工不可能无限制地持续下去，即使市场规模允许分工继续细化，单个企业内部也会因为分工体系太过复杂而无法进行有效协调，从而阻止了企业内部分工的发展，最终使企业的生产效率下降。

　　企业内部分工不仅会因为协调效率的降低而无法进行下去，还会因为技术进步与市场扩张的作用而发生分解。在技术与市场允许的情况下，企业内部生产某种产品的各个生产环节会从企业中分离出来，形成多个新的产业，这就是说企业内部庞大的分工体系被分解了。分离出来的生产环节会由新企业从事，而这些生产环节与原企业具有天然的内在联系，这样企业间分工就自然而然地形成了。那么，使企业内部分工转化为企业间分工的市场条件和技术条件是什么呢？首先看市场条件。根据杨格定理可知，市场规模的大小会制约分工的发展，因而若使企业内部分工转化为企业间分工必须要有一定的市场规模，而这一市场规模要大到足以吸收比原来更多的产品，并且这一市场规模应该具有相对的稳定性，忽大忽小的市场规模只能让企业固守一体化，因为生产能力的暂时闲置或不足不会影响企业决策，这是由供给需求规律决定的。再来分析使企业内部分工转化为企业间分工的技术条件。根据技术与企业的共同演进规律可知，技术进步是企业产生的前提条件，而将企业内部生产环节分离出来就必须有新的企业去生产这种分离出来的产品，若技术条件不能满足该产品单独生产的要求，企业内部分工向企业间分工的转化就无法实现。可见，必须有一定的技术进步为前提，而技术进步的程度以达到单独生产能够产生经济效益为最低限。事实上，技术进步的程度越高，企业内部生产环节越容易发生分离。将以上过程进行逻辑推理就可以得出企业间分工越来越复杂、分工程度越来越深的结论。但是，企业间分工并不一定朝向更加复杂的方面发展，事实上，以上结论的得出是以市场规模的扩大和技术进步为前提的，只要前提发生了改变，结论就会有所不同。例如，在市场规模不断萎缩

的条件下，市场无法吸收所有创造出来的产品，此时，某些低效率的企业就会倒闭；而如果市场规模继续萎缩，那么，几乎所有的企业都会倒闭，甚至会出现整个产业的衰亡。

企业间分工的产生并不必然引起企业间协作，这是因为企业可以通过市场购买满足自己的需求。企业间分工的产生只能说明企业的专业化趋势，企业间分工的程度越深，企业的专业化程度越高，企业间彼此依赖的程度也越深，但这不是在企业间进行协作的理由。原因在于如果市场能够满足企业的全部需求，就没有必要进行企业间的协作。那么，什么条件下才能产生企业间的协作呢？情况只有一种，那就是协作比市场购买对企业更有利，这就涉及威廉姆森等人对交易类型与制度形式匹配关系的研究。事实上，正如迈克尔·迪屈奇所述，只有当内部化生产比外部市场购买更具成本优势，外部市场购买所获收益大于内部化生产所获收益，同时，内部化生产与外部市场购买的收益均小于成本时，才有可能产生企业间的分工协作。为什么是"可能"而不是"一定"？这是因为，如果没有企业间的相互信任，这种协作是很难实现的。故在没有企业间信任关系的条件下，企业要么选择内部化生产，要么进行市场购买，没有第三条路可走。而企业做出这样的决策是要付出代价的，即无论市场购买还是内部化生产成本都大于收益。在企业间确实存在信任关系的条件下，外部购买的成本将被大大节省，就会使外部购买的成本降低到接近内部化生产的成本，这样不仅能够获得较高的外部购买收益，而且能够付出比单纯外部购买更低的成本，如此一来企业又何乐而不为呢？

马克思指出，有分工协作就必然有协调。要想对企业间分工协作进行协调，单靠价格是不能办到的，如果价格能够协调企业间分工，外部市场购买就不会出现成本大于收益的情况，或者说，就没有必要进行企业间协作。除了价格，就只有权威可以起到协调经济活动与组织分工的作用，而权威作用的基础是"资本"，或者说，等级制是权威产生和使用的前提，而企业之间并没有这样的权威。一个可行的办法就是通过契约设计出这样一种权威，通过这种大家公认的权威来协调企业间的分工协作。此时，价格作为反映供求的信号，在企业间起到了反映相互需求的作用，并以此来协调企业间的分工协作。这种以价格和权威共同协调经济活动或分工协作的制度形式就是中间性组织。因而，本章认为中间性组织是市场、企业、技术发展到一定阶段的产物。

中间性组织产生后，整个中间性组织网络能否发展壮大与市场规模、技术进步和企业内部分工的发展息息相关。需求的扩大是市场规模扩大的源泉，而中间性组织生产的最终产品的需求直接影响着整个中间性组织网络的成长演进。如果最终产品的市场规模扩大了，则生产最终产品的企业就会增加对其中间产品的需求，相应地，中间产品的市场规模也扩大了，而生产中间产品的企业也会增加对其中间产品的需求，就这样一级一级向下传递，最终整个中间性组织网络所有产业面临的市场规模都扩大了。市场的规模扩大了，企业间的分工协作就会相应加深,这是因为交易量的增加迫使企业需要同时与多个同一中间产品的提供者进行分工合作,而企业间的信任关系会随企业间交易次数的增加而自动加深,这就使企业间购买的成本更加低廉,会有越来越多的新企业进入中间性组织的网络,中间性组织在市场规模扩大的作用下得到了量的发展。

伴随着市场规模的扩大,企业会不断增加投入,直至达到规模经济为止。与此同时,在长期生产过程中,企业积累了大量关于生产操作、生产工具(机器)等方面的知识,为了进一步提高生产效率,新的技术革新就会产生,相应地,新的生产工序也会产生,最后企业内部分工体系将出现扩张。而企业内部分工的发展最终会导致新产业的产生(在一定市场和技术条件下)。这些新产业会替代网络中的一些旧产业,但不是全部。事实上,技术革新的程度越高,创造出的新工序就越多,相应地,转化而来的新产业的数目就越多,这样即使发生产业间的替代,中间性组织所包含的产业数量还是会增加,这是一个简单的加减过程。在这些新产业的带动下,进入中间性组织的新企业的数量也会增加,由于新产业比旧产业具有更高的技术含量,因而在企业内部分工和技术进步的作用下中间性组织得到了质的发展。

中间性组织的发展同样会对企业、市场、技术的演进起到推进作用。当中间性组织处于发展期,或者说,中间性组织正逐步壮大时,企业间分工协作带来的协作效应会吸引越来越多的企业进入网络,从而企业间分工的复杂程度就会越来越高。同一产业的从业企业数目越来越多,产业中在位企业面临的竞争压力就越大,每个企业都有在竞争中被吃掉的可能,竞争的压力激发了企业进行技术创新的积极性,这样每个企业都会集中力量进行技术创新。技术创新导致的直接结果就是生产专业化程度的提高,企业内生产的迂回程度加深,企业内部分工越来越细。当终端客户接受了包含技术创新的最终产品后,新的市场就产生了,伴随着顾客对最终产品需求的不断增加,企业面对的市场规模逐步扩大。此后,新一轮的企业内部分工向企业间分工的转化就又开始了。一句话,中间性组织的发展必然对企业、市场、技术的发展起到推动作用。

当中间性组织发生衰退时,价格机制和权威机制不能有效协调企业间的分工协作(在技术既定的条件下),或者说,企业间签订的契约是缺乏效率的,这时必然产生中间性组织总体效率的下降。而网络中的单个企业也会因为无法同时获得较低成本和较高收益而遭受着损失。当这种损失比内部化生产或外部市场购买产生的损失更大时,企业就会放弃通过企业间分工协作来获取中间产品,转而寻找可以替代这种中间产品的产品。当退出中间性组织网络转而寻求新的替代产品的企业越来越多时,中间性组织内部由各产业中企业组成的生产链条就会断裂,企业间分工便被部分的瓦解了。这里涉及退出壁垒的问题,也就是说,欲退出的企业无法退出或者很难退出的问题,这又回到了威廉姆森的研究。由于存在资产专用性,企业如果退出就很难收回这些专用性资产的投资,使企业蒙受巨大损失,此时,企业处在进不能进、退不能退的尴尬境地。当企业面对的市场规模消减为零时,留给企业的就只有消亡。因而,在技术既定的条件下,企业与市场会随着中间性组织的衰退而衰退。

综上所述,本章认为中间性组织与企业、市场、技术是相互促进、互为因果、循环演进的。而社会分工实质上就是产业与产业间的分工,那么,当社会分工向纵向加深时,会引起中间性组织内部企业间分工的纵向加深,吸引更多企业进入中间性组织内部的企业间分工网络,同时,中间性组织内部企业间分工的加深也会导致社会分工的深入,故二者之间同样是共同演进的关系。这就意味着中间性组织与企业、市场、技术和社会分工之间都是相互促进、互为因果、循环演进的关系,如图5-1所示。

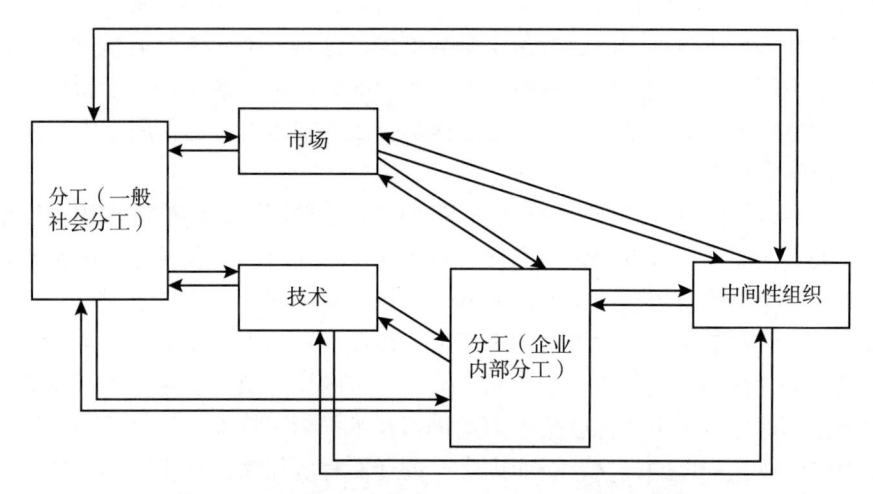

图5-1 中间性组织与分工、市场、企业的共同演进

5.3 中间性组织的波动成长过程

众所周知,生物界一般使用出生、成长、死亡等词汇来描述生物体的成长过程,并相应地将生物体的成长过程划分为幼年期、青年期、中年期、老年期等各个阶段。演化经济学将生物进化的思想引入经济组织动态发展的研究中,认为任何经济组织与生物体一样,都具有产生、发展、消亡的特征,因而,对中间性组织成长特性的探讨就成为中间性组织演化研究中不可或缺的部分。需要说明的是,此处对中间性组织成长的研究仅仅是对中间性组织成长过程的分析,并不涉及其他的与中间性组织成长相关的质的或量的方面,只是对中间性组织进化或退化的轨迹加以描述。

与生物进化的规律相似,中间性组织的演化轨迹也是一条由无数次发展、衰退构成的曲线。换言之，中间性组织会在演化的不同时期出现不同程度的退化，而后再从退化中重新发展起来，继续向前演化。事实上，中间性组织的成长演化可能会在任何一次衰退中戛然而止。如果假定中间性组织能够克服每一次衰退，则中间性组织就会无限期的存续下去。相反，中间性组织则可能在任何一次衰退时寿终正寝。正是由于存在种种不确定性，中间性组织的成长才呈现波动的特性，如图 5-2 所示。曲线 A、B、C、D 分别代表四种可能发生的不同情况：曲线 A 为成长过程只包含一次发展、衰退的情况；曲线 B 为中间性组织出现逐级退化的情况；曲线 C 则为中间性组织出现逐级进化的情况；而曲线 D 描述的则是一种进化与退化相互交织的情况。事实上，曲线 D 反映的只是进化与退化众多复杂组合的一种。那么，是什么原因导致了中间性组织会出现这样的反复波动呢？

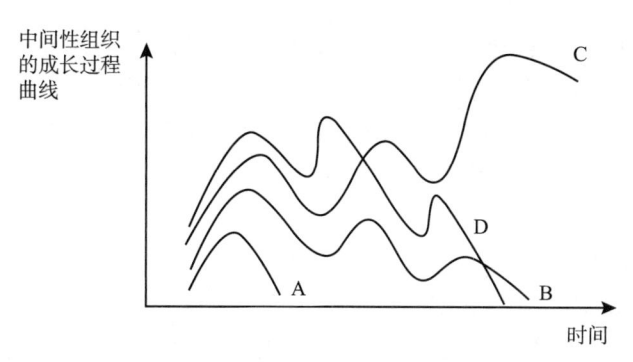

图 5-2　中间性组织的波动成长曲线

是市场规模变动引起的吗？当市场规模缩减时，中间性组织网络成员企业纷纷缩减生产规模以适应市场环境的改变。通常情况下，市场的偏好是稳定的，而且市场中先动者的行动会直接影响后动者的决策，因而在其他条件既定的情况下，由于后动者对先动者的效仿，会有更多的消费者放弃对某种产品的需求，市场规模会继续缩减。此时，中间性组织的网络成员开始选择退出，当市场规模在效仿效应的作用下进一步缩减时，如果中间性组织只能被动地适应环境变化，那么，成员企业会大规模退出中间性组织的网络，而这一过程直接导致中间性组织演进的终结。所以，在其他条件不发生改变的前提下，市场规模的变动不会产生中间性组织波动成长的结果。

是企业内部分工引起的吗？同样假定其他条件不发生改变，在这一约束下，企业内部分工只能停滞不前，因为企业没有扩大生产提高劳动生产率的需求，从而也就没有必要进行更深入的企业内部分工，即使企业有加深分工的愿望，也会因为无法分解生产程序而不得不放弃。这就意味着，在其他条件不发生改变的情况下，单单依靠企业内部分工的力量不能导致中间性组织波动成长的结果。再来考察其他条件不变情况下技术进步的作用。由于新技术无法得到更大范围的使用，企业为技术革新付出的成本也无法收回，整个生产会维持在原来的状态下，不会发生任何改变，刚刚形成的新技术也会无疾而终。这就是说，只有技术进步没有其他条件的配合，中间性组织波动成长的结果也不能实现。

既然每个因素的单独变化都不会产生中间性组织波动成长的结果，那么不妨联合所有因素重新对中间性组织的成长过程进行考察。因为是对中间性组织成长过程的分析，所以中间性组织的产生或存在已经外生给定了，不需要再重复讨论。如前所述，中间性组织产生后，在长期生产过程中，企业积累了大量关于生产操作、生产工具（机器）等方面的知识，为了进一步提高生产效率，新的技术革新就会产生，相应地，新的生产工序就会产生。如果这种革新只是对以往技术的有效升级，市场很快就能接受这一新产品，从而出现新产业对旧产业的替代。但这并不会造成巨大的波动，因为新技术只是旧技术的升级，很容易在网络中迅速扩散，技术进步不会引起企业的大规模退出，因而中间性组织的衰退现象不明显，即使发生一定程度的衰退，也会因为新技术在网络中的迅速扩散而重新回到稳步发展的轨道上来。如果技术革新是完全彻底的，或者说，是与旧技术完全不同的技术，而这种新技术又绝对优于旧技术，从而最终产品市场的消费者就会转而购买这种新产品。但是由于新技术与旧技术完全不同，中间性组织网络中的其他企业很难实施效仿，或者说新技术在网络中的扩散速度很慢，这样就会有一大批不能进行有效效仿的企业因为旧产品市场规模的锐减而退出，这是因为这些退出的企业无法生产新产品而生产出的旧产品又卖不掉。与此同时，一批新企业为了追求超额利润而纷纷加快进入网络的步伐，这就存在一个问题，即为什么新企业可以掌握新技术而旧企业却不能呢？原因在于，旧企业已经形成了一套固有的"惯例"，在接受新技术时就必须破除这些"惯例"，然而"惯例"往往具有刚性，这就导致对新技术的学习效仿无法实现。新企业就没有旧企业面对的这些羁绊，对新企业而言一切都是从零开始，新企业比旧企业更具学习优势。这样，本来发生严重衰退的中间性组织在这些新鲜血液的注入下就获得了新生。这就是中间性组织波动成长的原因。

5.4 结　　论

中间性组织的成长演进并不是孤立进行的，而是与市场、企业、技术和社会分工的演进相互交织、彼此牵制的。在这个多因素相互促进、互为因果的循环演进体系中，中间性组织的最终成长轨迹、发展趋势具有很强的不确定性。只有在市场容量允许、技术条件具备、社会分工达到一定水平的情况下，中间性组织才会向进化的方向不断演进。而实际上，如此苛刻的条件不能总是获得满足，所以，中间性组织在成长演进过程中往往表现出一定的波动性。中间性组织成长演进的轨迹是一条循环向上的波动曲线，是社会分工、企业内部分工、市场和技术进步共同作用的结果。

本章主要通过逻辑推理以及对前人理论的归纳演绎，来完成中间性组织成长演进的分析。如果通过建立模型，以模型的计算结果为依据，找出中间性组织成长演进的规律，或许可以得出更富吸引力、更令人惊奇的结论。遗憾的是，本章未能完成将分工思想数学化的任务，只能留待后续研究来补充和完善了。

参考文献

[1] 杨蕙馨，冯文娜. 中间性组织存在的合理性与稳定性分析 [J]. 经济学动态，2004 (9)：28-32.

[2] 黄守坤，李文彬. 产业网络及其演变模式分析 [J]. 中国工业经济，2005 (4)：53-60.

[3] [澳] 杨小凯，黄有光. 专业化与经济组织———一种新兴古典微观经济学框架 [M]. 北京：经济科学出版社，2000.

[4] [美] 杨格. 收益递增与经济增长 [J]. 经济社会体制比较，1996 (2).

[5] [美] Oliver E. Williamson. Comparative Economic Organization：The Analysis of Discrete Structural Alternatives [J]. Administrative Science Quarterly，1991，36 (2)：269-296.

[6] [美] 迈克尔·迪屈奇. 交易成本经济学 [M]. 北京：经济科学出版社，1999.

[7] 马克思. 资本论：第1卷 [M]. 北京：中国社会科学出版社，1983.

第 6 章

中间性组织网络中企业间信任关系对企业合作的作用研究*

6.1 引　言

20世纪后期至今，信任问题成为社会各界瞩目的焦点。不同学科选择的研究切入点不同，有关企业间信任关系的研究往往各有侧重[1]。经济学从理性人假设出发，认为信任关系具有节约交易成本的功能，强调制度对信任的替代。社会学对企业间信任关系的考察则更多关注经济生活环境与企业间信任关系的互动，关注企业间信任关系的构建与维持。事实上，二者之间存在一定的必然联系，即信任关系具有某种特殊的作用或功能才使企业有积极性参与到信任关系的构建与维持上来。正如摩根（Morgan）所描述的，信任关系总是与企业间的合作关系相伴而生，没有丝毫信任的企业是无法建立合作关系的，或者说，中间性组织中成员企业间的合作总是以一定程度的信任关系为基础的。更进一步，信任关系的作用或功能一定与企业间合作存在某种内在联系。

为使研究的逻辑主线更为清晰，将以企业间合作关系的建立与维持为时间线索，以信任关系的对称性为划分依据[2]，分别就对称性信任关系条件下企业间信任关系对成员企业建立、维持合作关系的作用，以及不对称信任关系条件下企业间信任关系对企业合作的影响进行分析。此外，为了保障逻辑推理的严密性，以

---

* 本章作者为杨蕙馨、冯文娜，发表在《山东经济》2008年第2期（有改动）。

[1] 本章认为"信任"既有心理层面的含义也有行为层面的含义。心理层面上信任表现为一种情感、态度，而行为层面上信任表现为某行为人与其他人的一种关系。两个不同层面的信任互为影响，心理情感影响行为表现，行为表现反映心理情感，但二者并不一定完全统一。本章重点是从行为层面研究中间性组织网络中的信任关系。

[2] "对称"是针对信任关系中信任主体对对方可信度拥有完全信息的情况，"非对称"是指信任关系中信任主体对对方可信度拥有不完全信息的情况。在信任关系中，任一信任主体对对方可信度信息的掌握都是完全的，则该信任关系就是对称的。相反，任一信任主体对对方可信度信息的掌握是不完全的，即存在任一方不充分了解对方可信度的情况，信任关系就是非对称的。

博弈论作为主要分析工具。在以下博弈模型中，假设中间性组织网络中的成员企业是具有一定理性计算能力的行动者。事实上，该假设与现实情况是相符的，因为对成本、收益的计算是以利润最大化为目标的企业所必备的能力。

6.2 对称性企业间信任关系对成员企业建立合作关系的作用

合作参与人从合作中得益比不合作更多是合作关系建立的前提。潜在合作者在对各种预期收益的比较中做出是否建立合作关系的决策，只有当合作行动的期望得益大于其他行动的期望得益时，潜在合作者才会选择实施合作行动。信任关系的作用能改变潜在合作者的成本收益分析，当然，信任关系的存在并不能使合作者从合作中获得更多的收益，然而，信任关系的存在却能改变合作的成本，威廉姆森（1993）及很多学者的研究都证实了信任关系能够降低交易成本。他们的研究大致可归纳为：由于交易双方是彼此信任的，可以降低契约在签订和执行时所发生的交易成本。

同时，信任关系的存在也能改变合作者对背叛行为的评价。因为合作者选择背叛的所得不仅与交易的性质有关，也与契约的设计以及社会舆论息息相关。由于信任关系来源于信任主体的理性计算与情感倾向[①]，而正式制度、相似的社会文化特征以及过往良好的交易经验的积累都是影响信任主体理性计算与情感倾向的原因。既然属于正式制度的契约以及属于相似社会文化特征的社会舆论都是信任关系的来源，故产生于契约设计和社会舆论之上的信任关系同样具备了改变合作者行为评价的能力。事实上，合作关系的建立不是与感性基础上的信任关系有关，就是与理性基础上的信任关系有关，或者既包含理性因素又包含感性因素。

这里暗含的假设前提是，每个合作参与人在合作中的努力程度不受信任关系的影响，合作者都是理性的，只要选择了合作行动就会不遗余力地完成交易，这样的假设意味着合作者从合作中获得的收益不会因为信任关系的改变而改变。当然这并不完全符合事实，有些情况下，合作者越是信任对方，在合作中越是努力工作，合作效率越高，合作收益越大。本章并不回避这一现象，而是考虑到中间

[①] 学术界对信任的来源问题还存在争议。心理学强调从人的心理、情感角度揭示信任的来源，但是，本章认为心理学家揭示的只是信任感或信任态度的来源，在他们眼中，信任仅是某行为人的一种状态，而不是该行为人与其他人的一种关系。相对于心理学，社会学对信任来源的认识更具有说服性。社会学家祖克尔（Zucker，1986）认为，社会生活中信任关系的建立往往来源于三个方面，即过往的交往经验、社会文化的特性以及正式制度。事实上，进一步对祖克尔的研究进行分析可以看出，信任关系要么建立于理性计算基础之上，要么建立于情感纽带基础之上，故本章认为信任的来源可归纳为理性计算与情感倾向两类。

性组织网络中成员企业间的合作都是具体的，生产什么、生产多少、什么规格、何时交货等具体交易条件在双方交易时都是明确的，即使是口头协议，这些基本问题也已在双方达成共识，只要合作顺利进行就说明合作者达到了合作所要求的努力程度，故可以将信任关系对合作努力程度的作用忽略不计。

由于信任关系对交易成本的节省作用已被多数学者认可，故不再对此做更多解释。重点从信任关系如何改变合作者对背叛行动的评价入手，分析信任关系在合作关系建立过程中发挥的作用。

建立在不同来源之上的信任关系，以不同方式对合作参与人的违约行为进行惩罚，这些惩罚或者是利益计算上的或者是心理上的。正是由于这些惩罚的存在，导致合作者在做出行动选择时会出于对收益损失及心理损失的考虑而放弃背叛。在信任关系改变支付矩阵的过程中，始终充当着一个惩罚者角色，无论是正式制度的利益惩罚，还是社会舆论的情感惩罚，实质都是在契约中明文规定或在心理上无形建立起的惩罚矩阵。而信任关系的惩罚作用表现为原支付矩阵加上惩罚矩阵后得到的支付矩阵，使博弈各方选择背叛的收益大大低于选择合作的收益，从而保证合作关系的建立。但是，如果惩罚措施（利益惩罚或情感惩罚）不力，即使扣除惩罚的成本，博弈各方从背叛中获得的好处大于合作带来的好处，则惩罚措施就是无效的，或者是低效率的。因此，惩罚措施的制定应以抑止背叛行为为原则。

假设支付矩阵为图6-1，背叛为双方的占优策略。假定通过契约商定，实施这样的惩罚措施：若采取背叛策略，就罚去3；若采取合作策略，不奖不罚。这样就引入一个惩罚矩阵，如图6-2所示。如此，在存在惩罚措施的状态下，支付矩阵为图6-3。对于每个博弈参与者来说，若存在适当的惩罚措施，合作的策略就是占优策略。信任关系的作用改变了合作参与人面对的支付矩阵，图6-1、图6-2与图6-3中所示情况即使博弈只进行一次，博弈参与人也会选择合作的策略。

如果惩罚措施采用舆论谴责的形式，则惩罚矩阵中的得益值反映的就是博弈参与人心理成本的变化。当博弈参与人出现背叛行为时，将受到社会舆论的谴责

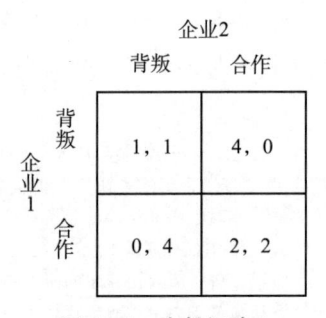

	企业2 背叛	企业2 合作
企业1 背叛	1, 1	4, 0
企业1 合作	0, 4	2, 2

图6-1 支付矩阵1

和亲朋好友的抛弃，博弈参与人因发生背叛而承担的高于背叛收益的心理成本会使其放弃背叛行为。但是，舆论谴责的作用往往是有限的，当博弈参与人不以背叛为耻，或者不认为背叛是不道德行为时，舆论的作用就微乎其微了，即使博弈参与人认同背叛是不道德的，也会存在道德的满足感或可能承受的谴责小于不道德行为的收益的情况，舆论谴责的作用同样会失效。因而当情感惩罚无力约束博弈参与者行为时，就需要强有力的利益惩罚，以弥补情感惩罚的不足（杨蕙馨和冯文娜，2005）。①

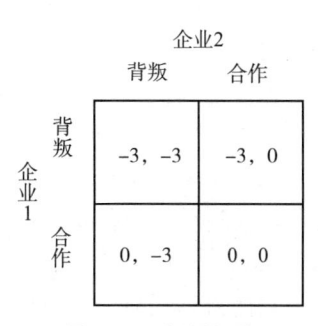

	企业2 背叛	企业2 合作
企业1 背叛	-3, -3	-3, 0
企业1 合作	0, -3	0, 0

图6-2　惩罚矩阵

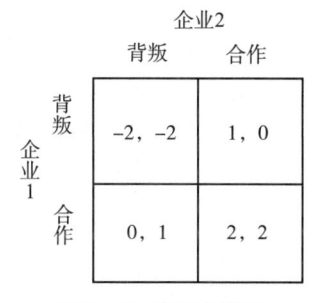

	企业2 背叛	企业2 合作
企业1 背叛	-2, -2	1, 0
企业1 合作	0, 1	2, 2

图6-3　支付矩阵2

在信任关系的作用下，成员企业间的合作关系得以顺利建立。合作关系建立后，可能会延续也可能会因为违约行为的破坏而中断。在重复博弈过程中，假定第一阶段双方均采取合作的策略，第二阶段有人采取背叛策略，而对方采取合作策略，采取背叛策略的人将获得比采取合作策略的人更多的得益，这样采取合作策略的成员企业感觉自己不合算，它在第三阶段也会采取不合作策略，此时双方有可能进入均采取不合作策略的重复性的囚徒困境。故在第二阶段，采取不合作策略的成员企业会考虑到这种结果的出现。这涉及参与者以什么样的策略对待对方的背叛策略。在博弈论中，有两个著名的策略可供博弈参与人选择，即"冷酷

---

① 此部分内容参见：杨蕙馨，冯文娜. 基于博弈分析的中间性组织的运行研究 [J]. 经济学动态，2005 (6).

策略"与"一报还一报策略"①，从而实现对不合作参与者的惩罚。

6.3 对称性企业间信任关系对成员企业维持合作关系的作用

企业间信任关系不仅对成员企业建立合作关系产生积极作用，也对成员企业间合作关系的维持产生一定程度的影响。以下模型就是对这种影响的解释，合作关系已经建立是本模型分析的逻辑起点。祖克尔的研究表明②，不论企业间信任关系是建立在理性基础上还是感性基础上，良好的交易经验的积累都会促使企业间信任关系程度的增强，而信任关系程度增强导致的直接结果是合作参与人继续合作愿望的增强，即增强的信任关系强化了合作参与人的合作愿望。合作延续的过程同时也是信任关系不断强化的过程，合作每多进行一个阶段，成员企业间的信任关系就多得到一次强化，从第二阶段开始，每一阶段企业间信任关系的强度都会因上一阶段良好的合作经验而得到强化。相应地，合作参与人的合作意愿也会随着合作延续次数的增加而递增，合作次数越多合作越默契，继续合作的意愿越强。

假设图6-4中支付矩阵反映的是一对已建立合作关系的成员企业所面对的博弈情况。在模型中引入信任关系对合作的激励作用，设 α 为每阶段的合作激励系数，$\alpha \geq 0$。第一阶段发生合作时，若合作受到的激励为 $1+\alpha$，则第二阶段合作受到的激励为 $1+\alpha$，第三阶段合作受到的激励为 $(1+\alpha)^2$，依次类推，到第 n 阶段，合作受到的激励为 $(1+\alpha)^{n-1}$。合作激励改变了合作者的合作意愿，而合作意愿最终反映为合作者选择合作的概率，故在信任关系的激励下，合作者选择合作的概率存在这样的变化过程：第一阶段博弈参与人选择合作的概率为 p；第二阶段合作受到 $1+\alpha$ 的激励，博弈参与人选择合作的概率转化为 $(1+\alpha)p$；第三阶段合作受到 $(1+\alpha)^2$ 的激励，博弈参与人选择合作的概率为 $(1+\alpha)^2 p$；依次类推，到第 n 阶段，博弈参与人选择合作的概率为 $(1+\alpha)^{n-1}p$。假设信任关系对合作双方的激励作用是相同的，这意味着另一博弈参与人选择合作的概率也是同样的变化规律，同时假设这一条件在博弈参与人中是共知的事实。

---

① 冷酷策略（trigger strategy）或触发策略是指，一旦一方采取不合作行为，另一方随即也采取不合作行为，并永远采取不合作行为的策略。一报还一报策略（tit-for-tat）或针锋相对策略是指，双方彼此跟随采取相同行为的情况，即一方采取不合作，另一方也采取不合作，而当一方改为采取合作时，另一方也采取合作的策略。

② 祖克尔认为，行为人与合作者过去良好的合作经历，一方面能够促使行为人对合作者继续保持合作抱有信心，另一方面也会使行为人在情感上更加接近合作者，或者能够增进合作双方的情感联系。这意味着在理性计算与情感倾向的共同作用下，交易双方的信任关系得以维持，并且信任关系的强度得到增强。

第6章　中间性组织网络中企业间信任关系对企业合作的作用研究

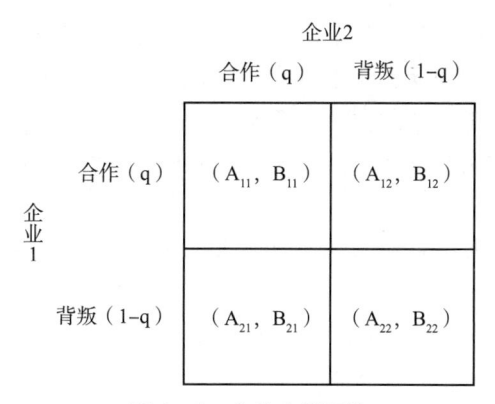

	企业2	
	合作（q）	背叛（1-q）
企业1 合作（q）	(A_{11}, B_{11})	(A_{12}, B_{12})
企业1 背叛（1-q）	(A_{21}, B_{21})	(A_{22}, B_{22})

图6-4　合作支付矩阵

可见，第 n 阶段合作能够维持的条件是，博弈参与人选择合作获得的收益大于选择背叛获得的收益。由于博弈中的信息是不完全的，参与人不能获知关于对方选择的准确信息，只能观察到对方选择合作行动的概率①，所以，实际上博弈参与人衡量的是合作期望收益与背叛期望收益的大小。第 n 阶段，企业 1 选择合作的期望收益为 $A_{11}(1+\alpha)^{n-1}q + A_{12}[1-(1+\alpha)^{n-1}q]$，选择背叛的期望收益为 $A_{21}(1+\alpha)^{n-1}q + A_{22}[1-(1+\alpha)^{n-1}q]$，需要证明条件 $A_{11}(1+\alpha)^{n-1}q + A_{12}[1-(1+\alpha)^{n-1}q] \geq A_{21}(1+\alpha)^{n-1}q + A_{22}[1-(1+\alpha)^{n-1}q]$ 成立。整理后得到 $A_{11}(1+\alpha)^{n-1}q - A_{12}(1+\alpha)^{n-1}q - A_{21}(1+\alpha)^{n-1}q - A_{22}(1+\alpha)^{n-1}q \geq A_{22} - A_{12}$。根据假设，合作关系已经建立，因而，支付矩阵中的得益满足条件：$A_{11}q - A_{12}q - A_{21}q + A_{22}q \geq A_{22} - A_{12}$。由于 $(1+\alpha)^{n-1} > 0$，则不等式满足条件：$A_{11}(1+\alpha)^{n-1}q - A_{12}(1+\alpha)^{n-1}q - A_{21}(1+\alpha)^{n-1}q - A_{22}(1+\alpha)^{n-1}q \geq (A_{22} - A_{12})(1+\alpha)^{n-1}$，因为 $(1+\alpha)^{n-1} \geq 1$，所以 $(A_{22} - A_{12})(1+\alpha)^{n-1} \geq A_{22} - A_{12}$。因为不等式具有传递性，故合作得以维持的条件得证。

在不存在信任关系对合作的激励作用的条件下，合作期望收益大于背叛期望收益的值为 $\Delta\varpi = (A_{11}q - A_{12}q - A_{21}q + A_{22}q) - (A_{22} - A_{12}) \geq 0$，引入信任关系对合作的激励作用后，$\Delta\varpi' = (A_{11}q - A_{12}q - A_{21}q + A_{22}q)(1+\alpha)^{n-1} - (A_{22} - A_{12}) \geq 0$。由于 $(1+\alpha)^{n-1} \geq 1$，因而 $(A_{11}q - A_{12}q - A_{21}q + A_{22}q)(1+\alpha)^{n-1} \geq A_{11}q - A_{12}q - A_{21}q + A_{22}q$，计算不等式得到 $\Delta\varpi' \geq \Delta\varpi$，即在信任关系的激励作用下，博弈参与人选择合作获得的期望收益超出选择背叛获得的期望收益的量大于没有信任关系的激励而获得的超出量。这一结论说明，随着信任关系对合作激励作用的逐步增强，合作得以维持的条件越来越容易满足，博弈参与人从合作中获得的期望收益越来越多于背叛所得，故企业间信任关系有利于促进合作的延续。

合作激励系数 α 越大，合作期望收益超出背叛期望收益的值 $\Delta\varpi'$ 越大，合

---
① 换言之，博弈参与人不具有非凡的预见能力，只能具有对当期得益的计算能力。

作重复的次数越多,即 n 越大,合作期望收益超出背叛期望收益的值 $\Delta\varpi'$ 越大。故信任关系对合作延续的促进作用与信任关系对合作愿望的激励程度以及合作的次数正相关,企业越重视彼此间的信任关系,信任关系对合作愿望的激励程度越大,以往良好合作的次数越多,企业间越能够相互了解、相互信任,信任关系对合作延续的正面影响越大。可见,重视加强合作双方信息交流,建立合作成果公平分配机制,培育良好的合作制度环境、法律环境和文化环境等可以提高 α 值和 n 值。

以上模型证明了对称性信任关系的存在会促进合作关系的建立与延续,事实上,合作关系与信任关系总是相辅相成的。所以,以上证明支持了信任是中间性组织合作运行的基础的观点。

6.4　非对称性企业间信任关系对成员企业合作的作用

当信任关系中任一信任主体对对方可信度信息的掌握不完全时,即存在任一方不充分了解对方可信度的情况,信任关系就是非对称的。由于中间性组织网络中成员企业间的合作具有长期性,在不断合作中,双方能够达到对对方信任度的充分了解,因为每一次合作的经历都是对对方信任度初始认识的修正,故动态地看,中间性组织网络中成员企业间的信任关系基本上是对称的。但是,在合作关系建立之初,在不对称信息的作用下,成员企业间的信任关系有可能是不对称的。

如图 6-5 所示,合作参与人分别是企业 1 与企业 2,先由企业 1 选择发出信任信号还是不信任信号(企业声誉的好坏),企业 2 在观察到企业 1 发出的信号后选择行动。企业 2 能准确识别企业 1 发出的信号,但不能准确判断企业 1 的可信任度(企业声誉的真实性)。企业 1 发出不信任信号,企业 2 必定拒绝合作,博弈结束。企业 1 发出信任信号,若企业 2 选择不接受,则合作不能发生,博弈结束。若企业 2 选择接受,则合作发生,企业 1 获得 $\alpha P - C_1(q) - C_2(q)/2$ 的得益,企业 2 获得 $V(q) - \beta P - C_2(q)/2$ 的得益,其中,P 代表交易价格,$C_1(q)$ 代表产品的生产成本,$C_2(q)$ 代表全部交易成本,$V(q)$ 代表购买 q 单位产品所获收益,α 代表企业 1 的真实信任度,β 代表企业 2 估计的企业 1 的信任度,α 与 β 满足条件 $\alpha \leq \beta$。为简化分析,假设合作双方均摊交易成本,且信任关系对合作的影响仅反映在交易价格上①。此外,定义 $C_1'(q)$ 与 $C_2'(q)$ 的曲线为 U 型,即 $C_1''(q) > 0$ 与 $C_2''(q) > 0$,同时 $V'(q)$ 的曲线为倒 U 型,即 $V''(q) < 0$。企业 1 的得益等于预计价格与生产成本及所承担的交易成本之差,即 $U_1 = \alpha P -$

---

① 现实中可能存在信任关系同时影响成本和价格两个变量的复杂情况。出于简化分析的需要,本章选择成本作为控制变量,仅讨论信任关系影响交易价格的情况。

第 6 章　中间性组织网络中企业间信任关系对企业合作的作用研究

$C_1(q) - C_2(q)/2$。企业 2 的得益等于所获收益与所付的预期价格及所承担的交易成本之差，即 $U_2 = V(q) - \beta P - C_2(q)/2$。

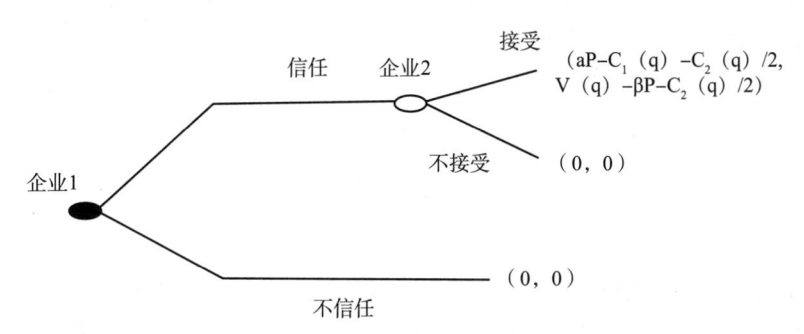

```
                              接受       (αP-C₁(q) -C₂(q)/2,
              信任   企业2  ────────      V(q) -βP-C₂(q)/2)
              ┌──────○
              │        ╲   不接受
  企业1       │         ────────       (0, 0)
      ●──────┤
              │
              │
              └────────────────────    (0, 0)
                 不信任
```

图 6-5　非对称性信任关系条件下合作博弈扩展式

企业 1 与企业 2 进行合作的关键是双方通过协商确定交易价格，采用纳什讨价还价模型求解交易价格。$\text{Max}(V(q) - \beta P - C_2(q)/2)(\alpha P - C_1(q) - C_2(q)/2)$ 最优解的一阶条件是：$P = \dfrac{\beta C_1(q) + (\beta - \alpha)C_2(q)/2 + \alpha V(q)}{2\alpha\beta}$，将该式代入原得益表达式，企业 1 的得益为 $U_1 = \dfrac{-\beta C_1(q) - (\beta + \alpha)C_2(q)/2 + \alpha V(q)}{2\beta}$，企业 2 的得益为 $U_2 = \dfrac{-\beta C_1(q) - (\beta + \alpha)C_2(q)/2 + \alpha V(q)}{2\alpha}$。

当 $\beta = \alpha$，即信任关系对称时，企业 1 得益等于企业 2 得益，假设在 q_1 产量下，企业 1 与企业 2 得益取最大值，即 $\max U_{1,2} = \dfrac{C_1(q_1) - C_2(q_1) + V(q_1)}{2}$。当 $\beta \neq \alpha$，即信任关系不对称时，假设在 q_2 产量下，企业 1 与企业 2 得益取最大值，有 $\dfrac{-\beta C_1(q_2) - (\beta + \alpha)C'_2(q_2)/2 + \alpha V'(q_2)}{2\beta} = 0$，由于 $\alpha < \beta$，所以 $0 = -\beta C'_1(q_2) - (\beta + \alpha)C'_2(q_2)/2 + \alpha V'(q_2) < -\alpha C'_1(q_2) - \alpha C'_2(q_2) + \alpha V'(q_2)$ 成立。又由于 $-C'_1(q_1) - C'_2(q_1) + V'(q_1) = 0$，所以有 $-C'_1(q_1) - C'_2(q_1) + V'(q_1) < -C'_1(q_2) - C'_2(q_2) + V'(q_2)$ 成立。函数 $F(q) = -C'_1(q) - C'_2(q) + V'(q)$ 为减函数，因为 $C''_1(q) > 0$，$C''_2(q) > 0$，$C''(q) < 0$。得出结论：$q_1 > q_2$。

上述模型证明，在不对称信任关系下，合作产量小于对称信任关系下的合作产量，相应地，企业获得的最大得益也小于对称信任关系下的得益。故不对称信任关系的存在会影响企业合作的效率，且随着信任关系不对称性的增大，处于信息劣势的合作参与人受到的效率影响更大。如不对称信任关系对合作的负面影响长期存在，则长期处于信息劣势的成员企业参与合作的积极性将受到抑制。事实上，不对称信任关系对合作的影响不会长期持续下去。因为合作参与人会在每次合作中重新修正对对方信任度的初始评价,只要合作重复的次数足够多,信任关系中的不对称问题就可以自动解决。不对称信任关系对合作的破坏力主要体现在合作关系建立初期,故采取有针对性的措施降低合作初期不对称信息对信任关系的影响是大有裨益的。一般而言,这不仅需要合作参与人的主观努力还需要借助其他社会力量,如增加对企业广告真实性的监管、加强诚实守信的文化建设等。

6.5 结 束 语

以上分析证明,中间性组织网络中普遍存在的企业间信任关系能够有效促进企业间合作关系的建立,而且有益于合作关系的长期延续。信任关系与合作关系密不可分,不存在没有信任的合作,故脱离信任研究中间性组织网络中的企业合作是不现实的,信任是中间性组织运行的基础。信任关系对合作关系的促进作用会受到不对称信息的影响,不对称信任关系的存在会导致合作效率损失。尤其在合作关系建立之初,不对称信任关系对合作的负面影响更为显著。虽然从长期看,不对称信任关系对中间性组织网络中成员企业合作的影响将趋于减缓,但是实施某些有效的针对性措施有助于降低合作初期不对称信息的负面影响。

事实上,中间性组织的成员企业除了依靠信任关系降低合作风险外,也可采取一些主动控制措施。在信任基础上,有效的控制措施的实施能够保障合作关系的延续。当然,控制措施的实施应根据企业间信任关系的程度与类型有所差别,才能达到更有效地抑制机会主义行为的目的。所以,在注重信任关系对中间性组织网络中成员企业合作的基础作用的同时,还应给予控制行为更多的关注。

另外,由于信任存在于社会生活的各个领域,中间性组织网络内成员企业间存在信任关系,中间性组织网络以外企业间也存在一定程度的信任。值得说明的是,处于市场中的单个企业间的交易是偶然的、一次性的,达成交易的企业相互信任,按照交易契约履行义务,但是,这种信任只是一种情感上或态度上的彼此相信,并不是行为层面的信任,即并未构成信任关系。一旦企业间的交易关系建立在信任关系基础上并长期持续下去,就构成了某种形式的中间性组织,这时问题就回归到本章的研究上来。所以,只有在中间性组织的范畴内探讨信任关系对企业间合作关系的影响才更具意义,这也正是本章立论的根本出发点。

参考文献

[1] Morgan R M, Hunt S D., The Commitment – Trust Theory of Relationship Marketing [J]. Journal of Marketing, 1994, 58 (3): 20 – 38.

[2] Williamson O E., Transaction Cost Economics and Organization Theory [J]. Industrial and Corporate Change, 1993, 2 (1): 17 – 67.

[3] Zucker L G., Production of trust: institutional sources of economic structure [J]. Research in Organizational Behavior, 1986, 8 (2): 53-111.

[4] Axelrod R, Hamilton W D., The evolution of cooperation [J]. Quarterly Review of Biology, 1981, 79 (2): 135-160.

[5] 彼得·什托姆普卡. 信任——一种社会学理论 [M]. 北京：中华书局, 2005.

[6] 罗德里克·M. 克雷默. 组织中的信任 [M]. 北京：中国城市出版社, 2003.

[7] 韦伯. 经济与社会（中译本）[M]. 北京：商务印书馆, 1998.

[8] 杨国枢, 余安邦. 中国人的心理与行为——理论与方法篇 [M]. 新北：台湾桂冠图书公司, 1992.

[9] 杨忠芳. 中国人的人际关系：情感与信任 一个人交往的观点 [M]. 北京：清华大学出版社, 2005.

[10] 于维生, 朴正爱. 博弈论及其在经济管理中的应用 [M]. 北京：清华大学出版社, 2005.

[11] 张樱. 信任、契约及其规制——转型期中国企业间信任关系及结构重组研究 [M]. 北京：经济管理出版社, 2004.

[12] 张维迎. 博弈论与信息经济学 [M]. 上海：上海三联书店、上海人民出版社, 2002.

[13] 郑伯勋, 任金刚, 张慧芳. 台湾企业网络中的对偶关系：关系形成与关系效能 [J]. 中华心理学刊, 1997, 39 (1).

[14] 郑伯勋. 义利之辨与企业间的交易历程：台湾组织间网络的个案分析 [J]. 本土心理学研究, 1995 (4).

第 7 章

中间性组织网络中成员企业的学习模式研究[*]

党的十七大报告把提高自主创新能力、建设创新型国家放到了一个非常突出的位置。创新的根本是实践、学习和知识积累的过程,它包括三个层面的开放:一是城市层面的开放,二是产业层面的开放,三是企业层面的开放。企业层面的开放是指企业之间的学习和知识积累,如创新项目的合作、技术人员的交流等,当然,在更为广泛的含义上,企业层面的开放还包括产学研之间的合作。本章所要解释的就是建立在合作基础上的企业间学习途径或学习模式的多样性问题。事实上,许多研究已经注意到,在企业集群、战略联盟、虚拟企业、企业集团等中间性组织[①]网络中同类产品生产企业的相互仿造、彼此模仿行为。其中,知识管理学派从知识视角对企业学习过程中的知识流动、知识转化问题进行了解释,如赛耶德(EI–Sayed)对企业集团内部知识转移过程的研究;[②] 古普塔和戈文达拉扬(Gupta and Govindarajan)从知识流动的程度和知识流动的方向两个维度对跨国公司网络结构中处于不同节点位置的企业在知识流动中扮演的角色进行了界定。[③] 经济计量学派则运用计量模型对知识溢出与经济增长、企业绩效的关系进行了实证研究,如罗默模型[④]、Jaffe 模型[⑤]等。但是,以上研究均忽视了企业学习作为一种企业行为的本质,没有对企业学习的行为属性进行剖析。本文从演化

---

[*] 本章作者为冯文娜、杨蕙馨,发表在《山东大学学报》2008 年第 1 期(有改动)。

[①] 学术界将企业集群、企业集团、虚拟企业、战略联盟等新兴经济组织统称为中间性组织。我们认为,中间性组织是一种以权威(命令)机制和价格机制为协调机制的协调经济活动或交易、组织分工的制度形式,这种制度形式表现为一种具有专用性资产安排的关系契约,并且这种制度形式深深嵌入于社会关系的网络之中,权威机制与价格机制作用的方向与范围将受到社会结构的影响。

[②] Abou – Zeid, El – Sayed. An Ontology – Based Approach to Inter-organizational Knowledge Transfer [J]. Journal of Global Information Technology Management, 2002, 5 (3): 32 – 47.

[③] Gupta A K, Govindarajan V. Knowledge Flows and the Structure of Control within Multinational Corporations [J]. Academy of Management Review, 1991, 16 (4): 768 – 792.

[④] 戴维·罗默. 高级宏观经济学 [M]. 上海:商务印书馆,1999.

[⑤] Jaffe A B., Real Effects of Academic Research [J]. American Economic Review, 1989, 79 (5): 957 – 970.

经济学的分析视角对中间性组织网络中成员企业的学习行为进行解释，对企业学习模式进行分类比较，并以演化博弈方法揭示中间性组织网络成员企业采取不同学习模式的演化结果。

依据理查德·戴伊的学习定义，[①] 本章将中间性组织网络中成员企业间的学习定义为网络中成员获取知识的结果或过程，与理查德·戴伊不同，本章并不认为企业间的所有学习行为一定产生有益于某种行为或工作的成效。当学习行为得以发生的条件得到满足时，企业学习就可能发生，那么，企业将选择怎样的方式完成学习呢？是在观察到先进知识产生的经济效果后有针对地进行学习呢？还是"人云亦云"跟着潮流走，别人做什么自己就做什么呢？

7.1　中间性组织网络中成员企业的两种学习模式

如图7-1所示，诱发网络中成员企业进行学习的原因，既有理性判断的因素也有社会趋同效应的影响，换言之，网络中成员采取学习行为的出发点并不一致。以此为依据，将网络中成员企业的学习模式区分为两类：模仿学习与有目的学习。在路径1模式中，做出个体决策的行为者以社会群体的行为为依据，依观察到的先动者的行为决定自己的行为选择。索尔斯坦·凡勃伦将这种学习路径称为"追随效应"（bandwagon effects），[②] 其实质是对先动者的模仿。

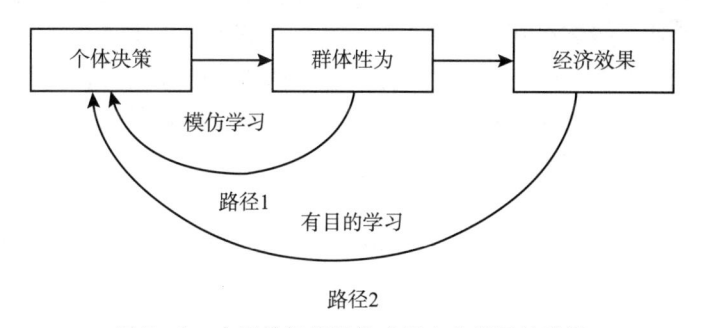

图7-1　中间性组织网络成员企业学习的路径

在路径1模式中，后动者没有足够的知识以支撑自己的行动，只是通过观察先动者的选择行为来决定自己的选择，因此，路径1模式中的学习可称为"盲目学习"或是模仿，是后动者在先动者行为的影响下，向先动者学习的一种行为。约瑟夫·熊彼特在研究企业技术创新时发现，新技术在企业间的传播、扩散与企

[①] 理查德·戴伊认为，学习就是获取知识或能力的结果或过程，这种知识或能力有益于某种行为或工作的成效。参见：库尔特多普菲：《演化经济学纲领与范围》，北京：高等教育出版社，2004：256.

[②] Thorstein Veblen, Imperial Germany and the Industry Revolution, New York：Malmillan, 1995：25.

业对创新企业的创新跟随密切相关，他将这种现象称为模仿者集聚。①

在路径 2 模式中，可观察的集体行为不再是影响行为者个体决策的因素，行为者对可选行为的价值判断决定着行为者的最终选择。换言之，行为者的选择以某种行为的经济效果为衡量指标。当然，这并不意味着经济效果好的行为一定不是集体选择最多的行为，事实上，二者往往相互统一，特别是在企业间进行技术学习的过程中这种情况更是普遍。这是网络规模经济作用的结果，即使初始时期技术 A 比技术 B 更有优势，随着采用技术 B 企业数目的增加，技术 B 在网络内达到了网络规模经济的要求，此时，在规模经济的作用下，技术 B 比技术 A 更有优势，这将导致行为者做出的行为选择与集体行为恰好一致。网络中的行为倾向最终收敛于哪种行为具有不确定性。

既然存在两种类型的学习行为②，就需要对二者进行比较分析，以区分二者的不同。

7.2 模仿学习与有目的学习发生的条件

毋庸置疑，信息是影响模仿生成的重要变量。例如，在企业 1 与企业 2 之间，假定企业 1 是先动者或示范人，企业 2 是后动者或潜在模仿人，则对于企业 2 而言，企业 1 在生产技术或营销策略、管理策略等方面是有示范性的，如果企业 2 无法准确获知企业 1 的相关信息，企业 2 实施模仿的有效性将受到影响，更甚者，如果企业 2 能够获知的企业 1 相关信息少到不足以支持模仿行为时，企业 2 的模仿就无法实现。因而从逻辑上说，只要企业 1 严守信息，尤其是严守产生示范性的核心信息，就能够避免模仿的发生。当然，阻止信息的外溢与传递是要花费成本的，只有当这种成本小于不被模仿产生的收益时，阻止信息外溢的行为才是可取的。

如果网络中同时存在两个或两个以上完全相反或存在较大差异的示范行为

---

① Joseph Schumpeter, Capitalism, Socialism, and Democracy, London: George Allen and Unwin, 5th Edition, 1976.

② 区别于网络外单个企业间的学习行为，中间性组织网络中成员企业的相互学习往往更易受到所嵌入的社会结构的影响，换言之，网络中的成员企业较之网络外的单个企业更易受到彼此行为的交互作用，也就是说，网络中的学习效应比网络外的学习效应更显著。例如，在下承包制的网络中，一旦核心企业采用了新技术，其他下承包企业会立即更新技术以保障合作关系的延续，当然，这种有目的的学习更多的是一种被动适应的结果。事实上，中间性组织特殊的网络结构以及企业间的长期合作关系为增进企业间学习行为的发生创造了有利条件。一方面，通过参与合作，成员企业获得了了解示范者私人知识的机会，可以明确观察到示范企业运用私人知识的成效，这种直观印象有助于后动者采取向示范者学习的行动；另一方面，网络成员所嵌入的特定社会关系网络也对增进企业间学习起到了推波助澜的作用，同一"圈子"企业间的非正式沟通，不仅可以传播一些不便于通过正式渠道沟通的信息，增加网络中成员对示范企业私人知识的了解，而且可以改变网络中成员对私人知识有效性的判断。

时，后动者企业 2 就要在不同的示范行为中进行取舍。假定网络中企业 1 与企业 3 分别是两个相反决策的示范人，企业 2 是模仿企业 1 还是模仿企业 3，就与企业 2 掌握的两示范人行为信息的完备程度有关。当企业 2 获得了两示范人行为的准确信息时，即信息是完全且完美的（企业 2 不仅能够观察到先动者的行为，而且能够观察到先动者行为的结果），企业 2 会选择产生最优结果的行为进行模仿。如果情况相反，企业 2 未能获得关于企业 1 和企业 3 行为的完全且完美信息（企业 2 只能观察到先动者的行为，不能观察到先动者行为的结果），企业 2 很难衡量两种行为的优劣。此时，企业 1 与企业 3 向企业 2 发出的信息噪声①的大小决定了企业 2 的模仿决策。假定企业 3 向企业 2 发出的信息噪声大于企业 1，那么，企业 2 将要模仿的对象就是企业 3，即使企业 3 的行为在经济上并不优于企业 1 的行为。不完全信息造成了次优行为在网络中成员企业的相继模仿，最终导致网络整体得益的下降。在现实中，模仿产生次优结果的现象随处可见，经济学界将这种模仿称为羊群行为②。

除了信息制约外，影响模仿发生的因素还包括模仿者与示范者之间的相似性。相似性是指模仿企业与示范企业之间在模仿客体上的差距。例如，企业 2 要对企业 1 的生产技术进行模仿，生产技术就是模仿客体，只有在企业 2 现有生产技术与企业 1 的技术距离③差距不大的情况下，模仿才能生成。当然，以上分析是以潜在模仿者或后动者具有弱独立选择能力④为前提的，如果后动者独立选择的能力为零，那么，模仿生成的概率将较高。独立选择能力较弱的中间性组织网络中成员企业发生模仿的概率，与成员企业对网络集中性选择的信心正相关。网络集中性选择反映的是网络中全体成员对某项行为的采纳程度。通常情况下，独立选择能力较弱的中间性组织网络成员依靠对网络集中性选择的判断采取行动，某项行为的网络集中性程度越高，后行动的网络中成员越相信该项行为的正确性，对该项行为的实施越充满信心，相应地，模仿行为越容易发生。相反，某项行为的网络集中性程度越低，后行动的网络中成员对实施该项行为越缺乏信心，模仿生成的概率下降。

较之盲目地学习，中间性组织网络中成员有目的学习行为发生的条件更为严格。因为引起学习的原因不再是可见的集体行为，而是被采用的行为的"内在性

---

① 噪声是从物理学中借用的概念，其原意是指一组无规律的声频组合。这里是指信息传递过程中，先动者有意向后动者提供的诱导后动者采取模仿行为的信息，这些信息有些是先动者对其行为得益的有意夸大，有些是通过其他渠道对后动者的暗示，其作用是扩大先动者行为的声势。

② 羊群行为是指个体理性模仿导致集体非理性模仿的表现，与羊群行为相对应，将个体理性模仿导致集体理性模仿的表现称为牛群行为。

③ 两个企业之间的技术必须存在一定的差距，落后企业才有学习与模仿的积极性。然而，如果企业间的技术差距过大，落后企业即使意识到要学习与模仿也无能为力。参见杨蕙馨，刘春玉. 知识溢出效应与企业集聚定位决策［J］. 中国工业经济，2005（12）.

④ 独立选择能力是指，后动者不考虑先动者的行为模式，而完全按照个人的利弊得失进行选择的能力。

质"。有目的的学习对行为者的独立选择能力的要求较盲目学习高得多。有目的的学习是行为者有意识的为了提高收益、增进财富或满足需要而做出的行为调整，或者说是行为者为了提高需求满足程度而进行的行为调整。如果有目的的学习成功了，行为者的满意程度必然会提高，即在既定的条件下，行为者的满意程度达到了最大化。相反，如果学习的结果导致行为者的满意程度下降，学习就是不成功的。为了达到学习成功的目的，行为者不得不有意识地收集积累替代性选择的相关信息，所以，有目的的学习对行为者的信息结构及信息数量都提出了更高的要求。在有目的的学习过程中，替代性选择的相对收益、相对成本等信息也是后行动者必须掌握的信息，故有目的学习对行为者的信息获取能力、信息分析能力、信息处理能力的要求更高。

除了对信息结构、信息数量更为严格的要求外，有目的学习对学习的经济效果的判断是决定学习发生的重要条件。后动者对某项行为的经济效果的判断，一方面来自对先动者采用该行为获得的经济效果的观察，另一方面取决于后动者对实施该行为能够提高的满足程度的取值。当观察到的先动者经济效果落在其预期的满足程度提高的取值范围内，学习才能够发生。因此，存在表面上看来是经济的，但可能不会使行为者满意程度提高的行为，这种行为的存在不会对后动者的决策产生影响。因为行为者任一时间的行为都是过去行为和当前理性计划的计算，[①] 在当前理性计划不足以改变行为者一贯行为的条件下，行为者会延续以前的行为。通常情况下，先动者行为的经济效果落入后动者期望的满意程度的提高范围的可能性越大，后动者对该行为越有信心，发生学习行为的概率越大。

7.3 模仿学习的演化稳定均衡

模仿学习是行为者根据群体集中性选择而进行的后动者向先动者的效仿，如果中间性组织网络中同时存在两种或两种以上的示范行为，那么，网络中成员模仿学习会产生整个网络趋于一种示范行为的结果，还是产生多种示范行为并列存在的演化结果呢？以下模型将对模仿学习的演化过程进行描述。

假定中间性组织网络中只有两种策略或示范行为 A_1 与 A_2，并设网络中成员企业的总数为 N，网络成员以一种随机组合的形式成对交互作用。相应地，对于任意两个企业 i 和 j，一个对称双矩阵博弈就形成了。设 $R_i(A_i, A_j)$ 与 $R_j(A_i, A_j)$ 分别为企业 i 和企业 j 的支付。在时刻，t 策略 A_1 与策略 A_2 在网络中采用的相对频率分别为 $F_1(t)$ 与 $F_2(t)$，并且 $F_1(t) = 1 - F_2(t)$，即网络中只有两种策

---

① 从动态角度讲，任一时间的行为都是过去行为和当前理性计划的加权平均。因为在对行为的动态分析模型中，行为的局部调整是被认可的，换言之，行为者的学习行为是一个连续的过程，每时每刻都在发生着变异，行为者通过这种途径学习如何应对处于变化之中的经营环境。

略选择，成员企业只能任选其一。据此建立支付矩阵，如图7-2所示。那么，在时刻，t企业i的预期支付为：①$E(R_i(A_1|F_1(t))) = F_1(t)R_i(A_1, A_1) + (1 - F_1)(t)R_i(A_1, A_2)$，②$E(R_i(A_2|F_1(t))) = F_1(t)R_i(A_2, A_1) + (1 - F_1)(t)R_i(A_2, A_2)$。只要证明其中有一种策略的预期支付比其他策略高，那么，这种具有较高预期支付的策略就被认定为具有较高的被选概率。因此，需要计算两种策略预期收益的差，预期支付①式减去预期支付②式，得到：$\Delta E = F_1(t)(D_2 - D_2) + D_2$，其中 $D_1 = R_i(A_1, A_1) - R_i(A_2, A_1)$，$D_2 = R_i(A_1, A_2) - R_i(A_2, A_2)$。当 $\Delta E = 0$ 时，策略间的优势消失，即在学习企业看来两种策略是等同的。

根据复制动态方程可知，$\begin{cases} F_1^*(t) = 1 & -D_2/(D_1 - D_2) > 1 \\ F_1^*(t) = -D_2/(D_1 - D_2) & 0 \leq -D_2/(D_1 - D_2) \leq 1 \\ F_1^*(t) = 0 & -D_2/(D_1 - D_2) < 0 \end{cases}$

这一静态结果表明，企业学习导致的最终结果与支付矩阵的具体数值有关（见图7-2）。

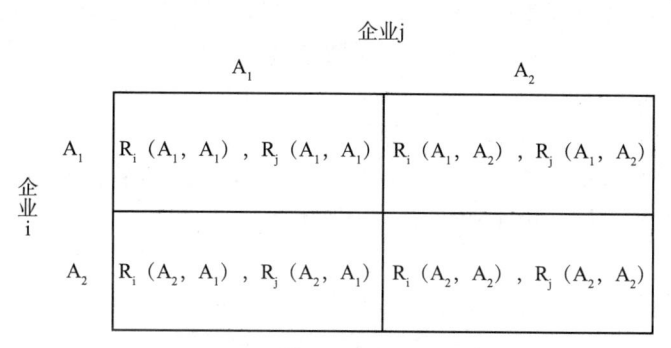

	企业j A₁	企业j A₂
企业i A₁	$R_i(A_1, A_1), R_j(A_1, A_1)$	$R_i(A_1, A_2), R_j(A_1, A_2)$
企业i A₂	$R_i(A_2, A_1), R_j(A_2, A_1)$	$R_i(A_2, A_2), R_j(A_2, A_2)$

图7-2 模仿学习的支付矩阵

如果恰好 $-D_2/(D_1 - D_2) > 1$，那么，通过企业间的模仿学习，策略 A_1 就是唯一的均衡结果，即网络中所有企业都选择策略 A_1。换言之，如果所有企业都是从策略 A_1 开始进入演化过程，即使出现少量的 A_2 变异，它们也会很快消失。只要不是开始时所有企业都选择策略 A_2 的极端情况，最终都会在长期的动态变化中趋于策略 A_1。即使是所有企业都选择策略 A_2 的极端情况，一旦出现变异，变异就会不断扩散，最终还是会趋向于所有企业都选择 A_1 的均衡。与此相同，如果 $-D_2/(D_1 - D_2) < 0$，那么，通过企业间的模仿学习，策略 A_2 就是唯一的均衡结果。而当 $0 \leq -D_2/(D_1 - D_2) \leq 1$，只有 $F_1^*(t) = -D_2/(D_1 - D_2)$ 是进化稳定策略。事实上，这意味着如果上述由环境条件等决定的企业不同策略选择的利益关系是稳定的，一旦发生少数企业从策略 A_1 到策略 A_2 的变异，这种变异企业的数量就会不断增加，直到达到占整个网络中企业总数的比重为 $F_1^*(t) = -D_2/(D_1 - D_2)$。如果选择策略 A_1 的企业所占比重超过了这个水平，甚至初始时比重为1，

那么，也会因为少量选择策略 A_2 的变异的出现，以及变异在网络中的扩散，最终仍然回到 $F_1^*(t) = -D_2/(D_1-D_2)$ 的均衡比例上。

总之，通过企业间的模仿学习，演化的最终结果必然是产生一种均衡策略或企业知识。随着模仿的进行，采用这种均衡策略或企业知识的企业数量不断增加，一种可能的结果是网络中全部成员都采用了该项均衡策略或企业知识，另一种可能的结果是形成一种均衡比例（网络中成员企业采取某种策略或企业知识的趋势）。而这一均衡比例或不动点与企业面对的支付矩阵有关，支付情况不同，得出的不动点也不同。

7.4 有目的学习的演化稳定均衡

与模仿学习不同，决定有目的学习产生的原因不再是可观察的集体行为，而是可选行为的内在价值，因而有目的学习追求的是企业满意度的提高，而要达到这一目的必然要经过反复的试错。以下模型分析的目的就是阐释企业间有目的的学习行为对企业满意程度的影响，在模型中以企业生产能力的扩张表示企业的增长，同时，企业满意程度的提高仅与企业生产能力的扩张有关，并认为演化的逻辑是落后企业向先进企业学习，而不是相反。

假设由 n 个成员企业组成一个网络，每个企业生产同样的产品，而每个企业的单位生产成本不同。设企业单位生产成本为 C_i，$i=1,\cdots,n$，并设网络中不存在能够控制价格的企业，即所有企业都是价格的接受者，价格为 p。同时假定每个企业将所获利润全部用于生产能力的扩张，即企业的增长率是企业利润的函数，设企业增长率为 $g_i = f(p-c_i)$，f 表示每一单位投资带来的利润，换言之，f 为增长系数。

在每一时点上，网络中的总产出等于全部企业的产出之和，换言之，每个企业的产出是网络中总产出的一部分，设为 X_i。根据每个企业的增长率与每个企业的产出比重，可以得出整个网络的平均增长率 $\bar{g} = \sum_{i=1}^{n} x_i g_i$。

根据假设，建立复制动态方程：$\dfrac{dx_i}{dt} = x_i(g_i - \bar{g})$，其中，$\dfrac{dx_i}{dt}$ 是任一企业的生产份额的变化率。将整个网络的平均增长率代入复制动态方程，得到 $\dfrac{dx_i}{dt} = x_i f[\bar{c} - c_i]$，其中，$\bar{c} = \sum_{i=1}^{n} x_i c_i$，$\bar{c}$ 为整个网络的平均单位生产成本，而 $\bar{c} - c_i > 0$ 就是企业单位生产成本与网络平均单位生产成本水平的差距。根据方程 $\dfrac{dx_i}{dt} = x_i f[\bar{c} - c_i]$ 的性质可知，当企业比群体平均水平更有效率时，$\bar{c} - c_i > 0$，企业生产份额的变化率为正，即企业的生产份额在增加，或者说，企业在增长。相反，当企业效率低于群体平均水平时，$\bar{c} - c_i < 0$，生产份额的变化率为负，即企业的生产份额在减少，或者说，企业在衰退。这就意味着伴随着学习的进行，低于网络平均水平的企业会不断向高于平均水平的先进企业学习，网络中低效率的企业越来越少，而高效率的企业则越来越多，表现在产出上就会有高效率企业创造的产出在网络总产出中的比重越来越高，而那些效率低于群体平均水平的企业创造的产出则越来越少。

再来考察网络平均单位生产成本的变化率。在每一时刻，每个企业的单位生产成本都是固定的，因而 $\dfrac{d\bar{c}}{dt} = \sum\limits_{i=1}^{n} \dfrac{dx_i}{dt} c_i = \sum\limits_{i=1}^{n} x_i f(\bar{c} - c_i) c_i = f \sum\limits_{i=1}^{n} x_i (\bar{c} - c_i) c_i$。根据费雪定理（Fisher's Fundamental Law）[①] 可知，$\dfrac{d\bar{c}}{dt} = f \sum\limits_{i=1}^{n} x_i (\bar{c} - c_i) c_i = f(-V_s(c)) < 0$，即网络总体的平均单位生产成本的变化率为负。这就是说，随着网络中低效率企业生产份额的不断减少，或高效率企业生产份额的不断增加，企业学习的结果使得整个网络的平均单位生产成本降低了。这一过程不断延续，就能使总体的平均生产成本收敛到最有效率的企业的单位生产成本水平上，或者说，演化的结果是使所有低效率企业的生产份额趋于零。这样，唯一的均衡结果就产生了，在没有完全不同的技术产生时，这一均衡将持续下去。

总之，企业间长期的有目的学习将导致整个网络的效率提高。在学习过程中，先进企业的企业知识不断扩散，最终导致网络中高效率企业的增加，以及整个网络平均生产成本的降低。由于学习是以提高企业满意度为目的的，因而经过反复试错，选择学习行为的网络中成员最终可以找到最优策略，并且随着学习的进行，该最优策略将成为网络唯一的稳定均衡。

7.5 模仿学习与有目的学习的经济效应

通过考察学习结果与适应性间的关系，将行为主体学习的经济效应区分为正向经济效应与逆向经济效应。适应性衡量的是企业组织与生存环境间的适应程

---

① 费雪定理：设 s_i 为每一个体占整个群体的份额，g_i 为每一个体的增长率，g 为整体的平均增长率，那么，就有 $\dfrac{dg}{dt} = \sum \dfrac{ds_i}{dt} g_i + \sum s_i \dfrac{dg_i}{dt} = \sum s_i (g_i - g) g_i + \sum s_i \dfrac{dg_i}{dt} = V_s(g) + \sum s_i \dfrac{dg_i}{dt}$，这里 $V_s(g)$ 是群体中增长率的方差，如果个体增长率恒定，则 $\dfrac{dg}{dt} = V_s(g) > 0$，如果群体的平均增长率固定，那么 $\sum s_i \dfrac{dg_i}{dt} = -V_s(g) < 0$，参见库尔特·多普菲. 演化经济学纲领与范畴 [M]. 北京：高等教育出版社，2004：143.

度,如果行为者的生存机会或者适应性相对于不进行调整得到了改善,那么,这一学习行为就是成功的,能够增强行为主体适应性的学习行为的经济效应就是正向的。反之,学习行为的经济效应则是逆向的。

并不是所有的学习行为都必然产生增强行为主体适应性的正向经济效应。对模仿学习而言,由于学习行为发起的起点是群体集中性选择,因而模仿产生的经济效应与群体集中性选择的经济效应相一致。当群体集中性选择是正向经济行为时,即该行为能够带来正的经济收益时,在后动者对先动者的仿效中,这一正向经济行为会以几何级数律在中间性组织网络中迅速传播、扩散,最终产生网络中全部成员适应性提高,整个网络经济效益提高的结果。模仿学习产生正向经济效应最典型的例子是生产技术在网络中的模仿扩散。相反,如果网络中集中性选择是逆向经济行为时,以几何级数律扩散的模仿行为不断积累,实施该逆向经济行为的网络中成员不断增多,该逆向行为在网络中产生的危害逐渐加深。模仿学习产生逆向经济效应最常见的例子是过度投资。

对有目的学习而言,凡是能使满意程度提高的学习行为都是可以发生的。但是,能够提高满意程度的学习行为并不必然产生正向经济效应,或者说,并不必然增强行为者的适应性。因为有目的学习是由行为者的满足或满意程度的主观衡量来决定的,而满意或满足只是行为者的一种内在状态,而适应性则是由行为主体的客观状态及其所处环境的客观状态决定的。也就是说,行为者实施学习行为的衡量标准与判断学习行为经济效应的衡量标准是完全不同的,两个标准作用于学习行为的不同层面,能够使行为者满足或满意程度提高的学习行为并不必然增强行为者适应性。造成适应性偏差的根本原因在于学习行为的时滞,如果学习时间较短,客观环境未发生改变或改变不大,学习产生的结果就能够使行为者适应性增强。但是,如果学习时间较长,客观环境发生了重大改变,学习产生的结果就不一定使适应性增强,并且学习经历的时间越长,学习产生的结果越容易偏离适应性的目标。适应本身是一个相对性概念,在某种情况下是适应的,在另一种状况下则可能是不适应的,因而表面上看来能够提高行为者满意程度的行为,实际上可能没有产生适应性的结果。经济学中的价格调整(蛛网)模型就是最好的例证。完全避免逆向经济效应的产生是不现实的,因为没有行为者能够预见所有未知的未来,所以缩短学习时滞是减少有目的的学习产生逆向经济效应的理想出路。

从两种学习模式的比较可以得出结论:从行为角度看,中间性组织网络中成员企业的两种学习模式具有不同的出发点,但经过网络中成员的反复学习,最终总会在网络中形成一种稳定的演化均衡,即学习削弱了网络中企业知识的多样性,创造出被网络成员广泛接受的主流知识。而且,两种学习模式与学习的经济效应并无一一对应地对等关系,两种学习模式的优劣与学习客体的性质以及学习时间的长短有关,如果将学习时滞控制在外部环境不发生重大变化的范围内,有目的的学习比模仿学习更易产生提高企业适应性的结果。

与有目的学习不同，模仿学习的稳定演化均衡既可能是一种被网络全部成员都采用的均衡策略或企业知识，也可能是一种均衡比例，即仅形成一种策略或企业知识的主流趋势。造成两种学习模式产生不同演化结果的主要原因在于企业理性程度的差异。在模仿学习模式中，当利益结构即定时，如果中间性组织网络中存在一些坚持既有策略或企业知识的个体，那么进一步的采用新策略或企业知识就会面临增加混乱或成本的潜在威胁，此时，成员企业模仿学习的最终结果就是形成一种稳定的均衡比例。

第 8 章

从技术角度对企业内部组织演进的考察*

技术革命使得巨变已成为企业组织生存环境的基本特征。20 世纪 80 年代以来，企业组织新形态纷纷涌现，如团队组织、学习型组织、网络型组织、虚拟组织等。什么引起组织变革？组织变革依据什么原则才能提升企业竞争力？这是本章选题的动因。本章以单体企业内部组织的变迁，即以层级制、矩阵制、团队组织等企业内部组织为研究对象。技术是企业组织结构中最为关键的要素，决定着企业组织的变迁，并把不同的企业组织区分开来。从历史进程看，每一次企业组织形态的演变都是由技术巨变引起的，因此从技术角度考察企业内部组织的变革，揭示其演进的内在规律，为企业组织再造提供有效的理论工具具有重要意义。

8.1 传统的组织结构设计理论

雅克·埃尔卢认为"技术是为了达到某些实际目的而对知识的组织与应用。它包括具有物质的表象的工具和机器，同时还包括那些为解决问题和获取某种所期望的结果而使用的智力技巧和方法"。技术是组织中的关键要素，影响组织的演进，并选择与技术类型相匹配的组织类型。工具技术发展的历史是从机械技术到智能技术，人类的技术能力则是从操作机械的技术能力发展到知识创新能力。

组织是由人及其相互关系组成的，为达到一定目标而建立的一个协调活动的系统。当人们彼此作用并完成任务达到目标时，组织就存在了。组织是一个开放的系统，它与外部环境相联系，并对外部环境的变化做出灵敏反应。组织结构本质上是一套正式的劳动分工体系、报告关系和协调机制，包括层级数和管理者的管理幅度，还包括如何由个体组成部门再由部门构成组织及部门间的沟通与协调。企业组织有正式和非正式之分，从企业组织适应环境的能力看，分为机械组织与有机组织。从机械组织到有机组织是一个连续的统一体，不存在先进与落后之分，合适的才是最好的。

---

* 本章作者为杨蕙馨、刘明宇，发表在《文史哲》2003 年第 3 期（有改动）。

传统的组织设计综合考虑了环境、战略、技术、组织规模与生命周期等对组织的要求，设计工作活动、报告关系与部门组合，建立起纵向和横向的信息联系。纵向控制一般通过命令链完成，这就要构建传递命令的层级组织，并涉及管理幅度。也可通过规则和计划实现纵向控制，使员工不通过沟通就可以协调工作。部门间的横向沟通与协调，目的是消除部门间的障碍，以便共同努力实现目标，横向联系的手段有建立跨职能的信息系统、任务组、专职协调员和鼓励各部门直接联系等。

传统组织设计理论把组织当作一种完成特定任务的工具，创建劳动分工体系、报告关系和协调机制的目的是实现组织目标。问题是组织受多种因素的影响，如何才能恰当地衡量这些影响，然后给予一定的权重？分工带来专业化经济，但过细分工可能带来较高的协调成本，并且分工过细导致工作单调，容易使员工疲乏、厌倦，反而降低效率。更为困难的是，环境、组织规模、战略、技术等对组织提出的要求往往是不一致的，它们对组织的影响也不相同，如何恰当地考虑呢？

长久以来，组织变革是用试错方式进行的，组织理论可以解释成功的组织变革为什么成功，失败者为何失败，但对正在进行变革的企业则难以进行有预见性的指导。对组织进行科学分析的障碍是组织本身的复杂性，它不像成本核算那样可以把不同的原材料、机器设备统一用货币单位计量。流行的管理论著在分析组织设计时，都是建立在心理学与社会学模型之上，缺少一个能统一衡量各因素重要程度的工具和理论框架。本章用经济学理论解释组织演进，阐明技术对组织演进的决定性影响，试图提供一个分析组织问题、进行组织设计的综合框架。

8.2 企业组织的本质

既然企业内部组织是为了一定目标，通过一系列规则确定的人与人之间的关系，那么，企业组织必须具有某种优势，否则就不会存在。经济学理论从不同角度探讨了企业的本质，而管理的要义在于实践，所以有必要以整体的眼光来综合分析和认识企业。

8.2.1 古典学派的解释——规模经济

企业最初是从手工作坊、家庭工场演变来的，是生产规模超出家庭血缘关系以后形成的。以亚当·斯密为代表的古典经济学把注意力集中于资源配置，在既定的组织架构下考虑如何组合生产要素使得生产成本最低，从而获得最大收益。产量增加、平均成本下降的现象被称之为规模经济。规模经济的存在源于技术，在现有技术水平和要素组合比例不变的条件下，只是扩大生产规模就可使单位产品的平均固定成本下降。

如果企业存在是为了获取规模经济，就必须尽量采用大规模制造技术。以福特发明的"流水线"为典型。为实现生产的连续性，该技术需要严格执行生产计划和作业纪律，使等级制成为典型的内部组织形式。20世纪后半叶大型工厂得以迅速发展，公司规模越来越大，企业内部组织的"金字塔"越建越高。企业之间的交易在市场上进行，而企业内部则实行严格的计划管理。组织的扩张有没有边界呢？古典经济学运用边际分析法，求得厂商最优产量水平，却未深入考察企业内部组织，只是把组织形式作为既定的前提考虑生产要素的投入产出关系。

8.2.2 交易费用的解释

科斯认为企业本质上是作为市场的替代而存在，在某种条件下企业比市场交易更有效率。企业内部的计划、组织、指挥、协调、控制等要花费内部交易费用，通过市场交易发生的费用被称为外部交易费用，这两种交易费用的权衡决定了企业的边界。交易费用理论认为企业是寻求交易费用节约的，在选择不同的组织形式时，企业会选择交易费用较低的控制结构。外部交易费用相当于市场运行中的"摩擦力"，内部交易费用相当于组织运行的"摩擦力"。我们不能寄希望于建立一个无摩擦力的世界，但可以尽量减少之。交易费用理论着眼于企业与市场的边界，而对企业内部组织研究得较少。

企业组织结构要解决三个问题：一是哪些活动纳入组织架构内解决，哪些通过市场交易完成，这决定了企业的边界和规模。二是股东、经理、雇员、顾客、社区、债权人等利益相关者之间的关系由公司治理结构解决。三是内部决策的集权与分权，是采用"M"型、"H"型还是矩阵型，这是具体的组织管理问题。交易费用理论只研究组织结构的前两个问题，而忽略了第三个问题。这恰恰是管理学关注的重点。企业要生存就必须不断变革组织结构以适应变化了的情况，组织应在哪个层次上变革取决于环境变化造成的影响深入到哪一层次。

8.2.3 新兴古典经济学的解释——分工经济

虽然《国富论》中早就指出了分工的重要性，但是，随着机器的广泛使用，尤其在马歇尔边际革命之后，分工对于企业的意义被规模经济概念掩盖，直到新兴古典经济学才重新把分工的意义凸显出来。新兴古典经济学强调分工对经济增长的作用，认为企业是组织分工的一种形式，生产最终产品与生产中间产品之间的分工创造出许多可能的交易组织结构和可能的剩余索取权结构。人们可以选择某种交易和剩余索取权结构，使扣除内生与外生交易费用的专业化经济最大。如果内部交易和相关的剩余索取权结构产生的交易费用比进行企业之间的中间产品交易费用低，那么企业这种分工方式（组织）就产生了。

分工以专业化为基础，但又不同于专业化。如果组织中所有人都从事同一专业，那就只有专业化而无分工。在分工这种组织结构里，不同的人从事不同的专业。分工是企业组织产生的必要而非充分条件，因为最终产品生产与中间产品生产之间的分工可以通过市场来组织。企业因分工而产生，可以获得专业化经济。新兴古典经济学认为组织的边界是由分工带来的专业化经济与内生，外生交易费用的比较决定的。同理，企业内部组织也是一个分工体系，分工的程度是由专业化经济与内生交易费用的比较决定的。如果分工带来的专业化经济超过分工造成的交易费用增多，组织将继续沿分工的方向演进；如果二者相等，则组织暂时达到均衡。如果新技术、新的信息传递方式、新管理方法的引入打破了均衡，组织就要重新衡量专业化经济与交易费用，组织变革就开始了。这一过程并不排除逆分工方向重新整合的可能性，事实上重新分工的过程，也是重新整合的过程。

8.2.4 合作经济

技术变迁会不断带来新的"效应"，从而推动企业组织变革。明显的例子是网络技术促使"虚拟企业"这种组织形式诞生。"合作经济"有必要与"规模经济""分工经济"独立，原因是它们描述的对象不同，使用的逻辑框架不同。合作经济是指由知识互补的人组成的团队在创新、灵活解决问题等方面给企业带来的价值。分工的反面是合作，但这里的合作是一种"联合"，目的是获得分工带来的专业化好处。联合本身并不创造新的收益，相反还耗费交易费用。基于分工的联合与"合作经济"不同，合作经济不以专业化为基础，相反为保持灵活性，团队内的分工往往不十分明确和固定。团队以牺牲专业化分工的效率，换取创新的能力和活力。创新是非重复性的工作，没有明确的目标和工作程序，只有重复性的工作才可能通过分工获得专业化好处。为实现创新和应付迅速变化的环境，企业从机械组织变为有机组织，团队成为承担创新使命的恰当组织方式。

分工经济的收益源于专业化分工，合作经济的收益源于知识共享带来的外部收益，一定程度上以减少专业化分工的收益为代价，同时团队内的协调、监督、考核等费用仍不可避免，所以它并不消灭分工与交易费用。可以说，随着生产方式更多地具有知识经济的特点，合作经济在企业组织变革中的作用越来越不可忽视。

8.2.5 理论的综合

上述理论从不同角度给出了企业组织本质的不同解释。企业是市场分工逐步深化的产物，分工是为了追求专业化的好处，这种好处由于技术带来的规模经济而大大增加了。分工不是一个无限的过程，企业规模也并非越大越好，界限是由交易费用和合作经济规定的。分工细化造成交易费用增加，同时过度分工使组织僵化，不能适应环境的变化，从而企业组织在规模上有一个界限，而且还要在机械组织与有机组织之间寻求平衡。

技术变迁对组织演进的决定性影响在于，技术不仅决定了企业如何生产，也决定了企业内部人与人之间的分工合作关系。技术的改变意味着分工合作关系的改变，那么专业化经济、合作经济、规模经济、交易费用都要重新量度，重新设计组织结构才能把技术的优势充分发挥出来，从而原有的平衡被打破，新的组织结构就诞生了。不同的技术条件下，规模经济、分工经济、合作经济发挥作用的程度不同。技术与组织结构保持协调，获得规模经济、分工经济和合作经济，提高组织运行效率，是组织设计和再造追求的目标。

8.3　技术变迁与企业组织演进

我们以单体制造企业为例，探讨技术变迁与企业组织演进的关系，暂不考虑股权结构、母子公司制、集团化、横纵向一体化等，目的是凸显技术的重要性，集中考察技术对企业内部组织的影响，因为非单体企业的组织结构更多地受到产权结构、市场、政府政策等因素的影响。

8.3.1　规模制造技术与层级组织

规模制造技术以高固定成本、大批量生产为特点，相对而言，规模技术的产品品种比较单一，产量必须达到最低经济批量，否则，高额的固定成本降不下来，产品价格就缺乏竞争力。由于产品比较单一，组织不需要对环境变化做出灵活反应，相反，充分发挥规模经济、降低产品成本尤其是固定成本是组织的首要任务。机械式的层级制组织结构是最佳选择，其特点是高层负责决策，计划和监督，基层只是执行机构，无自主权，权力分配是高度集权型。层级制包括直线制、职能制和直线职能制（统称"U"型结构）及"M"型结构。

规模制造技术对工人的技术要求比较简单（专业化水平不高），但对计划的制订、执行要求严格。一旦各工序之间衔接不上，停工待料，就会造成浪费，所以必须严格控制整个生产过程，这是降低内部交易费用的需要。随着工厂规模的扩大，分工逐渐深化，许多职能不断细化并逐渐从原来的部门中分离出来。分工的深化给企业带来了专业化经济，但部门之间的冲突又造成组织内交易费用的增加。直线职能制无疑是企业追求规模经济、分工经济和低交易费用的组织方式，但却是基于环境不变或变化缓慢的假设。如果制造技术变化较快，外部环境不稳定，直线职能制横向协调差、适应性差的缺点就会暴露，导致组织内交易费用上升，从而抵消专业化的好处。

"M"型结构又称事业部制，是为适应企业规模扩大和多样化经营对组织结构的要求而进行的一种组织变革。事业部是一个利润责任中心，各事业部实行分权化管理。事业部不是按职能而是按产品、地区、顾客等来划分部门，成立专业化的生产经营单位。"M"型结构是"U"型结构的组合，一个事业部就类似一个"U"型结构的企业。各事业部都设置一套齐备的职能机构，无疑将降低规模经济与分工经济。如果技术稳定、市场变化不大、产品品种单一，这种组织设计无疑是低效率的；相反，则可大幅降低内部交易费用，且这种降低有可能超过规模收益、专业化收益下降带来的损失。每个事业部有自己的产品与市场，能够灵活适应市场出现的新情况，所以这种组织结构既有较高的稳定性，又有良好的适应性。

8.3.2 柔性制造技术与矩阵结构

只要面临的市场环境相对稳定，产品种类较多的大型企业均可采用事业部制。在技术和产品品种变化较快时，就需要各部门通力合作。这时多品种小批量的柔性制造技术就能以较低的转换成本迅速在各品种型号之间转产，以满足多变的市场需求。柔性制造技术要求组织具有很强的横向沟通能力，矩阵式组织可以较好地担当这一任务。矩阵式组织是一种双重职权结构，横向和纵向的职权得到同等认同。在实践中，根据横纵两者之间的权力谁居支配地位，细分为职能式矩阵和项目式矩阵。职能式矩阵中的职能主管拥有主要权力，项目或产品经理仅仅协调生产活动。项目主管在项目矩阵中拥有主要权力，职能经理则为项目安排技术人员并在需要时提供专业技术咨询。

环境的不确定对组织提出了专业化和灵活性双重要求，组织就有了追求合作经济的外部压力。矩阵式是一种有机的组织结构，二元职能结构便于职能经理和项目（产品）经理之间合作，资源可以在不同项目或产品间灵活调配，以适应不断变化的市场需求，在不确定的环境中进行复杂的决策和经常性的变革，获得规模收益和专业化收益。这些变革在机械式组织结构中由于交易成本太高不太可能发生。矩阵式的劣势在于双重领导要求员工具有出色的人际交往和解决冲突的技能，与职能制相比降低了专业化收益。同时矩阵式对交易费用的节约是有条件的，在中等规模和有若干种产品的组织中矩阵式优势显著，当只有单一产品线时矩阵式结构会比职能制带来更多的交易费用，如果产品种类繁多则纵横两个方向的协调也会变得非常困难。

8.3.3 信息技术与网络组织

层级制的中间层主要是控制基层活动。受管理幅度所限，当企业规模扩大时，组织的层数增加，内部交易费用也随之增加，这部分抵消了分工经济、规模经济的好处，当企业自己生产还不如外购经济时，企业的边界就确定了。信息技术降低了信息传播、存贮、处理费用，减少了组织内部交易费用，在很大程度上取代了中间管理层，使企业组织由以前的"金字塔"式变成扁平式。如 Microsoft 和 Andersen 咨询公司，一线员工通过 E-mail 直接与高层管理者沟通。信息技术提供了部门间横向联系的手段，协作不再受空间距离的束缚，促使组织向横向组织变迁，计算机与信息技术可以把地理上分散的团队成员连接起来，形成虚拟团队。如 Whirlpool 公司位于美国印第安纳州，其全无氟冰箱的开发是由来自美国、巴西、意大利的雇员组成的虚拟团队完成的。

网络使组织内甚至不同企业间可共享信息，这进一步促使组织结构演进为网络组织。在网络组织中，关键活动由总部负责，其他功能则外包给个人或其他独立的公司，通过网络保持及时沟通。信息技术作为一种便利的低成本沟通手段，使网络组织成为公司低成本扩张的工具。组织网络化（organizational networking）描述的就是这种新型企业间的组织关系。组织网络化是以某一企业为核心，由相关企业联合而成的一种企业组织网络，网络中的其他企业可看作是核心企业组织边界的扩展。世界最大零售商沃尔玛（Warl Mart）就是组织网络化的典型代表。它通过卫星系统把 3800 家供应商和分散在世界各地的连锁店联成网络，使各连锁店每天的销售信息直接反馈到供应商，以便立即调整生产及供货。这种信息网络使沃尔玛实现了"零库存"管理，经营成本得以大幅压缩。

组织间和组织内各部分相互沟通、协调的方式是组织结构的重要内容，信息技术作为一种低成本的控制手段降低了交易成本，促使传统企业组织向网络型组织转化，图 8-1 和图 8-2 是两种组织形式的比较。组织网络化所建立的合作关系相对稳定，成员之间有着长期的"共同愿景"。[①] 组织网络化的进一步发展是组织的虚拟化。在虚拟化组织中成员间的合作关系比较短暂，往往是一个项目完成后关系即告解除，成员则根据自身才能和市场机会重新组合，采用这种组织形式的企业被称为"虚拟企业"。企业的虚拟化是通过组织内、组织间高度的网络化形成的，网络使企业把雇员与雇员、雇员与客户直接联系在一起，减少了传统企业上下级构成的纵向和部门间的横向联系环节，使企业组织本身成为"空壳型组织"。

---

① 共同愿景（shared vision），即大家共同愿望的景象，指组织中成员在未来共同持有的意象或景象。可参见彼得·圣吉. 第五项修炼 [M]. 上海：上海三联书店，1998.

图 8-1 传统企业组织

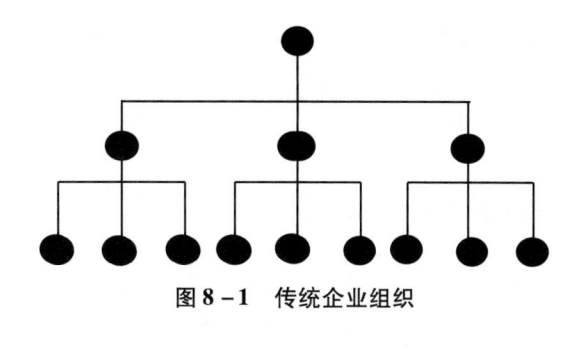

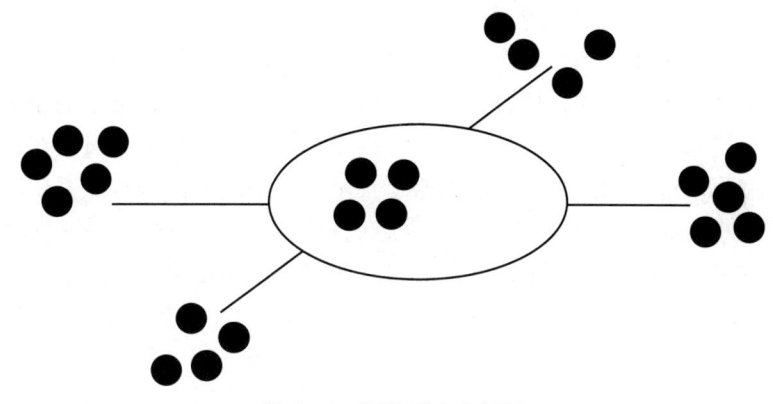

图 8-2 网络型企业组织

8.3.4 知识经济与团队组织

技术革命的第三次浪潮为人类提供了用再生能源代替非再生能源、非稀缺资源代替稀缺资源的手段，同时也把人类社会带入知识经济社会，由此寻找一条可持续发展之路。知识经济社会的主要特征在于知识成为经济发展的主要动力，创新成为经济增长的源泉，这也是企业获得竞争力的基本策略。创新不仅仅是新产品的发明，更是一种新的观念或解决问题的新方法。

知识的生产过程不仅需要创新还需要知识的综合，需要形成一个团队。团队合作的好处在于：从事创新工作的团队成员具有互补的知识或技能；团队成员的共同目标不是具体的任务而是以获得特定的结果为导向；由于创新是非重复性活动，团队组织的领导者由监督者转换为指导者，成员相互评价取代了上级对员工业绩的评价，成员的奖励与团队获得的成果相联系。

组织要获取合作经济的好处，就要把以前基于分工的职能型组织转变成团队型组织。职能型组织主要是纵向管理，而新型的团队组织以横向管理为主。以往可以通过职能部门严格分工和层级组织控制环境，把不确定性变为确定性，员工是在一个变化较少的环境中工作。当顾客需求、生产技术、竞争者情况都迅速变化时，创新不仅是产品设计人员的事，也是与顾客打交道的基层员工的日常工作，企业要想以高质快捷的服务让顾客满意，除了鼓励雇员之间协作之外别无选择。员工直面变化的环境，需要得到组织的充分授权，当单个员工的知识不能应付时，团队组织就应运而生。

8.3.5 企业组织结构的自然选择

纵观历史上企业组织变革的案例，可以发现，在信息技术应用于企业管理初期，很多企业只是把它当作一种便捷的信息传递工具，用于加强对基层的控制，除了改革企业的信息管理系统，增设信息管理部门外，未对传统的层级结构重新设计。很快这些企业发现，新增设的信息传递渠道不但未使绩效改善反而带来了部门、人员及费用的增加。比较而言，那些对组织进行扁平化改造的企业则充分利用了信息技术的优势，降低了成本，提高了竞争力。榜样的力量使组织扁平化成为一种潮流。追赶潮流又使人们忽略了技术与组织之间的内在联系，不管是家庭作坊式的小企业还是 IT 企业，都追求组织扁平化，这又误入了另一种歧途。

韩楠（M. T. Hannan）和弗里曼（J. H. Freeman）提出的自然选择模型（Natural-Selection Model，又叫 Population-Ecology Model，译为"群体生态模型"）可用于解释技术对企业组织的影响机制。组织在环境中的生存与自然界的适者生存一样，环境依据组织结构的特点以及组织与环境是否适应来选择一些组织或淘汰一些组织。多品种经济批量的柔性制造技术取代品种单一的大规模制造技术，要求组织结构也随之变化，从而矩阵制和其变种形式取代了直线制、职能制。环境因素选择组织，而技术无疑是传递环境变化压力的重要渠道。自然选择模型关注在某种特定环境中组织的群体，而不是单个组织。它把组织的生存看成是衡量组织效率的唯一标准，能生存下来的组织肯定是有效率的，被环境所选择的生存者总是那些能最好地协调其内部资源以适应竞争环境的组织。

前面指出，组织的存在是由于存在规模经济、分工经济、合作经济及交易费用的节约。不同的技术对人与人之间的关系有着不同的影响，也影响到组织内的成本与收益发生的格局。技术对组织的这种影响力是通过自然选择实现的。例如信息技术提供了节约交易费用的手段（更确切地说是可能性），而企业的组织扁平化改造使可能变为现实。同样，规模经济、分工经济、合作经济分别对应着不同的有利于其实现的组织模式——层级组织、矩阵组织、团队组织，这些组织又分别有其相匹配的技术基础。

需要强调的是，不论什么组织模式都会不同程度地获取规模经济、分工经济、合作经济和交易费用的节约。我们认为不同的组织模式有各自不同的技术基础，与其他组织模式相比，某种组织模式在获得某种收益时会更有效率。如团队组织在获得合作经济收益时更有效率，而层级制的严格控制有利于发挥规模制造技术的优势。经过市场竞争的选择，与技术相匹配的组织得以生存，生存下来的组织形式被"保存、复制",成为其他组织效法的榜样。从结果看表现为技术对组织的选择,实质则是环境对组织的选择,技术只是中间媒介。

8.4　结　束　语

今日社会唯一不变的是"变",企业必须不断进行组织变革,适应不断变化的环境才能生存下来,企业组织变革包括组织结构的重新设计和再造。组织变革是适应内外条件变化,以改善和提高组织效能为目标的活动。组织变革不能孤立进行,必须多方配套,实施包括任务、人员、技术和组织结构四个方面的系统变革。如果变革只是有限的几次,那么变革就可凭借卓越领导人的洞察力,在其强有力的领导下完成。现实是变革是一个持续不断的过程,为此许多公司同时创造有机和机械的组织,通过独立的创造性部门、风险团队等方式推动持续不断的创新和变革。成功的组织变革不在于促进一次变革的成功,而是成功地持续变革。

学派众多的传统组织理论的缺点是静态地研究组织。21世纪技术的迅速变化使我们处于一个高度不确定的环境中,组织需要持续变革以适应环境,必须动态地考察组织。这就需要新的分析工具和分析角度。从技术变迁角度考察组织演进的依据在于,生产方式的变革是最根本的变革,组织结构的变革只是技术变革的反映,抓住技术变迁可以从动态上抓住组织演进和变革的牛鼻子。由于组织问题的复杂性,只从技术角度探讨组织演进远远不够,需要进一步借鉴现有各种组织理论的成果,创建一个系统框架,这对于增强理论的解释力和组织设计的指导力是非常必要的。

参考文献

[1] F. E. 卡斯特, J. E. 罗森茨韦克. 组织与管理 [M]. 北京:中国社会科学出版社, 1985.

[2] 杨小凯, 张永生. 新兴古典经济学和超边际分析 [M]. 北京:中国人民大学出版社, 2000.

[3] Gareth Morgan. From Bureaucracies to Networks: The Emergence of New Organization Forms [A]. Deborah Ancona et al. Managing for the Future: Organizational Behavior & Processes [C]. 大连:东北财经大学出版社, 1998.

[4] M. T. Hannan, J. H. Freeman. The Population Ecology of Organizations [J]. The American Economic Review, 1982: 929 – 964.

第二篇
产业集聚与企业集群

第 9 章

中国制造业产业集聚的实证研究[*]

9.1 引　　言

　　作为产业优化配置的一种表现，产业空间集聚已成为一种世界性的经济现象。20 世纪 20 年代，韦伯（A. Weber）和马歇尔（A. Marshall）就对产业集聚问题给予了高度关注，由此开辟了一个新的研究领域。此后产业集聚逐渐成为新经济地理学、产业经济学、管理学等领域研究的一个热点问题。特别是 20 世纪 90 年代后期，美国经济学家迈克尔·波特从创新和竞争力角度对产业集聚展开研究，引起了国内外学术界和政府的极大关注，以王缉慈等（2001）、金碚（2003）为代表的中国学者对产业集聚问题研究也于近几年迅速展开。

　　产业集聚之所以引起如此重视，原因在于现实中无论是发达国家还是发展中国家，那些具有竞争优势的产业大都集中在某些特定的地区。产业集聚是提升产业竞争力和区域竞争力的一条有效途径。在计划经济时代，中国产业布局遵循的是政府指令性的均衡生产力布局原则，而非由市场主导，于是形成了违背产业特性与布局规律的"大而全""小而全"的经济结构。各地区产业结构雷同，特别是一些规模经济性显著的产业，普遍达不到应有的规模，市场集中度低、生产效率低、产品质量低、创新程度低，从而在国际市场中的竞争力也极低。在由计划经济向市场经济转轨的过程中，市场的作用逐渐增强，要素流动性增强，许多产业在市场的引导下，遵循产业本身发展规律，寻找最佳的区位，形成了区域集聚的现象，并在集聚的过程中竞争力得以迅速提升，在国内市场和国际市场上占据日益重要的地位。

　　国内现有产业集聚研究多是从区域角度，研究一个地区的产业集聚情况，如魏守华对峡州领带产业集群的分析；王孝有对珠江三角洲企业集群的研究；朱英明对长江三角洲地区外商投资企业空间集聚的研究；等等。本章从一个新的

---

[*] 本章作者为吴学花、杨蕙馨，发表在《中国工业经济》2004 年第 10 期（有改动）。

角度——产业的角度展开研究,即以具体产业为研究对象,设计一系列的反映集聚程度的指标,根据统计资料,度量中国制造业中的 20 个门类的产业集聚水平和主要的集聚地区,并对实证结果进行分析。

9.2 研究对象界定与指标设计

9.2.1 研究对象

行业(或产业)是指从事相同性质的经济活动的所有单位的集合。中国《国民经济行业分类和代码》(2002 年),将经济活动划分为门类、大类、中类和小类四级。门类采用英文字母编码,大、中、小类采用阿拉伯数字编码。本章研究的对象为 C 门类制造业中的 20 个大类。①

从全球角度研究产业集聚,主要是分析某产业主要集聚在哪几个国家;在一国范围考察产业集聚,则主要是看某产业主要集聚在哪几个省区,也可以细化到更小的市县单位。本章考察的产业集聚地区维度,按照行政区划,细化到省一级。

9.2.2 指标设计

产业集聚水平的高低实质上就是产业分布的不均匀程度,集聚水平越高产业布局越不均匀;反之,则布局越均匀。本章选取了三组产业集聚衡量指标:分别为行业集中度指标(CR_5、CR_2 和 CR_1)、洛伦兹曲线和基尼系数、赫芬达尔指数(HHI/Herfindahl Index)和 N 指数。

行业集中度是产业经济学中衡量市场结构最常用的指标,指规模最大的几位企业的规模占整个市场或行业的份额。本章中作为产业集聚指标,它代表的是某产业规模最大的几个省区占全国的份额。本章选取 CR_5、CR_2 和 CR_1 三项先来直观地观察产业在最大几个省区的集中程度。

洛伦兹曲线和基尼系数用来反映产业区域分布的不均程度。基尼系数是与洛伦兹曲线相对应的一个相对集中度指标,它的值在 0 与 1 之间变动,越接近 1 表

---

① 按照《国民经济行业分类》制造业共分为 30 个大类,本章的主要数据来自《中国工业经济统计年鉴》,受年鉴中的资料限制,本章只选择 20 个大类进行研究。它们分别是 C13 食品加工业、C14 食品制造业、C15 饮料制造业、C16 烟草制品业、C17 纺织业、C22 造纸及纸制品业、C25 石油加工及炼焦业、C26 化学燃料及化学制品制造业、C27 医药制造业、C28 化学纤维制造业、C31 非金属矿物制品业、C32 黑色金属冶炼及压延加工业、C33 有色金属冶炼及压延加工业、C34 金属制品业、C36 专用设备制造业、C37 交通运输设备制造业、C39 电气机械及器材制造业、C35 普通机械制造业、C40 电子及通信设备制造业和 C41 仪器仪表及文化办公机械制造业。

明产业集聚程度越强。

HHI（赫芬达尔指数）也是产业经济学中衡量市场结构的一个主要指标，是行业内所有企业的市场份额的平方和。HHI 值越大表明产业集聚程度越强，反之则越弱。N 指数是 HHI 的倒数，是一种"当量值"，在衡量产业集中度时，它等于市场中存在的规模相等的企业数目。本章中 N 指数则反映一产业在全国平均分布在几个省份。如，若 HHI = 0.2，N = 5，表示被衡量产业相当于平均分布在 5 个省区。N 指数的值越大，表示产业分布越分散，越小表示产业集聚程度越强。与基尼系数相同，HHI 也是一个综合性指标，考虑了全部省区相对规模，不同之处在于，HHI 用平方和的形式统计，给予了前几位较大的权重，如果产业在前几位特别是第一位省区集聚性较强（即 CR_1），则 HHI 数值将会体现得很明显，对应的 N 指数将较低。由于 HHI 与基尼系数的区别，两综合指标在衡量 20 个大类产业时，得出的集聚性顺序将稍有不同，如果某行业的 HHI 值排序比基尼系数排序靠前，说明该行业的 CR_1 值较大。

9.3 实 证 分 析

9.3.1 初步分析

1. 集中度指标分析

表 9-1 显示了各行业的 CR_1、CR_2 和 CR_5 数值。在一个省份集聚程度最强（即 CR_1 最大）的行业是 C41 仪器仪表及文化办公机械制造业，最大集聚地广东省在全国的比重达到 36.68%。第二位 C40 电子及通信设备制造业，其 CR_1 值也高达 36.63%，最大集聚地也是广东。并且这两个行业的第二集聚地都是江苏，比重也相似，分别是 12.68% 和 12.57%，第三位的集聚地都是上海，上海两产业规模分别占全国的 11.29% 和 10.65%。

表 9-1　　　　　　　　2002 年 20 大类制造业的行业集中度　　　　　　单位：%

行业	CR_1	CR_2	CR_5	行业	CR_1	CR_2	CR_5
C41	36.68（1）	49.36（2）	75.15（2）	C36	18.71（11）	34.75（8）	59.60（9）
C40	36.63（2）	49.20（3）	75.51（1）	C22	17.01（12）	33.00（10）	63.79（8）
C28	29.91（3）	51.24（1）	72.07（5）	C25	15.83（13）	25.28（16）	49.27（16）
C39	25.27（4）	39.93（6）	73.89（4）	C37	13.39（14）	26.06（14）	51.42（13）
C17	24.31（5）	45.92（4）	74.82（3）	C14	13.54（15）	26.05（1）	49.01（1）

续表

行业	CR_1	CR_2	CR_5	行业	CR_1	CR_2	CR_5
C34	24.19（6）	40.36（5）	70.89（6）	C31	13.37（16）	26.26（13）	51.93（12）
C13	24.11（7）	33.78（9）	55.18（11）	C32	12.12（17）	23.98（17）	43.93（18）
C16	23.29（8）	31.55（11）	49.30（15）	C15	11.84（18）	22.61（18）	50.07（14）
C35	22.56（9）	37.14（7）	66.82（7）	C27	10.40（19）	19.18（19）	42.80（19）
C26	19.04（10）	30.99（12）	56.39（10）	C33	10.20（20）	18.18（20）	38.11（20）

注：括号中的数字代表各指标反映的产业集中度排序。
资料来源：根据《中国工业经济统计年鉴》（2003）相关数据计算整理。

第一集聚地规模超过或接近全国1/4的还有C28化学纤维制造业（29.81%）、C39电气机械及器材制造业（25.27%）、C17纺织工业（24.31%）、C34金属制品业（24.19%）和C13食品加工业（24.11%）五个行业。其中化学纤维制造业和纺织工业的集聚特征类似，即第二集聚地比重都较高、呈现出两省齐头并进的态势。两行业的第一集聚地都是江苏，第二集聚地都是浙江，这两个行业浙江占全国的比重都超过20%，分别是21.33%和21.62%。其余的三个行业的第二集聚地规模都显著地低于第一集聚地。CR_1值较高的还有C16烟草加工业和C35普通机械制造业，都超过20%。

从表9-1中还可以看出CR_1最高的几个行业，CR_5的值都很高。CR_5超过70%的行业分别是C40电子及通信设备制造业（75.51%）、C41仪器仪表及文化办公机械制造业（75.15%）、纺织工业（74.82%）、电气机械及器材制造业（73.89%）、化学纤维制造业（72.07%）和金属制品业（70.89%）。普通机械制造业、造纸及纸制品业的前五位集中度也较高，超60%。CR_5最低的是有色金属冶炼及压延加工业（38.11%），医药制造业和黑色金属冶炼及压延加工业的CR_5也都低于45%。

2. 基尼系数指标分析

表9-2按照从大到小的顺序反映了20个行业的基尼系数值，最大数值为0.758，最小数值为0.405。根据基尼系数值的大小我们可以将20个行业集聚水平分成四组：

第一组（基尼系数≥0.7）：C40电子及通信设备制造业（0.758）、C41仪器仪表及文化办公机械制造业（0.724）、C28化学纤维制造业（0.716）和C17纺织工业（0.708）。

第二组（0.6≤基尼系数<0.7）：C39电气机械及器材制造业（0.692）、C34金属制品业（0.688）、C35普通机械制造业（0.649）、C22造纸及纸制品业（0.634）、C36专用设备制造业（0.611）。

第三组（0.5≤基尼系数<0.6）：C13食品加工业（0.559）、C26化学原料

及化学制品 (0.550)、C37 交通运输设备制造业 (0.550)、C25 石油加工及炼焦业 (0.549)、C16 烟草加工业 (0.548)、C31 非金属矿物制品业 (0.527)、C14 食品制造业 (0.518)、C32 黑色金属冶炼及压延加工业 (0.513)。

第四组（基尼系数 < 0.5）：C15 饮料制造业 (0.495)、C27 医药制造业 (0.470)、C33 有色金属冶炼及压延加工业 (0.405)。

3. N 指数分析

表 9-2 中 N 指数反映的行业集聚水平排序与基尼系数排序基本吻合，稍微不同的是 C13 和 C36 的顺序互换，C16 排到了 C26、C37、C25 的前面。究其原因，是因为 C13 的 CR_1 (24.11%) 高出 C36 的 CR_1 (18.71%) 5.4 个百分点，C16 的 CR_1 (23.39%) 分别比 C26、C37、C25 的 CR_1 高出 4.25、9.36 和 7.46 个百分点，因而通过平方和加权得到较高的 HHI 值和较小的 N 值。

表 9-2　　　　2002 年 20 大类制造业集聚基尼系数和 N 指数

行业	基尼系数	N 指数	行业	基尼系数	N 指数
C40	0.758 (1)	5.49 (1)	C26	0.550 (11)	11.96 (12)
C41	0.724 (2)	5.58 (2)	C37	0.550 (12)	13.68 (13)
C28	0.716 (3)	6.33 (3)	C25	0.549 (13)	13.87 (14)
C17	0.708 (4)	7.05 (4)	C16	0.548 (14)	11.18 (11)
C39	0.692 (5)	7.68 (5)	C31	0.527 (15)	13.89 (15)
C34	0.688 (6)	8.04 (6)	C14	0.518 (16)	14.60 (16)
C35	0.649 (7)	8.99 (7)	C32	0.513 (17)	14.78 (17)
C22	0.634 (8)	10.03 (8)	C15	0.495 (18)	15.32 (18)
C36	0.611 (9)	10.66 (10)	C27	0.470 (19)	17.21 (19)
C13	0.559 (10)	10.42 (9)	C33	0.405 (20)	19.52 (20)

注：括号中的数字代表各指标反映的产业集聚水平排序。C26 和 C37 的基尼系数精确到小数点后第四位分别是 0.5500 和 0.5498。

资料来源：根据《中国工业经济统计年鉴》(2003) 相关数据整理。

通过 N 指数我们可以更直观地衡量和比较 20 个行业的集聚水平，集聚性最强的 C40 电子及通信设备制造业生产相当于均匀分布在 5.49 个省区；第二位 C41 仪器仪表及文化办公机械制造业，相当于均匀分布在 5.58 个省区；第三位 C28 化学纤维制造业是 6.33 省区；C17 纺织工业经过几年的压锭、改造和升级，集聚程度大幅提高，N 指数值为 7.05，排位第四；C39 电气机械及器材制造业排在第五位，N 指数为 7.68；C34 金属制品业、C35 普通机械制造业和 C22 造纸及纸制品业三大类行业的 N 指数在 8 到 10 之间。其余 12 行业的 N 指数都大于 10，集聚性最弱的三个行业分别是 C15 饮料制造业、C27 医药制造业、C33 有色金属冶炼及压延加工业。

根据上面三组指标的分析，基本可以判断出：C40 电子及通信设备制造业、C41 仪器仪表及文化办公机械制造业、C28 化学纤维制造业、C17 纺织工业、C39 电气机械及器材制造业是集聚程度最强的 5 个行业，而 C33 有色金属冶炼及压延加工业、C27 医药制造业、C15 饮料制造业、C32 黑色金属冶炼及压延加工业、C14 食品制造业、C31 非金属矿物制品业是集聚程度最弱的几个行业，其余几个行业的集聚程度处于中间水平。

从行业生产特性和发达国家发展经验来看，高技术产业和一些规模经济性强的资本密集型产业的集聚性都比较强，但是上面对中国各行业的分析数据表明，有许多行业布局还是很分散，各地生产规模过小，难以实现规模效应和集聚效应以提升产业竞争力。如交通运输设备制造业、石油加工及炼焦业、黑色金属冶炼及压延加工业、化学原料及化学制品制造业、医药制造业等。

另一些行业如食品加工业、食品制造业、饮料制造业、有色金属加工及压延工业等，它们布局分散符合行业本身特点。食品类产品生产的规模经济性不显著，市场集中度一般不高，且这些行业的布局一般都在需求地或者原料供应地。有色金属加工及压延工业包含多种金属产品生产加工，它们的布局也要受到资源产地和能源供应的影响，不同种金属往往有自己特有的集聚生产区。

9.3.2 细化分析

现实中的产业集聚体现更多的是中小类行业的区域集聚，如汽车、摩托车、自行车、船舶、航空航天器等都各有自己的集聚地和集聚特征。所以，如果单纯考察大类的集聚情况，不进行细分，往往会得出不科学的结果。本章针对这种情况，分别选取了在大类统计上集聚程度不同的行业进行细化分析，以期得出更科学的结论。这几个大类分别是：C40 电子及通信设备制造业、C17 纺织工业、C37 交通运输设备制造业、C32 黑色金属冶炼及压延加工业和 C33 有色金属冶炼及压延加工业。对这几个大类进行细化分析的方法是分别选取各类中的几种代表性产品，计算这几种产品的集聚的基尼系数、N 指数以及区域集中度指标，[①] 并把这些指标值与前面计算过的大类指标值进行比较分析，得出结论。

1. 电子及通信设备制造业

前面分析了电子及通信设备制造业在中国具有很强的集聚性。下面选取了该行业 6 类代表性的产品：微型电子计算机、载波通信设备、程控交换机、移动电话机、彩色电视机、家用电冰箱，考察它们的集聚程度和集聚特征与大类的异同。表 9-3 列出了这 6 类产品的相关集聚指标，它们的集聚程度不同，集聚性最强的是载波通信设备，由于技术要求高和受市场需求规模限制，全国只有广

---

① 利用各种产品的产量数据进行计算。

东、江苏、四川和北京 4 个省市生产，在这 4 个省市中，广东和江苏两省又是最主要集聚区，广东的产量接近全国的 60%，和江苏两省的产量之和超过全国的 90%。基尼系数超过 0.9，N 指数只有 2.12。其他 5 类产品的集聚性从强到弱分别是程控交换机、微型电子计算机、移动电话机、彩色电视机和家用电冰箱。这个排序基本体现了产品的技术含量从高到低的顺序，技术性高的产品的集聚程度显著高于大类平均水平，而技术含量稍低的彩电、冰箱等产品生产的集聚性则低于大类平均水平。另外，不同产品的集聚地和次序也有所不同，6 类产品中有 4 类广东是最大的集聚地，另外 2 类的最大集聚地分别是北京和山东。作为大类的前五位集聚地，广东在各种产品生产中都占有重要地位，江苏、上海和北京主要是电子计算机和通信设备的集聚地，天津主要是移动电话机的生产集聚地，山东和四川、辽宁、安徽等省主要是家电产品的重要集聚地。

表 9 – 3　　　　　　　　2002 年主要电子及通信设备产品集聚指标

项目	CR1	C02	CR5	基尼系数	N 指数	前 5 位集聚区
电子及通信设备制造业	36.63	49.20	75.51	0.758	5.49	广东、江苏、上海、北京、天津
载波通信设备	59.58	93.18	100.00	0.908	2.12	广东、江苏、四川、北京
程控交换机	34.43	66.40	94.56	0.854	3.73	北京、广东、上海、山东、陕西
微型电子计算机	28.40	56.81	88.33	0.818	4.96	广东、北京、江苏、福建、辽宁
移动电话机	26.01	49.48	91.62	0.814	5.35	广东、天津、北京、浙江、上海
彩色电视机	34.79	50.49	74.49	0.749	5.78	广东、四川、山东、辽宁、江苏
家用电冰箱	26.30	46.15	78.85	0.754	6.65	山东、广东、安徽、江苏、河南

资料来源：根据《中国工业经济统计年鉴》(2003) 相关数据整理。

2. 纺织工业

2000 年前后，东部沿海江苏、浙江、山东、广东、上海 5 省市成为纺织工业的主要集聚地。纺织工业包括门类广泛，如一般的纱和布纺织、丝、绢、毛等纺织、还包括各种布的织造。表 9 – 4 数据表明，一般纱的生产集聚性要低于平均水平，而印染布、帘子布等生产的集聚性则较强，印染布生产主要集聚在浙江、帘子布生产主要集聚在江苏，两省都形成了自己的特色纺织工业，实现了生产的规模效益和集聚效益。从对纺织工业的细化分析可以得出，一般性纺织产品的集聚性相对较弱，而专业性产品的生产集聚性则较强。[①]

---

① 统计资料显示丝织业的集聚性也较强，主要集聚在浙江和江苏，两省生产规模超过全国的一半。

表 9-4　　　　　　　　2002年纺织工业主要产品集聚指标

项目	CR_1	CR_2	CR_5	基尼系数	N指数	前5位集聚区
纺织工业	24.31	45.92	72.07	0.708	7.05	江苏、浙江、山东、广东、上海
印染布	47.99	61.83	85.00	0.808	3.68	浙江、江苏、广东、山东、福建
帘子布	31.69	54.61	84.90	0.813	5.16	江苏、浙江、河南、安徽、山东
纱	19.37	37.11	61.64	0.626	9.89	江苏、山东、河南、湖北、河北

资料来源：根据《中国工业经济统计年鉴》（2003）相关数据整理。

3. 交通运输设备制造业

发达国家的发展规律表明，交通运输设备制造业生产具有强烈的集聚性和规模经济性，而中国的情况是该产业遍布于全国31个省份，其中汽车产业分布在除海南西藏、甘肃、青海、宁夏以外的27个省市区，摩托车生产也广布于全国23个省份，所以，前面测度出的交通运输设备制造业的集聚度较低。另外由于大类将铁路运输机械、航空航天器、船舶等都统计在内，所以得出的集聚度意义并不大。现在，我们单独考察汽车（包括轿车）、摩托车、自行车生产的集聚情况。表9-5数据显示，相对于大类平均集聚水平，轿车、摩托车、自行车都具有更强的集聚性。虽然它们的生产遍布全国各地，但是很多产区的生产规模非常小，主要产能还是集聚在少数几个省份。如自行车，前五位集聚地的产量就占到全国的近97.84%，广东一省占据了全国的1/3强。轿车生产主要集聚在上海、吉林、河南、天津和重庆，上海作为最大的集聚地产量占全国的1/3强，吉林的产量也超过全国的20%，按照N指数，轿车的生产相当于均匀分布在约5个省份。如果把所有汽车生产（包括客车、货车、轿车等）综合考虑，则计算出的集聚程度相对较弱，N指数为11.53，基尼系数、集中度指标也都较低。可见，对交通运输设备制造业的分析，如果将多种产品合在一起分析，集聚程度往往会被低估，把产品分开分析能得到较合理科学的结果。

表 9-5　　　　　2002年汽车、摩托车、自行车制造业集聚指标

项目	CR_1	CR_2	CR_5	基尼系数	N指数	前5位集聚区
交通运输设备制造业	13.93	26.06	51.42	0.550	13.68	上海、吉林、江苏、湖北、广东
汽车	16.00	28.13	56.76	0.623	11.53	吉林、湖北、上海、重庆、江西
轿车	35.76	56.54	82.48	0.805	4.97	上海、吉林、河南、天津、重庆
摩托车	28.12	48.24	78.58	0.770	6.29	重庆、广东、浙江、江苏、天津
自行车	34.23	52.00	97.84	0.835	4.53	广东、天津、上海、江苏、浙江

资料来源：根据《中国工业经济统计年鉴》（2003）相关数据整理。

4. 黑色金属冶炼及压延加工业

黑色金属冶炼及压延加工业主要包括炼铁、炼钢、钢压延加工和铁合金冶炼几个门类，是规模经济性强的资本密集型产业，应该具有较强集聚性。但是前面分析的结果表明在中国该行业的整体集聚性不强。对行业主要产品的集聚性分析（见表9-6）表明生铁、钢和铁合金的集聚性也都不强。但是炼钢中的部分产品特别是技术难度大的产品的集聚性相对较强，普通中型钢材、普通大型钢材和优质钢材的集聚性都比炼钢的平均水平高，而且大型钢材的集聚性显著。在钢铁压延加工方面，不同产品的集聚性也是不同的，线材的集聚性很弱，低于大类的平均集聚水平，但薄钢板的集聚性则较强，它的生产主要集中在一些具有实力的大型钢铁厂。通过对钢铁行业的分析可以得出结论，即钢铁行业整体集聚性不强，几乎分散在全国所有地区，但某些技术含量高、生产难度大的产品的集聚性较强。

表9-6　　　　2002年黑色金属冶炼及压延加工业主要产品集聚指标

项目	CR_1	CR_2	CR_5	基尼系数	N指数	前5位集聚区
黑色金属冶炼及压延加工业	12.12	23.98	43.93	0.513	14.78	河北、江苏、辽宁、上海、山东
生铁	17.10	28.14	50.84	0.534	13.36	河北、辽宁、陕西、上海、山东
钢	14.58	25.24	48.05	0.504	14.92	河北、辽宁、上海、江苏、湖北
普通中型钢材	16.41	29.14	61.52	0.653	10.70	辽宁、山东、安徽、河北、湖南
普通大型钢材	33.19	48.53	79.59	0.788	5.65	安徽、湖北、内蒙古、四川、山东
优质型钢材	19.87	33.58	60.42	0.646	10.22	江苏、河北、辽宁、湖北、山东
线材	13.56	26.55	45.97	0.480	15.27	河北、江苏、北京、辽宁、山东
薄钢板	32.39	55.90	78.79	0.782	5.40	上海、辽宁、江苏、湖北、江西
铁合金	15.78	27.57	54.28	0.572	12.70	贵州、四川、广西、湖南、甘肃

资料来源：根据《中国工业经济统计年鉴》(2003) 相关数据整理。

5. 有色金属冶炼及压延加工业

有色金属冶炼及压延加工业包含产品众多：包括常用有色金属（铜、铅锌、镍钴、锡、锑、铝、镁等）冶炼、贵金属冶炼、稀土金属冶炼、有色金属合金、有色金属压延等。各种产品的生产受资源与能源的制约性强，多数都分布在资源富集区。由于各种资源的主要分布区域不同，所以也就造就了各种产品生产的集聚地不同。把各种产品综合起来，简单地计算大类的集聚性，结果显然不准确，同时必然得到集聚性非常弱的结论。表9-7主要考察了几种常用有色金属的生产集聚性指标，结果表明单独考察一种产品时，其集聚性大大提高，不同的产品的集聚地有显著差别。

表9-7　　　　　　　　2002年主要有色金属生产集聚指标

项目	CR₁	CR₂	CR₅	基尼系数	N指数	前5位集聚区
有色金属冶炼及压延加工业	10.20	18.18	38.11	0.405	19.52	江苏、河南、浙江、广东、辽宁
铜	18.03	32.95	64.38	0.695	9.41	安徽、江西、云南、江苏、甘肃
铅	26.89	53.06	77.20	0.762	5.93	河南、湖南、云南、江苏、广西
锌	23.15	35.44	68.48	0.730	8.06	湖南、广西、云南、辽宁、四川
铝	22.93	32.09	53.56	0.590	10.73	河南、甘肃、青海、贵州、山西

资料来源：根据《中国工业经济统计年鉴》（2003）相关数据整理。

9.4 结　　论

第一，市场机制已在中国制造业产业布局中发挥了重要作用，部分行业呈现出良好的集聚性，"大而全""小而全"的产业布局基本被打破。但是仍有一些具有显著集聚特征的制造业部门布局十分分散，如交通运输设备制造业、医药行业、黑色金属冶炼及压延工业等，因为绝大部分的省市在制定发展计划时，都将这些产业定为主导产业或者重点产业，它们享受地方政府的各种保护和优惠条例，布局脱离行业特征和市场规律，仍然呈现遍地开花的现象。

第二，东部沿海地区已经形成较规范的市场环境，具备了较完善的基础设施，政府服务能力较强，消费前景广阔，进出口便利，各种资源汇聚于此，对许多产业形成了较大的吸引力，广东、江苏、上海、山东、北京、浙江等省份构成中国制造业最主要集聚地。且这种集聚具有进一步强化的态势。

第三，产业集聚对产业梯度转移理论提出挑战。按照梯度转移理论，传统的劳动密集型产业如轻工、纺织等产业将逐渐向低劳动力成本的中西部转移，但是中国的这些行业仍然集聚在东部地区，没有转移的倾向。这是由于中国劳动力的流动性在增强，东部地区可以分享中西部地区劳动力低成本的优势，而东部沿海地区一些产业集聚条件（如资本、基础设施、技术和信息溢出等）形成后，中西部地区要获得这些条件的难度就大大增加。在低成本劳动力与产业配套条件的组合中，中西部处于明显不利的地位。因此，西部地区的产业发展不能主要寄托在东部地区的产业转移上。

参考文献

[1] A. J. Scott. Industrial Organization and Location: Division of Labor, the Firm, and Spatial Process [J]. Economic Geography, 1986, 62 (3): 215-231.

[2] Marshall A, Principles of Economics [M]. London Macmillan, 1920 (1980).

［3］保罗·克鲁格曼. 地理和贸易［M］. 北京：北京大学出版社，2000.

［4］迈克尔·波特. 竞争论［M］. 北京：中信出版社，2003.

［5］符正平. 论企业集群的产生条件与形成机制［J］. 中国工业经济，2002（10）：16 - 22.

［6］金碚. 竞争力经济学［M］. 广州：广东经济出版社，2003.

［7］任寿根. 新兴产业集群与制度分割——以上海外高桥保税区新兴产业集群为例［J］. 管理世界，2004（2）：57 - 63.

［8］王缉慈等. 创新的空间：企业集群与区域发展［M］. 北京：北京大学出版社，2001.

［9］王孝有. 珠三角的企业集群化道路［J］. 江南论坛，2002（12）：23 - 24.

［10］魏守华. 集群竞争力的动力机制以及实证分析［J］. 中国工业经济，2002（10）：23 - 30.

［11］朱英明. 长江三角洲地区外商投资企业空间集群与地区增长［J］. 中国工业经济，2002（1）：63 - 69.

第 10 章

产业集群对经济增长的"后向关联"效应分析[*]

10.1 引　　言

　　我国已经进入一个产业集群与区域经济增长密切关联的阶段，一个产业具备多大的增长空间，往往取决于所处区域是否具备相关产业聚集的条件、聚集的进程是否开始、集聚达到了何种水平。那些早已成功的产业集聚区正在不断地强化着所在区域的竞争优势。据统计，仅长三角的浙江省拥有年产值亿元以上的产业集聚区就有 519 个，年产值达 6000 亿元，平均每个县有 3 个产业集聚；相对应的，在全国 532 中主要工业产品中，浙江就有 56 中以"块状经济"方式形成的产品居全国第一。正因为如此，产业集聚先行地区的成就不断地对中西部地区放射出强大的诱惑力，在经历了若干年增长极发展理论、梯度推移理论等区域非均衡发展理论实践之后，在区域差距没有缩小反而扩大的结果下，中西部地区开始转而关注产业聚集理论，希望借助产业集聚力量创造出的后发优势，来缩小它们与东部的地区差异，最终实现区域经济的均衡增长。但是聚集仅仅是促进经济增长的必要条件，而非充分条件。有了聚集是否就一定能带来区域经济的增长？什么样的产业聚集才是我们需要的？这一系列问题引发了我们对聚集与经济增长关系的思考。

---

[*] 本章作者为刘春玉、杨蕙馨，发表在《产业经济评论》2005 年 12 月第 2 期（有改动）。

10.2 经济增长理论的发展历程——外生增长模式向内生增长模式的演进

10.2.1 哈罗德—多马经济增长模型——资本积累理论

哈多基本模型为：经济增长率 $G = \dfrac{S/Y}{I/\Delta Y}$，S/Y 是储蓄率，I/ΔY 是资本投入—产出比率亦即投资效率。该模型的本质核心认为增长主要是由储蓄率和投资效率决定的，投资对经济增长具有双重功效。从需求方面说，投资可以扩大收入和就业，扩大总需求；从供给角度说，本期的投资又可以扩大下一期的生产能力。因此有学者称该理论为"资本决定论"。但正如德姆塞茨所言："如果劳动、资本以及土地供给在不同的国家或不同的时期相等的话，那么为什么单位资本产生的财富会在某个国家或某一时期高于另一个国家或另一时期？"

10.2.2 索罗新古典经济学的增长理论——外生技术决定论

针对哈罗德—多马模型的不足，新古典经济学代表人物索罗、斯旺利用柯布—道格拉斯生产函数对其进行修正，形成了自己的新增长模型。

索罗—斯旺模型：认为经济增长率模型为 $G = \dfrac{\Delta Y}{Y} = a\left(\dfrac{\Delta K}{K}\right) + b\left(\dfrac{\Delta L}{L}\right)$，K、L 分别代表资本和劳动投入，a、b 分别代表资本和劳动对经济增长所作贡献的份额。该模型贡献在于承认了产出的增长主要是由资本和劳动两种要素共同推动的。

索罗—米德模型：将上述模型发展为 $G = \dfrac{\Delta Y}{Y} = a\left(\dfrac{\Delta K}{K}\right) + b\left(\dfrac{\Delta L}{L}\right) + \dfrac{\Delta T}{T}$。首次在公式中引入了技术进步 ΔT/T 因素，突破了经济增长理论中长期以来认为资本积累是经济增长的决定性因素的束缚。但是该理论存在的最大缺陷在于：没有对技术进步做出解释。在新古典理论中技术被表达为不能独立测量的外生变量。

10.2.3 阿罗的"边干边学"——准内生技术决定理论

阿罗设定产出模型为 Y =（K，AL），A 代表技术因子，它同时又是资本存量的指数函数。该模型的创新性在于将技术进步的一部分内生化了；重要观点是：(1) 知识存量是投资存量的副产品；(2) 知识具非排他性和明显的"溢出效应"，从而带来产品成本随产量增加而下降即规模收益递增的结果。但是，这一模型仍然将技术变量视为外生变量，它只是通过资本的间接作用发挥效应。

10.2.4　罗默的内生增长模型

罗默的研究主要分为两个阶段，第一阶段是考察完全竞争条件下的经济增长，强调生产的规模收益递增和知识的外部性对经济增长的影响。第二阶段是研究垄断竞争条件下的经济增长，着重分析技术创新引起的产品多样化对经济的推动作用，同时指出各国人力资本水平的差异是导致增长率的国际差异的主要原因。该模型的贡献在于抛弃了新古典增长模型的技术外生与规模差异的主要原因。该模型的贡献在于抛弃了新古典增长模型的技术外生与规模收益不变的假定，在规模收益递增的分析框架下，考察了经济实现均衡增长的可能性，使经济增长理论进入了一个新的发展阶段。

罗默考察了垄断竞争条件下技术、人力资本对经济增长的影响，认为社会产出是资本、劳动力、人力资本和技术进步共同作用的结果。模型结果证实：经济的均衡增长率与总人力资本、研究部门的人力资本以及市场利率密切相关，它们呈正相关关系。收益递增是由内生的知识增加引起的。对于研究部门而言，知识具有正的外部性；对于中间产品部门而言，新知识引起分工深化；这两个效应都造成最终产品生产的规模收益递增。结论是长期增长率是由内生因素解释的，从而把技术进步等因素内生化，最后得到因技术进步的存在，要素收益会递增而长期增长率是正的重要结论。

10.2.5　新增长理论与产业集聚研究的融合

从哈罗德—多马的资本决定论，再到古典经济学的外生技术决定论，直至罗默的内生增长模型，经济增长理论发生了几个重要的变化：首先，新增长理论认为技术是经济系统的内生变量，技术的发展是经济体系有效运营和投入的结构，不是外生不可解释的。其次，新增长理论并不认为完全竞争是完美的市场结构，而以垄断竞争和规模收益递增为背景来研究经济增长机制，因为垄断是引发厂商创新的动力之源。最后，新增长理论更加重视对知识外溢、人力资本投资、研究开发和技术创新等问题的研究；指出它们是实现规模收益递增和经济长期增长的源泉。正是在这样变化的引导下，经济增长理论的研究重点发生了转移，开始关注经济体系内部经济组织的效率，看其是否有利于产生知识外溢、技术创新等导致规模收益递增和经济长期增长的源泉；开始考察厂商个体的组织形式，即怎样才能构建出较为完美的市场结构，来引发相适应的市场行为，最终实现规模收益递增和经济的持续高效增长的绩效。

产业集聚（cluster）作为产业发展演化过程中一种地缘现象，一种厂商群体特殊的组织形式，它通过相互关联的厂商在地域上的集中，促进了该区域专业化投入和服务的发展，专业化要素的规模供应，并创造出思想和经验易于交流的机会，工序日益增加的分工机会和专业化机会，从而实现生产自身增长的累积优势，最终带来生产活动的递增规模收益和经济的长期增长。正因为此，产业集聚与产业增长理论的关系研究受到越来越多的重视。自从20世纪90年代以来，以新熊彼特主义的创新观点为基础，学者们将产业集聚与产业竞争力、经济增长联系起来，兴起了产业集聚和经济增长理论研究的浪潮。其中代表性研究主要有：克鲁格曼应用不完全竞争经济学、递增收益、路径依赖和累积因果关系等解释产业的空间集聚；波特（1990，1994）提出地区竞争力的著名的"钻石"模型，特别强调了产业集聚对一定地区产业国际竞争力的作用。

10.3 产业集聚与经济增长的前后向连接模型

马丁和奥塔维亚诺（Martin and Ottaviano，2001）将罗默的内生增长模型（1990）和克鲁格曼、范纳伯尔斯（1996）的空间经济模型结合起来，以集聚和经济增长互为自变量和因变量，构造了一个集聚与增长的自我增强模型来探讨产业空间布局与经济增长之间的循环累积因果关系，并且还分析了影响集聚与增长关键要素的构成和影响方式。

10.3.1 模型的基本条件

有两个地区：区域1和区域2，初始阶段两区域完全一致；厂商分属三个部门，分别是同质产品生产部门、差异化产品部门以及创新部门；开始厂商在两地区分布完全均匀，两地区专利（知识）存量相等；劳动力数量固定为L[①]，劳动力和资本在区域间可以自由流动。为了区别，区域2的相关变量用 * 表示。

10.3.2 模型的参数与变量设置

同质品生产部门。处于完全竞争市场，规模收益不变，生产同质产品Y。为方便，假定同质品的投入要素只有单位劳动力，在劳动力可以自由流动的前提下，两地区同质产品价格相等，都为 $P_y = w$（劳动力工资）。

差异化产品生产部门。处于垄断竞争市场，规模收益递增；生产差异化产品D，其既可以用于最终消费，也可以用于创新部门的中间投入。差异化产品种类

---

① 模型中使用符号与罗默内生增长模型、克鲁格曼模型基本一致。

N 的多少，代表了经济的增长程度。由于差异化产品同时适用于最终消费与创新投入，所以假设在两个市场上，交易成本是一样的①。

σ 代表差异化产品之间的替代弹性；每一单位差异化产品生产需要一单位专利权和 β 单位劳动力的投入，两地厂商根据利润最大化原则，决定差异化产品的最优定价为 $P = P^* = w\beta \dfrac{\sigma}{\sigma - 1}$，由此厂商的利润 $\pi = Px - w\beta x = w\beta \dfrac{x}{\sigma - 1}$，x 是商场利润最大化时的厂商的生产规模。

创新部门厂商，其产出品为专利，属于完全竞争市场，专利可在两地区自由买卖。该部门只需要差异产品的投入，创新的成本高低依赖于知识存量大小，每单位创新需求的投入为 ηN^μ。η 是创新的边际成本；N 是差异化产品种类，$\mu = \dfrac{\sigma - 2}{\sigma - 1}$ 代表技术溢出效应。v 为专利的价值，根据无套利机会的要求，v 的价值由以下公式决定：

$$v = \dfrac{\dot{V}}{r} + \dfrac{\pi}{r} \qquad (10-1)$$

公式可理解为专利的价值等于购买专利厂商未来获取的利润 π 的现值之和，再加上该厂商独占相关产品生产权利 $\dot{V}$ 的未来现值之和。r 是贴现率。由于创新部门所面临的市场是完全竞争市场，所以 v = F（创新成本）。

消费支出，区域 1 消费者的消费支出 E = 区域 1 同质产品消费总价值 + 区域 1 消耗本区域差异化产品价值 + 区域 1 消耗区域 2 的差异化产品的价值 =

$$\sum_{i=1}^{n} P_i D_i + \sum_{j=n+1}^{N} \tau P_j^* D_j + P_Y Y \qquad (10-2)$$

n 是区域 1 生产的差异化产品的种类数量，D_i 是区域 1 生产的差异化产品，N − n 是区域 2 的差异化产品种类数量，D_j 是区域 2 生产的差异产品。$\tau > 1$ 代表运输成本②。

10.3.3　创新成本的表达

区域 1 的创新成本 F = 创新的投入价值 = 使用区域 1 生产的差异化产品的价值 + 使用区域 2 生产的差异化产品的价值 = $P^*[nz_i + n^* \tau z_j]$，这里 z_i，z_j 分别代表创新投入对区域 1 和区域 2 差异化产品需求的数量，$n^* = N - n$；然后创新厂商根据最小化 F 为目标函数，在创新投入 ηN^μ 的限制条件下，得出创新成本 F 的公式为：

---

① 格鲁曼格与范纳伯尔斯 1995 模型中的简化条件。
② 克鲁格曼模型中的冰山效应。

$$F = \omega\beta \frac{\sigma}{\sigma-1}\eta N^{-1}[\gamma+(1-\gamma)\delta]^{\frac{1}{1-\sigma}}, \quad \delta = \delta^{1-\sigma} \in (0, 1), \because \sigma > 1 \quad (10-3)$$

δ 是交易成本的另一种表现形式。$\gamma = \frac{n}{N} \in (0, 1)$ 是区域 1 生产差异化产品厂商数量占全部厂商的比重，用来代表集聚的程度。从以上公式可以看出，创新成本 F 与差异化产品种类 N 成反比，即原有知识存量越大，则创新成本越低。同时发现，在交易成本存在的情况下，创新成本 F 也是集聚指标 γ 的递减函数，即集聚有助于降低创新成本。

10.3.4　集聚与增长的循环积累因果关系

第一，向前连接，经济增长带来集聚，$\gamma = f(g)$。

根据德鲁格曼空间经济模型，在离心力与向心力的双重作用下，不管最初商业初始地域分布如何均匀，两区域会由于自组织原因，形成不同的经济活动布局，现假定创新活动开始集中在区域 1，则根据市场出清条件：产品供给＝产品需求，可以得出结论如下：

区域 1 生产差异化产品的数量（厂商规模）＝两地区对区域 1 生产差异化产品的最终需求＋区域 1 创新活动对区域 1 生产差异化产品的需求，根据上面有关差异化商品价格、种类，消费支出变量，推导公式为：

$$x = \frac{\alpha L(\sigma-1)}{\omega\beta\sigma}\left[\frac{E}{N[\gamma+(1-\gamma)\delta]} + \frac{E^*\delta}{N[\delta\gamma+1-\gamma]}\right] + z_i\dot{N} \quad (10-4)$$

同样，区域 2 亦如是：

$$x^* = \frac{\alpha L(\sigma-1)}{\omega\beta\sigma}\left[\frac{E\delta}{N[\gamma+(1-\gamma)\delta]} + \frac{E^*}{N[\delta\gamma+1-\gamma]}\right] + z_i\dot{N} \quad (10-5)$$

这里 α 代表对差异化产品的消费份额，它与对同质产品需求份额之和为 1，$\dot{N}$ 上点代表单位时间内新增的差异化产品的种类。

在均衡状态下，$x = x^*$，这里因为此时由于两地厂商规模相同，根据厂商利润公式：$\pi = Px - \omega\beta\sigma = \omega\beta\frac{x}{\sigma-1}$，则此时两地厂商利润趋于一致，厂商无迁址动机，达到一种均衡状态，则可以解出集聚与经济增长关系的函数：

$$\gamma = \frac{\alpha L(E+E^*)[(1+\delta)\varepsilon-\delta] + gNF}{(1-\delta)[\alpha L(E+E^*) + gNF]} \quad (10-6)$$

这里 $g = \frac{\dot{N}}{N}$ 代表经济增长程度，$\gamma = \frac{n}{N}$ 是集聚的程度，$\varepsilon \in (0, 1)$ 代表区域 1 的消费份额，但我们把 $\frac{\alpha L(E+E^*)}{2gNF} > \frac{\delta}{1-\delta}$ 条件代入前向连接公式，会发现此时 $\gamma \in \left(\frac{1}{2}, 1\right)$ 或者等于 1，公式（10-6）说明只要存在着交易成本并且足够小

(对应的 δ 足够大) 时，创新活动集中在一个区域内必然导致聚集发生。根据模型的对称性，若集聚集中在区域 2，该公式也适用。

公式（10-6）可表达为 $\gamma = f(g)$，从该公式不难看出，集聚是经济增长的非线性递增函数，经济增长推进了集聚的发生与强化；我们把它定义为"前向连接"；其产生的原因是：当创新活动集中某一区域的时候，高的经济增长要求差异化产品有更大的产出，由此导致了创新部门对差异化产品的更大需求，若创新部门对中间投入的差异化需求足够大，则该区域差异化产品市场就会膨胀，吸引更多的差异化产品的生产厂商向该区域集中。

另外，若创新活动平均在两个地区分布，则得出

$$\gamma = \frac{\alpha L(E+E^*)[(1+\delta)\varepsilon - \delta] + gN(1-\delta)}{(1-\delta)[\alpha L(E+E^*) + 2gNF]}$$，若此时 $\varepsilon = \frac{1}{2}$，则 $\gamma = \frac{1}{2}$，集聚不会发生。

最后，不论厂商定位如何选择，均衡时厂商的生产规模为：

$$x = \frac{\sigma - 1}{\omega\beta\sigma}\left[\alpha L\frac{E+E^*}{N} + Fg\right]$$

向前连续公式说明经济增长对集聚的推进实际上是以创新为纽带的。

第二，后向连接，集聚带来经济增长，$g = f(\gamma)$。

在稳定增长状态下，为保持厂商的创新动机始终为常数，在货币外部性与技术外部性的双重作用下，由技术溢出所带来的创新成本下降应该恰好与竞争激烈所带来的负效应相互抵消；此时，创新成本 F 以 g 的速度下降，FN 为常数，因此得出以下结论：

$$\frac{\dot{V}}{V} = \frac{\dot{F}}{F} = \frac{\dot{N}}{N} = -g \qquad (10-7)$$

将公式（10-7）和厂商利润公式 $\pi = Px - \omega\beta x = \omega\beta\frac{x}{\sigma-1}$，专利价值公式（10-1）、$F = v$、厂商生产规模公式（10-4），和创新成本公式（10-3）组织起来，我们得到后向连接公式为：

$$g = \frac{2\alpha L}{\eta\beta\sigma}[\gamma + (1-\gamma)]^{\frac{1}{\alpha-1}} - \rho\frac{\sigma-\alpha}{\sigma-1} \qquad (10-8)$$

我们称公式（10-8）为后向连接公式，即 $g = f(\gamma)$，这里也不难看出，增长是集聚的增函数，经济活动的空间集聚带来了经济的增长。我们从公式的推导过程发现集聚是这样推进经济增长的：经济活动在空间上的集聚在交易成本 δ 存在的情况下，会降低创新成本，这点从 F 公式可以看出，低的创新成本会吸引更多的厂商加入创新部门，直至创新部门的经济利润降为 0，更多的厂商开发出更多的差异化产品，由此促进了经济的增长。公式（10-8）仍然表明创新活动在集聚促进经济增长中的桥梁作用。

10.3.5 前向连接与后向连接构成经济体系的多种均衡状态

我们将前向连接和后向连接公式描述在增长与集聚二维图形上，因变量、自变量范围是 $g>0$，$\gamma \in \left(\dfrac{1}{2}, 1\right)$，二者交点处为该模型的均衡解。根据公式表达，前向连接曲线比后向连接曲线更为陡峭，并且在集中度为 1 的时候，该曲线成为垂直直线。

$\gamma = \dfrac{1}{2}$，$g = 0$ 是最基本均衡点，这是因为，各部门厂商此时在空间上均匀分布，规模相等，利润一致，任何厂商无动机改变现有状况。

图 10-1 中，后向连接曲线的不同位置是由参数交易成本 δ 的大小决定的。

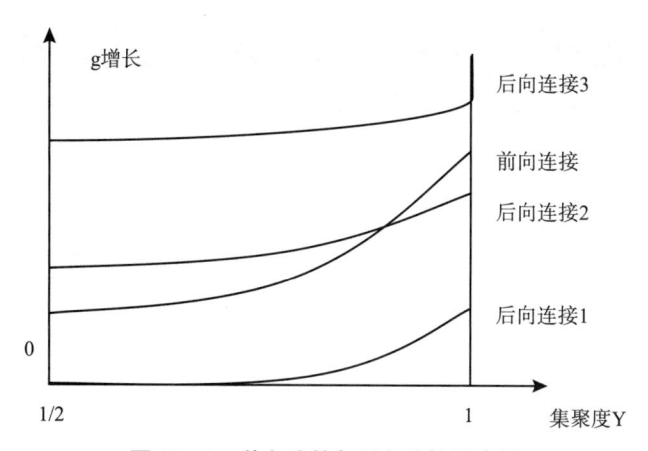

图 10-1 前向连接与后向连接示意图

当 $\delta < \delta_1 = 2\left[\dfrac{\rho\eta\beta\sigma(\sigma-2)}{2\alpha L(\sigma-1)}\right]^{\sigma-1} - 1$，处于后向连接 1 的位置，此时后向连接曲线始终位于前向连接曲线下方，二者无交点，则均衡只能为基本均衡点 $g = 0$，$\gamma = \dfrac{1}{2}$。

当 $\delta_1 < \delta < \delta_2 = \dfrac{\alpha(\sigma-1)[2L(\sigma-1)+\rho\eta\beta\sigma]}{2\alpha L(\sigma^2-1)+\rho\eta\beta\sigma[\sigma(1-\alpha)+\sigma-\alpha]}$ 时，曲线为后向连接 2，根据模型对称性，此时有 3 处均衡存在，分别在 $\gamma = \dfrac{1}{2}$，$g = 0$；$\gamma \in \left(\dfrac{1}{2}, 1\right)$，$g > 0$；$\gamma \in \left(0, \dfrac{1}{2}\right)$，$g > 0$。

当 $\delta_2 < \delta$ 时，后向连接 3 表示，前向连接与后向连接相交于 $\gamma = 1$ 处，此时

也有三处均衡，分别为 $\gamma = \frac{1}{2}$，$g = 0$；$\gamma = 0$，$g > 0$；$\gamma = 1$，$g > 0$。

在克鲁格曼的空间模型中，我们已经知道交易成本（尤其是运输成本）大小对产生集聚的离心力和向心力的作用：在规模收益递增的前提下，公司和劳动力集聚是出于考虑增加的要素报酬；可是，由于克服距离的交易成本的制约，这些增加的要素报酬仅仅在集聚发生的有限的空间区位显示出来，只有在有限的空间边界可能产生净收益。地方化的规模递增收益与空间距离交易成本间的平衡，可以解释观察到的产业空间等级模式类型的发展。现在结合内生增长理论，根据以上多重均衡，我们还可以进一步归纳出交易成本与经济增长之间的相互关系。

如图 10-2 所示：当交易成本高的时候，$\delta_2 < \delta$，创新成本太高，根据图 10-1 结果，此时 $g = 0$，$\gamma = \frac{1}{2}$，厂商分布均匀。当交易成本下降为 $\delta_1 < \delta < \delta_2$，$g > 0$，$\gamma = \frac{1}{2}$，集聚开始发生；随着交易成本的继续下降，达到 $\delta = \delta_2$ 时，$v = \gamma$，完全集聚发生。

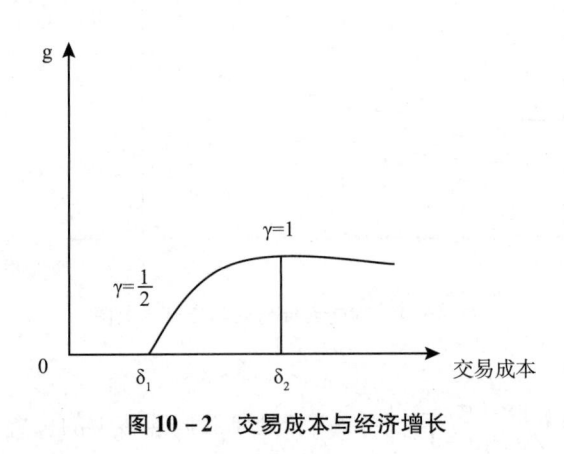

图 10-2 交易成本与经济增长

10.3.6 模型的意义

马丁和奥塔维亚诺（Martin and Ottaviano）的模型，通过以聚集和增长二者自变量和因变量身份的互换，揭示了它们之间的循环累积因果关系：即集聚促进了经济的增长（后向连接），增长反过来导致了集聚的加剧（前向连接）；而这种互相促进的关系，又是在以创新成本为代表的各种要素的共同作用下产生的。这些要素包含了创新成本、交易成本，差异化产品的替代弹性、差异化产品的消费份额，等等，它们的变动对增长和集聚产生同方向的影响，然后再通过增长与集聚自增强的进程，效用得到了进一步的放大。一般来说，创新成本、交易成本差异化产品替代弹性越低，差异化产品消费份额越高，越有利于集聚与增长正反馈机制发挥效应。

10.4 促进经济增长的产业集聚效应——关于后向连接的经济解释

集聚与增长在多重因素的影响下，互相促进着。然而产业集聚通过怎样的一种机制，利用了以上这些要素，对经济增长产生了放大的影响？下面我们根据马歇尔所论述的既是产业集聚的成因，也是其结果的集聚经济效应，来解释这种影响的根源机制。

首先，集聚效应中的货币外部性产生了基于市场规模的外部经济。马歇尔将货币（pecuniary）外部性定义为：市场规模扩大所带来的中间投入品的规模效应；劳动力市场规模效应；共享公共物品设施与服务的效应等，即通过市场规模效应和价格体系的变化而形成的外部经济。市场规模越大，源于外部经济的收益递增就越突出；它与技术外部性一起构成产业集聚外部性的整体。货币外部性从供给和需求两个方面发生作用的。从供给角度说，集聚体内成员可以低的交易成本就近获取所需的高度专门化的部件、原料、机械设备、商务服务等投入资源；集聚体本身可提供充足的就业机会和发展机会，从而对外地劳动力产生磁场效应；集聚体会引发对公共产品设施与服务的大的需求，反过来每个企业又可以以低的平均成本共享它们，也就是说，它扩大了要素和服务的市场。从需求角度看，因产业集聚体的声誉容易吸引外部多个客户而存在更多市场机会，同时集聚内企业由于分工深化而产生对中间产品的大量需求，它延伸了中间和最终产品的需求市场。

其次，集聚效应中的技术外部性促进了技术在集聚内的企业流动扩散、吸收和创新的能力。根据上面讨论的集聚与增长自我累积循环模型中技术创新的关键性作用，使得技术外部性的重要性已经大大超越了货币外部性，集聚——学习——竞争优势将会成为产业集聚不断演化下去的自我激励的动态过程。产业集聚主要是通过三个方面来创造其技术外部性：企业群在空间上的接近性；企业群在知识存量上的相似性；企业群在产业链上的分工协作性。

企业群在空间上的接近性有助于技术知识和人力资本的交流与扩散。尽管信息技术的发展大大降低了信息的传递成本，但是由于知识本身的黏性，使之传递具有一定的空间局限性，即超过一定传输距离之后会发生信号的衰减或者扭曲，特别是缄默知识，其交流还需要通过近距离的言传身教与默会理解。这正如格莱瑟等（Glaeser et al.，1992）所说，"知识穿流肯定是跨走廊和跨街道比起跨海洋和跨大陆来得更容易"。企业群在地理上的集聚，无疑大大缩短了知识传递的路径，提供了更多的信息交流正式和非正式的机会，因此有利于技术和知识的传递与扩散。

企业群在知识存量上的相似性促进了技术知识的消化与吸收。彼得和迈耶（Pete and Meyer）把发展中国家主要的产业集聚划分为意大利式产业集聚、卫星式产业集聚和轮轴式产业集聚；结果显示，构成产业集聚主体的大多是地位相近的中小企业。它们所面临的社会文化背景、经济制度和知识存量有着很大的相似性。根据知识学习的"路径依赖"理论，学习是一个有预期收益的社会文化所过滤的累积过程，过去的知识存量、文化制度背景对于新知识的理解和吸收是至关重要的。而产业集聚中的企业恰好由于其环境的相似性，极大地增强了企业间外溢技术知识的吸收效果。

企业群在产业链上的分工协作性激发了技术知识的创新。从纵向上来说，集聚内处于价值链上的上下游企业，在分工和共同的利益而引发"边干边学"，然后通过集聚效应放大学习的成果，推进创新能力的提高。从横向上看，相关企业由于竞争机制的作用会产生一定的"挤压效应"；一部分企业的创新成果会给其他同类企业产生一定的竞争压力，激发它们通过不同渠道模仿、学习或者合作的渴望；另外，企业之间的合作机制又能够使这种渴望在风险分担、收益共享的基础上更便捷的转化为现实。相对从而提高整个集聚的创新能力。

最后，集聚创建了社会资本效应。美国著名发展经济学家、斯坦福大学教授迈耶在《新老两代发展经济学家》一文中指出："在相继强调物质资本、人力资本、知识资本之后，一些经济学家现在又把'社会资本'加到增长的源泉中"。社会资本概念的提出突破性地把社会资本引入经济学框架，丰富了经济增长理论。关于社会资本的概念，经济学方面的解释是：个体通过所有的社会联系获取稀缺资源并由此获利的能力。个体获取稀缺资源的方式主要有两种：第一种是个体因为亲缘和非亲缘关系成为社会团体或协会等组织的正式成员而形成的稳定长久联系。第二种是个体之间交流、交换交往所形成的基于相互信任交际网络的联系。

集聚有助于社会资本的形成。集聚内的厂商个体，经过长时间的互动，已经深深嵌入一种基于一定文化、制度背景，相互信任的社会网络结构中，形成了密集的"机构密度与制度氛围"（institutional thickness）；从网络的构成来看，这个网络包含有一系列的网络结点，这些结点往往与某一产业相关，包括各类企业，如零部件、机器设备和服务的上游供应者；生产上有互补性的企业；下游的渠道和顾客；以及在知识、技能、技术上相关的企业；还有各种提供公共服务的机构；网络中各节点的正式或非正式的稳定联系构成企业获取竞争优势的重要因素之一，成为除了资源要素、能力要素和学习要素之外，不可忽视的"关系"要素，它和上面提到的货币外部性、技术外部性一起，重叠交叉的在获取产业的各种竞争优势方面发挥着作用。第一，企业与其供应链上游企业的社会资本有助于更方便的获取资本、劳力、原材料、专用性资产等实物资源的投入，例如在江浙一带的产业集聚，就形成了超脱于市场经济以外的依托于本地地缘、血缘、亲缘和朋友关系的社会网络和信用制度，当地企业的资本结构中长期资金几乎全部来自家族自有资本的投入。第二，企业与价值链下游客户的社会资本有助于赢得大规模稳定的市场需求。第三，企业与互补性或者技术相关性企业的社会资本可以降低企业之间学习和创新的交易费用，加速产业信息的交流和扩散，导致了"集聚中飘荡着行业秘密的空气"（马歇尔语）。第四，由企业与政府机构之间的联系网络而构建的社会资本，可以更为方便的获取政府制度上的支持。

10.5 基于"后向连接"效应的启示

我们研究集聚与增长的关系，寻找二者形成正反馈机制的根源，归根到底是要为我们的经济活动指明方向，即如何发展和鼓励正确的产业集聚方式以提升产业的竞争优势，促进经济的发展。集聚对经济增长虽然在上面的模型中展示了明确的后向连接效应，但并非只要有集聚就一定会产生产业竞争优势和经济增长。集聚之于增长的作用能否体现，还要看它是否培育了模型后向连接公式中那些关键要素发挥循环累积效应的土壤。

标准一，产业集聚内生产的各种产品是否具有较低的替代弹性。即是否在产业集聚内部大力发展产品的多样化和差异化。尤其是在技术密集型产业群，集聚内多样化，差异化产品的开发，可以降低类似产品的替代弹性，而替代弹性越高，越有助于创新，这是因为购买专利的厂商越容易获得垄断利润，那么他们投资于创新的动机就越明显，规模收益就越大。

标准二，产业集聚是否有助于刺激对各种差异化产品的强大需求。即在产业集聚内部是否已经形成高度的专业化分工协作体系。我们要摈弃"大而全，小而全"的传统企业模式，企业之间分工协作既提高了企业的专业化能力，同时还生成了大规模的中间产品的需求与供给市场，这样有助于提高对差异性产品的消费，而扩大的市场规模又有助于降低产品的生产成本，从而实现外部的规模经济和收益递增。

标准三，产业集聚是否降低了交易成本。即在产业集聚内部是否存在信息高速低边际成本流动和扩散的渠道，是否建立基于相同文化制度背景的高度信任体系。这要依赖于产业集聚内部企业组织上的植根性和网络化。

标准四，产业集聚是否降低了创新成本。现代的产业集聚应该是否按照企业在纵向价值链与横向产业链上的相关性关系来构建的一种学习型网络组织。这样才能保证它们在相同利益指导下，在共享黏性知识（特别是缄默知识）的基础上，以风险共担，收益分享为目的进行创新。

参考文献

[1] E. 多马. 经济增长理论 [M]. 北京：商务印书馆，1983.

[2] 科斯，诺思，威廉姆森等. 制度、契约与组织 [M]. 北京：经济科学出版社，2003.

[3] 罗勃特·M. 索罗. 增长论 [M]. 北京：经济科学出版社，1998.

[4] 郭熙保，王翀. 现代经济增长理论的演进历程 [J]. 当代财经，2001（4）：18－21.

[5] Romer M, Romer P M. Endogenous technological change [J]. 1989, 98 (98)：71－102.

[6] Krugman, P. , Development, Geography and Economic Theory [M]. Cambridge：MIT press, 1995.

[7] 迈克尔·波特. 国家竞争优势 [M]. 北京：华夏出版社，2002.

[8] Philippe Martin and Gianmarco I. P. Ottaviano. Growth and Agglomeration [J]. International Economic Review, 2001, 42 (4)：947－968.

[9] Venables, A. , Equilibrium Location of Vertically Linked Industries [J]. International Economic Review, 1997, 37：341－359.

[10] 马歇尔. 经济学原理 [M]. 北京：商务印书馆，1964.

[11] Glaeser, Edward L. , Kallal, Hedi D. , Scheinkman, José A. , and Shleifer, Andrei [J]. Growth in Cities. Journal of Political Economy, 1992, 100 (6)：1126－1152.

[12] Peter, Knorringa, P. , and Meyer Stamer, New Dimension Enterprise Cooperation and Development：From Cluster to Industrial Districts [J]. New York Geneva：UNCTAD, 1998：31－56.

[13] Meier G. and Stigliz, Frontiers of Development Economics：The Future in Perspective [Z]. Oxford University press, 2001.

[14] A. Amin, and N. Thrift, Globalization, Institutional Thickness and Local Prospects [J]. Revued' Economic Regionale et Urbaine, 1993 (3)：405－427.

第 11 章

基于内部协调机制的新产业区理论评述[*]

11.1 引　言

20世纪70年代末80年代初，西方发达国家传统产业出现衰退，但在意大利的中部和东北部传统产业区以网络形式存在的中小企业却表现出强大的生命力，同时美国硅谷则创造了通过集群式中小企业发展高科技的奇迹。这些现象引起了学术界的广泛关注。这些区域与19世纪马歇尔研究的具有创新性的小企业集聚有相似之处，但由于新技术革命、全球化进程加速及区域内外环境的变化，使得其外部条件和内部特征与当初马歇尔理论中的工业区概念有较大的差异，因此被称为新产业区（new industrial district），又称产业集群、地方企业网络、地方生产系统。它指的是一组在特定产业领域由于具有共性和互补性而联系在一起的企业和机构在特定地域形成的产业空间集聚现象。本章基于对新产业区内部协调机制的研究，对新产业区理论进行重新梳理，并对各个学派有关观点进行评述。

11.2 "新产业区"学派

11.2.1 新产业区的概念

巴卡提尼（Becattini，1990）在系统分析了意大利佛罗伦萨附近的图斯堪（Tuscan）的一些产业区，尤其是对普拉托（Prato）的毛织品产业区进行了细致的分析之后，首次提出了新产业区的概念，定义为："新产业区是具有共同社会

---

[*] 本章作者为杨蕙馨、李宁，发表在《学术研究》2006年第2期（有改动）。

背景的人们和企业在一定自然地域上形成的社会地域生产综合体。"① 他指出产业区的经济特点是劳动分工中的外部性，产业区内企业间的互动是有社会文化支持的。1984 年皮埃尔和赛伯（Piore and Sabel）在他们二人合著的《第二次产业分工》（*The Second Industrial Divide*）一书中对 19 世纪的产业区现象进行了重新解释，指出这种发展模式的特点是灵活性加上专业化（flexibility plus specialization，可译为"弹性专精"）。他们认为"第三意大利"的产业区发展是中小企业在弹性专精基础上实现的集聚，区内企业专业化程度高，通过信任和非正式或正式制度形成密切的网络关系，以调整企业间的合作与竞争，协同作用强，可以与以大企业为核心的区域进行竞争。但意大利学派的新产业区概念过于理想化地认为，世界经济都由参加贸易的专业化产业区组成，而且它没有足够重视区域长期发展的"学习"因素，因此，这个理论是不完整的。

斯科特（Scott，1988）将新产业区定义为基于合理劳动分工的生产商在地域上结成的网络（生产商和客商、供应商以及竞争对手等的合作与链接），这些网络与本地的劳动力市场密切相连。② 他认为，在劳动社会分工日益深化的前提下，企业间的交易频率增加，并导致交易费用的上升，企业倾向于在本地寻找交易对象以降低交易成本，这就促进了地方企业集群的形成，他同时强调具有发展动力的企业集群通常需要以现有的社会文化准则为基础的制度安排来克服市场失效。

伯兰第（Bellandi，1989）强调"产业区经济源于小企业群与当地社区间紧密的人际网络"，认为有必要将新产业区看作是一个社会与经济相结合的整体。③格罗弗里（Garafoli，1991）认为新产业区一般分布在城市的郊区或相对于大都市的边缘地区，当地生产系统的企业间存在着广泛的劳动分工，构成厂部门内与部门间投入产出网络的基础，区内存在着有效的信息传播网，信息能够快速流退，个人创造的知识能及时转化为区域集体的竞争力。派克和圣根伯格（Pyke and Sengenberger，1992）认为，新产业区是指有地理边界的生产系统，大量的企业在不同阶段、以不同方式生产同一种产品，实行专业化分工。新产业区发展必须具备的条件是：企业家的创新精神和创新能力、区内企业的弹性生产方式，以及区域内企业间紧密的网络连接与合作。

李小建（1997）提出应从区域形成时间、规模、部门结构、联系程度和根植性来判别产业区。王缉慈和王缉宪（1998）提出用网络和根植性来识别产业区。王缉慈（2001）将新产业区定义为一种以地方企业集群为特征的区域，弹性专精

---

① Becattini G, The Marshallian Industrial Distrial District as a Socio – Economic Notion, in F. Pyke, G. Becattini and W. Sengenberger, eds., Industrial districts and Inter – Firm Co-operation in Italy, Geneva, 11LS, 1990.

② Sccot A, New Industrial Space, London: Pion, 1988.

③ Bellandi M, The Industrial District in Marshall, In Small Firms and Industrial Districts in Italy, ed. E. Goodman and J. Bamford, London: Routkedge, 1989: 136 – 152.

的中小企业在一定地域范围内集聚,并结成密集的合作网络,根植于当地不断创新的社会文化环境。[1]

11.2.2 新产业区的发展机制

皮埃尔和赛伯(Piore and Sabel,1984)认为,第三意大利的产业区形成,是基于大量专业化的中小企业在地域范围内的集聚,而区域发展的动力则是产业区内劳动分工的细化和专业化程度提高。企业间在竞争基础上的分工协作,企业与上、下游企业进行密切的交流,以促进区内产业链条的各个环节创新,直至整个弹性生产综合体的创新和发展。

罗伦兹(Lorenz,1992)认为:"新产业区内企业之间的协作和竞争之间的一种特殊平衡。协作有两个主要方面,它既体现在企业对一些地方机构提供的公用服务的共享,如教育、培训、研究与开发、医疗和失业保险等,还体现在企业对竞争规则的遵守和企业间高度的相互信任。"[2] 竹内淳彦(Takeuchi,1994)指出日本的新产业区,包括东京附近的由中小企业组成的新产业区,其活力很大程度上来源于企业间的高度协作和信任,特别是专门技术和其他信息的交流。哈里逊(Harrison,1992)认为,新产业区与传统产业区的根本区别在于前者的两个特征,即企业之间的信任即经济关系在地方社会文化等非正式制度中的根植。加拿大学者海特(Hayter,1997)指出,在一定区域具有相同的、相近的或相关的社会文化背景、共同的价值观念的企业家集聚,对于区域内知识和技术扩散非常重要,利于区域内企业之间、企业与其他组织机构之间的密切合作。

王缉慈(2001)认为产业区内企业家相同或相似的社会文化背景有利于企业在专业化分工基础上建立密切的合作关系;区内行为主体共同创造一个广泛接受的行为模式,能够促使知识的流通与扩散,相互信任和满意成为区内最有价值的资源;专业化的中小企业与当地的教育、培训和研究机构、金融机构、中介服务组织以及政府等形成一种网络,共同支撑经济部门的发展。

11.2.3 新产业区的分类

许多学者从不同角度对新产业区进行了分类。布鲁斯科(Brusco,1990)按照有无政府干预、中小企业的内源力及当地协作环境的好坏程度进行了分类,如表 11-1、表 11-2 所示。

---

[1] 王缉慈. 创新的空间——企业集群与区域发展 [M]. 北京:北京大学出版社,2001.
[2] Lorenz EH. Trust, Community and Cooperation: Towards a Theory of Industrial District, In Storper M. and A. J. Scott (eds): Pathways to Industrialization and Regional Development, London: Routledge, 1992: 195-204.

表 11-1　　　　　　　　　　新产业区和其他类型的产业集聚

项目		小企业的内源力与竞争力	
^^		低	高
当地协作环境	差	传统的、当地市场导向的小企业集群	大企业主导的生产系统
^^	好	I 和 II 类新产业区（详情见表 11-2）	

表 11-2　　　　　　　　　　不同类型的新产业区

项目		好的当地协作环境	
^^		I 类产业区（没有政府干预）	II 类产业区（由当地政府干预）
小企业内源力与竞争力	低	1 拥有较低技术创新潜力的新产业区，如：Gnosjo，瑞典	2 有一些技术创新潜力的新产业区，如：Carpi
^^	高	3 有良好技术创新潜力的新产业区，如：Sassuolo，意大利	4 拥有很强的技术创新潜力的新产业区，如：Modena，Emilia-Romagna，意大利

资料来源：Brusco (1990)，王缉慈 (2001)。

如表 11-1 所示，在协作环境较差，且企业内源力和竞争力也较弱的产业集聚区中，企业间联系网络尚未形成，产业分工不明显，各个企业以分离的方式面向市场。在协作环境较差而企业内源力与竞争力较高的产业集聚区，有不同于新产业区中典型的企业网络，其生产系统的特点，通常是以大企业为主，其下有许多高度专业化的承包企业，这些企业彼此之间无自己的网络联系。

如表 11-2 所示，将 I 类与 II 类融合进来，根据政府干预以及企业竞争力两个变量，可将新产业区划分为四类：第 1 类新产业区是由低内源力、低竞争力企业所组成的无政府干预的地方生产系统。第 2 类新产业区由低内源力、低竞争力企业所组成，存在相当程度政府干预，因而它是有一些技术创新能力的地方生产系统。这一潜力源于产业区中小企业群的集体力量。因为有较强的公共参与，在一定程度上弥补了企业内源力与竞争力的低下。第 3 类，由于高内源力、高竞争力的中小企业密切协作，虽无政府干预，但有良好的技术创新能力的地方生产系统。第 4 类新产业区是由高内源力、高竞争力的企业协作以及政府干预共同导致的高水平创新能力的地方生产系统。这种创新能力是高内源力、高竞争力的企业间水平协作与政府干预共同作用的结果。

马库森（Markusen，1996）在《光滑空间中的黏结点：产业区的分类》一文中，通过在美国、日本、韩国、巴西四国中经济增长明显高于全国平均水平的区域内选取的子集进行研究，提出了四种典型的产业区类型：(1) 马歇尔式工业区（Marshallian district），意大利式产业区为其变体形式。(2) 轮轴式产业区（hub-and-spoke district），其地域结构围绕一种或几种工业的一个或多个主要企业。(3) 卫星平台式产业区（satellite platform district），主要由跨国公司的分支工厂组成。分支工厂可能是高技术的，或主要由低工资、低税、公众资助的机构组成。(4) 国家力量依赖型产业区 (state-centered district)，如图 11-1 所示。

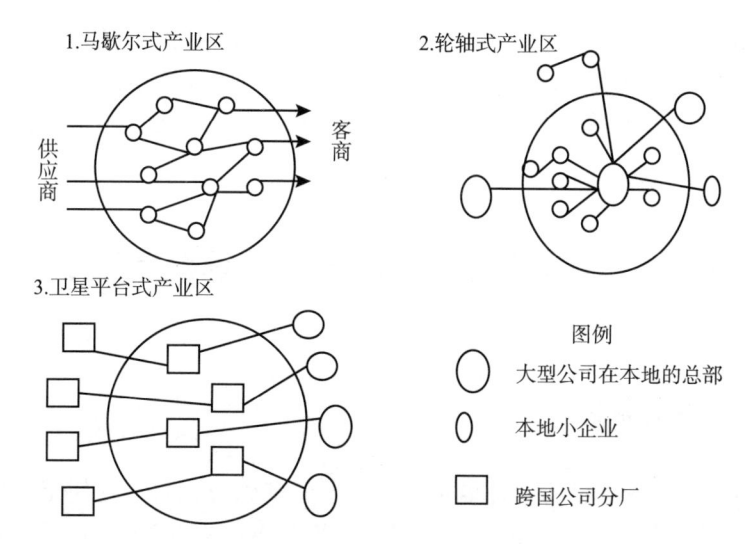

图 11-1　马库森的产业区分类

资料来源：Markusen (1996)，王缉慈 (2001)。

马库森认为，马歇尔式产业区中小的地方性企业起支配作用，地方供应商和买方之间有长期的合同和承诺，具有独特的地方文化，地方政府在管理和促进核心工业发展中起很大作用。轮轴式工业区由一个或多个大型垂直一体化企业支配，供应商在外围，核心工厂不在区内，与区外供应商和竞争者有重要的联系；有独特的地方文化特质，地方政府在管理和促进核心工业发展中的强有力作用，但缺乏商会提供可共享的基础结构——管理、培训、营销、技术或财政援助。卫星平台产业区由总部在区域外的大型企业支配，区内企业缺乏与地方供应商长期的承诺，与外部企业尤其是与母公司间有高度的合作联系；地方性文化的约束力小，在提供基础设施、减税和其他优惠条件中，政府起强有力的作用。国家力量依赖型产业区由一个或几个大型国家机构支配，商会在对公共部门客户信息的分享中起的作用小，地方政府在规制和促进核心活动中的作用弱，长期发展展望依赖与对政府中心机构的展望。

11.3　"新的产业空间" 学派

该学派认为，不确定的市场条件和技术路径已经取代了过去那些外生的和内生的确定性市场条件，因此，为了减少技术锁定 (technological lock-in)、劳动力囤积以及生产能力过大的风险，生产需要外部化（垂直分离）（Christopherson and Storper，1986）。同时该学派认识到存在于特定区域中的制度的重要性，认为在企业集群中，市场本身纵然存在很多形式的合同，也并不能成功地协调交易关系，本地化的生产协作网络存在降低社会交易成本和保护合作的因素，因此有利于提高企业的创新能力和灵活适应性（Storper，1989）。该学派的不足之处在于片面强调投入产出关系的本地化、贸易相互依赖的本地化等，不足以分析弹性生产中的集聚现象。

11.4 "创新环境"学派和"创新系统"学派

11.4.1 创新环境

"创新环境"学派认为，环境是一种发展的基础或背景，它使得创新性的机构能够创新并能和其他创新机构相互协调。1985年，GREMI首先指出区域创新环境对区域内企业集聚发生的强大作用，并认为企业的发展依赖于其在区域内结成的网络，这种网络不仅包括同一产业或相关产业上的企业与企业之间的、正式的经济网络，而且包括企业在创新和发展过程中，与当地的大学和研究机构等科教组织、行会等中介服务组织以及地方政府等公共组织机构之间的合作而结成的研究和开发合作网、企业家间、社会关系网等，当地社会文化环境的改善，有利于区域创新网络的发育和创新功能的提高（Bramanti and Maggioni，1997）。该学派反复强调环境的性质，但是没有特别说明它的机制和过程。

11.4.2 创新系统

创新系统理论包括区域系统创新理论和国际系统创新理论。区域创新系统的核心原理是，经济行为者的创新活动不仅依赖企业和研究机构的创新行为，而且取决于这些组织间、知识的生产与分配的公共部门间的相互关系，取决于依赖和利用基础知识的程度。并且认为互动学习在创新过程中起着重要的作用。伦达威尔（Lnndvall，1992）在国家创新系统的框架内研究了创新与空间的关系，得出创新过程中知识需求程度与空间相邻的重要性正相关的观点。特别对于激进创新，原有的规范使相互间沟通困难，技术不再使用，持有既定技术的生产者将难以评估技术范式的潜在效果，使用者难以领会生产者的信息；而且，由于缺乏最好范式的评价标准，相互信任和私人友谊等生产者-消费者的关系变得非常重要

（程学童等，2005）。① 内尔森（Nelson，1993）的理论指出，技术创新和传播需要大量相关部门和制度的支持，在创新和学习中除了正式的机构和制度之外，各种非正式的文化、习惯等也在影响着知识的积累和传播过程，这在具有较高内部认同的区域显得更明显。

11.5 "集群"学派

以波特（Porter）为代表的战略管理学派对产业集群的研究和应用做出了很大贡献。在《国家竞争优势》（Porter，1990）一书中，他认为一国的竞争力取决于产业创新与升级的能力，竞争优势是通过一个高度的本地化过程而产生并持续发展的。没有一国能在所有的部门都获得国际竞争的成功，各国只能在本国有特色的产业中获得国家竞争优势，它们获得成功的原因，是由于具备最有生气的、最富有挑战性的国内环境。波特指出，主要取决于该国在以下四方面的条件：（1）生产要素条件；（2）需求条件；（3）相关支撑产业；（4）厂商结构、战略与竞争。这四方面决定因素是相互制约的，任何一种因素的薄弱都会限制产业升级和创新的潜力。1998年波特在他发表的题为"亚当·斯密：区位、集群和竞争的'新'竞争微观经济学"（Porter，1998）中，强调了政府在为公司创造环境以提高生产率的过程中起重要的作用，而公司不仅是建办公楼和工厂，要参与集群的营造。用这种方法影响公共政策，尤其是环境和不平等问题。但是，波特的理论是不完全的。一些学者批评他有意避开了一些复杂的问题，例如技术发展的来源和性质、生产的社会根植性、权力的作用以及网络关系的复杂性等。他的理论应用的部门也是有限的。而且，竞争本身也很复杂，如何分析竞争和合作的关系，找到其平衡点，是十分重要的。

默伊·斯达姆（Meyer Stamer，2002）分析了产业集群内企业合作的模式，研究企业合作的典型障碍，探讨了如何克服文化对合作的不利影响，最后提出了通过企业合作来营造创新环境，从而提高了产业集群的创新能力和竞争优势。而库克则强调企业之间的合作应以经济活动的文化更新为基础，这种文化的更新包括：（1）从微观层面，这种信赖是可以研究和分析的，分析中的学习效应是可以传递和复制的；（2）某一区位的社会文化品位和合作意愿是该区位经济优势的主要内容之一；（3）随着企业之间的相互交往加深，企业都会越来越重视以信任为基础的相互联系、互惠关系、交往关系和社会关系网络（程学童等，2005）。②

2000年前后，国内学者对企业集群进行了大量的研究。仇保兴（1999）从

---

①② 转引自程学童，王祖强，李涛. 集群式民营企业成长模式分析 [M]. 北京：中国经济出版社，2005.

专业化分工和生态学角度分析了企业集群的形成机制，从产权、市场结构、产品和要素市场以及人文环境分析了集群形成过程中的制约因素。郑风田、唐忠（2002）分别从宏观、中观、微观的角度对企业集群的发生机制进行了探讨，其中的宏观因素包括需求、经济环境与制度、文化传统等，中观因素主要是中介服务性机构，微观因素则是企业之间的相互协调，主要是相互信任、联合行动与制裁等。

广东学者通过对当地企业集群的研究，认为企业网络或企业家网络对企业集群的运行有着重要的作用（吴国林，2001；李新春，2002a）。李新春（2002b）将集群内资源能力的获取与创造看作是大小企业间的一个智者博弈的过程，如果处于中心地位的大企业创造资源的风险大、收益小但是有较大的外部性，则必须通过政府的介入来促进这种能力的创造。王珺（2002）对企业集群的创新能力提高的演进过程进行了分析，提出了集群创新能力的动态性增强与扩展的观点。

台湾学者非常重视社会关系在台湾中小企业集群形成和发展中的作用，认为中小企业间密集的产业网络关系是台湾经济得以蓬勃发展的重要基础（陈慧娟和吴秉恩，2000）。王如玉和曾淑婉（1992）认为，中小企业间的协作网络关系建立在网络成员彼此的承诺与信任之上，这种承诺与信任主要是依靠企业间的社会关系而建立的。

11.6 结　　语

有关新产业区内部协调机制的研究在不同时期为许多学者所涉及，但目前还未引起理论界足够的重视，缺乏对其进一步的整合；并且各学派对其的研究程度也不尽相同，新产业区学派、集群学派涉及协调机制的研究较多，而新的产业空间学派、创新环境学派、创新系统学派则较少涉及。我们认为，新产业区作为一种由大量专业化分工的中小企业形成的网络组织，其竞争优势来源于其内部协调机制能够降低分工带来的交易费用的增长，提高产业区内部的分工水平，使内部企业获得专业化经济；同时，协调机制又能够促进区内企业间及企业与其他机构间的互动，增强信息交流，形成高度灵活的生产协作网络。

参考文献

[1] 李小建. 新产业区与经济活动全球化的地理研究［J］. 地理科学进展，1997（3）.

[2] 王缉慈. 创新的空间——企业集群与区域发展［M］. 北京：北京大学出版社，2001.

[3] 陈慧娟，吴秉恩. 台湾中小企业动态发展与人力资源管理作为关系之研究［J］. 中山管理评论，2001.

[4] 程学童，王祖强，李涛. 集群式民营企业成长模式研究［M］. 北京：中国经济出版

社，2005.

［5］仇保兴. 小企业集群研究［M］. 上海：复旦大学出版社，1999.

［6］郑风田，唐忠. 我国中小企业簇群成长的三维度原则分析［J］. 中国工业经济，2002（11）：59-65.

［7］吴国林. 中小企业网络：发展中西部区域经济的关节点［J］. 经济问题探索，2001（9）：64-66.

［8］李新春. 企业家协调与企业集群——对珠江三角洲专业镇企业集群化成长的分析［J］. 南开管理评论，2002（3）：50-56.

［9］李新春. 企业集群化成长的资源能力获取与创造［J］. 学术研究，2002（7）：10-12.

［10］王珺. 企业簇群的创新过程研究［J］. 管理世界，2002（10）：102-110.

［11］Piore M, and Sable C, The second Industrial Divide: Possibilities for Prosperity［M］. New York: Basic Books, 1984.

［12］Garofoli, The Italian Model of Spatial Development in the 1970s and1980s［M］. In Benko G., M. Dunford（eds）: Industrial Change and Regional Development, London: Belhaven, 1991.

［13］Takeuchi A., Location Dynamics of Industry in The Tokyo Metropolitan Region［J］. Report of Research, Nippon Institute of Technology, 1994（21）：283-292.

［14］Pyke, and Sengenberger W（eds）, Industrial District and Local Economic Regeneration［M］. Geneva: International Institute for Labour Studies, 1992.

［15］Wang JC, and Wang JX, An Analysis of New-Tech Agglomeration in Beijing: A New Industrial District in The Making?［J］. Environment and Planning, 1998（30）：681-701.

［16］Piore M and Sable C, the second Industrial Divide: Possibilities for Prosperity［M］. New York: Basic Books, 1984.

［17］Harrion B, Industrial District: Old Wine in New Bottles?［J］. Regional Studies, 1992, 26（4）：469-483.

［18］Hayter R, The Dynamics of Industrial Location: TheFactory［M］. The Firm and the Production System, England: John Wiley & Sons Ltd., 1997.

［19］Takeuchi A, Local Dynamics of Industrial in the Tokyo Metropolitan Region［R］. Report of Research, Nippon Institute of Technology, 1994（21）：283-282.

［20］Brusco S, The Idea of the Industrial District: The Experience of Italy［M］. In Keeble D., and Wever. E.（eds）: New Firms and Regional Development in Europe, London: Groom Helm, 1990.

［21］Markusen A., Sticky Places in Slippery Space: A Typology of Industrial Districts［J］. Economic Geography, 1996, 72（3）：293-313.

［22］Christopherson S, and Storper M, The City as Studio, The World as Back Lot: The Impact of Vertical Disintegration on the Location of the Motion Picture Industry［J］. Environment and Planning D: Society and Space, 1986（4）：305-320.

［23］Storper M, The Transition to Flexible Specialization in Industry: External Economies, The Division of Labour and the Crossing of Industrial Divides［J］. Cambridge Journal of Economics,

1989 (13): 273 – 305.

[24] Bramanti A, and Maggioni MA, the Dynamics of Milieux: The Network Analysis Approach, In Remigio R. Alberto B. and Richard. G. (ed), The Dynamics of Innovative Region: The GREMI Approach, Brookfield: Ashgate, 1997.

[25] Nelson R (eds.): National Innovation Systems: A Comparative Analysis [M]. New York and Oxford: Oxford University Press, 1993.

[26] Porter M. The Competitive Advantage of Nations [M]. The Free Press, 1990.

[27] Porter M E, The Adam Smith Address: Location, Clusters, and the "New" Microeconomics of Competition [J]. Business Economics, 1998 (33).

第 12 章

集群剩余与企业集群内部协调机制[*]

12.1 引　　言

20世纪80年代以来，社会经济组织越来越呈现一种网络化趋势，这种网络化是超越了传统的关于市场与企业两分法的复杂组织形态，企业集群就是这种复杂组织形态中的一种，是指具有产业关联和支撑联系的企业在一定地域范围内的集中，其内部存在大量的专业化分工与协作现象。集群内部各企业之间既不是横向一体化的正式结盟，也不是纵向一体化的组织形态。那么，究竟是什么力量在集群内部维系着企业之间高效的分工与协作？其目标是什么？目标又是如何实现的？本章在前人研究的基础上，就这些问题进行深入探讨。

12.2　企业集群内部协调的目标：追求集群剩余

大量关于企业集群的研究及企业集群的蓬勃发展都表明，这种介于企业与市场之间的组织形态具有显著的协同效应。但是企业集群与协同效应之间不是一个简单的线性关系，企业集群也并非天然具备产生协同效应的能力，企业仅仅在地理上的简单集中就自然地获得比单个企业简单加总更大的竞争优势是没有道理的。我们认为，集群内部特殊的协调机制在其中起着至关重要的作用。通过协调，集群内部的分工进一步细化，迂回生产链条的增长，取得专业化经济；通过协调，高度集群的分工企业之间可以进行密切的协作，使整个集群实现较高的生产率，扩大市场规模，获得外部规模经济；通过协调，集群内部可以获得更充分的信息交流，有利于集群内部企业的学习与创新，等等，这种更大的竞争优势表

---

[*] 本章作者为李宁、杨蕙馨，发表在《南开管理评论》2005年第2期（有改动）。

现为集群剩余（陈雪梅，2003）[①] 的获得。

进行专业化生产的企业之所以在特定的地区集聚，是由企业行为的规律决定的，企业作为理性"经济人"，它服从自利原则，总是追求平均成本最低化、利润最大化。如果进入集群非常便利（假定成本趋向于零），假定一个企业面临两种选择：加入集群或不参加集群。选择的结果取决于加入集群时该企业的利润 $\pi_{群}$ 与不参加集群时该企业的利润 $\pi_{非}$ 的比较。

$\pi_{群} = R_{群} - C_{群}$，其中 $R_{群}$、$C_{群}$ 为加入集群时该企业的收益与成本；

$\pi_{非} = R_{非} - C_{非}$，其中 $R_{非}$、$C_{非}$ 为不加入集群时该企业的收益与成本；

设 $S = \pi_{群} - \pi_{非}$，为单个企业参加集群所获得的额外剩余，则

$$S = (R_{群} - R_{非}) - (C_{群} - C_{非}) = (R_{群} - C_{群}) - (R_{非} - C_{非})$$

该企业的选择是：当 $S<0$，即 $\pi_{群} < \pi_{非}$ 时，不加入集群；当 $S=0$，即 $\pi_{群} = \pi_{非}$ 时，可以加入，也可以不加入；当 $S>0$，即 $\pi_{群} > \pi_{非}$ 时，加入集群。因此，企业加入集群的前提条件是：$S \geq 0$ 或 $\pi_{群} \geq \pi_{非}$ 或 $R_{群} - C_{群} \geq R_{非} - C_{非}$。

所谓集群剩余，是指集群内部所有企业加入集群时的利润减去不加入集群时的利润所得差额的总和，即集群内部所有企业获得的额外剩余的总和，它是企业集群能够比市场上单个企业简单加总实现更大绩效的表现形式。

该集群内部有 N 个企业，则集群剩余

$$S_{群} = \sum_{i=2}^{n} S_i = \sum_{i=2}^{n} (\pi_{i群} - \pi_{i非})$$
$$= \sum_{i=2}^{n} [(R_{i群} - R_{i非}) - (C_{i群} - C_{i非})] \quad (i \geq 2)$$

因为 $S_i \geq 0$ 是企业加入集群的前提条件，所以，

$$S_{群} = \sum_{i=2}^{n} S_i \geq 0$$

企业集群作为一个分工协作的网络组织，集群内部一方依赖于由它方所控制的资源，而且收益来自资源的整合。因此，集群内部协调的目的不是使单个企业参加集群的额外剩余最大，而是集群整体的剩余最大化。

12.3　企业集群内部协调机制

企业集群能否成功运作的关键在于，其内部协调机制能否保证合作各方有强大的动机不去利用它们之间的信息不对称和契约不完全而牟取私利，能否保证合

[①] 陈雪梅于《中小企业集群的理论与实践》（2003）中首先提出了集群剩余的概念，但她所针对的是集群内部的单个企业而不是集群整体，我们认为她所指的"集群剩余"更准确地说是企业加入集群比不加入集群所实现的额外剩余。

作成员同步互动且有序高效地协作。在集群内部，价格机制通过多边议价而形成非人格化的市场价格来降低专业化分工的内生交易费用，实现对资源的优化配置；政府通过明确产权、提供公共产品、兴办企业、培育市场体系、制定法律等，也将实现对交易费用的节约；而当市场不完善（如市场存在买方或卖方垄断），或交易中存在专用性投资时，专业化分工将面临由于契约不完善而导致的机会主义和策略行为的威胁，这时企业集群内部特殊的协调机制将起到重要作用，促进分工的企业之间的有效协作，实现集群总体的高效率。我们把集群内部特殊的协调机制归纳为以下五种：

（1）信任。企业集群内部企业之间是一种分工与交易关系，如果没有起码的信任就不可能发生交易关系；即使有交易关系，也会把大量宝贵的资源用于防范风险。信任是企业集群形成与运作的基础，它联结合作各方、提供必要的弹性、降低交易成本和合作关系的复杂性。企业集群内部企业之间在长期的交易关系中，是通过反复博弈才使信任机制得以建立。假定有两个企业 A 和 B，具有交易关系。博弈有两个阶段，在博弈的第一阶段，A 可以选择信任 B，也可以选择不信任 B。如果 A 选择不信任 B，交易不能进行，博弈结束，双方各得到零单位的收益。如果 A 选择信任，博弈进入第二阶段，轮到 B 决策，B 可以选择诚实也可以选择欺骗。如果 B 选择诚实，双方互利，各得五个单位的收益。如果 B 选择欺骗，B 得到十个单位的收入，A 损失五个单位的收入。博弈树如图 12-1 所示。

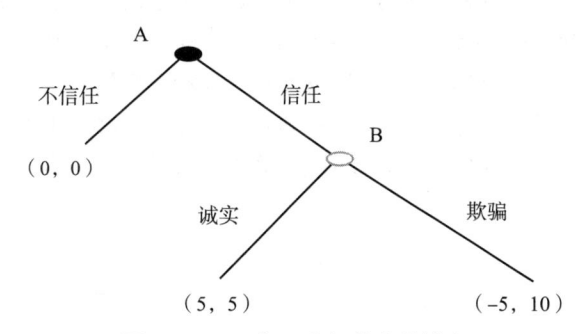

图 12-1　A 和 B 之间的交易博弈

现在假定交易只进行一次，让我们用逆向推理的方法求解这个博弈的纳什均衡。给定 A 选择信任的情况下，B 应该如何选择呢？如果 B 选择诚实，得到五个单位的收益；如果 B 选择欺骗，得到十个单位的收益。所以理性 B 的最优选择是欺骗。回到博弈的第一阶段，如果 A 有理性预期，知道 B 会选择欺骗，A 选择不信任得到零单位的收益，选择信任会损失五个单位的收益。所以，理性的 A 的最优选择是不信任。纳什均衡是 A 选择不信任，B 选择欺骗。

这是非常令人沮丧的结果。双方合作的话，能带给每一方五个单位的收益，合作比不合作好，但由于 B 的机会主义行为，合作将不会出现。但如果双方都有长期博弈的机会，合作将可能出现。假定在每一次的博弈结束前，双方都预期有 γ 的可能性有下一次机会，并且每次博弈的结构相同。考虑到 A 的如下策略：我首先选择信任你，如果你不滥用我对你的信任，我将继续信任你；但一旦你滥用我对你的信任，我将永远不信任你。

给定 A 的策略，如果 B 选择欺骗，他将得到本期收益十个单位，以后每期的收益是零。所以总的期望收益是十个单位。如果 B 选择不欺骗，他得到本期收益五个单位，有 γ 的可能性在下期得到五个单位的收益，有 γ^2 的可能性在下下期得到五个单位的收益，如此等等。总的期望收益为：$5 + 5\gamma + 5\gamma^2 + 5\gamma^3 + \cdots = 5/(1-\gamma)$。

因此，只要 $5/(1-\gamma) \geq 10$，即 $\gamma \geq 0.5$，不欺骗就是 B 的最优选择，合作关系得以建立，这就是重复博弈创造的信任机制。

(2) 声誉。声誉是一种社会记忆，包括合作者的特征、技能、可靠性和其他与交易有关的属性。随着环境不确定性的增加，集群内部企业更关心自身的信息与合作者的声誉。良好的记录与成功的表现是深入合作的基础，它通过阻止欺骗行为来强化合作，保证交易，并且集群内部企业会对那些违背共同规范的成员予以联合制裁。声誉机制的建立也是企业之间相互博弈的结果。在集群内部，每个企业都是长期参与者，但与之交易的厂商却不总是固定的。假定企业 C 和 D，这里 C 提供产品，D 购买产品。每个阶段只有一个厂商购买且只购买一次。在博弈的每一个阶段，C 选择提供高质量的产品还是低质量的产品，D 或其他厂商决定是否购买。D 在购买时不知道自己买的产品的质量，但知道所有之前的厂商购买产品的质量。如果 D 不购买，它的收益为 0；如果购买到高质量的产品，它的收益为 1；如果购买到低质量的产品，它的收益为 -1。C 生产高质量的产品的收益是 1，低质量产品的收益是 2。图 12-2 是阶段博弈的支付矩阵。

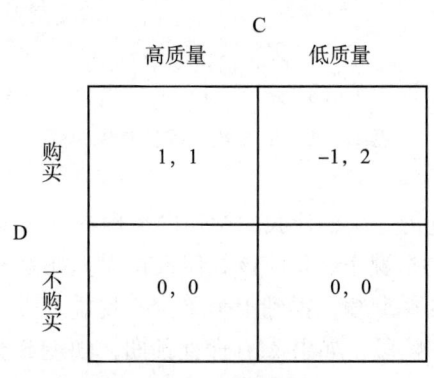

	C 高质量	C 低质量
D 购买	1, 1	-1, 2
D 不购买	0, 0	0, 0

图 12-2 质量博弈

在一次博弈中，唯一的纳什均衡是（不购买，低质量）。但在长期交易中，C 为了使其他厂商能够购买它的产品，只要 C 的贴现因子 $\gamma \geq 1/2$，那么（购买，高质量）将是均衡的结果（推导过程同信任机制，略），从而声誉机制得以建立。此外，在企业集群内部企业之间是一种长期交易关系，假如 C 生产低质量的产品，它失去的就不仅是集群内企业的一次购买，而且是和其他企业的长期交易机会，那么它将失去在集群中生存的空间。正如沃克（Walker）所说："如果产业中的所有企业都建立了相互关系，企业间的信息流动将很快确立起合作的规范，在这样一个紧密的网络之中，任何异常行为信息将很容易扩散并最终受到制裁。"

（3）关系契约。它是指广泛存在于企业中的可以强烈影响个人和企业行为的非正式协议及不成文规章，具有以下几个特征：第一，实行的是隐含契约和默认契约。它是双方共同知识所达成的默契，彼此心照不宣，也可以说是彼此通过交流对交易或互惠的内容达成的共识，这种契约不依赖法律，可自我实施。第二，交易具有连续或间断的延留义务。第三，交易对象是相对固定和稳定的，构成重复博弈环境。第四，契约具有自我实施的性质，更需要以社会规范而不是法律做保障。在集群内部的交易中，市场交易作为主要的交易方式和内容，非市场交易作为提高市场交易的手段。企业集群内部企业在对要素、产品或服务进行交易的同时，为使这些交易更有效，附加了某些交易内容（如产业链上下游企业之间的生产计划、质量控制、技术扩散等）。因为附加的是非市场交易，所以没有独立的价格，集群内部企业之间根据自己"一揽子"交易中的成本收益分析，决定是否接受交易、以什么条件进行交易。从收益来看，交易双方进行跨时期选择，不限于对短期收益的追求，而长期收益则是经过直接或间接经验验证把握和可预期的。

（4）社会关系网络。企业集群作为一种在地理上集中的特殊网络组织，社会关系网络在集群内部协调中发挥着重要的作用。新经济社会学提出了"嵌入性"的概念，指的是经济生活嵌入社会结构之中，人类的经济活动嵌入社会网络之中，为社会网络所包裹。嵌入的程度与社会关系的强度有关，不同强度的社会关系对经济生活的支持程度不一样。在格兰诺维特之前，弱关系的力量一直受到忽视。1973 年，格兰诺维特在《弱关系的力量》一文中指出，弱关系是一座桥梁，它提供了两点之间的通道，它的重要意义在于创造了局部桥梁。用一个简单的图形来说明这个问题，如图 12-3 所示。

G 和 D 之间的关系并不是 G—D 之间的唯一通道，因为一个可能的通道是G—B—D，但 G—D 是最短的通道，而在多数现实信息传播的例证中，它是一条更可能、更有效的通道。这是由于传播存在一种距离界限，如果不处在有效的距离界限之内，信息就会发生扭曲，信息的传播成本就会过大，接收信息的一方可能就无法接收到发出的信息。弱网是连接不同"簇"的桥梁，正是通过弱网，才形成一张大的社会网络。A、B、C、D 形成一个网络"簇"，E、F、H、G 形成另一个网络"簇"，通过 G 和 D 之间的弱网联系，能把两个网络"簇"中所有的个体联系在一起，对每个个体来说，获得信息的通道迅速增大。

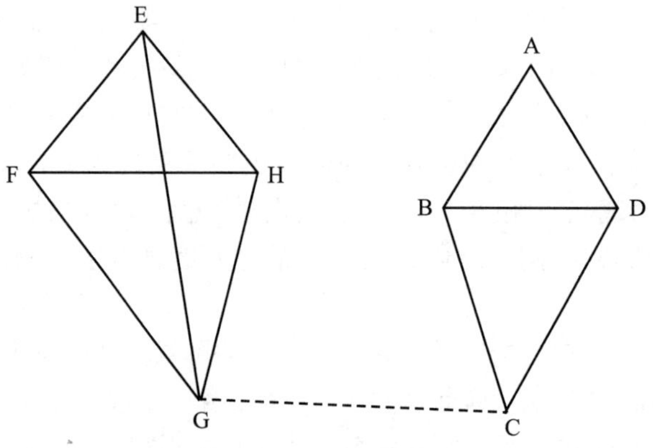

图 12-3 弱关系连接

在企业集群内部，通过弱网联系，集群内的企业家及其他参与者之间形成一张网络。网络具有传播信息的功能，其好处就在于，它决定着谁知道机会、什么时间知道机会，以及谁将参与其中。身处其中的成员往往就能抓住机会，降低交易的成本，获得更高的回报。同时，处于弱网当中不同"簇"的结点，与外界接触所拥有的信息集合不完全相同，而且两集合的交集越小，双方的信息越具有互补性。这样，通过弱网联系，在集群内部可以实现技术的扩散、更好的学习，并且激发创新。

（5）集群文化。集群文化是集群内部由行业、职业与专业方面的知识所构成的共同的价值观念、行为规范与期望的系统。这些知识不仅在集群内部企业之间指导交易活动并创立典型的行为模式，而且可以塑造角色、定位角色关系以及确定问题解决方式。它来自当地直接或间接的关系网以及制度资源和特色文化，并为所有成员所共享，而不仅仅局限于高层管理人员。集群文化能从三个方面加强集群内部企业之间的协调：一是通过社会化形成期望聚合，使集群内部企业之间的交易具有可预期性；二是用特质语言综合复杂程序与信息，并且这种特质的语言含有大量的意会性知识，是集群内部的专用性资源，难以被集群外的企业模仿；三是为意外情况下的适当行为制定了共同规则。由于集群内部企业之间基本行为规则的存在，使得它们不必为每一次交易再进行重复性的工作，从而简化了交易过程，降低了交易费用，提高了交易效率。

12.4 协调机制与集群剩余实现

在本章第一部分的分析中，我们知道集群剩余

$$S_{群} = \sum_{i=2}^{n} S_i = \sum_{i=2}^{n} (\pi_{i群} - \pi_{i非}) = \sum_{i=2}^{n} [(R_{i群} - R_{i非}) - (C_{i群} - C_{i非})]$$

为了分析方便，$SR = \sum_{i=2}^{n}(R_{i群} - R_{i非})$，为收益剩余，$SC = -\sum_{i=2}^{n}(C_{i群} - C_{i非}) = \sum_{i=2}^{n}(C_{i非} - C_{i群})$，为成本剩余，因此，集群剩余的实现是通过协调机制分别从收益剩余和成本收益两个方面来实现的。

12.4.1 收益剩余的实现

收益是由销售量 Q 和价格 P 决定的，则

$$SR = \sum_{i=2}^{n}(R_{i群} - R_{i非})$$

$$= \sum_{i=2}^{n}(Q_{i群}P_{i群} - Q_{i非}P_{i非})$$

$$= \sum_{i=2}^{n}[(Q_{i非} + \Delta Q_i)(P_{i非} + \Delta P) - Q_{i非}P_{i非}]$$

$$= \sum_{i=2}^{n}(\Delta Q_i P_{i非} + Q_{i非}\Delta P + \Delta Q\Delta P)$$

以上分析表明，企业集群收益剩余的实现有两条途径：市场的拓展使销量上升、价格上升。

（1）协调机制与企业集群的市场拓展，通常是通过加强集群内部企业之间的协作与创新来实现的。协调机制（如信任、关系契约等）能够使集群内部的企业之间专业化协作更加容易，满足多样化和个性化的市场需求，实现区域化的大规模生产，能够创造一个更大的市场需求空间。同时，协调机制（如社会关系网络等）使集群内部的信息交流更加顺畅，使企业容易发现市场和服务的缺口；而且便利的信息交流使创新变得更加可能，促使企业在新产品上协同开发市场。从动态来看，协调机制能够使集群内的企业共同把"蛋糕"做大，这是企业集群生命力的关键所在。

（2）协调机制与企业集群的价格上升，是通过集群内部企业之间的合作博弈与无形串谋实现的。集群内部企业对市场价格不是简单的接受者，而是从博弈的角度决策定价。每个企业的经营者处于共有的社会关系网络之中，互相接触，密切关注其他企业的市场行为，即如何制定同类产品、替代品、互补品等的价格。由于集群内价格信息传递迅速，并且认识到集群内企业的相互依赖，自己利益的实现必须通过他人才能实现，企业之间容易形成动态合作博弈，而不是按照纯粹的价格机制行事，从而维护了市场秩序。并且，集群内部企业拥有共同的集群文化，遵守共同的行为规则，相互之间很容易达成无形串谋，使在产业中本来就占有很大市场份额的企业集群拥有强的市场力量。这种强市场力量使企业集群无论作为产品市场上的供给者，还是作为要素市场上的需求者，都具有很强的谈判能

力（企业集群的市场势力能否实现和实现的程度，既依赖于集群内部企业联盟或串谋的形式与合作程度，也取决于集群外部的产业组织形式。限于本章篇幅，此处不再开展论述）。

12.4.2 成本剩余的实现

在考虑交易成本的基础上，企业成本应包括投入要素成本 c_F、内部组织成本 c_O 和市场交易成本 c_M，成本剩余相应分为三部分：

$$SC = \sum_{i=2}^{n} (C_{i非} - C_{i群})$$
$$= \sum_{i=2}^{n} [(C_{i非F} - C_{i群F}) + (C_{i非O} - C_{i群O}) + (C_{i非M} - C_{i群M})]$$

这样，成本剩余就来自要素成本、内部组织成本和交易成本的节约。

（1）协调机制与要素成本的节约，可以通过无形串谋形成的市场力量来降低要素市场价格，也可利用谈判能力来影响产品标准化规则的制定，促进集群内部企业的批量生产，实现成本的节约。此外，协调机制还可以使群内企业共同开发产品来分担成本。

（2）协调机制与内部组织成本的节约，是通过使处于同一产品价值链的不同阶段的企业更有效率地实现分工与协作实现的。处于产业链上下游的企业之间通过关系契约中的生产计划、质量控制、信息共享及技术扩散等实现生产的紧密协作，达到比市场上分工企业更高的效率。此外，还由于没有形成一体化的大型组织，从而避免了"大企业病"和 X 无效率。

（3）协调机制与交易成本的节约，是通过信息成本、契约成本及融资成本等的节约实现的。通过社会关系网络，可以使市场信息得到迅速传播，减少信息的不对称，从而使供求双方选择费用降低。集群内部的信任、声誉及共同的文化有利于契约的谈判、拟订、执行以及监督、仲裁等环节的顺利进行，从而降低契约成本。信任、声誉及社会关系网络能够使集群内部的中小企业之间更容易相互进行资金融通；并且，地方银行系统与当地企业家有着密切的联系，他们在做出贷款决定时着重于企业家个人品质与投资项目的前景，这些有利于降低企业的融资成本。

12.5 结　语

企业集群作为网络组织的一种特殊形态，其内部的协调既不同于市场上价格机制的无形之手，又不同于企业内部权威命令的有形之手，里卡德·拉尔森

(Rikard Larsson)称这种协调为"有形之手与无形之手的握手"。但它更多是一种隐性的协调,如信任、声誉、社会关系网络等。我们认为,集群内部企业之间相互协调的目标并不是使集群内部单个企业的剩余最大化,而是追求集群剩余的最大化;并且企业集群内部分工协作与相互依赖的特点决定了只有在使集群剩余最大化的基础上,才能够实现每个企业的剩余最大化。

参考文献

[1] 孙国强. 关系、互动与协同:网络组织的治理逻辑 [J]. 中国工业经济, 2003 (11): 16-22.

[2] 杨小凯, 黄有光. 专业化与经济组织——一种新兴古典微观经济学框架 [M]. 北京: 经济科学出版社, 1999.

[3] 陈雪梅. 中小企业集群的理论与实践 [M]. 北京: 经济科学出版社, 2003.

[4] 张维迎. 博弈论与信息经济学 [M]. 上海: 上海三联书店, 上海人民出版社, 1996.

[5] 孙国强. 网络组织的治理机制 [J]. 经济管理, 2003 (4): 39-43.

[6] 麦克尼尔. 新社会契约论 [M]. 北京: 中国政法大学出版社, 1994.

[7] 刘东. 企业网络论 [M]. 北京: 中国人民大学出版社, 2003.

[8] 王缉慈. 创新的空间——企业集群与区域发展 [M]. 北京: 北京大学出版社, 2001.

[9] 格兰诺维特. 弱关系的力量 [M]. 国外社会学, 1998 (2): 39-49.

[10] 李新春. 企业家协调与企业集群——对珠江三角洲专业镇企业集群化成长的分析 [J]. 南开管理评论, 2002 (3): 49-55.

[11] Rikard Larsson. , Beyond Markets and Hierarchies: A Swedish Quest for a Tripolar Institutional Framework‖The Handshake between Invisible and Visible Hands: Toward a Tripolar Institutional Framework [J]. International Studies of Management & Organization, 1993, 23 (1): 87-106.

[12] Michael L. , Katz et al. , R&D Cooperation and Competition [J]. Brookings Paper on Economic Activity, Special Issue, Microeconomics, 1990: 137-191.

[13] Mike Raco. , Competition, Collaboration and the New Industrial Districts: Examining the Institutional Turn in Local Economic Development [J]. Urban Studies, 1999, 36 (5-6): 951-968.

[14] Walker, G. et al. , Social Capital, Structural Holes and the Formation of an Industrial Network [J]. Organization Science, 1997: 109-125.

第 13 章

知识溢出效应与企业集聚定位决策[*]

13.1 技术距离与知识溢出效应的关系

13.1.1 默会知识溢出基本前提——地理集聚

由于知识,特别是缄默知识,那些在传播中不易留下痕迹的知识、那种受高度语境限制的、不确定的知识,更适合通过不断重复的接触和面对面的交流来传播,这类传播还不易与个人、社会和环境分开,才产生了知识溢出的地方性。所以,研究的前提条件是:只有同时位于集聚地的企业,才可能产生有效的缄默知识溢出效果。用 $d_{i,t}^{geo}$ 表示第 i 个企业在 t 时刻的空间位置,按照克鲁格曼的中心外围模型定义,只有两个结果:当企业位于集聚地的时候为 0,否则为 1,则 $(1-d_{i,t}^{geo})(1-d_{j,t}^{geo}) \neq 0$ 就限制了两个企业必须同时定位于集聚区。

13.1.2 影响知识溢出效果的因素

在格尔斯巴赫等(Gersbach et al., 1999)所做的知识溢出与企业集聚关系研究中,假设两个企业是同质的,它们在集聚地所获得知识溢出的能力都用参数 β 表示,他们构造了一个三阶段双寡头垄断博弈模型,并得出并非知识溢出效果越强的产业集聚动机越大的结论。此后相当部分学者接受这种假设,在论及地理集聚与知识溢出关系时,常常忽略企业具体层面分析而假设知识溢出效果对各企业是一致的,都用参数 β 代表。然而,事实却是:即使在同一产业集聚地,由于各种内外因素的影响,产业集聚所导致的知识溢出效果对不同企业是不同的。

---

[*] 本章作者为杨蕙馨、刘春玉,发表在《中国工业经济》2005 年第 12 期(有改动)。

阿斯等（Acs et al., 1994）发现，企业对非同源的知识溢出各有偏好，大企业更适合于利用自身研发投入所创造的创新产出，而小企业在接受高等院校、科研院所产生的公共知识方面更具优势。阿格拉沃尔（Agrawal, 2002）研究发现，集聚化的知识溢出与企业自身认识、吸收和应用新知识的能力是不可分割的，企业内部个性条件极大地左右了对相同知识的领会程度。这些关于外部因素知识源和内部因素知识接受能力的探讨和论证正是本章的出发点。

（1）技术差异的影响。克劳斯（Klaus, 2005）模型的最大特点就是对知识溢出效果影响的分析从原先的地理关注转移到了对地理和技术的共同关注上。首先他强调企业间相互学习的应该是异质知识和技术，但是，异质知识技术的差距不能很大，否则知识不可能在企业间顺利地流动和吸收。MAR（马歇尔—阿罗—罗默）的技术外部性理论认为：同一产业在空间上的集聚有利于知识的传播和溢出，这是源于同产业知识技术的充分接近性，他们甚至武断地认为知识溢出只会在同产业企业中发生。虽然这一看法被雅各布斯（Jacobs, 1969），费尔德曼等（Feldman et al., 1999）学者所反驳，但是在以后的实证研究中，技术差异在知识溢出和创新中的作用却不断凸显，如费尔德曼等（Feldman et al.）在证实产业多样性集聚比专一性集聚更有利于知识溢出和创新产出时，不是随机抽取的多样性产业进行实证分析，而是按照是否依据相同公共基础"知识池"将产业划归在一起，发现在这些产业之间知识溢出和创新的巨大效果。所以，不仅地理接近性，知识技术接近性也同样有利于集聚企业的知识溢出效果。

可采用技术空间距离来度量技术差异。技术空间距离是指某一时刻一定范围内的所有技术随机散落在一个闭型圆环上，技术与技术之间在圆环上的最短距离就是技术空间距离 $d_{i,j,t}^{tech}$，它代表技术 i 和技术 j 在 t 时刻上的差距。空间距离越大，产品之间的替代性就越小，产品更具吸引力，更有利于培养企业的"市场势力"[①]。在获取最大利润的驱动下，可以想象，企业每开发一项新技术，会自觉将该技术定位于距现有相近技术较远的位置，这是自然选择的结果，当然这种"远"是相对的，不能突破"技术圆"的空间局限[②]。

在不小于最小技术空间距离约束下[③]，技术距离与知识溢出接受程度成反比。尽管企业间学习的对象是异质性知识，但是过于"陌生"的技术无疑会阻止它们之间的顺畅交流、充分理解和进而创新化的进程。

---

① T时刻，j产品的吸引力可由公式：$A_{j,t} = d_{j-1,j,t}^{tech} \times d_{j+1,j,t}^{tech}$ 表示，j 技术距离相邻技术越远，其产品吸引力越大。

② 一般情况下新技术选择定位于原有相邻技术的正中间。如果是突破式新技术产生，则技术圆环会延伸扩张；如果只是对现有技术的"缝缝补补"，只是在旧环上添加新技术落脚点。

③ 最小技术空间距离是指两个技术之间必须有足够差距，以确保利用各自技术生产的产品对消费者的吸引力。

(2) 企业知识"势差"。知识一般从高处流向低处,企业往往是从知识存量丰富于己的对手中学习。企业间知识"势差"越大,即知识存量差距越大,可以学习的潜力和赶超的余地就越大,但这并不意味着知识溢出效果就越好。马基林等(Marjolein et al.,2001)研究表明知识的高效转移依赖于双方是否有适度的"势差"。"势差"过小,造成可转移的知识过少,"势差"过大,若无高效的学习力支撑,则落后的一方无法学习。因此,知识存量差距对知识溢出效果的影响是非单调的,其效果的发挥受到企业学习力的制约与影响。可用累积研发投资成果表示知识存量,t 时刻两企业 i 与 k 在知识 j 和 l 上的存量差异可以表示为:

$$t_{ik,jl,t} = \max\left\{\ln\left[\frac{RD_{k,l,t}^{proc}}{RD_{i,j,t}^{proc}}\right], 0\right\} \quad (13-1)$$

公式(13-1)中研发投资 RD 是一个历史累积过程,最先由戴维等(Dawid et al.,2003)提出,克劳斯(Klaus)又引入了知识溢出效果,表示为[①]:

$$RD_{i,j,t}^{proc} = RD_j^{max} - (RD_j^{max} - RD_{i,j,t-1}^{proc})\frac{1 + \propto e_i(I_{i,j,t-1}^{proc} + SP_{i,j,t}^{proc})}{1 + \propto (I_{i,j,t-1}^{proc} + SP_{i,j,t}^{proc})} \quad (13-2)$$

$\propto e_i$ 是企业个性参数,分别代表企业开发新产品的功能和利用研发投资的效率。公式(13-2)明确表达出投资研发是一个积累过程,是本企业历史研发投资存量和知识溢出效果的共同函数。RD_j^{max} 是技术 j 投资上限,企业投资越接近于上限,知识累积速度就越慢。

(3) 企业学习力。企业的学习力是指将企业的外部知识进行内部化的能力,在企业知识存量孕育下的学习力使外部知识内部化、隐性化和创新化,从而形成内化知识的难以模仿性和创新性等有助于企业核心竞争力形成的关键特征。

学习力如何测度呢?马莱茨基(Malecki,1997)指出熟练劳动力在集聚产业中技术传播的重要性。科恩等(Cohen et al.,1990)提出,企业可以通过培育同外部高等院校的联系、参加共同研发和同相关基础研究机构合作,来提高获取和享受外部知识的能力。总的来说,只要企业加强对学习力有关方面的投资和培育,就可提高对知识溢出的吸收能力。约格尔等(Yoguel et al.,2002)认为知识吸收能力度量包含三方面:量的指标,质的指标和质量指标。克劳斯(Klaus)则利用企业对每种技术的平均研发投资累积来度量企业的学习力。综合约格尔和克劳斯的研究成果,构造出学习力的度量公式:

$$= \frac{\beta_{i,t}\sum_{j=1}^{m_t} RD_{i,j,t}^{proc}}{m_t} \quad (13-3)$$

这里 $RD_{i,j,t}^{proc}$ 代表企业 i 对技术 j 在 t 时刻的生产性研发投资累积,也就是 Yoguel 度量体系里的量指标的综合;$\beta_{i,t}$ 代表研发投资有效性指标,即 Yoguel 度量

---

① $RD_{i,j,t}^{proc}$ 不要简单理解成企业 i 在 j 技术上的研发投资金额累积,而是在 j 技术上的知识和创新成果累积。

体系里的质指标的综合，包含研发投资的形式化程度①，先进管理技术的使用效果等，假设它为连续性变量，介于 [0，1] 之间；m_t 是每个时期知识技术总数量。

13.1.3　知识溢出效果的测度

知识溢出包含企业间外部知识溢出和企业内部知识溢出。由于集聚地内企业数量众多，对有限资源的争夺和激烈的竞争易造成成本上升和企业间竞相降价，这是集聚离心力作用的后果。企业之所以还要选择定位于集聚中心，很大原因就是希望通过外部知识溢出所学习到的知识能够以内部知识溢出的方式在企业内传播，以抵消集聚定位的不经济因素。因而，内部知识溢出与外部知识溢出同样重要。

根据以上讨论，知识溢出效果可表示为：

$$SP_{i,j,t}^{proc} = \sum_{l=1}^{m_t} \sum_{k \neq i} \left[(1 - d_{i,t}^{geo})(1 - d_{j,t}^{geo}) \times \frac{1}{1 + d_{i,l,t}^{tech}} t_{ik,jl,t} e^{\frac{t_{ik,jl,t}}{\gamma_{i,t}}} \right]$$
$$+ \sum_{l=1}^{m_t} \left[\frac{1}{1 + d_{i,l,t}^{tech}} t_{ik,jl,t} e^{\frac{t_{ik,jl,t}}{\gamma_{i,t}}} \right] \qquad (13-4)$$

公式（13-4）前半部代表外部知识溢出，$(1 - d_{i,t}^{geo})(1 - d_{j,t}^{geo})$ 限制了不同企业必须同时集聚在一起才可能有知识溢出的发生；后半部则是内部知识溢出效果，它与企业的地理定位无关。两种知识溢出都受到技术空间距离、知识存量差距和学习力的影响。

13.1.4　关于知识溢出效果的分析

对公式（13-4）演算可以发现，当企业 i 与企业 j 知识存量差距 $t_{ik,jl,t}$ 等于企业 i 的学习力 $\gamma_{i,k}$ 时，知识溢出效果最大，企业才可能通过知识溢出获取最大收益。

（1）技术距离对知识溢出效果的影响。既然知识溢出受地理局限性影响，企业的地理集聚则无疑是知识溢出的基本前提，但企业间技术距离对知识溢出效果也产生重要影响。技术接近是一个相对的概念，不是完全接近，而是有效接近，因为完全接近会丧失企业的市场势力和集聚学习的意义。尽管大量实证研究证实产业多样性集聚更有利于知识溢出和创新，并由此得出高新技术产业区发展趋势将是多样化集聚的结论（梁琦，2004），但是这种多样化，诚如费尔德曼（Feldman）等的研究是基于相同"知识池"的产业多样化。这些产业可能表面看起来

---

① 研发投资形式化程度是对研发投资真正商业化成果的度量，越是形式化、表面化的投资，则商业化价值就越低。

没有什么明显的技术相关性，内在却依存相同技术源。同样，技术空间距离的有效接近，其实也可以等同于波特钻石模型中相关产业和支持产业的作用。因此，产业集聚发展中不可忽视"技术联动"效应。

（2）企业知识存量差异和学习力的平衡。公式（13-4）显示：当两个企业知识存量和学习力相一致时，知识溢出效果最好。这并不意味着企业的学习能力会伴随企业间知识存量差距的变动而变动，否则会得出错误的结论。正确的理解应该包含两层含义：一是企业一般是向某些技术方面知识存量强于己的对手或者伙伴学习，对方的技术成果较弱或者与己太过相似则没有学习的动力，此时，再强的学习能力也无用武之地；二是知识转移过程中学习力至关重要，它是令产业集聚所创造的技术外部性有效的基本保障。作为集聚组成个体的企业必须重视培育将外部知识内部化的能力，特别是外部隐喻知识内部再隐喻化的能力，这样才能不断创新提升企业的核心能力。

13.2 知识溢出效应与企业集聚定位决策的关系

13.2.1 企业成本结构分析——集聚的向心力与离心力相互权衡的函数

知识溢出对企业定位决策并不是单独发挥效用，还应考虑与企业定位决策密切相关的企业成本结构。按照生产成本性态分析，所有产品生产成本可划分为固定成本与变动成本，为了不失一般性，假设成本函数非线性，则企业 i 总成本函数为：

$$C_{i,t} = F_i |M_{i,t}| + \sum_{j \in M_{i,t}} (\overline{c}_{i,j,t} \times X_{i,j,t}^2) \qquad (13-5)$$

$M_{i,t}$ 代表企业 i 在 t 时期参与的所有技术市场的集合（一种技术表示一个细分产品市场）；F_i 是固定生产成本，对每个企业是常数；$X_{i,j,t}$ 代表 j 技术产品生产数量；$\overline{c}_{i,j,t}$ 是产品的变动成本。

克劳斯（Klaus）原有模型中关于变动成本只考虑了技术生产成本和地理成本两个因素，结合中国产业集聚的特殊情况，在变动成本结构中加入政策成本，则：

$$\overline{c}_{i,j,t} = C_{i,j,t} + C_t^{geo} - C_t^{pol} \qquad (13-6)$$

企业生产率越高，技术生产成本 $C_{i,j,t}$ 越低，$C_{i,j,t}$ 随着企业知识累积的上升而下降，有：

$$C_{i,j,t} = C_{i,j}^{ini} [C_{i,j}^{min} + (1 - C_{i,j}^{min})(1 - RD_{i,j,t}^{proc})] \qquad (13-7)$$

公式（13-7）中，$C_{i,j}^{ini}$ 是企业 i 生产产品（技术）j 的初始成本，随着企业不断在 j 上的投资增加，技术成本呈现递减趋势，当它降低到底限 $C_{i,j}^{min}$ 时停止；

$1-C_{i,j}^{min}$ 是通过研发投资积累技术生产成本能够降低的最大幅度；因为研发投资成果同时也是知识溢出的函数，故技术生产成本是知识溢出的减函数，是集聚地的技术外部性作用的结果。

地理生产成本 C_t^{geo}，即企业因争夺稀缺资源而产生的成本，与所在地企业数目有关，越是企业集聚地区，资源价格因竞争就越趋于抬高，故又可以说是集聚离心力作用的结果。

$$C_t^{geo} = (1 - d_{i,t}^{geo})(N_t - 1)^{C^{geo}} R \quad (13-8)$$

N_t 代表 t 时期集聚区内企业的数量；C^{geo}，R 是决定曲线形状的参数。其中，C^{geo} 是与地理位置、资源禀赋有关的变量，当 $C^{geo} > 1$ 时，曲线是凹的，$\frac{\partial^2 C_t^{geo}}{\partial N_t^2} > 0$，说明地理成本随集聚地企业数量增多而更快地上升，此时，由于该地区资源有限等原因，众多企业对稀缺资源的争夺计较激烈，生产要素价格上升迅速，集聚离心力的威胁不容忽视。

政策生产成本 C_t^{pol} 是根据中国特殊情况提出的。在我国，不管是自发式还是引导式形成的企业集聚区域几乎都有着优惠政策扶持的背景，它是集聚的向心力。政策成本已成为多数企业决策定位的重要考虑因素之一，所以加入政策成本变量，并作为总成本的减项。公式（13-6）考虑了以下因素：只有处于中心区（集聚区）企业才可以享受政策优惠；优惠形式虽然多样化，主要以税收、财政补贴为主。即：

$$C_t^{pol} = (1 - d_{i,t}^{geo}) \times TA \times P_{j,t} \quad (13-9)$$

这里，TA 代表财政、税收优惠程度，$P_{j,t}$ 表示产品 j 价格。

由此可见，生产总成本就这样在集聚的正负效应的此消彼长中寻求着最佳状态。

13.2.2 集聚定位决策评价模型

根据克鲁格曼的中心外围模型，假设企业只有中心或外围两个位置可供选择，企业迁移则会发生转移沉没成本 C_{sunk}^{geo}，维持原位置则没有沉没成本。企业是否选择定位集聚地主要从离心力和向心力两方面考虑。一般来说，一方面由争夺稀缺资源而引发的价格竞争会减少企业集聚的动机，另一方面从集聚地知识溢出而获益的愿望能克服这种离心力的作用。此外，根据阿罗定义知识的非竞争性和部分非排他性特性，集聚定位决策时还不可忽略关键知识流向非授权的竞争对手的顾虑，故企业集聚定位决策模型应同时考虑这三方面的综合作用。

由于知识溢出存在负面效应，知识的传播与流动容易将企业私有知识演化为共有知识，对创新研发企业而言就可能出现外部不经济，因为它们无法获得足够的"创新激励"来弥补创新成本。同时，各企业在利润驱动的博弈过程中，容易引发强烈的"搭便车"动机,如果这种不经济的"共有性"演化进程得不到有效的遏止,最终的结果将是集聚区内没有企业主动进行研发投资或者导致集聚的解体。如此,由于知识溢出正负效应的同时存在,溢出越大并不必然导致集聚向心力增强。

企业选址是对定位于中心或者外围而带来的成本差异的比较,是对通过知识溢出从其他企业获取收益和担心知识流向竞争对手的综合权衡。据此,企业定位评价模型如下:

$$V_{i,t}^{geo} = \left[\frac{1}{|M_{i,t}|}\sum_{j \in M_{i,t}}\frac{\overline{c}_{i,j,t}(d_{i,t}^{geo}=1)}{\overline{c}_{i,j,t}(d_{i,t}^{geo}=0)}\right]^{\frac{\delta_{i,C}}{\delta_{i,C}+\delta_{i,RD}+\delta_{i,SP}}}$$

$$\times \left[1 - \frac{1}{|R_{i,t}|}\sum_{j \in R_{i,t}}\frac{SP_{i,j,t}^{proc}(d_{i,t}^{geo}=1)}{SP_{i,j,t}^{proc}(d_{i,t}^{geo}=0)}\right]^{\frac{\delta_{i,SP}}{\delta_{i,SP}+\delta_{i,C}+\delta_{i,RD}}}$$

$$\times \left[1 - \frac{1}{|M_{i,t}|}\sum_{j \in M_{i,t}}\frac{RD_{i,j,t}^{proc}}{RD_{i,t}^{proc}}\right]^{\frac{\delta_{i,RD}}{\delta_{i,RD}+\delta_{i,C}+\delta_{i,SP}}} \quad (13-10)$$

公式(13-10)第一项是企业 i 位于集聚外围的边际生产成本 $\overline{c}_{i,j,t}(d_{i,t}^{geo}=1)$ 与位于集聚中心区边际生产成本 $\overline{c}_{i,j,t}(d_{i,t}^{geo}=0)$ 的比值。比值越大,说明由于中心区存在丰裕的资源储备,使得生产要素价格并未因企业争夺而大幅上升,或者是企业技术生产成本下降快于地理成本的上升,或者是政策优惠幅度足够抵消要素价格的上升,则企业可忽视离心力的作用而依然定位于集聚中心区。

第二项考虑的是定位于中心区所获得的知识溢出好处,用位于集聚外围的企业内部知识溢出效果 $SP_{i,j,t}^{proc}(d_{i,t}^{geo}=1)$ 除以位于中心区企业知识溢出总效果 $SP_{i,j,t}^{proc}(d_{i,t}^{geo}=0)$ 表示,该比值越小,通过知识溢出带来的向心力就越大。这里 $R_{i,t}$ 表示企业 i 参与研发的技术市场集合。①

第三项考虑的是企业位于中心区因知识溢出而导致的知识损失的可能,用企业 i 在技术 j 上的知识累积 $RD_{i,j,t}^{proc}$ 比上相同技术市场上最大的知识累积 $RD_{i,t}^{proc}$ 表示,如果企业越是领先企业,则该比值就越大,那么被同行作为技术源的可能性就越大,被模仿的可能性就越大。此时,企业为避免知识溢出的负面效应,可能会选择定位于集聚区之外。

公式(13-10)中的指数 $\delta_{i,C}$,$\delta_{i,SP}$,$\delta_{i,RD}$ 是每个企业在进行定位决策时,对成本、知识溢出和知识流失考虑所分配的权重,三项之和为1。当然定位评价分值还受到权重分配的影响。

当企业评价分值高于事先设定的集聚定位标准 $k_{i,s}$,并且准备好足够的迁移成本时,不管上期企业定位于哪里,下期都将选择中心区定位。所以,综合评分 $V_{i,t}^{geo}$ 越大,企业集聚定位决策越坚定。

---

① $R_{i,t}$ 包含了 $M_{i,t}$,有生产则一定需要研发,反之则不然。

13.2.3 集聚定位评价模型三项因素权重的分配

正是由于知识溢出的正负效应同时存在，知识溢出和企业集聚定位并不呈现明显的单调递增关系，格斯巴赫等（Gersbach et al., 1999）三阶段寡头垄断模型也表明：企业间知识溢出越大并不必然导致集聚的增加。同样，由于争夺稀缺资源而导致的地理成本上升也会引发利益驱动企业的外围定位动机，从而引致集聚的解体。在企业的成本结构、知识技术存量等基本面情况既定的条件下，如何防止集聚的解体，触发其集聚定位的动机呢？在内外合力的共同作用下，$\delta_{i,RD}$，$\delta_{i,SP}$，$\delta_{i,C}$ 这三项权重之间的此消彼长可以使得情况相同的企业做出完全不同的定位决策。

（1）知识溢出联合创新效用 ε。格斯巴赫（Gersbach）等指出 ε 出现在"研究中新型"[①] 企业集聚中，同时从事研发企业之间通过知识相互交流可以碰撞出创新的"火花"，由此导致知识合力将超过两者之合，ε 就用来度量这种放大效用。他们的研究证实，只要 ε 足够大，企业在研究中心型地区集聚的动机就强烈。所以，公式（13-10）中第二项的知识溢出的主管权重 $\delta_{i,SP}$ 将是 ε 的增函数，ε 的提高意味着企业将对知识溢出的正面效应倾注更大的关注，如果此时公式（13-10）中第二项括号内比值比其他两项更为理想，则较大的权重将引发企业集聚定位的动机。前提必须是企业只有在"研究中心型"集聚内，才可能产生知识溢出联合创新效用 ε。

（2）知识溢出时滞 T。越是位于技术"高势"的企业，公式（13-10）中第三项值自然就越小。提高这些技术领先企业集聚定位决策的评分值，关键在于如何降低企业给 $\delta_{i,RD}$ 分配的权重，即减轻企业对知识溢出负面效应的顾虑。知识溢出最根本的负面效应就是创新主体得不到应有的创新激励，而模仿企业"掠夺"了大部分不应有的收益，可以把 $\delta_{i,RD}$ 看作是创新激励的减函数：只要保证创新激励足够大，企业对知识溢出的担心程度就降低。以工艺创新作为例：创新降低了企业的单位产品生产成本，从最初的 $\bar{c}$ 下降到 $\underline{c} \leqslant \bar{c}$，新技术被同行业模仿有一段时滞 T（T 为整数，代表期间），假若在 t 时刻，该企业独享优势技术，其利润 $\prod_t(\underline{c})$，而同期其他企业利润为 $\prod_t(\bar{c})$，明显 $\prod_t(\underline{c}) > \prod_t(\bar{c})$，假定利率 r 为常数，创新从 0 时刻开始，那么到技术溢出为止创新激励 V 就等于未来超额收益的现值之和：

$$V = \sum_{t=0}^{T} (\prod_t(\underline{c}) - \prod_t(\bar{c})) \times (1+r)^{-t} \qquad (13-11)$$

[①] 研究中心型集聚指集聚在同一地的企业都从事 R&D 活动，知识流动是双向的，每一个企业既是知识的溢出者，也是接收者。

可见，在其他条件不变的前提下，知识溢出时滞 T 越大，创新激励就越大，则相应权重 $\delta_{i,RD}$，分配值就越小。T 的大小主要由知识本身特性和知识外部性内在化程度决定。知识缄默性越大，知识溢出速度就越慢。知识外部性内在化的程度主要取决于对创新主体的保护机制，可以通过知识产权制度的安排、集聚区创新网络的治理和政府的干预，使得知识外部性具有较高的内在化能力。此时，越是接近企业核心能力的缄默知识，越难以模仿，领先企业关于核心技术流失的恐惧就越小，企业就越倾向于在集聚区内定位。

（3）企业的成本敏感性。集聚区内企业数目越多，企业地理成本占总成本的比重自然越高，然而，有数据表明，越是在要素成本居高不下的大城市，创新活动的集聚性反而越明显，例如，美国人均创新活动前三名主要集中在旧金山（人均专利数 8.886）、波士顿（人均专利数 8.686）和纽约（人均专利数 4.191）（Feldman et al., 1999）。是什么让这些企业对大城市趋之若鹜呢？一个很重要的原因就是这些企业有着较低的成本敏感度。毫无疑问，对成本不甚敏感的企业，自然在 $\delta_{i,C}$ 上分配的权重就越小，它们更关注产业集聚的知识溢出效应，定位于集聚区的主要目的就是获取和学习知识、信息和技术，而成本就容易被忽略。今日企业间竞争是基于整个价值链的竞争，那些掌握价值链治理权的企业，往往获得了价值链所创造的绝大部分利润，这些企业一般集中在研发、品牌、市场开发等非生产领域，定位于价值链高端，或者虎视眈眈寻找新价值链的开发契机，知识和信息的快速获取和交换才是它们关注的焦点，此时，对 $\delta_{i,SP}$ 的重视当然远远超过了 $\delta_{i,C}$。

13.3 对我国高新技术产业园区发展的启示

13.3.1 走"技术联动化"发展道路，满足知识溢出效果对技术接近性的要求

高新技术产业园区在产业选择时，应充分考虑产业间技术关联和技术进步所带来的联动旁侧效应，当具有较强技术关联度的产业实现空间集聚后，政府可通过建立相关产业共性技术开发基地，强化共同技术池的知识累积效果，或集中力量进行关键共性技术的攻关和推广应用，以产业间技术"感应波"的波轮互动带动区域产业技术整体创新。

13.3.2 建设产业园区知识交流平台和合作网络，强化园区内企业学习力

要提高企业外部知识内部化能力，培育学习型组织是必要的，但并非工作的

全部。在强化高新技术产业园区内集聚主体的企业学习能力的同时，不能忽略其网络性和根植性。一方面，创新网络连接越密集，作为网络节点的企业间知识合作交流就越密切，故政府要大力建设促进节点企业知识交流的合作网络，为知识溢出提供平台。另一方面，要培育节点企业的文化根植性，因为知识是一定文化情境的产物，集聚网络的背景影响着知识交流和创新的效率，所以，培育节点企业的文化根植性，缩小企业间文化情境上的距离，是促进知识吸收的有力措施。

13.3.3 培育"研究中心型"产业集聚园区，放大知识溢出联合创新效应

一是园区可通过市场隐性压力和政策显性激励的作用，激发区内企业作为创新主体的创新意识。二是由于创新活动极大的不确定性和高耗费性，企业创新往往不是孤立地进行，园区应为企业间学习体系和创新网络的构建提供有利的政策支持和环境保障。三是密切企业同高校、科研院所等创新支持机构的人才合作培养与技术交流开发，加速科研成果商品化的能力，实现科研资源和企业技术资源的有效配置与结合。这样，园区研发和创新能力的不断累积提升了园区的"知识地势"，在追逐知识溢出联合创新效应的动机驱使下，更多具有技术优势企业被吸引入园，使产业园区的创新活动走上螺旋上升的通道。

13.3.4 推进园区内企业的价值链升级，降低其成本敏感性

随着园区规模的扩大，区内企业数目的增多，土地、劳动力和各类要素价格的逐步上升，地理成本的离心力作用日渐明显；相反，"遍地开花"的优惠政策对企业的吸引力则不如从前，政策成本在总成本中的比重逐渐下降。此时，只有实现价值链升级，降低园区企业的成本敏感性，才能保持集聚的向心力。价值链升级途径从低到高一般分为：过程升级、产品升级、功能升级和链升级（Gereffi et al.，2001）。21世纪初，我国产业园区大多实现了过程和产品升级，今后重点是功能升级和链升级。功能升级是指推动企业定位于价值链的高端，掌握价值链的治理权，从而获取价值链的大部分收益。链升级是指通过跟踪新技术发展趋势，制定新标准，创造新市场，开发出全新的价值链体系，这种"推倒重来"，不完全依靠技术权威的升级方式对于我国高新技术园区的发展有着更为重要且现实的意义。

13.3.5 完善园区创新网络的治理机制，保障创新企业创新激励的获取

作为高新技术企业集聚的空间载体，为提高园区知名度和"技术位势"，必然将引入技术领先企业作为招商引资工作的重点。然而，越是处于技术"高势"企业，对知识溢出导致的负面效应的担心就越大。如何保障企业基于技术领先所

创造的超额收益不被非法攫取？如何减少对其他企业"搭便车"现象的顾虑？一方面，可依靠正式制度保障，完善知识产权保护法规体系，延长模仿者进入市场的时滞T，实现创新者对创新激励的获取；另一方面，可求助于非正式制度作用，按照市场经济规律，通过培育高密度、强关系企业联系网络，使园区内企业彼此间建立有效的信任机制，最终实现知识外部性内在化的道德约束。

参考文献

［1］Acs Z J, Feldman A M P, R & D Spillovers and Recipient Firm Size ［J］. The Review of Economics and Statistics, 1994, 76 (2): 336 – 340.

［2］Agrawal A., Innovation, Growth Theory and the Role of Knowledge Spillovers ［J］. Innovation Analysis Bulletin, 2002, 4 (3).

［3］Wesley M. Cohen and Daniel A., Levinthal. Special Issue: Technology, Organizations, and Innovation‖Absorptive Capacity: A New Perspective on Learning and Innovation ［J］. Administrative Science Quarterly, 1990, 35 (1): 128 – 152.

［4］Dawid H., and M. Reimann, Diversification: A Road to Inefficiency in Product Innovations ［R］. Working Paper, University of Bielefeld, 2003.

［5］Feldman, M. P., The Geography of Innovation ［M］. Kluwer Academic Publishers, Boston, 1994a.

［6］Maryann P. Feldman., Knowledge Complementarity and Innovation ［J］. Small Business Economics, 1994, 6 (5): 363 – 372.

［7］Audretsch D B, Feldman M P, Innovation in Cities: Science – Based Diversity, Specialization and Localized Competition ［J］. CEPR Discussion Papers, 1998, 43 (2): 409 – 429.

［8］Gereffi, G., J. Humphrey, R., Kaplinsky, and T. Sturgeon. Introduction: Globalisation, Value Chains and Development ［R］. IDS Bulletin, 2001.

［9］Gersbach, H., and Schmutzler A., External Spillovers, Internal Spillovers and the Geography of Production and Innovation ［J］. Regional Science and Urban Economics, 1999 (29).

［10］Jacobs, J., The Economy of Cities ［M］. Random House, New York, 1969.

［11］Klaus, W., Innovation and Knowledge Spillover with Geographical and Technological Distance in an Agent-based Simulation model ［R］. Discussion Paper, University of Bielefeld, 2005.

［12］Malecki E., Technology and Economic Development: The Dynamics of Local, Regional and National Competitiveness ［M］. Addison Wesley Longman, London, 1997.

［13］Marjolein, C. J., and Verspagen B., Barriers to knowledge spillovers and regional convergence in an evolutionary model ［J］. Journal of Evolutionary Economics, 2001, 11 (3): 307 – 329.

［14］Yoguel G., M. Y. Novick, and A. Marin, Production Network Linkage, Innovation Processes and Social Management Technologies, A Methodological Approach Applied to the Volkswagen Case in Argentina ［R］. Danish Research Unit Industrial Dynamics (DRUTD), 2002.

［15］梁琦. 产业集聚论 ［M］. 北京：商务印书馆，2004.

第 14 章

政府在产业集群成长运行中的作用研究

——基于博弈的分析*

14.1 引　言

　　产业集群是产业发展演化过程中形成的一种地缘现象，是某一特定领域内相互联系的、在地理位置上集中的企业和机构的集合。鉴于集群在国家和地区经济增长中的积极作用，发展和扶持产业集群已经成为各国政府经济政策的重要内容，如何发挥政府在产业集群成长运行中的作用受到各国政府及学术界的广泛关注。事实上，关于政府在经济发展中的作用是一古老话题，不同的意见主要来自两种不同的理论传统，即自由主义与政府干预。自由主义的理论传统崇尚价格机制作用的自由发挥，反对政府干预；而政府干预理论则强调政府干预经济可以弥补价格机制的不足。近年的实践与实证研究表明，政府在现代经济中作用是不容忽视的，正如林德布洛姆在《政治与市场：世界各国的政治——经济制度》一书中指出的，政府往往是一个国家经济发展的主要控制者与参与者。马克斯·韦伯则将政府界定为规制、协调经济活动的外部力量。本章沿袭传统经济学的研究思路，从探讨政府介入产业集群成长运行的原因出发，揭示政府在产业集群成长运行中的定位，并运用博弈方法对政府的策略选择进行分析。

14.2　政府在产业集群成长运行中的定位

　　产业集群是社会分工与组织内分工发展到一定阶段的产物，本质上是一种植根于特定社会关系之中、协调经济活动、组织分工的制度形式，而政府作为规制经济活动的外部力量，颁布的法律、法规以及各种政策势必对产业集群的成长运

---

* 本章作者为冯文娜、杨蕙馨，发表在《山东社会科学》2007 年第 11 期（有改动）。

行产生影响。

14.2.1 政府介入产业集群成长运行的原因

产业集群虽然兼顾了企业与市场的双重优势，对某些交易的组织比纯粹的市场和企业更具效率，但就像市场不是万能的一样，产业集群也不是万能的。产业集群在公共产品提供方面同样是低效率，但与市场相比效率有所提高，在现实中也常常会看到集群成员共同投资建设某项基础设施的现象，这并不意味着产业集群在公共产品提供方面是富有效率的。事实上，产业集群所需公共产品的主要提供者依然是政府，以江苏省昆山地区为例，1998~2002年昆山政府基础设施累计投资达到20多亿元，在政府投资的支持下，截至2002年昆山地区基本完成了"七通一平"。由此可见，在公共产品提供方面需要由政府来弥补产业集群的不足。

产业集群由于权威机制的作用能够比市场更有效率的减少产生负外部性的产品的产出水平，但权威机制的作用只能使部分负外部性得到一定程度的缓解，大多数的外在性特别是有关环境的外在性问题，还需要政府干预。这种干预可采取经济惩罚的形式，也可对采取修正措施的企业给予补贴的形式，或是直接采取政府命令方式对负外部性企业施加控制。同时政府还是法律环境、市场竞争环境的提供者，而产业集群的良性运行需以一定的法律、市场竞争环境为前提，这就意味着政府行为将直接影响到产业集群的成长运行。基于以上原因，政府有必要作为外部规制力量介入到产业集群成长运行的进程中。

14.2.2 中央政府与地方政府在产业集群成长运行中的定位

产业集群能够产生与发展客观上依赖于政府权威的授予。林德布洛姆（1977）在《政治与市场：世界各国的政治——经济制度》一书中认为，财产权本身是由政府创造的一个权威形式，企业家权威之所以能够以财产权的形式确立起对政府权威的限制正是由于政府授予了这种安排[1]。按照林德布洛姆的观点，政府权威的授予是企业以及产业集群产生的前提，因而计划经济条件下，不存在真正意义上的企业，也不存在真正意义上的产业集群[2]。政府是实施权力授予的

---

[1] 财产权本身是由政府创造的一个权威形式，财产权是对一些人或组织的权威授予，不论是公共的还是私人的，并得到其他人和组织的认可。

[2] 计划经济是政府权威这种外部规制力量对市场的完全替代。在纯粹计划经济下，生产组织的内部分工已经吞没了全部的外部社会分工，这种组织内部的分工系统不是由价格机制（市场）的纽带来维系，而是通过国家政权的行政力量来统一协调。此时，整个社会作为一个整体，既是单一的生产组织，也是单一的消费组织，不存在真正意义上的市场，当然也不存在真正意义上的企业。因此，本章所提出的有关产业集群的基本命题，在计划经济这种情形下是没有意义的。

主体，任何改变授予权力大小的行为都会引起产业集群成长运行的波动。中央政府与地方政府的职能分工不同，中央政府主要负责法律法规的制定，地方政府则直接负责地方事务的管理。因此，中央政府能够以法律法规形式提供影响产业集群成长运行的法律环境，相对于地方政府对集群发展的直接调控，中央政府对集群发展的规制作用往往是间接的，一般而言，中央政府提供的法律环境越宽松，法律的保护作用越大，产业集群的成长空间越大，相反则对产业集群的成长起到抑制作用。

地方政府直接管理地方事务，其介入经济的方式与程度直接影响着产业集群的成长运行，地方政府既可以采取某些直接或间接策略行为促进产业集群的成长，也可以以相反方式抑制其成长。地方政府直接负责地方公共产品的提供，因而从公共产品或准公共产品提供的角度讲，地方政府提供的公共产品与产业集群所需公共产品之间的匹配程度与集群的成长休戚相关。同时，地方政府颁布的相关税费规则以及地方政府的地方保护行为都将对产业集群的成长运行产生影响。此外，地方政府所提供的本地市场竞争环境也将对产业集群产生影响，若市场环境是安全、公平、有信、竞争有序的，则有助于产业集群的成长，相反则阻碍集群的成长。

如上所述，政府既可以成为促进产业集群成长的助力，也可以成为抑制集群成长的阻力，这就意味着政府面临三种定位，即促进产业集群成长的"推进者"定位，阻碍集群成长的"阻碍者"定位以及漠视集群成长的"观望者"定位。前人研究表明，与一体化大企业和偶然的市场联系相比，产业集群对某些交易的组织更有效率使其产业发展的重要原因，换言之，在某些交易条件下，产业集群这种制度形式更富效率。同时，近年来的一些实证研究验证了产业集群这种制度形式的有效性[1]，研究者发现，产业集群的发展与地方经济的迅速增长密切相关，张永生对厂商规模的研究也验证了厂商规模与经济增长之间并无明显相关性，并非只有一体化大企业才能带来经济增长。事实上，对产业集群研究兴趣的兴起恰恰是因为人们发现经济增长与企业特别是中小企业在特定部门特定地方的竞争合作密切相关。因而，为使某些交易得到有效组织，政府有必要采取措施推进这种更富效率的制度形式的发展，"推进者"定位是符合理性的政府选择。

产业集群是在社会分工与企业内部分工共同演进下产生的自发结果，而不是政府干预的结果，政府外部力量的强制作用不能创造出产业集群。因此，在产业集群形成初期，政府通过创造有利于产业集群成长的法律与政策环境发挥其"推进者"作用，而非采取"拉郎配"等强制措施。当产业集群成长到一定规模进

---

[1] 这些实证研究包括徐强在《产业集聚因何而生》一书中对浙江中小企业集群对本地经济贡献的研究，陆立军等在"科技型中小企业与区域经济增长的实证研究"（陆立军，周红，科学学与科学技术管理，2003年第9期）一文中对科技型中小企业集群与经济增长关系的研究，以及大量的对第三意大利、美国硅谷的实证研究，如《硅谷优势——创新与创业精神的栖息地》（李潼文等主编，人民出版社2002年版）。

入成长期，地方政府为促进其成长、吸引更多企业进入，将承担起提供信息、公共产品和政策支持的责任，而中央政府则承担提供宽松法律环境的责任。

具体而言，设立专业化机构为企业提供包括资金融通、人才开发、市场拓展、技术创新等各方面的信息，帮助企业解决进入产业集群网络而面临的各种问题。此外，政府直接负责提供产业集群成长所需基础设施等公共产品，同时，以减少税费或给予补贴的形式使欲进入企业获得某种优惠。虽然政府补贴在一定程度上造成了市场信号的扭曲，但是，与难以形成交易的困境相比，这种扭曲的代价是较低的。地方政府的补贴或其他优惠不能无限地持续下去，随着产业集群的成长以及网络内交易量的持续扩大，持续的补贴会造成政府财政支出的浪费以及市场信号的严重扭曲。因此，选择合适时机取消补贴及其他优惠成为地方政府调整扶持政策，逐渐减少对产业集群的直接影响的一个重点。

当产业集群成长到成熟期，地方政府的作用应当逐渐淡化，对产业集群的影响主要来自中央政府的法律规制。而当其进入衰退期，为减少集群衰退对经济增长的负面影响，避免恶性价格战的爆发，政府的主要作用将表现为以间接方式引导在位企业有序退出或者以直接命令方式强制某些企业退出。贯穿产业集群成长演化始终的是地方政府对安全、公平、有信、竞争有序的市场环境的提供，良好的市场环境是产业集群得以发展的前提条件。

14.3 政府在产业集群成长运行中策略选择的博弈解释

政府行为对产业集群成长运行的影响是一把双刃剑，如果适度、有效、及时则对产业集群的形成、发展以及竞争优势的保持起到积极作用，否则政府行为不当也可能成为集群成长运行的绊脚石。本章用博弈论对公共产品提供、税费优惠、地方保护、市场秩序维护等政府行为的作用进一步分析。

14.3.1 政府公共产品提供、税费优惠行为的博弈解释

假设地区 A 与地区 B 同时存在某一产业的集群，并假设在不考虑政府能够提供的公共产品及优惠政策的条件下，两个产业集群网络完全同质。企业 1 为潜在进入者，潜在进入企业 1 能够预见到在该条件下进入其中任一产业集群所获得的收益是无差异的，此时，潜在进入企业 1 会以利润最大化为原则，在地区 A 与地区 B 之间选择能够提供最优公共产品、最优政策优惠的地区进入，从而提高最终收益。并且，假设地区 A 与地区 B 都能够预见到企业 1 的这种行为，即企业 1 的策略选择在地区 A 与地区 B 之间构成公共知识，那么地区 A 与地区 B 的地方政府将出于对地方经济的考虑，改变其公共产品及优惠政策的提供行为从而影响

潜在进入企业的策略选择。

令 i = A，B，代表地区 A 与地区 B，地方政府可利用财政资金或土地提供专业化的投资条件，为使潜在进入企业进入本地区的产业集群，地方政府选择提供的投资条件、减免的费用或确定向企业收取的费用。并假设地方政府在制定各自的政策时彼此不合作。以 x 表示潜在进入企业所需的最优公共产品投资数量，为便于分析，设企业只需一种公共产品投资。x_i 表示地区 i 能够为该潜在进入企业提供的公共产品投资数量，$f(x_i, x)$ 则表示进入 i 地区产业集群的企业必须付出的公共产品投资额。$f(x_i, x)$ 的函数表达式为 $f(x_i, x) = \gamma(x_i, x)$，其中，$\gamma$ 为公共产品投资的单位成本。设 $m_i(x_i, x)$ 代表进入 i 地区产业集群的企业向地方政府缴纳的费用。$m_i(x_i, x)$ 的取值可正可负，若 $m_i(x_i, x)$ 小于零则表示企业获得了政府的补贴。根据以上假设，确定企业的利润函数 $\pi_i = (p-c)Y - f(x_i, x) - m_i(x_i, x)$，其中，Y 为产品的产量，p 为产品的单位价格，c 为产品的单位成本。

采用两阶段博弈模型描述地方政府间的竞争。第一阶段，由每个地方政府选择可提供的公共产品投资，以及向进入本地区产业集群的企业收取的费用（或支付给企业的补贴）。第二阶段，潜在进入企业根据观察到的政府行为，选择能获得最大化利润的地区进入。利用逆向归纳法求解，可以得到企业进入后获得的最大收益 π_i^*。设企业取得最大利润时，企业的产出水平为 Y^*。那么，最大收益 π_i^* 就可表示为：$\pi_i^* = (p-c)Y^* - f(x_i, x) - m_i(x_i, x)$。

由上述公式看出，潜在进入企业的收益与政府提供的公共产品的多少成正比，即政府公共产品的供给越多，企业收益越大。而政府向企业征收的费用则与企业收益成反比，即政府征收的税费越多，企业收益越小。当地方政府给予潜在进入企业的税费政策既定时，即 $m_i(x_i, x)$ 给定，地方政府可通过提高公共产品供给吸引潜在进入者进入。当政府公共产品供给既定时，即 $f(x_i, x)$ 给定，地方政府就可通过改变土地价格或其他税费激励潜在进入者进入。当且仅当 $\pi_A \geq \pi_B$ 时，地区 A 的产业集群才会比地区 B 的产业集群更具吸引力，潜在进入者才有积极性进入地区 A 的产业集群。

由于地方政府在招商引资过程中，以谈判形式与潜在进入者订立契约，因而，政府可以通过谈判比较完全地了解潜在进入者对投资条件的要求。也就是说，政府能够获得关于潜在进入者投资要求的完全信息，这样政府就可以有差别地为每个潜在进入企业提供不同的公共产品，收取不同的费用或给予不同的补贴。而这一事实，潜在进入企业是知道的。通常情况下，潜在进入企业为了获得更完善的基础设施（或其他公共产品）、更多的政府补贴、更低的土地价格或缴纳更低的费用，往往会首先选择条件差一些的地区，而后以此向可能提供更优惠条件的地区讨价还价。换言之，地方政府会受到潜在进入企业的威胁。

但是，政府不会无限度地给予潜在进入企业优惠，通常情况下，政府让步的底线是允许潜在进入企业无偿使用土地以及不缴纳任何费用，即 $m_i(x_i, x)$ 为零。在特殊情况下，政府不但允许潜在进入企业无偿使用土地、不缴纳任何费用，还会为潜在进入企业提供一定的补贴。但是，政府提供的补贴最大不会超过企业的总变动成本，即 $m_i(x_i, x)$ 总是小于等于 cY^*。当政府提供最大补贴时，潜在进入企业的利润函数就转化为 $\pi_i = pY^* - f(x_i, x)$。假设地区 B 为潜在进入企业提供了最大化补贴，那么，潜在进入企业获得的收益将为 $\pi_B = pY^* - f(x_B, x)$。因为地区 A 与地区 B 在决策时彼此独立，并且地区 A 不能获得地区 B 决策的完全信息，所以，在地区 B 提供给潜在进入企业最大化补贴时，可假设地区 A 不同时提供最大化补贴，地区 A 提供的投资条件将使潜在进入企业的预期利润为 $\pi_A = (p-c)Y^* - f(x_A, x) - m_A(x_A, x)$。

潜在进入企业在谈判中能够明确知道地区 A 与地区 B 的决策，如果 $\pi_A = \pi_B$，那么 $m_A(x_A, x) = -f(x_B, x) - -f(x_A, x) - cY^* = \gamma(x - x_B) - \gamma(x - x_A) - cY^*$。当 $x_A = x_B$ 时，$m_A(x_A, x) = -cY^*$，即 A 地区向企业提供最大化的补贴。这就意味着，当地区 A 与地区 B 提供的基础设施或其他公共产品具有很强的替代性时，只要初始时刻两地政府提供的税费政策有差别，即 $m_A(x_A, x) \neq m_B(x_B, x)$，潜在进入企业就可以通过在两地反复要价，赚取到最大的政府补贴。而当地区 A 提供的基础设施或其他公共产品逐渐优于地区 B 时，$m_A(x_A, x)$ 的数值就会逐渐增加，甚至变为正数，$m_A(x_A, x)$ 的值越大，地方政府获得的收益越多。因而，地方政府有足够的积极性投资于本地公共产品的建设，以扩大与其他地区投资条件的差异，从而吸引更多企业进入本地区。

地方政府积极投资公共产品建设的行为，不仅能够为本地区产业集群的良性发展创造条件，而且使地方政府从其差异性的投资条件中得到正的、甚至更多的收益。当各个地区投资条件具有非对称性时，拥有大量企业的地区，总会比竞争对手提供较低的补贴或者得到较多的收益。这是因为公共产品不具有排他性，当一项基础设施或其他公共产品设立后，增加使用人数不但不会增加政府成本，相反会带来更多收益，即每多增加一单位的使用产生的边际收益大于边际成本。同时，具备优越投资条件、拥有大量企业的地区，对潜在进入企业的吸引力较大。因为地区公共产品的质量与产业集群中存量企业的数目，决定了潜在进入企业进入后的效用水平。公共产品质量越高、网络中存量企业数目越多，新企业进入后获得的效用水平越高，这是由网络正外部性决定的。当政府不能提供差异性投资条件时，各地方政府为了引进项目、促进本地经济繁荣，不可避免地陷入竞相提供更优惠条件的恶性竞争中。这种现象在现实经济生活中比比皆是。所以，为避免恶性竞争，政府应进行更多的公共产品投资。

14.3.2 政府减少地方保护行为的博弈解释

地方政府的地方保护行为是指，地方政府出于对地方经济的考虑而采取的保护本地企业免受竞争威胁，提高外地企业进入门槛的歧视性行为，主要表现在强迫外地企业缴纳更高的税收或其他费用。地方政府的地方保护行为将直接导致本地市场竞争环境显失公平性，往往会使一些高成长性的企业望而却步，同时，也会导致没有竞争力的企业不能退出，迫使企业承担更加高昂的创新成本与进入成本，最终导致产业集群应有的成长速度受到抑制。

假设地方政府的策略只有两种，即实施地方保护和不实施地方保护。实施地方保护就是对外地企业的产品征收比本地产品高得多的税费，以阻止外地产品的进入，保护本地企业。不实施地方保护就是对所有企业制定同一的税费水平。由此可见，在 A 与 B 两地间，实施地方保护的一方能够比不实施地方保护的一方获得更多的税费收益。

通过建立模型分析地方政府地方保护行为对本地区产业集群成长的影响①。为使模型更加接近现实，假设 A 与 B 两地资源禀赋存在差异，B 地区土地、能源等资源相对紧缺，而 A 地区土地、能源、劳动力等资源相对丰富。如果 B 地区资源集约利用程度高于 A 地区，那么，B 地区适合发展资本和技术密集型产业，而 A 地区则应以劳动密集型产业为主。假设 A 与 B 两地同时生产某类产品，由于技术上的差异，B 地区生产高档产品，A 地区生产低档产品，并且两地市场的总需求分别为 10 单位，其中高档用品需求与低档用品需求分别为 5 单位。换言之，双方都需要对方 5 单位的产品。当不实施地方保护时，政府对每单位低档用品征收的税额为 a，对每单位高档用品征收的税额为 $b(b>a>0)$，低档用品的单位成本为 c，高档用品的单位成本为 $1.5c$。当实施地方保护时，政府对外地产品按照 $1.3b$ 或 $1.3a$ 的税率征收税额，即对外地产品多征收 30 的税额。

当两地都不实施地方保护时，产品可在两个市场自由流动，地方政府可以积极利用对方有利条件实现两地优势的互补，此时两地收益为 $(5a+5b, 5a+5b)$，即收益等于两产品税收总和。当 A 地区实施地方保护，而 B 地区不实施地方保护时，A 地区对 B 地区产品征收的税率为 $1.3b$，由于高额的税收使得 B 地产品进入 A 地市场的数量受到了限制，假设 B 地产品只有 3 个单位进入到 A 地市场，那么，A 地区的税收总和将变为 $5a+1.3b×3$。由于 A 地高档产品的市场需求没有得到有效满足，存在两个单位的缺口，因此，A 地区为满足本地需求就会投资高档产品的生产，由于资源约束使得 A 地区生产高档产品的成本高于 B 地区，设 A 地区生产高档产品的单位成本为 $2c$。在此条件下，A 地区满足全部市场需求后总收益为 $5a+5.9b-4c$②。B 地区没有实施地方保护，因而税收收入仍然

---

① 以下模型参考了高汝熹等在《论大上海都市圈：长江三角洲区域经济发展研究》一书中建立的，用以分析上海与江浙地区竞争关系的博弈模型。参见高汝熹，张建华. 论大上海都市圈：长江三角洲区域经济发展研究 [M]. 上海：上海社会科学院出版社，2004.

② 该式中，$5.9b$ 是由 3 单位 B 地区高档产品在本地销售产生的税收 $3.9b$ 以及 2 单位本地高档产品在本地销售产生的税收 $2b$，加总得到的。

5a+5b。但是,由于 B 地区受到了 A 地区歧视性税收政策的影响,B 地区有 2 个单位的高档产品没有卖掉,即 B 地区遭受两个单位产品的损失,因此,B 地区总收益为 5a+5b-3c。当 B 地区实施地方保护,而 A 地区不实施地方保护时,B 地区税收收入将增加,同时,假设高额的税率使得 A 地产品减少了 3 个单位的流入量,则 B 地区为满足本地市场需求将付出更高的投入进行低档产品的本地生产,假设其生产 1 单位的低档产品成本为 1.5c,则 B 地区总收益为 5.6a+5b-4.5c[①]。A 地区没有实施地方保护,因而税收收入没有改变,但是,由于 B 地区歧视性税收政策,A 地区遭受到了 3 个单位的损失,故其收益为 5a+5b-3c。最后一种情况是两地同时实施地方保护,双方都因为对方歧视性税收政策而受到损失,同时,双方都为了满足本地市场需求而不得不以高成本进行投资,因而双方的收益为 (5a+5.9b-7c,5.6a+5b-7.5c)。收益矩阵如图 14-1 所示。

		A 地区	
		不实施地方保护	实施地方保护
B 地区	不实施地方保护	5a+5b, 5a+5b	5a+5b-3c, 5a+5.9b-4c
	实施地方保护	5.6a+5b-4.5c, 5a+5b-3c	5a+5b-7.5c, 5a+5.9b-7c

图 14-1 实施与不实施地方保护的收益矩阵

根据收益矩阵,不论 B 地区实施怎样的策略,A 地区的最优策略选择是不实施地方保护,因为在任何情况下,A 地区实施地方保护的损失大于不实施地方保护的损失。而地区间是否采用歧视性税收政策的信息是完全的,这是因为税收政策一旦确定就能够被对方轻易地观察到,地区 B 能够预见到地区 A 的选择,即 B 地区在选择自己的策略时,能够预见到 A 地区的最优策略是不实施地方保护,同样 B 地区也会选择不实施地方保护。同理,如果博弈第一阶段由 A 地区先行动,A 地区也会对 B 地区的策略选择进行预测,然后根据预测确定是否进行地方保护。根据收益矩阵可知,当歧视性税收为两地公共知识时,B 地区的优势策略就是不实施地方保护,在这一预见下,A 地区将衡量自己实施地方保护与不实施地方保护的收益水平以确定自己的策略选择,A 地区在 B 地区不实施地方保护时其不实施地方保护的收益水平高于实施地方保护的收益水平,因而 A 地区最终策略选择仍为不实施地方保护。换言之,当歧视性税收为两地公共知识时,不论谁先行动,不实施地方保护都是双方的最优策略。

以上分析表明,地方保护阻挡了当地比较优势的发挥。由于存在税收歧视,为满足本地不同消费者的需求,两地都要投资建设一些不符合本地比较优势的企

[①] 该式中,5.9a 是由 2 单位外地 a 产品在本地销售产生的税收 2.6a 以及 3 单位本地 a 产品在本地销售产生的税收 3a,加总得到的。

业，必然造成高投入、低收益，造成资源浪费。如果双方都不采取地方保护，生产的产品在两个市场上都能销售，那么，企业的生产活动既发挥了本地的资源优势，又产生了规模经济效益。因而，两地地方政府应该采取积极措施，做出合理的政策安排，促使产业集群根据本地资源禀赋的特点，从事符合本地比较优势的产品生产。由两地地方政府扩展到更多地方政府间的行为博弈时，上述结论依然是成立的。

14.3.3 政府维护市场秩序的博弈解释

众所周知，个体理性与集体理性存在着冲突，这种冲突会造成集体行动的悲剧。在产业集群中，不健全的市场竞争秩序会诱发成员企业的机会主义行为，以次充好、低质高价、假冒伪劣的现象屡见不鲜，如何解决"集体行动的悲剧"问题，重新调整成员企业的行为使其走出囚徒困境，是产业集群在成长过程中面临的一大难题。政府作为经济运行的监督者或外部协调者，无疑应承担起维护良好市场秩序、惩罚不法行为的重任。用数学语言表达，政府的作用就是在成员企业的支付矩阵上加上一个惩罚矩阵，或者在支付函数上加一个惩罚函数。换句话说，就是通过改变规则，对某些行动给以奖赏而对某些行动给以惩罚。

假定产业集群网络中有 n 个成员企业，每个企业的行动为 a_i，每个企业采取行动 a_i 所付出的成本为 $C_i(a_i)$。n 个成员企业的行动决定一个共同的网络总产出 $x = x(a)$，其中，a 是 n 个成员企业行动的向量，并假定 $x = x(a)$ 是增函数，总产出在 n 个成员企业间进行完全分配，即 n 个成员企业的所得与网络总产出相当，若 $R_i(x)$ 为每个成员企业的分配所得，则等式 $\sum_{i=1}^{n} R_i(x) = x$ 成立。

首先考虑没有政府监督的情况。成员企业 i 独立地选择能够使其效用最大化的行动 a_i，即 $\max \cup_i = \max\{R_i[x(a)] - C_i(a_i)\}$，求解一阶条件为：$R'_i[x(a)]x'_i - C'_i(a_i) = 0$，计算后得到纳什均衡解。只有在网络总效应达到最大时，才实现帕累托最优。所以，帕累托最优条件满足：$\text{Max}[x(a) - \sum_{i=1}^{n} C'_i(a_i)]$，一阶条件为：$x'_i - C'_i(a_i) = 0$。如果纳什均衡解与帕累托最优解一致，则要求 $R'_i[x(a)] = 1$，但是，根据等式 $\sum_{i=1}^{n} R_i(x) = x$，可证明 $\sum_{i=1}^{n} R'_i(x) = 1$，因而，纳什均衡解等于帕累托最优解的条件无法满足。这就是说，每个成员企业能够得到的收益远远小于帕累托最优解的收益，因而没有哪个企业有积极性进行诚实经营。由于每个企业在网络中能够得到的只是自己的边际产出，所以，成员企业有动机采取机会主义行为降低边际成本增加边际收益。

再来考察政府施加惩罚措施后的情况。假定政府对网络中违法成员的惩罚通过改变预算约束来实现，即设 $\sum_{i=1}^{n} R_i(x) \leq x$，$R_i(x)$ 的取值与网络中成员的行动有关，当网络总产出大于帕累托最优产出时，$R_i(x) = b$；当网络总产出小于帕累托最优产出时，$R_i(x) = 0$。令 a_i^* 为企业 i 的最优行动或行动的最优解，a^* 为 n 个成员企业的最优行动向量或行动向量的最优解。这样，帕累托最优产出与最优行动向量之间就存在以下对应关系：（1）$\sum_{i=1}^{n} b_i = x(a^*)$，（2）$b_i > C_i(a^*)$，（3）$x(a^*) > \sum_{i=1}^{n} C_i(a_i^*)$。

下面需要证明帕累托最优的行动向量就是纳什均衡。假定其他 $n-1$ 个成员企业都选择了帕累托最优行动，企业 i 选择行动 $a_i < a_i^*$，那么，网络总产出 $x(a_i, a_{-i}^*) < x(a^*)$，$R_i(x) = 0$，企业 i 的效用为负；而当企业选择帕累托最优行动 a_i^* 时，$R_i(x) = b_i$，在 $b_i > C_i(a_i^*)$ 的条件下，企业 i 的效用为正，因而选择帕累托最优行动是成员企业的占优均衡。这就是说，在政府施加了惩罚后，产业集群网络中成员企业具有足够动机或积极性选择能够产生帕累托最优的行动。因为成员企业在发生机会主义行为后得到的收益分配为零，所以，有效的政府惩罚能够大大降低成员企业以次充好、低质高价、假冒伪劣的积极性。

实际上，政府与企业之间的博弈不会因为惩罚机制的设计而结束，相反，博弈过程将变得更加复杂，这涉及信息的不对称性以及惩罚威胁的可置信性。如果网络中成员企业预期到惩罚是不可置信的，即惩罚不会实施，那么，惩罚机制就形同虚设，不会对减少成员企业的机会主义行为产生任何积极作用。因而，政府不仅要设计合理的惩罚措施，还应确保惩罚的可置信程度，这就要求政府加大执法力度，切实保障法律法规的权威性。当然，政策法律的惩罚作用有时也是有限的，此时，道德作为更为基本的惩罚机制将发挥协调作用。与政府强制实施的法律法规一样，道德的作用同样可改变博弈规则。与政府设计的惩罚机制相比，道德惩罚的成本更低。两种惩罚机制总是相得益彰的，政府通过规则化的机制对网络中成员企业的行动进行规范，对社会危害大，同时道德无法进行监督的行为进行管制，而把对社会危害小，同时难以实施规则化机制监督的行为留给道德。当然，这并不意味着政府对由道德监督的行为束手无策，政府可以充当道德的宣传者或倡导者角色，从而间接地发挥监督作用。

14.4 结论与启示

地方政府在推动本地产业发展中不能本末倒置，"拉郎配"式的组建产业集群和"跟风"式的盲目模仿都是不可取的，应以当好"推进者"角色为宗旨，不越俎代庖，也不虚位以待。根据本地区产业特性、文化特性以及经济发展水平等科学选择优势产业推进其集群化，合理规划地区基础设施投资，充分利用税费优惠，逐渐形成与其他同类地区的差异，吸引潜在进入企业入驻；减少对本地企业的地方保护，取消对外地企业的歧视性税收，积极推进自由竞争，从而达到发挥本地优势、产生规模经济效益的目的；在基本的道德惩罚基础上，对集群中实施机会主义行为的成员企业进行强制性惩罚，使实施机会主义行为的成员企业收益大大降低，以奖惩激发集群成员诚信经营的积极性，创造公平、公正的市场环境。总之，政府策略行为的理性选择对促进地方产业集群成长运行，提升地区产业竞争力大有裨益。

本章侧重对政府在推进产业集群成长运行中的策略研究，而对政府如何选择合适产业进行扶持培育的问题没有涉及。事实上政府在集群初创期的作用是不容忽视的，联合国工业发展组织、OECD、世界银行等国际机构对一些发展中国家的调研表明，在发展中国家自发性的集群并不普遍，因而对这一问题的研究还有待于进一步地深入。

参考文献

[1] 林德布洛姆（O. E. Lindblom），政治与市场：世界各国的政治——经济制度［M］. 上海：上海三联书店、上海人民出版社，1977.

[2] 韦伯，林荣远译. 经济与社会［M］. 北京：商务印书馆，1997.

[3] 江苏昆山招商引资调研报告［R］. 国研网，2002.

[4] 林德布洛姆. 政治与市场：世界各国的政治——经济制度［M］. 上海：上海三联书店、上海人民出版社，1977.

[5] 张永生. 厂商规模无关论［M］. 北京：经济科学出版社，2002.

[6] UNIDO, Supporting Private Industry SEM Cluster and Network Development in Developing Countries: The Experience of UNIDO［Z］. Working Paper No. 2，1999.

第 15 章

融入演化路径的集群政策研究[*]

15.1 引　　言

集群政策（cluster policy）从其内容组成上看，是国家或区域的产业政策、中小企业政策、区域发展政策和科学技术政策的应用在集群层面上的集合（Boekholt and Thuriaux，1999）。其制定和实施的主体包含政府或其他公共主体，其目标是促进集群发展和提升，并进而带动集群所在区域的发展。安德森等（Anderson et al.，2004）按照执行内容将集群政策划分为：经纪人政策（broker polices）、需求政策（demand side policies）、培训政策（training-policies）、国际国内关系促进政策（relationship-promotion policies）和环境政策（framework policies）的政策集合。

由于各集群的发展路径、组织结构、制度文化背景和产业条件不同，导致了其目标的多样性和实施手段的复杂性，因此，没有简单普遍适用的集群政策（Martine and Sunley，2003）。出于对构筑成功企业集群的追求，学者们通过大量的个案分析和实证研究，力求透过纷繁的集群政策表象，找出背后隐藏的内在规律，为发展中的集群提供有效的理论支持与实践指导。

15.2　关于弹性集群政策的思考

从 2000 年前后的文献不难看出，有关集群政策研究日渐呈现出两大趋势：一是集群政策内容及其效果度量逐渐由"硬"过渡到"软"，即由原先关注集群基础设施的建设、孵化器建设、经济增长、出口额指标转变为以培育集群个体的归属意识、集群吸引力、互动网络和共享资源等为主要标准。二是政策实施方式

---

[*] 本章作者为刘春玉、杨蕙馨，发表在《地域研究与开发》2008 年第 2 期（有改动）。

从简单的重复模仿转变为针对集群特性的弹性实施,即在政策实施过程中融入对集群经济、社会和文化等多维度的思考。

关于弹性多维度的集群政策研究,学者们已经做了大量的工作。譬如,在集群政策的内容研究上,雷恩(Raine,2000)提出了集群政策实际上内含技术、网络和个体3层属性,集群政策的制定、实施与评价必须从3个方面全面系统地考虑。在集群政策目标研究上,雷恩(Raine,2001)指出,尽管集群政策目标是多样的,但是它们在某些方面趋于收敛:首先,它们都要提升企业的竞争力;其次,它们都要加强区域创新系统的建设,激励和支持集群参与者构建相互合作互动的网络。在集群政策的实施方式研究上,马尔索等(Marceau et al.,1997)将集群的发展模式分为高端(high-road)和低端(low-road)两条路径,并建议对于高端集群,政府充当服务者的角色,弱干预;对于低端集群,政府则应该进行适当的直接干预。玛蒂娜(Martina,2005)按照集群政策作用效力、参与主体和实施方式将之划分为显性自上而下、隐性自下而上和隐性的自下而上3种主要方式,并从政策作用范围、互动网络建设、融资决策等方面比较了三者之间的优劣,最后指出在同一个时期,不能同时实施不同的集群政策,因为这样容易招致政策决策混乱的后果。

15.3 集群类型及其演化路径

根据企业集群特点对其进行的分类很多,比较有代表性的是:克罗宁加(Knoringa,1998)根据参与者类型、联系方式和特点将企业集群划分为意大利式企业集群(中小企业)、卫星式企业集群(中小企业)和轮轴式企业集群(大企业与中小企业)。波伦斯克(Polenske,2004)从企业网络模式角度将其划分为意大利模式、硅谷模式、日本模式,并指出在不同类型的集群企业的网络连接中,企业采取不同的行为组合。文章则打算另辟蹊径,从企业为什么会发生集聚、驱动企业开始,维持并不断放大这种集聚力量的角度探索企业集群的提升路径并进行分类,从中找出在不同发展阶段集群可能发生市场失灵、系统失灵抑或政策失灵的主要原因,以便为有的放矢地制定和实施集群政策奠定基础。

在划分前,我们首先要讨论集聚力产生的因素。关于集群的生成,学者有着不同的论点,布鲁斯科等(Brusco et al.,1990)根据意大利产业区的发展经验,强调了产业区形成的"自发性"观点,认为是市场力量的自由活动促进了集群的发展,集群形成是具有区域特性的、难以被制造出来的。持相反观点的是比安奇(Bianchi,1998),他们则强调了政府在形成集群周围动态经济环境中的重要作用,集群可以自上而下的建立。文章接受折中的观点,认为集群既可以是"自发"的,也可以是"外造"的。根据集聚力来源不同,集群被划分为以下三种类型。

15.3.1 集聚力外生型企业集群

集群形成源于企业之外的力量驱动，主要表现为政府驱动的企业集群（government-driven）。这种企业集群是在政府政策引导下被动产生的，驱动企业地理集聚的力量源于政府直接的行政手段和间接的优惠政策，其诞生模式是自上而下的，我国的大部分产业园区都属于这种情况。外力作用形成的集群只能属于集群发展的初级阶段，集聚企业数量不多，企业之间的联系很少且多属于短期的无计划的，企业通过谨慎的试错过程来分辨对手的角色定位，竞争是此类集群企业的主要行为模式。此时，如何利用政策提供单个企业无力自我创造的公共资源，由此放大区域对企业的吸引力，以便尽早形成一定集群规模，为日后的外生集聚力内部化奠定基础，是该类型集群政策的关键。

15.3.2 集聚力内生型企业集群

由企业之间的自发互动行为造就的集群，在该类集群内部，企业间出现有计划且长期的战略联系，联系纽带从契约纽带、资金纽带扩展到社会关系纽带和人际关系纽带，竞争不再是其主要行为模式。它又按照企业之间不同互动关系，分为两种类型。

（1）供应链驱动的企业集群。

这里使用供应链（supply chain）概念，目的是更好地突出上下游企业间的联系。集群内大多企业属于同一或相关产业，并依据供应链的安排集聚在一起，沿着供应链进行各环节的专业化分工，竞争与垂直协作是它们主要的行为模式，驱动企业集聚的力量在于专业化协作的优势，即 $\pi_s > \pi_v$[①]，代表类型有日本汽车企业集群。然而，专业化分工会导致交易成本的上升，企业在专业化下的高生产效率与不完全契约下的交易成本之间进行着垂直协作还是一体化竞争的重要抉择，此时集群政策面临的挑战在于如何利用集聚力量打破二者的胶着状态，放大供应链集聚力效应，引导企业向着专业化分工协作的方式运行。

（2）核心资源驱动的企业集群（competence-based）。

组成此类集群的企业可以是同产业也可以是跨产业的，对共同的市场和自然资源、知识技术资源、人力资源的追逐使它们集聚在一起。水平上的合作与竞争是此类集群企业的主要行为模式，竞争与合作范围涵盖了信息传输、培训、生产

[①] 这里沿用 Grosman and Helpman (2001)，Integration Versus Outsourcing in Industrial Equilibrium 一文中的符号，π_s 代表专业化企业利润，π_v 代表一体化企业利润。

过程、研究开发、市场营销各个方面。代表类型有瑞典东部的软件企业集群，我国江浙一带的企业集群等。然而，聚集在狭小地域范围内的企业，面临上游有限的资源供给和下游产品之间较大的替代弹性，集群面临恶性竞争威胁很大，如何正确引导集群企业间的合作行为，确保集聚力不断强化是此类集群成功的关键。

15.3.3 创新驱动下的内生型企业集群

它是以上两种集群的提升。两种内生模式的集群在增强内部企业竞争优势的同时也不可避免地给它们带来了运营的风险，而摆脱困境的方法就是赋予集群新的活力——创新。创新集群属于集群发展的高级阶段，垂直协作、水平合作和竞争行为将共同存在：原先处于供应链同一环节的企业之间单纯的竞争关系，在创新的驱动下，出现了互动合作与学习的趋势；原先彼此在研发、生产、营销等方面合作的企业出于对快速创新的需要，出现了基于各自核心优势的分工协作；水平合作与垂直协作构成企业间纵横交错的网络联系，企业间点对点联系由单向转变为双向，知识溢出、集体学习是其主要特点，代表类型如美国的硅谷。此阶段集聚力量将经受知识溢出与创新激励之间矛盾的影响，集群政策重点是如何在二者之间寻求平衡，找到"满意解"以维持创新活动的继续和集群的发展。

15.3.4 企业集群发展的演化路径

"生存集群"将面临两次重要的转化才能成为"成功集群"。第一次转化主要针对集聚力外生型的集群。尽管驱动集群形成的因素可以是外生或者内生，但是外生集聚力由于容易被模仿而成为无差别动因，只有基于企业间互动关系形成的内生集聚力才具有自我循环累积的能力，才是成为集群竞争优势和集体效率的真正来源；在集群动态发展过程中，外生的集聚力将随着集群参与者的数量及其互动关系的增加，逐渐转化成适合集群特性并能不断自我强化的内生集聚力量——基于价值链或者是基于核心资源，外生力量逐渐内部化。第二次转化针对所有类型集群，就是内生集聚力创新化。两种内生型集群都有其隐患，伴随集群发展，其风险将被不断放大，甚至导致集群的衰亡。首先是供应链驱动集群，竞争与垂直协作是此类集群主要行为模式，易导致"过度竞争"和"过度专业化"风险；其次是核心资源驱动集群，企业间的强关系则易引发"锁定效应"或"钝化"风险；而创新则是解决这些风险的有效措施：一方面，创新驱动可以促进新企业衍生而增加集群活力，可以激励集群企业集体学习和不断创新，可以鼓励集群与外部进行更广泛的学习与交流，甚至参与全球价值链的重新安排，由此避免"过度专业化""锁定效应"或"钝化"风险；另一方面，新企业进入集群所带来的知识溢出收益只要超过其对市场和资源争夺的成本，就可以缓解"过度竞争"风险。因此，集聚的外生力量首先内部化，然后创新化是集群演化的基本路径，一般集群应该遵循这样的路径前进，任何试图"揠苗助长"实现集群飞跃式发展的行为都是危险的。

15.4　不同演化阶段的集群政策需求

15.4.1　集聚力外生型集群的政策需求分析

如何创造和放大区域对企业的吸引力是此阶段集群政策的基本任务。关于集群的集聚力源泉，马歇尔早在其《经济学原理》论述"产业区"概念的时候，就指出其来源于货币外部性、市场外部性和技术外部性，这些资源仅作用于集群内部，对集群外部企业是排斥的，而且由于其稀缺性和难以模仿性，使之成为吸引企业集聚的重要因素。在集群发展的若干阶段，产生共享资源的源泉很多，包括地理临近、文化趋同、专业化分工等，然而在集群发展的初期，共享资源的提供还主要依赖于某些准公共物品。准公共物品一般指在非竞争性、非排他性、非选择性[①]和不可分割性等方面只拥有部分特性的产品。政府和有关机构作为公共和准公共部门，是首要的准公共产品提供者，尤其在集群发展的初级阶段，单个企业能力有限，企业网络、分工协作等条件尚不具备，政府及其机构自上而下的政策安排则显得愈加重要，而政府及其机构能够提供的最主要的准公共物品就是产业园区。其中，对于每个企业而言，园区内生产、生活和休闲设施等基础设施，是非排他的和可选择的；政府及其机构提供的"一站式"政府服务和有关金融、法律、市场信息服务是非排他、非竞争和可选择的；税收减免措施则属于非排他性、非竞争性和非选择性的。这些准公共物品对于吸引企业进入集群具有举足轻重的作用，例如，库奇基（Kuchiki，2005）构建模型得出这样的结论：在规模收益递增条件下，税率减免措施十分有助于吸引跨国企业以及相关配套企业进入发展中国家的产业园区。

15.4.2　供应链驱动集群的政策需求分析

此阶段集群企业沿着供应链各环节进行专业化分工，竞争与垂直化协作是最主要的两种行为模式。一方面，同环节企业竞争可以增加其他环节企业的选择机

[①] 非选择性商品是指一旦可消费数量确定后，消费者无法随意改变消费率，其消费水平是外生的，想要改变是要花费代价的，而选择性商品则相反。

会和讨价还价能力,从而降低交易成本;另一方面,垂直协作可以提高专业化生产效率和创新能力,而且也是集群企业有别于一般"原子市场"的重要特征。假定面临同样的市场需求曲线,企业成本函数将决定企业利润大小。分工协作的企业所面临的成本函数是专业化下低生产成本与不完全契约下的交易成本之和,而交易成本又可以进一步分解为搜寻成本、机会主义成本和定制成本。搜寻成本是指上下游企业因互相寻找协作伙伴而花费的成本;机会主义成本则是由于资产专用性、不完全信息而产生的交易成本,主要发生在上游企业;定制成本是指由于中间投入产品技术不完全符合需要而导致下游企业发生的调制成本。这些成本在一体化企业内部可以避免,代价是内部管理成本上升和非专业化引发低生产效率。企业选择外包还是专业化,取决于两种组织总成本的比较,即如果专业化企业内的生产成本 + 交易成本 < 一体化企业生产成本 + 管理成本,专业化协作就会成为均衡结果。如何降低搜寻成本、定制成本和机会主义成本则成为该阶段集群政策的主要思考。

首先,是搜寻成本。假定产业链只有两个环节:中间产品和最终产品,那么搜寻成本会受到企业数量、市场信息、通信技术等多种因素影响,我们将其表达:$C_i = C_i(s, m, \varepsilon)$。式中:$C_i$ 代表搜索成本;i 表示企业类型,可以是最终产品或者中间产品企业;其中的 s 是最终产品企业数量;m 是中间产品数量;ε 代表除企业数量之外其他因素的总和。针对最终产品企业,$\partial C_s/s > 0$,$\partial C_s/m < 0$,即下游企业搜寻成本是上游企业数量的减函数,是同类企业数量的增函数,上游企业亦然。这里 C_s 代表企业类型是 s 的下游企业搜寻成本;当然,市场信息的充分性和及时性以及搜寻技术也会影响搜寻成本。

其次,机会主义成本和定制成本。上游企业为了避免机会主义成本而降低对专用性资产的投资必将导致下游企业定制成本的提高,二者之间是此消彼长的。如何刺激企业提高专用性资产投资、降低定制成本的同时又不会引发更高的机会主义成本?我们用简单模型加以分析,假设上下游企业总收入为 R;$C'_m(I_m)$ 代表上游企业总成本,I_m 表示上游企业的要素投入,其中包含了专用性资产投资;$C'_m(I_m, I_s)$ 代表下游企业总成本,I_s 表示下游企业的要素投入;由于上游企业专用资产投入对下游企业具有正的外部性,所以,$\partial C_s/m < 0$,假若能够设计一种信任机制,使上下游企业转向关注共同利润最大,则利润最大化条件为:$RI_m - \partial C'_m/\partial I_m - \partial C'_s/\partial I_m = RI_s - \partial C'_s/\partial I_s = 0$,要使等式条件满足,上游企业应该扩大专用资产投资,这样就可以降低定制成本。另外,由于机制的有效作用,上游企业也不用担心机会主义成本。这里 RI_m、RI_s 代表上下游企业的投资收益率,为使问题简化,我们假设二者相等①。集群政策目标主要考虑是如何设立这种信任机制。

---

① 二者相等表示上下游企业的投资对产业链总收益增长的贡献是一样的。

15.4.3 核心资源驱动集群的政策需求分析

根据集群分类,竞争与合作是本阶段集群企业最重要的两种行为模式;竞争是激发企业活力必不可少的因素,合作是促进企业关系网络建立的可靠保障。费尔德曼(Feldman,1999)等人曾经证实过竞争环境会有效促进集群能力的提升,但同时发现集群收益与竞争强度之间并非简单的单调函数关系,过度的竞争会促发自利企业产生低效甚至不道德的竞争行为,而集聚的企业由于面对更加有限的资源,竞争导致的低效率问题则会愈发严重。考虑到本阶段集聚力自我强化和未来创新阶段对建立"学习区域"和"集体行动"的任务需求,可以认为合作行为比较竞争而言对于本阶段的集群企业更为重要。否则,集聚也就失去了意义,集群演化路径有可能停滞或者倒退回"原子"市场状态。因此,本阶段集群政策的任务就是实现企业的合作行为"本能化"。

博弈论中曾经讨论过在无限次的重复博弈下,只要相关条件满足,参与者是乐于通过合作行为建立良好的声誉;但是在有限次博弈中,竞争却是唯一的子博弈精炼纳什均衡。那么是否有可能实现参与者在有限次博弈中也可能采取合作行为呢?对于集聚于有限地理空间的企业而言,由于其不仅面对着地理上的接近,还享受着文化上的接近,所以制度环境对经济行为有一定的影响;并且,集群企业的网络联系有助于参与者彼此之间鼓励或者控制做某件事的可能,这是因为网络可以提供更多的控制手段,使得行使机会主义行为会付出更大的代价,从而确保双方采取有利于总福利最大化的行为策略,即合作可能作为博弈均衡结果出现。张其仔(2001)使用嵌入性博弈来讨论合作可能在有限次博弈中出现的可能,模型指出,根据嵌入性原理,博弈参与者将受到社会空间和经济空间双重作用,两个空间相互影响和嵌入,经济利益最大化不再是参与者策略选择的唯一因素,从社会空间博弈所获得的支付将影响到在经济空间上的决策,而社会空间上是无限次重复博弈的,参与者所得的支付是所有获得支付的现值之和,只要现值之和大于背叛一次的价值,在社会空间上毫无疑问会选择一直合作。同样,如果社会空间上博弈选择合作时的现值之和超过经济空间上选择一次背叛的价值,在存在嵌入性情况下,双方也会选择合作,即只要 $\sum_{i=1}^{\infty} \partial^{*}(1-r)^{i-1} > \max(\bar{\partial}, \bar{\omega})$,合作就有可能出现。这里 ∂^{*} 代表社会空间上合作支付,$\bar{\partial}$ 和 $\bar{\omega}$ 分别代表社会空间和经济空间背叛所得,r 是贴现率。根据上面模型论述,只要社会空间影响足够大,合作就有可能替代竞争,成为企业的"本能"行为。所以,集群政策的焦点就集中在如何创造强化这种社会空间的作用。

15.4.4 创新驱动集群的政策需求分析

此阶段集聚企业的主要力量是创新，集群政策任务一方面要为知识溢出创造良好环境，同时又要确保企业创新激励的实现，即防止因关键技术外溢而挫伤首发创新的积极性，二者有时是相互矛盾的，权衡它们关系还取决于政策主体的定位。众所周知，集群政策主体关心的首先应该是社会或整个区域福利的最大化，并非单个企业福利最大化，而且建立集群的最终目的不是单纯地追求经济利益，而是为了强化企业、产业和整个区域的竞争优势，所以应该将培养知识溢出作为政策首要任务，在此基础上不要忽略对创新激励的保护。由于创新是一个各个参与者之间非线性的、"干中学""用中学""互动中学"的动态过程，所以创建"学习区域"是促进知识溢出和创新的有效措施，它包括企业之间、企业与机构之间、企业与环境之间的互动3个层次。首先是企业之间互动，企业间的学习效果是地理接近性、文化接近性、技术接近性、组织接近性和能力接近性的增函数，因此，帮助企业提高5个方面的接近性将有助于增进学习的效果。其次是企业与机构之间的互动，隐性知识溢出有很大的地理局限性，临近公共科研机构对培育集群核心能力有着极其重要的作用。例如，杰菲（Jaffe，1989）就将硅谷特有的智力氛围归功于斯坦福大学的功劳，斯图尔特和索伦森（Stuart and Sorenson，2003）研究发现大学院校的知识溢出对刺激创新活动和企业绩效的作用与企业私有研发投资同等重要。但是，公共科研机构的理论和应用研究与其商业化还有一定的距离，只有缩短距离才能很好地发挥机构对企业创新的贡献。最后则是企业与环境的互动。集群企业为了避免"过度竞争"与"僵化"风险，要不断进行着吐故纳新：一方面必须保证不断从集群内外部获取新活力；另一方面还要将不再适宜集群内部的部分剥离出去，以保证集群的高效运作，阿斯海姆（Asheim，2002）在论述国家创新系统的时候指出：在全球范围内获取知识是集群创新发展的最高阶段。

创新驱动的集群不要忽略对创新激励的保护。创新激励是指给予创新首发者在一定期间内独占创新成果权利的价值。虽然从表面上看实施创新激励会妨碍知识溢出，但其有利于集群的成长：一方面，创新激励可以消除技术领先企业对知识外溢的忧虑，吸引进入和停留在集群内部；另一方面，创新激励保护了企业研发投资的动力，而研发投资有助于提高企业学习和吸收能力，反过来又促进了知识溢出。因此，催化创新型的集群，实行创新激励保护是必要的。仅靠市场进行创新激励保护又是不完全的，这是因为企业从创新中获取回报的价值小于创新所带来的社会净剩余增量，这会导致企业对创新的积极性小于社会期待水平，从而出现非帕累托最优，此时政策力量就显得重要。

15.5 不同阶段的集群政策实施手段

15.5.1 提供准公共产品

古晋（Kuchiki，2005）在对中国天津、上海等地的汽车集群的案例研究的基础上指出：自上而下、政策外力作用的企业集群（产业区）是可以成功的，企业集群形成应遵循产业园区建设—大型跨国企业进入—产业链招商这样的流程。其中，产业园区建设是集群发展的起点，是培育集群竞争优势的基础。产业园区建设包含了提供两类的准公共产品：（1）物理支持。首先，提供集群适宜的生存空间，即合理选取和规划产业区位置与面积，并设立区域政府机构，作为制定和实施集群政策的主体。例如，印度的卡那塔克邦政府为扶持IT产业发展，根据科研储备、人才资源、运输条件等情况，确定在班加罗尔郊区建立电子城市，作为软件产业的集聚发展地。其次，硬件基础设施建设，提供先进且便利的生产、生活设施，为集群创造良好的实体生长平台。（2）软件支持。包括：财政政策支持，尤其是税收优惠政策；目标导向专业技术教育和职业培训，积蓄人力资本池；金融政策支持，包含贷款扶持、风险投资和政府直接拨款等；政府服务支持，简化企业设立和资本投资的程序；专业技术服务支持，提供市场信息、法律、会计等方面的技术服务。

15.5.2 实行产业链招商和培育集群企业信任机制

格罗斯曼（Grosman，2005）指出在其他条件相同的情况下，区域集聚企业数量越多，则潜在进入企业的预期收益越大，企业就越愿意在此处聚集。前面也已说明搜寻成本是配套关联企业密度的函数，所以，基于供应链的企业集群应该施行产业链招商政策，同时为企业提供先进的信息技术平台和及时准确的信息服务，招商后培育公平竞争的市场环境，以求得搜寻成本的降低。另外，应培育上下游企业间的信任机制，避免"危险的跳跃"。信任划分为物质信任和情感信任（张其仔，2001），物质信任来源于参与者外部的支持，如法律、法规制度等，只限于解决常规事件；情感信任来源于社会价值的内在化，是人们对做自己认为应该做的事情的满足感，可以应对偶发事件。集群政策应考虑如何同时加强两种信任。手段有：创造和维持公平公正市场环境，确保企业在自愿互利的情况下交易，避免强势企业剥削弱势企业的投资收益；完善正式法律法规制度，杜绝明显违规的机会主义行为；强化企业间非正式网络联系，扩大信任监控的范围，丰富惩罚的手段，增加惩罚的威慑力；通过教育，加强集群企业的内在道德约束。此外，还可以考虑对专用型资产投资企业提供补贴奖励等财政支持措施。

15.5.3　建立集群企业的"集群公民意识"

促进集群企业的合作与协作行为"本能化"。这里我们将组织公民意识的概念应用于集群企业上，"集群公民意识"可以解释为集群企业跳出经济空间的束缚而表现出的合作意愿，这种合作意愿有助于集群整个组织目标的实现。博利诺等（Bolino et al.，2004）指出群体或者个体的公民意识有助于从结构纬度、关系纬度和认知纬度上增加整个组织的社会资本，强大的社会资本则是形成具有足够影响力的社会空间的土壤，可以让集群企业产生一定的归属意识，使其经济行为内嵌于较为稳定的社会空间之中。培育"集群公民意识"的措施有：一是实行"权力下放"，即采取自下而上的集群政策制定程序。在政策制定过程中，大范围的协商和讨论不仅会获取很多关于产业趋势和技术专业的知识，而且更容易为每个企业所接受，使其产生与集群的发展同命运的想法（Raine，2001）。二是实行充分信息沟通。具体手段包括基于论坛（forum-based）的观念交流方式，即定期召开会议集中集群企业，共同就某一问题进行协商寻求集体解决方式；通信联系，即利用信息技术共享企业的数据库，提供市场、产品、招聘、研发等方面的信息；正式和非正式的企业网络，即建立企业间的互动架构。三是打制"集群烙印"，使用集群统一的历史、文化或技术标记将集群所有企业联系在一起，作为一个整体展现给集群外部。

15.5.4　建立学习区域，同时实施创新激励

第一，强化创新主体——企业的学习效果。首先，集群政策要继续培育企业的根植性，使其感知内嵌于相同的文化背景中，缩短企业间的文化差异。其次，在企业的筛选过程中注重技术方面的考虑，尽量按照同一产业或技术相关产业标准招商，发挥技术联动性作用。第二，强化科研机构与企业的互动创新能力。不断培育新的知识源，提供优惠条件，鼓励公共和私人部门在临近地区建立研发机构。同时，推进公共研发机构的改革，缩短它们与企业、市场之间的距离，让它们的研究内容更加契合市场的需求，甚至专门针对企业展开科研服务，从而加速其研发成果商业化进程。第三，通畅集群的吐故纳新进程。一方面，宣扬创业精神，奖励创业行为，提供创业便利条件，如建设企业孵化器，拓展金融资本融资渠道，提高新企业衍生的速度与质量；另一方面，加强同周边区域政府的分工合作，共同规划，错位发展，实现退出集群企业的梯度转移和产业的核心—边缘战略布局，最终带动整个区域经济带的发展。第四，实施有效的创新激励。完善专

利、专有技术、知识产权保护的法律法规制度，对于非法的、损害其他企业的技术窃取行为予以严厉打击；政府可以对首创型研发活动提供资助、奖励与补贴，弥补社会福利与创新企业收益之间的差异。

15.6 结　　论

本章坚持弹性集群政策的观点，从企业集聚力不同来源的角度，划分集群的三种类型，并指出集群的演化路径大致遵循了外生集聚力内部化和创新化两个过程，然后针对每一个过程集群企业的行为特点进行研究，找出每阶段有可能产生"市场失灵"或者"系统失灵"的原因和对集群政策的需求，最后有的放矢地提出每阶段集群政策的实施意见。值得注意的是，不同的集群政策并非只适用于某一阶段，它可以是通用的，只是在实施过程中要根据集群所处的阶段有侧重地进行。

参考文献

［1］Boekholt P, Thuriaux B, Public Policies to Facilitate Clusters：Background, Rationale and Policy Practices in International Perspective' in OECD, Bosting Innovation：The Cluster Approach［R］. Paris：Proceedings, Organization for Economic Co-operation and Development, 1999.

［2］Anderson T, Kind J, and Logan Andersen C, Towards a New Growth and Innovation Policy in Norway［M］. Malmö：International Organization for Knowledge Economy and Enterprise Development, 2004.

［3］Martin R, and Sunley P, Deconstructing Clusters：Chaotic Concept or Policy Panacear［J］. Journal of Economic Geography, 2003, 3 (1)：5 – 35.

［4］Raines P, and Ache P, A Review of Cluster Development Theory and Policy［R］. Glasgaw：Interim Report to the European Policies Research Centre, University of Strathclycle, 2000.

［5］Raines P. Developing Cluster in Seven European Regions［R］. Glasgaw：European Policies Research Centre, University of Strathclycle, 2001.

［6］Marceau J, Manley K, and Sicklen D, The High Road or The Low Road Alternatives for Australia's Future［R］. Sydney：Australian Busines Foundation Ltd., University of Western Sydney, 1997.

［7］Martina F E, and Eisebith G, How to Institutionalize Innovative Cluster? Comparing Explicit Top – Down and Implicit Bottom – Up Approach［J］. Research Policy, 2005, 34：1250 – 1268.

［8］Knoringa P, and Stamer J M, New Dimensions in Enterprise Co-operation and Development：From Clusters to Industrial Districts［J］. From Clusters to Industrial Districts, 1998 (10)：58 – 62.

［9］Polenske K R, Competition, Collaboration and Competition：An Uneasy Triangle Networks of Firms and Regions [J]. Regional Studies Association, 2004, 38: 1021-1035.

[10] Brusco S, The Idea of The Industrial District its Genesis [C]//Pyke F, Sengenberger W, Becatini G, Industrial Districts and Inter-firm Cooperation in Italy. Geneva: International Labor Office, 1990: 10-19.

[11] Bianchi G, Requiem for the Third Italy? Rise and Fall of a too Successful Concept [J]. Entrepreneurship & Regional Development, 1998 (10): 93-116.

[12] Feldman M P, and Andretsch D, Innovation in Cities, Science-Based Diversity, Specialization and Localized Competition [J]. European Economic Review, 1999, 43 (2): 409-429.

[13] 张其仔. 新社会经济学 [M]. 北京: 中国社会科学出版社, 2001.

[14] Jafe A, Real Effect of Academic Research [J]. American Economic Review, 1989, 79: 957-970.

[15] Stuart T E, and Sorenson O, Liquidity Events and the Geographic Distribution of Entrepreneurial Activity [J]. Administrative Science Quarterly, 2003, 48: 175-201.

[16] Asheim B T, Isaksen A, Regional Innovation Systems: The Integration of Local "Sticky" and Global "Ubiquitous" Knowledge [J]. The Journal of Technology Transfer, 2002, 27 (1): 77-86.

[17] Kuchiki A, Theory of a Flowchart Approach to Industrial Cluster [R]. Chiba: Institute of Developing Economics Policy, 2005: 36.

[18] Grosman, Helpman, Outsourcing in a Global Economy [J]. Review of Economics Studies, 2005, 72: 135-159.

[19] Bolino M C, Turnley W H, and Niehof B P, The Other Side of the Story: Reexamining Prevailing Assumptions about Organizational Citizenship Behavior [J]. Human Resource Management Review, 2004, 14: 229-246.

第 16 章

集群企业对转移知识的整合分析[*]

16.1 集群企业的知识整合

亨德森和克拉克（Henderson and Clark，1990）[①] 首次完整表述了知识整合的概念，认为知识整合就是对知识结构的优化。伊恩斯蒂和克拉克（Iansiti and Clark，1994）[②] 进一步延展了知识整合的概念，认为组织的知识整合包括市场不确定环境下的客户知识整合和技术不确定环境下的技术知识整合，并区分为企业外部知识整合和内部知识整合来描述企业能力的形成。英克潘（Inkpen，1996）[③] 把知识整合定义为知识联结，即个人与组织间通过正式或非正式的关系促进知识的分享与沟通，并使个人知识转变为组织知识。芮明杰、刘明宇将知识整合定义为选择交易效率较高的模式，实现知识的共享、知识的融合与创新的过程。[④] 从以上知识整合概念的定义发现：知识整合实质上是对不同来源、不同结构的知识进行综合、集成和创新的过程，通过该过程使零散知识、新旧知识整合成为新的知识体系，从而提高了组织的知识质量。

本章研究的集群企业知识整合是指集群企业在获得由知识转移带来的知识增量后，对转移知识进行综合和创新的过程，企业通过该过程实现对转移知识的内化，提高自身的知识质量，从而具备了更高的知识吸收能力和持续成长的可能。

---

[*] 本章作者为杨蕙馨、李贞，发表在《烟台大学学报（哲学社会科学版）》2009 年第 4 期（有改动）。

[①] R. M. Henderson, and K. B. Clar, . Architectural Innovation: The Reconfiguration of Existing Product Technologies and the Failure of Established Firms. Administrative Science Quarterly, 1990 (35).

[②] M. Iansiti, and K. B. Clark, Integration and Dynamic Capability: Evidence from Development in Automobiles and Mainframe Computers. Industrial and Corporate Change, 1994 (3).

[③] Andrew C. Inkpen, Creating Knowledge through Collaboration. California Management Review, 1996 (20).

[④] 芮明杰，刘明宇. 网络状产业链的知识整合研究 [J]. 中国工业经济，2006 (1)：51-57.

16.2 集群企业知识整合的过程

16.2.1 集群企业知识整合过程的起点

集群企业知识整合的对象是在集群内知识转移中获得的知识,包括显性知识和隐性知识。集群内的知识转移包括集群层次的转移与企业层次的转移。在集群层次的知识转移中,企业主要通过与集群公共支持机构的接触,获得大量的显性知识和部分隐性知识;而在企业层次的知识转移中,企业主要通过不同企业间员工与员工的接触(可以发生在企业间合作、企业间人力资源流动、企业间员工的非正式沟通等途径)获得大量的隐性知识和部分显性知识。通过集群内的知识转移,大量显性知识和隐性知识进入企业,企业的知识量增加,但是,这些零散的、不成体系的知识,还不能真正使企业的知识质量得以提高。因此,企业需要对这些知识进行整合。

可见,集群企业知识整合过程的起点是集群内的知识转移,二者的关系如图 16-1 所示。

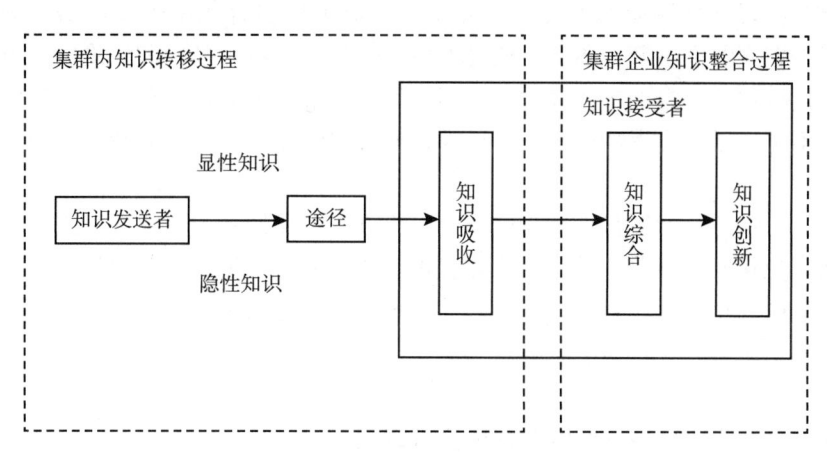

图 16-1 集群内知识转移与企业知识整合的关系

16.2.2 集群企业对显性知识的整合过程

(1) 集群企业对显性知识的组合化。

通过知识转移进入集群企业的显性知识有多种形式:可以是书面的文字类知识,如政府出台的新政策、大学或科研机构带来的新工艺手册、互联网上关于产业的新信息、参加集群层次各种会议带回的会议记录、文件等；可以是口头的语言类知识，如口头传达的会议精神。由于获得途径的不同，一方面这些显性知识是零碎的，可能分布在不同的员工身上；另一方面这些显性知识又是非格式化的，还没有用企业内部的专业语言进行翻译，也没有形成统一的表现形式。

为此，集群企业对转移获得的显性知识，首先要进行扩散、分类、整理，即知识整合概念中的知识综合。这个过程是显性知识到显性知识的转化，称之为组合化，即将各种显性知识综合为体系的过程。该过程包括两个环节：一是要实现显性知识的企业内扩散，将个体知识上升为企业知识。对于零碎的语言类显性知识，集群企业可以通过召开内部会议，由掌握着显性知识（通过集群内知识转移）的个人将这些知识传递给企业内的每一名员工。对文字类知识，可以组织集体学习。二是要实现显性知识的企业内联结。这是将企业外显性知识翻译为企业内显性知识的过程。如企业从集群支持性机构处了解到其产品的销售额预计将提升10%，则要将该知识与自身的生产要素结合起来，转化为企业具体的生产计划。

（2）集群企业对显性知识的内隐化。

在完成显性知识的组合化之后，新知识在企业内传播，员工在吸收这些新知识的同时将其运用到日常工作中，逐渐创造出新的隐性知识，即知识整合概念中的知识创新。这个过程是显性知识到隐性知识的转化，称之为内隐化，即将企业组合后的显性知识转化为企业员工隐性知识的过程。做中学、团体工作和工作中培训等是实现显性知识隐性化的有效手段。员工对组合化后的显性知识进行思考，在工作实践中不断地体会，通过团体工作相互学习、模仿和讨论，一方面将显性知识转化为自身的工作经验和诀窍，另一方面还可能在实践中发现显性知识的一些不足，通过思考加以改进。这样，通过内隐化，企业就创造出了新的隐性知识。

可见，集群企业对显性知识的整合以集群内的显性知识转移为起点，包括组合化和内隐化两个环节。通过组合化实现企业外显性知识到企业内显性知识的转化，通过内隐化将显性知识转化为隐性知识，并创造出新的隐性知识，从而提高企业的知识质量，集群企业获得成长。

16.2.3　集群企业对隐性知识的整合过程

（1）集群企业对隐性知识的共同化。

集群企业在知识转移中获得的隐性知识，主要是通过本企业员工与企业外个体（包括集群支持性机构的工作人员和其他企业员工）的接触而得到的。因此，集群企业对隐性知识的整合，实际上在集群内知识转移过程中的知识吸收环节就已经开始。

企业员工在与企业外个体的接触中，通过观察、模仿和学习，将企业外个体的隐性知识转移到了自己身上,这就是集群企业对隐性知识整合的第一个环节,称之为共同化,即个体之间分享隐性知识的过程。该过程是隐性知识到隐性知识的转化。实现隐性知识传递的关键是体验,只有形成共有的体验,个体才能将自己置于他人的思考过程之中,从而实现隐性知识的共同化。集群的地理集中性,组织间合作的广泛性,非正式沟通的频繁性,为集群内个体间形成共有体验创造了条件,这是个体之间创造和交流经验、讨论想法和见解的过程。如集群的组织间合作设计一种新产品时,知识交流是通过不断修改、完善的图形、草稿和彼此之间多次的共同讨论进行的。[1] 共同经验的形成,在完成隐性知识由企业外到企业内转移的同时,也完成了集群企业对隐性知识的初步整合,即共同化。

(2) 集群企业对隐性知识的表出化。

实现共同化后的隐性知识,仍然附载在企业内的部分员工身上,还不是企业层次的共有知识,不能为所有企业成员分享,还不是企业持续成长的保证。这就需要对隐性知识进行显性描述,转化为每一位员工容易理解的形式,即实现隐性知识到显性知识的转化,称之为表出化。该过程是隐性知识整合的精髓,正是在表出化的过程中,集群企业创造出了新知识。

根据竹内弘高、野中郁次郎的研究,通过比喻、类比,最终形成模型,是实现隐性知识显性化的三个主要步骤。[2] 这里的比喻不仅仅是语法结构或寓意方面的表达方式,还是一种独特的认知方式。它是出于不同经历的个体,借助想象力和象征手法,在不需要分析和概括的情况下,通过直觉来了解某件事物的方式。运用各种比喻,人们将所了解的东西放在一起,开始表达他们知道但还无法诉诸言辞的知识。1978年日本本田公司产品新概念的诞生就是比喻成功应用的实例。当时,本田公司高层管理者意识到汽车的设计概念将进入一个新的时代,但是具体是什么还不确定。于是,建立了一支由年轻工程师和设计人员组成的新产品开发团队,高层管理者给予的指示很简单,使用了具有比喻意义的口号"一起去冒险吧!",开发团队领会到其实质就是要完全颠覆本田一贯的汽车设计概念。一段时间后,项目负责人渡边洋男提出了另一个口号"汽车进化论",这个口号描述了一种理想,提出了这样一个问题:如果汽车是有机体的话,它应该如何进化呢?团队成员在讨论渡边口号的含义过程中,用第三个口号给出了答案"人最大化,机器最小化"。在这个同样具有比喻意义的口号引领下,本田公司最终确定了新的汽车设计概念——"球型车",即提高车的高度,减短车的长度,从而为乘客提供最大空间,同时占用路面的空间最小。比喻之所以有效,是因为它将两个不同且有差距的体验合二为一,使之成为一个单独的、有包容性的形象或象征。通过在两个看似差别很大的事物之间建立一种关联,比喻制造了差异或冲

---

[1] 鲁开垠. 增长的新空间——产业集群核心能力研究 [M]. 北京:经济科学出版社,2006.
[2] 竹内弘高,野中郁次郎. 知识创造的螺旋 [M]. 北京:知识产权出版社,2006;野中郁次郎,竹内弘高. 创造知识的公司 [M]. 北京:知识产权出版社,2006.

突。通常比喻的形象具有多重含义,在逻辑上好像是矛盾的,甚至不合情理。但正是比喻展示的这种冲突,为知识创新提供了广阔的想象空间。这是隐性知识显性化的第一步。

类比是表出化的第二步,作用是化解和梳理比喻展现的差异。换言之,通过明辨一个词组中两个词义之间的差别,化解比喻中的矛盾之处。佳能公司开发一次性墨盒的过程是使用类比的最好例子。一次性墨盒要求成本低廉,制造方便,而传统制造工艺成本很难降低。突破的机会出现在工作小组一起喝啤酒的时候,负责人田中手握一个啤酒罐,大声问道:"做这样一个铝罐需要多少钱?"这个类比让成员们推想制造啤酒罐的过程是否可能与制造铝制墨盒联系起来。通过探讨墨盒和啤酒罐的异同,该小组提出了用较低成本制造铝制墨盒的工艺技术。[①]

表出化的最后一步是建立模型。通过比喻和类比,矛盾已经得到解决,将各种概念经过一致且系统的逻辑过程表现出来就形成了模型,同时完成了隐性知识到显性知识的转化,新知识被创造出来。

接着,表出化后的显性知识经过组合化和内隐化,进行第二次综合和第二次创新,其过程类似于集群企业对显性知识的整合过程,就不再赘述。值得注意的是,经过内隐化后获得的隐性知识,往往会再次进行共同化和表出化,从个体层次知识上升为企业层次知识。这样,企业从外部转移获得的知识和企业内整合创造的新知识,就会周而复始的进行共同化—表出化—组合化—内隐化,从而形成知识创造的螺旋。[②]

16.3 集群企业知识创造的螺旋及其对企业成长的作用

从以上分析得出,集群企业对转移知识进行整合的结果是在企业内部产生了知识创造的螺旋,如图 16-2、图 16-3 所示。

根据企业知识理论,可以将企业成长界定为企业在已有知识存量基础上,通过与外界环境的互动,不断增加知识和提高知识质量的过程。知识存量、知识增量和知识质量是从知识角度分析企业成长的三个维度。当企业获得知识增量,知识质量获得提升时,企业就实现了成长。[③]

---

① 竹内弘高,野中郁次郎. 知识创造的螺旋 [M]. 北京:知识产权出版社,2006.
② Ikujiro Nonaka. A Dynamic Theory of Organizational Knowledge Creation [J]. Organization Science,1994,5(1):14-37.
③ 薛红志,张玉利. 突破性创新、互补性资产与企业间合作的整合研究 [J]. 中国工业经济,2006(8):103-110; Bruce Kogutand Udozander, Knowledge of the Firm, Combinative Capabilities and the Replication of Technology [J]. Organization Science,1992(8); Sherwat I, Brahim M. and Hosein Fallah, Drivers of Innovation and Influence of Technological Clusters [J]. Engineering Management Journal,2005(9).

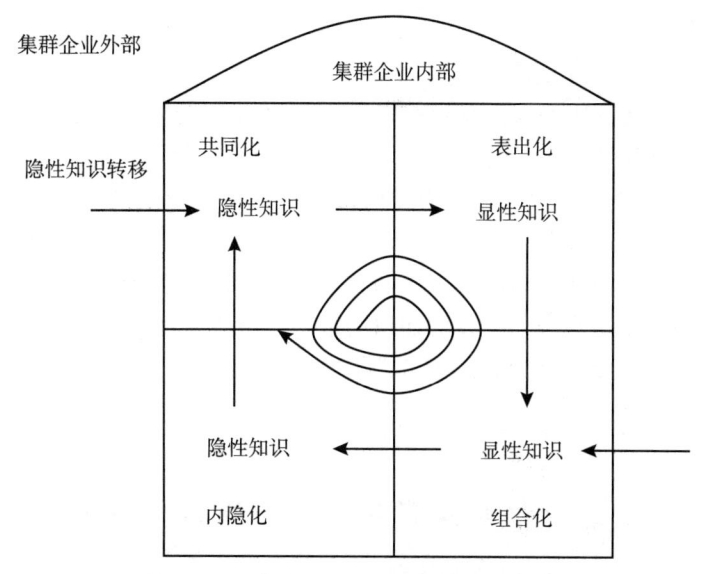

图 16-2　集群企业知识创造螺旋的形成

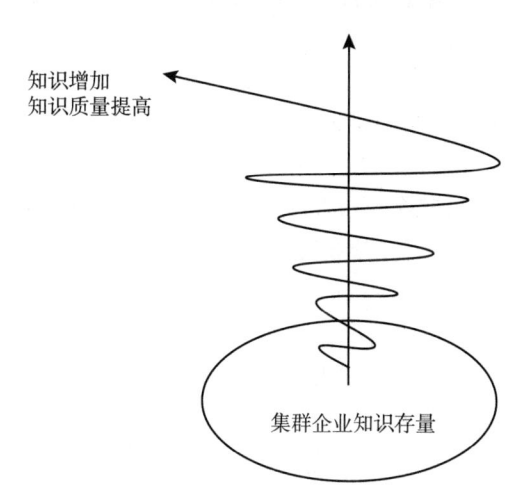

图 16-3　集群企业知识创造的螺旋

因此，结合图 16-2 与图 16-3 可以得到集群企业知识整合过程（知识创造的螺旋）对企业成长的作用：

第一，集群企业通过共同化—表出化—组合化—内隐化的过程，对内部知识（包括转移获得的知识和企业创新得到的知识）进行整合，整合过程的循环进行就形成了知识创造的螺旋。

第二，共同化和组合化过程是集群内知识转移与集群企业知识整合的结合点。转移获得的显性知识，从组合化过程的起点加入集群企业内部的知识创造螺旋中，而转移获得的隐性知识则是从共同化过程的起点进入螺旋。经过共同化和组合化，集群企业由知识的扩散和组合获得了知识增量，同时知识质量也有一定幅度的提升，企业得以成长。

第三，表出化和内隐化是集群企业知识创新的核心环节，前者实现了共同化后的隐性知识到显性知识的转化，后者实现了组合化后的显性知识到隐性知识的转化。在知识转化过程中，知识增量增加的同时，更重要的是知识质量获得提升，从而促进企业成长。

总之，集群企业通过对转移知识的整合，形成知识创造的螺旋，在显性知识和隐性知识的相互转化中，企业的知识增量和知识质量都得到提高，同时，由于知识创造的螺旋是周而复始的，所以，集群企业的知识整合过程使企业获得了持续成长的可能。

16.4 集群企业对转移知识进行整合的障碍和措施

集群企业的知识整合对其成长具有重要作用，然而，现实中我国集群企业的知识整合还存在着很多问题。

16.4.1 集群企业对转移知识进行整合的障碍

第一，集群企业对知识管理和隐性知识的重要性认识不足。在我国，企业知识管理刚刚起步，知识管理人员缺乏，知识管理机构尚未普遍建立。集群企业普遍是中小企业，对知识管理、特别是对隐性知识整合的重要性和复杂性认识不足。隐性知识不易交流、难以言明的性质，导致集群企业出现获得了隐性知识却不自知的状态，从而将知识转移带来的隐性知识白白浪费掉。

第二，缺乏先进知识管理的技术手段。集群中的大多数中小企业尚未建立以计算机等现代信息技术手段为基础的知识管理系统，缺少知识交流与共享的开放交互式技术平台。

第三，隐性知识拥有者的独占心理。知识的独占已成为人们提升地位的基本条件。企业员工之间存在一定竞争关系，员工出于自身利益的考虑，担心将自己掌握而他人缺乏的知识完整表达后，会导致自我地位的降低而不愿进行自身隐性知识的转化，这极大地影响了集群企业的知识整合能力，不利于企业知识质量的提高，也不利于集群的整体发展。

16.4.2 促进集群企业知识整合的主要措施

克服集群企业知识整合的障碍，促进知识整合，需要集群整体和企业自身的共同努力。

第一，集群层次促进企业知识整合的主要措施：首先，集群支持性机构对企业开展知识管理培训。知识管理是 20 世纪 90 年代后半期兴起的一种适应知识时代要求的新型管理模式，其理论成果目前主要集中在大学、科研机构和少数大型企业。集群支持性机构尤其是大学、科研机构应该利用自身优势，举办各类知识管理培训，邀请集群内企业家参加。这样企业家获得了知识管理的知识，懂得了知识整合对企业成长的重要性，就会在企业中进行实践。而集群支持性机构也可以从企业的实践中获得经验，进一步改进知识管理培训，从而实现双赢。其次，支持性机构营造集群内的知识整合文化。文化通常被定义成一个组织特有的信仰、价值观、规范、行为，换句话说就是"没有写下来的规则"。集群文化对企业知识整合意识具有重要的作用。集群内形成一种知识整合的氛围，企业耳濡目染，自然就提高了对知识整合的重视程度，从而会有意识地开展知识综合和知识创新。最后，支持性机构组织建立集群内基于信息技术的知识管理系统。拥有基于信息技术的知识管理系统，会为企业的知识整合带来便利。集群内的企业以中小企业为主，由于成本过高，独立开发一套知识管理系统的可能性不大，因此，支持性机构应当承担起该项任务。

第二，企业层次促进企业知识整合的主要措施：首先，在企业内部建立组合激励机制。从物质和精神两个方面采取组合激励措施，对那些贡献出隐性知识的员工、团体、部门进行相应物质或精神激励，促进知识的综合与创新。承认员工隐性知识的独创性和专有性，尽快建立"按知识贡献分配"的物质激励制度，用利益来驱动知识的转化与创新。对有利于企业知识积累的员工行为方式予以奖励，可以按"能位匹配"原则对员工赋予更大权力和责任，进行目标激励；当把技术诀窍收入知识库时，可以提供者的名字命名，以荣誉激励员工知识转化等。[①]其次，创建内部知识整合场所。集群企业应加快创建各种适合的"场所"，为知识整合提供良好的环境。除了各种定期的会议，集群企业还可以采取以下措施：定期学习知识转移历史。这是对企业最近一段时间发生在知识转移领域重要事件的历史性回顾，由参加该事件的人来描述。通过深思熟虑的访谈和谨慎的研究帮助企业评价和加速学习过程。企业家、管理层、基层员工、供应商、客户、咨询顾问等都包含在内，但都是匿名进行，仅仅记录他们的职位。这样，学习历史文献就形成了一个记录，允许人们识别他们自己的盲点，在一个更大范围的隐性知识中看到他们自己的看法。该方法的价值不在于学习历史文献本身，而在于围绕着它建立的咨询过程——对话，人们为了采取更有效的行动谈论各种可能性，从而创造出新的隐性知识，加深了他们的理解。[②] 最后，在企业内推行团队工作方

---

① 张庆普，李志超. 企业隐性知识流动与转化研究 [J]. 中国软科学，2003（1）：89-93.
② 郭延吉. 组织中的隐性知识的共享 [J]. 情报理论与实践，2004（2）：130-133.

式。当人们有一个在一起工作的理由时,他们会互相传授自己的实践知识。企业将具有不同知识技能的员工组织在一个项目小组中,让他们在互动中彼此启发,将隐性知识转变为显性知识。依靠熟练员工带徒的方式开展广泛的"干中学",也是促进集群企业知识整合的有效途径。

16.5 结　　语

随着集群在世界范围的兴起和知识经济的到来,从知识转移角度研究集群内的企业成长成为一个更为深入的视角。一方面随着集群竞争优势基础的转变,地方化的知识成为集群和群内企业持续成长的源泉;另一方面企业知识理论的诞生为企业成长研究开辟了新的思路,即企业拥有的知识和利用知识的能力决定了企业的成长。[1]

企业成长的源泉在于企业拥有的知识,企业成长是量的成长和质的成长相结合的动态过程。企业成长是企业在已有知识存量基础上,通过与外界环境的互动,不断增加知识和提高知识质量的过程。在集群中,企业知识增量(或者说企业知识存量的提高)直接来源于集群内的知识转移,企业知识质量的提高则取决于集群企业对转移知识的整合过程。在集群企业内部,将原先拥有的知识和转移获得的知识循环进行"共同化—表出化—组合化—内隐化",就形成了知识创造的螺旋,知识吸收能力获得不断提升的同时,也实现了企业的持续成长。

从知识转移角度研究集群企业成长是一个新的课题,可供深入研究的问题还有很多。论文只是从企业成长角度,主要研究了集群企业对转移知识的整合过程和效果。实际上,知识整合对集群企业的技术创新、集群创新系统的形成都具有重要作用,有待在后续研究中展开详细和深入的研究。

---

[1] 杨蕙馨,李贞. 集群内知识转移要素对企业成长的影响 [J]. 经济学动态,2008 (5):40 – 43;杨蕙馨,李贞. 集群内知识转移对企业成长的作用机制 [J]. 经济与管理研究,2008 (4):14 – 19.

第 17 章

企业集群中知识溢出的途径分析[*]

17.1 引 言

在经济全球化趋势日益明显的今天，为了抢占国际竞争力的制高点，各国各地区特别是发达国家和地区，高度重视企业的技术创新活动，不断完善和发展本国的国家创新体系。随着信息技术的飞速发展，全球经济一体化的进程在不断加速，但世界上主要的技术创新活动并没有突破区位的限制而遍地开花。相反，在一些国家和地区出现了具有较强竞争力的技术创新型企业集群，如美国硅谷，英国的剑桥，日本的筑波，印度的班加罗尔，中国台湾的新竹、北京的中关村，这些企业集群都表现出极强的创新能力，并成为本国本地区的竞争优势的主要来源之一。在企业集群内部，知识溢出是集群内企业技术创新的关键要素，它可以为企业的技术创新提供强大动力。

知识溢出是知识扩散的一种方式，一般通过无意识或非自愿的方式传播出来，溢出的知识被他人占有或使用并产生新的知识和技术。知识溢出中的知识主要是缄默知识（tacit knowledge），这种知识在传播中不易留下痕迹，容易受语境限制。缄默知识更适合通过不断重复的接触和面对面的交流来传播，这类传播还不易与个人、社会和环境分开，这样便产生了知识溢出的地方性。在企业集群内，知识溢出的方式大多是非正式、非系统化方式，这种方式提供了知识、技术创新和扩散的基本途径。企业集群的知识溢出主要通过企业之间平时的非正式交流进行，一波接一波永不停留，有可能多波多渠道同时进行，每个知识波都是一个多级溢出过程。

畅通的溢出路径是企业集群中知识溢出效应有效发挥的前提。相反，如果没有畅通的渠道，知识溢出就很难发生。目前文献对企业集群知识溢出传导机制缺乏系统研究。尽管有不少文献研究企业集群的知识溢出，但这些文献中都存在两

---

[*] 本章作者为王长峰、杨蕙馨，发表在《商业研究》2009 年第 1 期（有改动）。

个共同问题：（1）它们主要解释的是集群内部知识溢出的存在性，而对集群内部知识溢出途径很少进行具体分析；（2）集群内知识溢出是一个复杂的过程，只有具备了畅通的传导路径，来自核心企业或其他创新活动的知识溢出才能比较容易被地理位置接近的其他企业吸收、利用，作为结果的知识溢出效应才会产生。

17.2　企业集群中知识溢出的途径

企业集群中知识溢出的传导表现为从知识溢出源对集群中企业的知识输入到集群中企业知识产出的一个动态过程。由于知识的累积性，知识溢出的动态过程使集群中知识存量不断增加，从而产生更多的知识溢出，形成持续的竞争优势。企业集群中知识溢出的途径很多，主要的溢出途径有四种：供应商与客户关系、正式或非正式的合作研发、企业间人才的流动以及创业和衍生企业，下面分别对这四种途径进行分析。

17.2.1　供应商与客户关系

企业集群中企业之间可以通过供需关系获得知识溢出，比如从群内企业中购买技术设备。技术设备包含着为制造特定产品所需要的管理、组织以及技能方面的知识，可以分为工艺和技能两个方面：工艺是关于如何生产一个产品的知识，技能是指将专业技术转化为市场产品的能力。一个企业仅有有关生产某产品的工艺，而不具备有关技能，该企业还是不能成功地生产该产品，并使其具备市场竞争力。汇集和物化在设备中的工艺和技能通常可以通过逆向工程或模仿而获得，也可以通过供应商的技术培训获得。从经济学角度来讲，技术设备是企业的专有财产，但其所隐含的知识具有公共品的外部经济特征，追加服务并不因此增加成本。由于市场不可能像处理以自然资源为基础的产品的生产和交易那样有效地处理具有不确定性、规模经济和外部经济特征的技术知识和组织技能等资产的生产和交易，知识和技术从生产商转移到使用者手里，就会发生知识溢出现象。

除了通过购买技术设备会发生知识溢出外，企业集群中的供应商与客户之间会发生向前或向后链锁关系会发生知识溢出现象。先进企业在产品和加工工艺以及管理营销等方面，具有相对丰富的知识，处在先进企业的供应链或销售链上的企业也会获得相应的溢出效应。其中，向后链锁是指先进企业与供应商即上游企业之间的联系；向前链锁是指与客户即下游企业之间的联系，他们提供市场所需的营销服务。通过向后链锁，使上游企业资源得以有效配置，使其生产能力得以加强，进而提高生产效率，同时为供应商建立生产性设施，提供技术援助、信息咨询服务和管理上的培训等服务，促使其生产能力的改进和经营管理能力的提高。向前链锁是指先进企业为了建立生产设施和发掘客户，对存在的和潜在的供应商提供信息、技术和管理策略，同时先进企业的管理水平、务实的售后服务、高效的营销方案等都成为产生溢出效应的可能来源。通过这些知识的溢出，滞后企业就可能逐步融入先进的技术创新网络之中，提升其自主技术创新能力。当然先进企业之间也会通过此种溢出获得企业的产品创新、先进工艺技术和市场知识。

企业集群中的企业还可以通过集群成员之间供应商与客户关系的联结，实现采购本地化，形成了整个集群成本优势，这种连接结构大大便利了上下游企业之间的沟通互动，从而为双方或几方技术创新协作创造了条件。例如，来自客户的知识，主要是客户需求信息、质量标准以及相关的技术支持，并涉及所订购产品的原型实现和制造工艺；供应商为了推销产品，必定将产品的部分知识无偿地与需求商（顾客）共享。来自供应商企业的知识，它一般附在供应商所提供的商品（设备和中间产品等）上以及相应的技术服务中，比较多的是关于如何应用商品的诀窍，其中广告就是一个知识溢出的过程。产品的广告将产品的信息和部分知识传递给了集群中各个企业，同时也传递给了各地的经销商、顾客，从而产生了知识溢出。

17.2.2 正式或非正式的协作研发

伴随着知识与网络经济的发展，知识更新的速度也在日益加快，技术创新的周期大大缩短，企业单凭自身的力量难以应对瞬息万变的市场环境。另外，当前科技成果的研制成本增高，技术难度加大，高精尖技术产品的研制过程是一项庞大而复杂的系统工程，对资金、技术、人才以及组织形式等各方面的要求越来越苛刻，技术的突破需要依靠学科和产业之间的交流与合作，技术发明和创新需要更多地依靠群体协作的力量，整合式的技术创新成为当今的主要趋势。而企业集群内部企业近距离的接触使得学科间和产业间的技术交流和合作变得更方便。并且在企业集群中存在着大量的正式或非正式的协作研发组织，这种组织是群内多个企业建立的一种松散协作关系，技术知识和信息在组织内分享和传播。通过企业的创新活动，企业与形形色色的组织之间建立了各种联系，形成协作研发的网络。这种网络最大的特点是信息交流方式发生了实质性的变化，不仅存在面对面的交流方式，还增加了由信息技术、网络平台所带来的新的交流方式，在交流过程中同时产生大量的知识溢出，是企业集群知识溢出的重要途径之一。

企业在协作研发中可以通过学习过程不断地消化和吸收，由于协作研发而产生的知识溢出带来的外部知识，使外部知识逐渐成为企业知识组成中的一部分。通过学习—消化—再学习的知识创造过程来完成知识的整合，然后在下一轮的合作研发中产生新的知识溢出。具体的知识溢出和整合模式可以通过图 17-1 来表示。从图 17-1 中可以看到企业集群中的知识的溢出与企业学习方式是一个相互联系、相互衔接的过程。溢出的外部知识通过企业内部的消化系统融入企业之中，转化为企业内部知识的组成部分。同时企业通过对内部知识测度与评估来发现企业知识的不足，从而进一步指导企业在合作研发的过程中对外部知识的选择与索取，然后在下一轮的合作研发中产生新的知识溢出，同样是一个循环往复的过程。

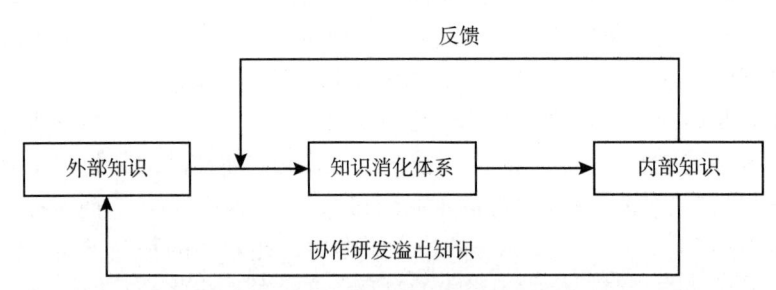

图 17-1 企业集群中的企业在协作研发中知识溢出与整合系统

17.2.3 企业间人才的流动

企业集群内部成员企业间有稳定的一定比例的人才流动有利于知识溢出，因为人才在同一企业内部配置的刚性会阻碍技术信息扩散和再组合。人才在企业之间流动促进了知识在成员企业间的扩散，而且外部人才流入为外部知识传入及其与集群创新系统内部原有知识的重新组织提供了可能。集群内人才流动一般发生在：（1）横向企业与竞争者或合作者之间；（2）纵向产业链上企业与供应商企业、用户企业之间；（3）企业与公共服务机构或集群代理机构之间等。这种知识溢出途径特别适用于那些没有编码的知识，包括高层的管理经验或者某项技术，除知识拥有者本人以外，其他人很难掌握或模仿，因而人才流动是人力资本流动中知识溢出量最大的，或者说是最难得的，可以说有些知识不靠人才的流动无法实现流动和溢出。另外，人才流动带来的员工社会关系的网络化，尤其是在成员企业间形成的网状的社会关系，极大地扩大了不同企业员工间非正式交流的范围和程度。人才流动作为企业集群知识溢出的一种途径，促进了集群企业的知识传播与创新。通过人才的流动为企业带来了新的思想、知识诀窍和技能，从而促进了企业知识基础的更新和增强，以尽快适应外部技术和市场的不确定性。从集群层面上看，人才在集群内的流动驱动了集群整体创新能力的提升。

17.2.4 创业企业与衍生企业

20 世纪 90 年代开始新创企业成为各种新兴产业的主要缔造者，是创造新经济的主要力量，是解决失业问题的重要途径，为理论界与实业界所广泛关注。创业在企业集群中发生的比率要远远高于孤立的区位。波特（1998）认为在同一产业中，企业集群比在地理位置上分散的企业具有竞争优势是因为有利于新企业的形成。集群经常代表着一个显著的地方市场已经形成，企业家能从已经建立的诸多关系中受益。所有这些因素都降低了可以觉察到的、使企业不能退出的风险。个人创业离不开集群，并与集群有千丝万缕的关系，它既是许多创业者成功创业积累的结果，更是创业得以进行并取得成功的载体。实际上，企业集群就是个人创业最好的孵化器，因为它是经过自然淘汰形成的。集群本身是一个天然的孵化器，是新企业诞生的催化剂。以中小企业的集群为载体的网络状组织是一种富有活力的创业组织形态，企业有机会接触到群内大量的知识溢出，从而提高自身的创新能力。

很多研究表明，企业家的成功创业与其嵌入的地区社会经济环境是难以分开的。企业集群中比较健全的创业机制集中体现了这种优越的环境和创业平台。例如，硅谷生态系统存在着一种快速淘汰、鼓励创新、催生新企业和知识资本化的机制，为高新技术企业提供了一种创业机制，鼓励创业并且从机制上保证了创业者不断涌现。这种机制的发展到最后形成了一种独特的与产品制造服务相关联的创业文化。另外，企业家也在互相影响，这种企业集聚的环境，为他们的创业提供了各种有利条件，他们的企业家精神和个人才能得以充分展现。事实上，在许多成功的企业集群背后，经济主体之间具有共同的文化和社会背景，并且创建了一套行为规范。在创业文化的背景下，鼓励人们去创业的地区，就是一个只要有思想、有创业精神，就可以施展才华的地方；是一个失败了可以重新站起来的地方，在共同的行为规范指引下，人们相互信任和交流，从而加快了新思想观念、信息和创新的扩散速度，节省了企业集群组织的交易成本。在企业家的培育和形成中，集群内的产业文化氛围起着相当大的作用，政府、机构、企业乃至整个社会环境形成一种创业文化，正是这种区域产业文化使集群层出不穷地涌现具有开拓精神的企业家资源。企业衍生（spin-of）是指一个稳定的组织（如企业、大学、研究机构等，又称母体组织）通过某种方式，孕育催生出新企业的现象。企业衍生在企业集聚区明显强于其他地区，成为知识溢出、技术成果转化和新企业创建的重要途径之一。企业衍生是对原技术系统的扬弃，通过对知识和技术的进一步升华，为新技术创新开辟了新的道路。企业衍生使一些不为原技术系统认同或兼容的技术实现商业化，促进了知识的突破和转移，是突破原技术方式的重要途径。企业衍生为尽可能多的技术提供了商业化的机会，通过市场考验各种技术的发展前景，促进了技术与市场的结合，使新知识服务于社会。企业衍生是成熟的企业集聚区创建新企业的重要渠道。世界上大部分科技园区的形成都以本地的大学、科研机构、知识型企业为基础，吸引着大量高技术企业在园区内迅速集聚，增加衍生的机会，以此形成良性循环。企业衍生加速了企业集群中的知识溢出速度，并且使创造的新知识、新技术商业化，使得知识更加成熟，进而提高了企业集群的技术创新水平。

17.3　促进知识溢出的对策研究

对于集群成员而言，知识溢出尽管能给整个企业集群带来经济回报，但对于个体成员来说，则可能由于知识外溢而降低知识的独占性价值（profitability）。知识溢出对于成员个体来说，正如一个硬币的两个面，一方面，企业要获取持续竞争优势，要从战略高度加强对异质性资源的积累，构筑具有企业特性的稀缺性资源；另一方面，为了促进集群的学习，提升知识溢出的经济价值，又应该尽可能降低知识系统的不可分割性、资产特殊性、知识缄默性、市场和技术的专用性，以提高创新资源的可转移性。这两者之间的平衡是一个动态平衡过程，在该动态平衡过程中，平衡点在不同时间段会有不同的状态，不同的企业集群会有不同的选择，但客观上，已经对集群成员的知识管理机制设计，以及整个集群的规制设计提出了挑战。所以，无论作为集群整体，还是集群成员，在组织和制度设计时，都需要综合考虑各方面影响知识溢出的因素，既能有效控制稀缺性核心知识的溢出，使每个集群成员去发展具有自身特征的知识；又能激励集群成员承担应有知识溢出义务，与其他成员共同促进集群学习的活力，维持知识溢出和知识控制之间的动态平衡。

解决这个平衡问题，这就需要地方政府发挥"企业家"作用，参与其中，推动区域内的制度创新和技术创新，不断完善区域创业机制，促进知识溢出的增加，这包括：（1）推行自由企业制度，扫平创业障碍。只有把创业的自由度扩展了，才可以激发集群内部的变革、提高集群对外部变化的适应性，保持和促进集群的繁荣，进而推动创业者对集群内其他企业在产品技术知识、管理以及市场知识的学习仿效以及创新，提升要素质量。（2）扩展社会组织的经度，倡导集体行动。集体行动包括如成立行业协会或商会、营销协会、采购协会等合作化组织，也包括创业者创办的企业与政府创办的国有企业或服务性企业、基础研究性单位共存、并通过股份制或金融证券市场相互融合。（3）地方政府除了鼓励中介机构的自发成立外，更重要的任务还在于应发挥自身的资源、信息和组织优势，建立起"政府主导型"的专业化中小企业服务机构，提供教育培训等以塑造区域高级要素，从而"进入"到促进企业集群创新的过程中。地方政府还要帮助中介服务机构建立信誉，不断完善其服务功能，拓展接受其服务的成员网络。政府遵循集群的演进规律，为创业者提供有效服务和选择有利的制度安排、并成为集群中的一个功能单元，在与创业者平等交流、联系过程中不断自我完善。（4）加大"企业家精神"或"创业精神"（entrepreneurship）培育，使企业家能够在不确定的环境中探寻机会和创新，在于打破现状，寻求发展。

参考文献

[1] Feldman M P, Knowledge Complementarity and Innovation [J]. Small Business Economics, 1994, 6 (5): 363-372.

[2] 孙兆刚. 知识溢出的发生机制与路径研究 [D]. 大连理工大学博士论文, 2005.

[3] 朱秀梅. 知识溢出吸收能力对高技术产业集群创新的影响研究 [D]. 吉林大学博士论文, 2006.

[4] 杨静文. 创业理论视角下企业集群发育形成机理研究 [D]. 南京理工大学博士学位论文, 2005.

[5] 仇保兴. 中小企业撑起好大一片天——解读"集群与创业" [J]. 中国名牌, 2001 (12): 4-10.

[6] 冯玲. 我国高技术成果商品化过程中新企业衍生的微观机制研究 [J]. 科研管理, 2001, 22 (2): 46-54.

[7] 杨德林. 中国研究型大学科技企业衍生模式分析 [J]. 科学管理研究, 2003, 21 (4): 45-50.

[8] 中共浙江省委宣传部课题组. 浙江经济社会发展活力探源 [J]. 浙江社会科学, 2003 (2): 3-14.

第 18 章

中小企业的集群式技术创新研究*

18.1 中小企业①的发展状况

改革开放以来，中国的中小企业迅速发展壮大，已成为国民经济的重要组成部分。2004 年，我国有中小企业 365 万家，个体工商户 2800 万家，占全国企业总量的 99.6%。这些中小企业创造了全国 GDP 总量的 58.5%，工业新增产值的 74.7%，销售总额的 58.9%，企业上缴税收总额的 48.2%，外贸出口的 68.3% 和进口的 69%。② 由此可见，中小企业已成为我国经济发展的主动力之一。

中小企业除了在上述各方面为国民经济的发展发挥了较大的作用之外，中小企业还是技术创新的重要载体。中国改革开放以来，约 65% 的专利是中小企业发明的，75% 以上的技术创新由中小企业完成，80% 以上的新产品由中小企业开发③。数据显示，深圳市首批认定的 9 家深圳"国家科技成果产业推广示范企业"全是中小企业，考核认定的 94 家技术先进型企业中中小企业占 76%，124 家高新技术企业中中小企业也占 90% 左右。可见，我国中小企业在科技创新、技术开发等方面意识强、行动快，成为名副其实的技术创新的重要力量。④

---

* 本章作者为张鹏、杨蕙馨，发表在《理论学刊》2006 年第 3 期（有改动）。

① 关于"中小企业"的概念，不同国家、同一个国家不同时期的划分标准各不相同，但归纳起来，一般有从业人员、总资产、销售额等。我国大、中、小企业划分已有了新的标准，即统一按年销售收入和资产总额的多少归类。大型企业标准定为年销售收入与资产总额均在 5 亿元以上，其中特大型企业标准定为年销售收入和资产总额均，50 亿元及以上；中型企业标准定为年销售收入和资产总额均在 5000 万元及以上；其余的均为小型企业。

② 资料来源：http://www.pingquan.com.cn。

③ 罗晖. 我国中小企业成为技术创新主体融资机制仍不能满足发展需求 [R]. 科技日报，2004-4-26.

④ 阳白云. 论我国中小企业的现状及其扶持策略 [J]. 湘潭师范学院学报（社会科学版），2002 (2)：47-50.

18.2 技术创新效率与企业规模

尽管中小企业在技术创新方面有许多优势，但与大企业相比较，中小企业仍然有很多不足。事实上，不同规模的企业在技术创新上各有优势和劣势。

18.2.1 大企业与中小企业在技术创新上的优劣势比较

我们通过对相关文献的研究，发现大企业与中小企业在技术创新上存在着许多差异，这些差异可以从灵活性、市场反应速度、内部信息传递速度、决策的过程、创新人才的供给、创新资金充裕程度、创新成果推广能力、管理环境对创新行为的影响、利用"知识溢出"程度、抵御风险的能力、技术创新成果的规模经济性、技术创新造成的转换成本、企业家精神的发挥程度、持续创新的动力等十多个方面表现出来。这种不同的差异性，就构成了大企业与中小企业在技术创新上的优劣势。具体情况请参见表 18-1。

表 18-1　　　　大企业与中小企业技术创新的优劣势比较

项目	大企业	中小企业
灵活性	差	强
市场反应速度	慢	较快
内部信息传递速度	慢	快
决策的过程	比较迟缓	敏捷
创新人才的供给	相对充足	不足
创新资金充裕程度	比较充裕	相对缺乏
创新成果推广能力	较强	较弱
管理环境对创新行为的影响	严格的规章制度限制了技术创新	宽松环境有利于企业技术创新
利用"知识溢出"程度	基本不能享受"知识溢出"	可以利用大企业的"知识溢出"
抵御风险的能力	较强的抵御风险能力	较弱的抵御风险能力
技术创新成果的规模经济性	较明显	较差
技术创新造成的转换成本	很高	很低
企业家精神的发挥程度	不利于企业家精神的发挥	市场压力促进了企业家精神的发挥
持续创新的动力	垄断优势会降低持续创新的动力	持续创新是企业生存之本

资料来源：根据多篇相关文献整理。

18.2.2 技术创新效率与企业规模的关系

由表 18-1 可以看出，大企业和中小企业在技术创新方面各有优势和劣势。大企业拥有充足的资金、技术、人才等创新资源，具有技术创新的资源优势，同时具有技术创新的规模经济性，能获得较高的技术创新规模效益，但是大企业的市场垄断地位和企业组织刚性则会阻碍技术创新的涌现。大量的中小企业由于激烈竞争及其自身的脆弱性使中小企业的技术创新难以在一个合理的规模内实现，造成创新资源的浪费。但是中小企业在体制上的灵活以及面临的巨大市场压力，经营者的锐意进取，往往创新意识非常强，对新的市场机会和创新机会非常敏感，中小企业内在的灵活性以及对环境变化的迅速反应使中小企业具有明显的行为优势和创新活力。

18.3 集群式技术创新：一种新的中小企业技术创新组织模式

如上所述，尽管中小企业在技术创新方面具有独特的优势，但在很多方面，尤其是与大型企业相比，中小企业具有明显的劣势。所以，建立一种新的组织模式，使其既能充分发挥中小企业的行为优势，又能克服中小企业的劣势，并能够兼具大企业的规模优势，这对于理论界和企业的技术创新实践具有重要的现实意义。

18.3.1 企业集群的竞争优势

企业集群是指同一产业内的大量企业在地理空间上聚集在一起。严格地说，企业集群和产业集群的含义是有差异的。企业集群有地理接近的要求而产业集群可以是地理接近型的，也可以是地理分散型的，甚至跨越了国界（符正平，2002）。[①] 我国的企业集群是在改革开放以后出现的，目前在沿海地区比较集中，各地名称叫法不统一，如广东称为"专业镇"，浙江称为"特色工业园区"。企业集群能够获得快速的发展，是因为这种组织形式具有特定的竞争优势，主要体现在以下几个方面：

（1）企业集群有利于集群内的企业获得外部经济。中小企业通过企业集群组织在一起，可以使每个企业在不牺牲灵活性的条件下获得规模经济。这主要是从横向的同行企业大量集聚带来的外部范围经济和外部规模经济。首先，企业由于

---

① 符正平. 论企业集群的产生条件与形成机制 [J]. 中国工业经济, 2002 (10): 16-22.

地理位置接近，通过合作或建立联盟等方式共同进行生产、销售等活动的同时，中小企业可以通过共同使用公共设施减少分散布局所要增加的额外投资，产业联系紧密的企业因地理位置接近而降低相互间物质和信息的转移费用，从而降低生产成本。其次，通过产业的空间集聚可以实现相同部门的中小企业数量增加，整体规模增大，进而使无法获得内部规模经济的单个企业在实现合作的基础上获得外部规模经济。而且，中小企业通过相关部门之间的专业化分工以及在生产和交易过程中的密切合作，可以获得外部范围经济。

（2）企业集群可以节约集群内企业间的交易成本。产生交易成本的原因很多，其中最主要的是信息搜寻成本和交易中机会主义行为的存在。信息的搜寻成本指的是寻找到供需双方能够匹配的交易信息，包括要素市场和产品市场的供求信息；而交易中的机会主义行为是指由于参与市场交易主体都是追求利益最大化的，因此，他们就有为了实现自身利益最大化而通过各种手段损害交易对象利益而自己谋利的动机。企业集群可以有效地降低交易费用，这主要体现在：第一，在集群内部企业的经济活动是根植于地方社会网络之中，人与人之间的信任度较高从而促使交易双方很快达成并履行和约，地方社会网络可以节省企业搜索市场信息的时间和成本。第二，企业集群集聚在范围较小的地域空间中，信息传播扩散十分便捷，与此同时，由于特有的地缘、人缘等关系的存在，在企业集群内部已建立一套大家共同遵守的行为规范，在规范的指导下，企业间相互信任程度很高，任何采取机会主义行为的损失都很大，所以市场交易的机会主义行为便会大大减少，从而降低交易成本。

（3）企业集群强化了集群的营销优势。相关产业的企业集聚可以及时获得产品供应并及时向客户提供产品，还可以比较方便地控制分销商。对企业来说，在市场竞争方面，集聚的这种优势通常比节约成本更重要。企业可以通过共同举办博览会加强广告宣传，降低营销费用，而大批量购进原材料既降低了原材料的价格，也节约了单位运输成本。生产区位的集中还可以形成"区位品牌"效应，如西湖龙井茶、寿光蔬菜等。通过"区位品牌"效应，一方面，使每个企业受益，消除外部经济性，改变了单个企业广告费用过大、不愿参与投入的状况；另一方面，"区位品牌"与单个企业的品牌相比，更形象更直接，更具有广泛的、持续的品牌效应。

（4）企业集群能够提高企业的创新能力。企业集群可以提供企业创新能力的三个要素：第一，企业集群的发展带动了地方劳动力市场的形成，可以吸引一些优秀人才。第二，企业集群内竞争激烈程度远远超过分散的个体优胜劣汰的自然选择，企业彼此接近，迫使企业不断进行技术创新和组织管理创新，从而促进了企业家才能的培养。第三，企业集群有利于知识的传播与扩散。由于地理位置上接近，一家企业的创新很容易外移到区域内的其他企业，使后者能够较快地学习到新的知识和技术。

18.3.2　中小企业进行集群式技术创新的优势

我们认为，所谓集群式技术创新，就是以专业化分工和协作为基础的同一产业或相关产业内的众多中小企业，通过地理位置上的集中，以集群的组织形式进行联合技术创新，以实现集群内的资源共享，降低单个企业的创新风险，降低创新壁垒，使集群发挥所有单个企业不具有的技术创新优势，从而使集群内的各企业占有集群剩余。中小企业进行集群式技术创新具有以下优势：

（1）通过集群式技术创新，可以使集群内的各企业通过分工协作关系，不用分散自己的人力、财力、物力，进行多个环节的技术创新，使单个的企业致力于某一个环节的技术创新，降低创新风险。企业集群内各个企业拥有的创新资源具有一定的互补性，把其他企业的技术专长嫁接到自己的核心能力上，集中精力于自己的核心专长，最终使企业集群内各个企业的技术创新能力都能够得到增强。

（2）创新要以既有知识为基础创造出新的知识，因此可以认为创新是一个复杂的学习过程。技术创新的特点决定了企业之间相互学习的重要性，而影响学习效果的一个重要因素是企业之间在地域上的距离。集群式创新的根本优势就是集体学习机制，它为集群内的企业进行互动的、开放式的学习提供了可能。众多在同一产业或相近产业内的企业，由于在地域上相互靠近，通过集群的组织形式进行技术创新可以很好地进行学习，相互借鉴集群内的其他企业在技术上的进步。

（3）集群式技术创新可以产生"知识溢出"效应。创新过程所需的大部分知识本质是隐性的，大部分的创新依赖于个体在组织中边干边学所获得的隐性知识。由于隐性知识很难传递，需要在面对面的接触中来学习彼此的经验，这就要求企业在地理位置上要尽可能接近竞争者和供应商以便于交流，而企业集群内部的企业由于地理接近以及类同文化因素，加上员工频繁流动，更容易实现隐性知识的传播，获得"知识溢出"效应。

（4）集群式技术创新可以降低风险。由于技术创新过程存在着诸多不确定性，在技术研究和商业化之间会存在着很长的时间差，尤其是一些领域的技术改变非常迅速，产品生命周期很短。因此，企业进行创新需要承担较大的风险，而通过集群式创新的组织形式可以使整个集群承担创新的组织功能，从而通过企业间的分工协作减少了创新的不确定性，进而降低了企业参与创新过程的风险。

18.3.3　集群式技术创新的效率分析

在技术创新所需要的资金方面，由于集群式技术创新的各企业之间存在着分工协作关系，相对于单个企业，集群内的企业只需要承担个别环节上的技术创新，需要的技术创新资金较少，而企业如果孤立地进行技术创新，则需要较多的资金。所以集群式技术创新有利于企业的技术创新活动。

在技术创新企业地理位置的接近性方面，集群式技术创新的各企业之间距离相对于其他的企业较近，各企业之间关系紧密，集群内的企业之间的信息成本和契约成本较有利于企业的技术创新活动。

在技术创新所承担的风险方面，由于集群式技术创新的各企业之间存在着密切的分工协作关系，相对于单个企业，集群内的各个企业都要与其他企业进行紧密合作，共同承担风险，从而降低每个企业的风险程度。由于企业进行集群式技术创新，降低了企业技术创新的潜在风险，有利于提高企业技术创新的积极性。

在享受"知识溢出"的程度方面，集群式技术创新的企业会共享"知识外溢"，某个企业的"知识外溢"会让众多的相关企业受益。由于享受"知识溢出"是相互的，企业在"知识外溢"到其他企业的同时可以享受集群内其他企业的"知识溢出"，因此，企业不会因为"知识外溢"得不到暂时的回报而降低技术创新的积极性。

在企业组织结构的层次方面，中小企业通过企业集群的组织模式结合在一起，由于集群内的企业存在着一定程度的分工协作，组织结构更为简单，层次更少，所以单个企业内部信息传递的速度较快。集群内部的企业之间由于关系比较紧密，因而能够更及时准确地把握外部的市场信息和机会，这有利于提高企业的创新效率。显然由于组织结构的不同，大企业和集群外部的中小企业获取市场信息的能力就不如集群内的中小企业更加准确、快速。

在企业技术创新后的转换成本方面，大企业由于规模太大，企业技术创新后如果存在较大的转换成本，会降低技术创新的积极性。通过企业集群的形式组织在一起进行集群式技术创新的企业，相对于孤立的中小企业，由于集群内存在一定程度的分工协作关系，机器设备、厂房、员工的占用量更少，技术创新造成的转换成本较低，因而集群内的中小企业更具有技术创新的动力，企业的技术创新成果会更多。

上述分析表明，中小企业进行集群式技术创新能够在诸多方面提高企业的技术创新积极性，从而在一定程度上提高技术创新成果的数量和技术创新的效率。

18.4 结 论

中小企业在国民经济发展中发挥着越来越重要的作用，并成为技术创新的主要载体。但是，与大型企业相比较，中小企业在融资渠道、技术创新的人才、基础设施等方面还存在着种种不足。为此，除了完善融资渠道、改善基础设施等措施之外，通过发展企业集群，把在地理位置上比较接近的众多中小企业组织在一起，进行集群式创新，也能够部分地解决中小企业在技术创新上的困难。通过发展企业集群进行集群式技术创新，中国的中小企业在技术创新方面发挥的作用将会更大。

参考文献

［1］王缉慈等. 创新的空间：企业集群与区域发展［M］. 北京：北京大学出版社，2001.

［2］符正平. 论企业集群的产生条件与形成机制［J］. 中国工业经济，2002（10）：16 - 22.

［3］金碚. 竞争力经济学［M］. 广州：广东经济出版社，2003.

［4］杨蕙馨，冯文娜. 中间性组织存在的合理性与稳定性分析［J］. 经济学动态，2004（9）：28 - 32.

［5］吴学花，杨蕙馨. 中国制造业产业集聚的实证研究［J］. 中国工业经济，2004（10）：36 - 43.

［6］杨蕙馨，冯文娜. 中间性组织的组织形态及其相互关系研究［J］. 财经问题研究，2005（9）：57 - 63.

［7］杨蕙馨，石建中. 有关企业规模界定的评析［J］. 标准科学，2004（6）：7 - 10.

［8］杨蕙馨，冯文娜. 中间性组织的竞争优势分析［J］. 人文杂志，2005（1）：66 - 71.

［9］李宁，杨蕙馨. 集群剩余与企业集群内部协调机制［J］. 南开管理评论，2005，8（2）：60 - 64.

［10］杨蕙馨，冯文娜. 基于博弈分析的中间性组织的运行研究［J］. 经济学动态，2005（6）：37 - 41.

第三篇
产业链与分工制度

第 19 章

产业链纵向关系与分工制度安排的选择及整合[*]

19.1 引　言

产业链是指在一种最终产品的加工过程中从最初的矿产资源或原材料一直到最终产品到达消费者手中所包含的各个环节构成的整个纵向的链条（郁义鸿等，2006）。在分工日益深化的今天，任何一件最终产品或服务的生产和价值的实现，都不可能全部由一个企业完成，而要受到其所在的产业链上下游企业的制约。产业链是基于分工经济的一种产业组织形式，涵盖的产业范围较广，包括从供应商到制造商再到分销商和零售商等所有加盟的节点企业，强调相关产业或企业之间的分工合作关系（李靖和魏后凯，2007）。因此，采用何种有效的分工制度安排才能协调与组织好上下游企业之间的分工，以提高产业链的稳定性，对于具体产业发展而言是一个亟须解决的问题。

产业链中的上下游企业会产生大量纵向关系。相关成果从多个角度对纵向关系进行了研究，其中涉及较多的是纵向一体化和纵向约束[①]。对于产业链上下游企业纵向一体化的原因，目前的文献大致从 3 个方面进行了研究：技术因素（Williamson，1971；Rey，Seabright and Tirole，2001）、节约交易成本（Coase，1937）和市场不完全（Perry，1978；Carlton，1979）。关于纵向约束的研究更多的是制造商和销售商之间的纵向关系，主要包括转售价格控制（Tirole，1988）、独占交易（Salop and Sheffman，1983）、独占区域（Klein and Murphy，1988）等方面。由于产业链是国人首先提出的概念，因此，直接从产业链角度对纵向关系进行研究的全部是国内学者，比较有代表性的是郁义鸿等（2006）和于立宏等

---

* 本章作者为杨蕙馨、纪玉俊、吕萍，发表在《中国工业经济》2007 年第 9 期（有改动）。
① 就实践中的具体产业链纵向关系而言，已经远远超出了纵向一体化和纵向约束所能涵盖的范围，它包括双方的现货市场交易和双方基于长期合作所形成的战略联盟、虚拟企业，等等。

(2006),分别对产业链纵向控制和经济规制以及煤电产业链纵向控制与经济规制进行了研究。

从检索到的文献看,把分工和产业链纵向关系放在一起进行研究的文献还不是很多(李晓红,2005;王桂霞,2005)[1]。本章以分工为切入点对产业链纵向关系进行研究,试图通过引入分工这一变量对产业链纵向关系进行新的思考。无论从历史的角度还是逻辑的角度,分工都与产业链的形成及其所引发的纵向关系有密不可分的关系。从产业链形成看,没有分工就没有产业的产生,更谈不上产业链。从产业链纵向关系看,由于产业链中存在着上下游企业之间的分工与协作,如何对其进行协调和组织就变得非常重要,而产业链纵向关系就会带来分工制度安排的选择及进一步的整合。

19.2 分工、产业链纵向关系与分工制度安排

19.2.1 分工与产业链的形成

产业链的形成可以追溯到分工理论。《国富论》揭示了工业生产是一系列基于分工的迂回生产的链条,并指出"劳动生产力上最大的增进,以及运用劳动时所表现的更大的熟练、技巧和判断力,似乎都是分工的结果"。斯密不仅指出了分工的重要作用,而且提出了分工受市场范围限制的思想,即"分工起因于交换能力,分工的程度,因此总要受交换能力大小的限制,换言之,要受市场广狭的限制"。继斯密之后,阿林·杨格的《报酬递增与经济进步》一文是关于分工和专业化的重要文献。杨格的思想被总结为杨格定理:市场规模扩大引致分工的深化,分工的深化又引致市场规模的扩大,这是一个循环累积、互为因果的演进过程。沿着同一思路,施蒂格勒指出:"亚当·斯密提出的市场范围限制劳动分工的定理是关于企业和产业功能的理论的核心,并且还可以用来说明许多其他经济问题。"施蒂格勒认为,企业之所以不把报酬递增的功能交给专业化企业(产业)来承担,是因为"也许在给定的时期,这些功能市场规模太小,不足以支持一个专业化的企业或产业"。所以,"在不断成长的产业中,典型的情况应是纵向非一体化,而纵向一体化倒是衰落产业的特征"。可见,从斯密到杨格再到施蒂格勒实际上是提出了"由于分工而形成产业链"的思想。

现实经济生活也逐步验证了上述思想。斯密主要分析的是企业分工,但随着

---

[1] 李晓红(2005)的博士论文关于中国高档猪肉的产业链组织模式研究,王桂霞(2005)的博士论文对中国牛肉产业链的研究都曾涉及产业链中企业的分工与协作问题,但仅仅是就具体的产业链而言。

技术的进步、市场规模的扩大以及需求的多样化，原来由企业承担的部分职能开始发生分离，企业所承担的职能越来越趋向于专业化，随着各个环节从事同一分工的企业不断增多，随之形成的产业纵向分工也越来越细。比较典型的是，伴随着信息技术的发展以及全球市场的形成，企业的纵向分离、外包、外购中间产品或中间服务开始大量出现。此时，单个企业的生产不仅受到自身能力的制约，还受到上下游企业的制约。随着产业中分工的不断深化和演变，企业之间的关系也不断演变，既有相互之间的合作与互补，也有相互竞争和制约，产业链的雏形就显现出来了。正如马歇尔所言："有机体——不论是社会的有机体还是自然的有机体的发展，一方面使它的各部分之间的机能的再分部分的增加，另一方面使各部分之间的关系更为密切，这个原理是没有很多例外情况。"马歇尔把这种机能的再分称为"微分法""在工业上表现为分工、专门技能、知识和机械发展等形式"；机能再分增加了各部门之间协作的需要，马歇尔将工业有机体的各部分之间关系的密切性和稳固性的增加称为"积分法"。

19.2.2 产业链纵向关系与分工制度安排

马克思在《资本论》"分工与工场手工业"一章中将分工分为三类："单就劳动本身来说，可以把社会生产分为农业、工业等大类，叫作一般分工；把这些生产大类分为种和亚种，叫作特殊分工；把工场内部的分工，叫作个别分工"。他认为，前两种分工是社会内部分工，后一种是工场内部分工，两者不仅有程度上的差别，而且有本质上的区别。"工场手工业分工的特点是局部工人不生产商品，变成商品的只是局部工人的共同产品。社会内部的分工以不同劳动部门的产品的买卖为媒介"。马克思对分工的分类实质上说明了分工的两种不同制度安排：也就是分工可以通过企业制度来组织，即分工在企业内进行；也可以通过市场制度来组织，即分工在企业间进行。

自科斯（1937）的企业定义之后，人们对企业与市场的关系有了更为深刻的认识。通过引入交易费用的概念，企业与市场成了两种可相互替代的制度安排。钱德勒（1977）通过对1840年之后美国现代企业兴起的考察，以系统的历史资料验证了科斯的结论。钱德勒得出的基本结论是："现代工商企业在协调经济活动和分配资源方面已取代了亚当·斯密的所谓市场力量的看不见的手"。以交易成本概念为核心，威廉姆森把科斯的理论发展成了一个相当严密的体系，认为不同的交易对应着企业、中间性组织和市场三种不同的治理结构。

交易与分工相伴而生，是同一枚硬币的两面。结合产业链纵向关系的特点，本章将分工的制度安排分为三类：企业分工、准一体化契约分工和市场分工。具体到产业链而言，由于分工形成了产业链，自然会产生上下游企业之间的纵向关系。本章认为产业链纵向关系是指，产业链中的企业对于分工制度安排的选择及整合所实施的一种企业行为，主要包括纵向一体化、纵向契约关系和纵向分离三种形式。不同的纵向关系产生了不同的分工制度安排，实质上就是进行分工制度安排的优化以提高产业链的稳定性。具体来说，产业链纵向关系与分工制度安排的对应如图 19-1 所示。

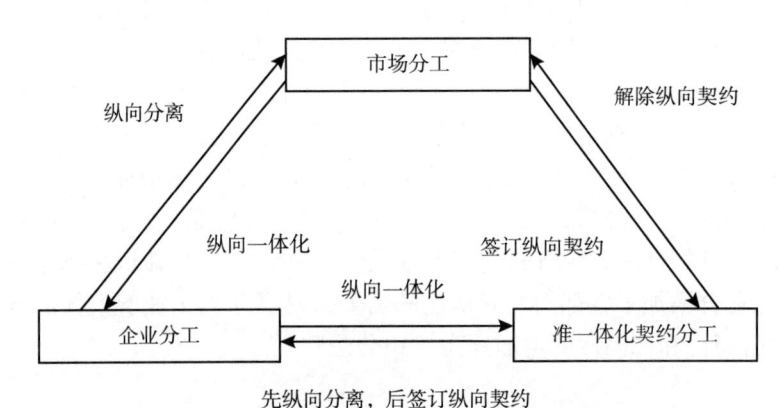

图 19-1　产业链纵向关系与分工制度安排

（1）纵向一体化。企业分工纵向一体化是指在一条产业链，上游（下游）企业通过购买下游（上游）企业的部分或全部股权而获得被收购企业的股权，也称为纵向并购①。当上游产品供给或者下游需求有限而且存在不确定性、缔结契约有很大难度、厂商难以制定有效的激励措施时，往往通过一体化来解决问题（Bolton and Whinston, 1993）。通过纵向一体化，上下游企业间的分工变为企业内分工，主要由权威进行协调。

（2）纵向契约关系。准一体化契约分工上下游企业间会涉及大量中间产品交易，而中间产品交易往往是重复进行的，交易双方的关系是长期的。基于长期合作关系签订的契约关系，对双方都有很强的约束力，纵向契约关系是介于企业和市场之间的一种"混合"结构。在这种情况下，上下游企业间的分工由准一体化契约来协调，手段主要包括权威和价格。

（3）纵向分离。市场分工纵向分离是指原来包括多个产业链环节的企业将其中的某个或多个环节从企业中剥离出去，变企业分工为市场分工。在此指的是利用价格制度的优势，对处于产业链中上下游企业间的分工进行组织和协调。价格制度是人类为达到合作和解决冲突所发明的最重要的制度之一（张维迎，1996）。

---

① 纵向一体化根据股权的高低有完全和部分的区别，为简化分析，本章在此只考虑完全一体化的情形。

19.3 产业链分工制度安排的选择

分工，尤其是纵向分工是提高生产效率的重要途径，问题在于到底应该利用市场、企业还是准一体化契约中的哪一种制度安排来组织分工。不同的分工制度安排不仅会产生不同的成本与收益，也各有优缺点和适用的范围。

在交易成本不为零的世界，分工的存在必然会产生大量的交易成本。但是，不同的分工制度安排带来的交易成本是有差异的。威廉姆森（1985）把科斯（1937）的"企业—市场"两分法发展为"企业—中间性组织—市场"三分法，并提出了影响交易成本的三个维度资产专用性、不确定性和交易频率。具体到产业链而言，在企业、市场和准一体化契约这三种分工制度安排中，由这三个维度所引发的交易成本是不一样的。因为在不同的分工制度安排中，资产专用性、不确定性和交易频率是不同的。另外，不同的分工制度安排所产生的收益也不一样。正如迈克尔·迪屈奇（1999）指出的，只考虑交易成本理论是一个半边理论，因为它忽略了资源配置产生的效益。要全面理解产业链中分工制度安排的多样性，必须考虑所产生的成本和收益的差异性。

对于产业链中的上下游企业而言，分工制度安排的选择提高了产业链的稳定性。但是，上下游企业间不管采取何种分工制度安排都要发生大量的交易，而不同的交易又具有各自不同的特点，产生的交易成本也不同。同时，对产业链中的不同企业而言，分工制度安排的选择所产生的收益也不同。故交易成本和收益的比较使得企业选择不同的产业链纵向关系，或纵向一体化，或纵向契约关系，或纵向分离，从而也决定了上下游企业分工的制度安排，或企业分工，或准一体化契约分工，或市场分工。

以产业链上中下游生产环节为例。对已形成分工的上游环节 A、中游环节 B 和下游环节 C 中的企业而言，A 为 B 提供必需的投入品，B 为 C 提供必需的投入品。由于存在多个环节，每一环节又存在多个企业，故各环节的差异以及某一环节中企业的差异会造成不同分工制度安排的交易成本与收益的截然不同。因此，企业或者将原来分别由两个企业承担的环节，通过纵向一体化合并为一个企业，变市场分工为企业分工；或者将原来的一次性现货市场交易，通过纵向契约关系变市场分工为准一体化契约分工；或者通过其他纵向关系而改变分工制度安排。

从以上分析看出，由交易成本和收益决定的产业链分工制度安排的选择，实际是为了最大限度地获得分工带来的好处。下面从企业分工和市场分工入手，考察某一时点上的上下游企业如何根据所面临的交易成本和收益的差异，通过产业链纵向关系实现分工制度安排的选择[1]。为便于分析，做如下假设：①在某一时

---

[1] 在此强调"某一时点"是想从静态角度分析交易成本和收益对分工制度安排选择的影响。

点上，交易成本只受分工制度安排自身影响，而不受外部经济环境影响。②产业链中各个环节的市场结构不发生改变。③企业分工和市场分工产生的收益分别用 B_f 和 B_m 表示①，企业分工与市场分工所发生的交易成本分别用 C_f 和 C_m 表示，分工制度安排的产出用 Q 表示。④ $\frac{dC_f}{dQ} > 0$，$\frac{d^2C_f}{dQ^2} > 0$，$\frac{dB_f}{dQ} > 0$，$\frac{d^2B_f}{dQ^2} < 0$；$\frac{dC_m}{dQ} > 0$，$\frac{d^2C_m}{dQ^2} > 0$，$\frac{dB_m}{dQ} > 0$，$\frac{d^2B_m}{dQ^2} < 0$，即随着产出的增加，成本、收益和边际成本增加，而边际收益递减。

在这一简化条件下，产业链中上下游企业会根据不同的分工制度安排带来的不同的交易成本和收益，通过产业链纵向关系做出不同的选择。纵轴表示分工制度安排的交易成本和收益，横轴表示分工制度安排的产出，得到不同的产业链分工制度安排。

从图 19-2 看出，在区间 $Q_1 - Q_2$，$B_f > C_f$，而 $C_m > B_m$，这说明在某一时点上对于产业链上下游的企业而言，利用企业分工的优势要优于市场分工，于是，上下游企业就会选择纵向一体化，采取企业分工。

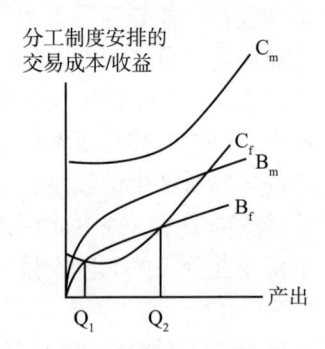

图 19-2 企业分工

从图 19-3 看出，在区间 $Q_1 - Q_2$，$C_f < B_f$，而 $C_m < B_m$，这说明在某一时点上对于产业链中的上下游企业而言，采取企业分工已没有优势可言，原来通过纵向一体化包含产业链两个或两个以上环节的企业开始纵向分离，纵向非一体化取代了纵向一体化，即市场分工取代了企业分工。

从图 19-4 看出，$C_m > B_m$，$C_f > B_f$，说明在某一时点上对于产业链中的上下游企业而言，无论利用企业分工还是利用市场分工都不具备优势。但从图 19-4 看到 $B_m > B_f$，说明市场分工相比企业分工有着收益上的优势；而 $C_m > C_f$，说明企业分工相比市场分工有着交易成本上的优势。在此情况下，产业链中的企业会

---

① 此处所指的收益是不同的分工制度安排所获得的收益减去除交易成本之外的成本后的剩余部分。

签订纵向长期契约，综合利用市场分工和企业分工的优势，通过准一体化契约来组织产业链纵向分工。

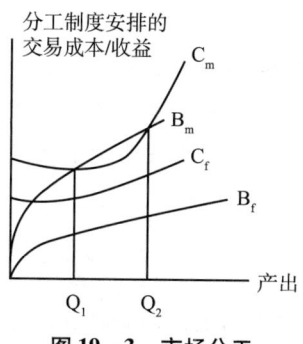

图 19-3　市场分工

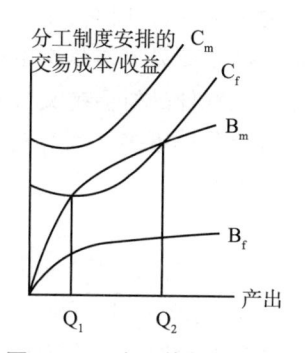

图 19-4　准一体化契约分工

至此，通过交易成本和分工收益，比较了由产业链中不同的纵向关系所带来的分工制度安排的选择，得出的结论是：交易成本和收益的比较决定着产业链分工制度安排的选择。

19.4　产业链分工制度安排的整合

随着外部环境的改变，产业链分工制度安排也处于不断地整合过程中。以分工为基础形成的产业链仅仅为有效率的最终产品生产提供了可能，外部环境改变会带来交易成本和收益的变化，企业会再次实施产业链纵向关系，最终结果就是产业链分工制度安排的进一步整合。

以纵向一体化为例。最初的产业链中企业 A 为上游企业，企业 B 为下游企业，A 为 B 提供必需的投入品，A 与 B 之间是纯粹的现货市场交易，即采用市场组织分工。假设因技术进步等外部经济环境的改变，资产专用性、交易频率和不确定性发生了改变，双方的交易成本也发生了变化，即使收益没有改变，为了保证整条产业链的生产效率，双方之间的产业链纵向关系也会重新做出安排。于是，B 纵向兼并 A，B 和 A 合并成为一家企业。也就是说，B 和 A 之间由原来的市场分工变成了企业分工。

在前面的分析中，假设外部环境对交易成本不产生影响以及同一环节市场结构不发生改变，得出了企业对不同分工制度安排的选择。现把假设放宽，分析交易成本随外部环境改变以及市场结构改变所带来的分工制度安排的进一步整合。

19.4.1　交易成本的变化

按杨小凯和张永生（2003）的定义，交易成本可分为内生交易成本和外生交易成本。外生交易成本是指在交易过程中直接或间接发生的费用，如购买某单位商品的谈判费用、运输成本、途中损耗、通信费用等，它不是由于决策者的利益冲突而导致的经济扭曲的结果。内生交易成本是指市场均衡同帕累托最优之间的差别，是由不同的参与者争夺分工好处的机会主义行为所致，指在交易过程中由于争夺分工的利益，每个人都希望分得更多的利益而不惜减少别人从分工中得到的利益。由于信息不对称引起的人们逆向选择和道德风险的机会主义行为是内生交易成本产生的根本原因。

技术创新降低了外生交易成本，因此，产业链中分工制度安排整合的趋势也由企业分工向市场分工转化。19 世纪末纵向一体化的大型企业开始在美国出现，20 世纪美国经济的成功在很大程度上要归功兴起了重要产业部门的纵向一体化的现代企业（钱德勒，1977）。也就是说，企业内包含产业链的所有环节，即产业链分工在企业内进行。然而，20 世纪 80 年代以来，随着交通、通信技术的迅速发展以及经济全球化的快速推进，原来纵向一体化的企业更加注重核心能力和核心业务的构建，只负责产业链的一个或几个环节，而把其他环节外包给其他企业，即由市场来组织分工。如跨国公司在全球范围内组织生产和销售，研发总部和销售总部设在母国，生产制造则由发展中国家来进行。近年我国长三角地区也出现了按产业链不同环节和阶段进行分工的趋势（魏后凯，2007）。

技术创新通过降低外生交易成本，使原来由一个企业掌控产业链的各个环节变成产业链的各个环节由多个企业分别负责，即由企业分工变成市场分工，从而更有利于产业链的各个环节进行专业化生产。在外生交易成本给定的情况下，专业化生产会带来生产效率提高和内生交易成本增加的两难冲突。因为市场分工与企业分工相比，内生交易成本大大增加。企业分工是产业链的不同环节在基于长期而稳定的合作关系基础上通过权威对分工进行组织和协调，内生交易成本较低；而市场分工则是双方仅就一次交易所达成的契约基础上通过价格对分工进行协调，内生交易成本较高。为了降低内生交易成本，就要对分工制度安排进行再次整合。一方面，可以通过纵向一体化，也就是说把市场分工变为企业分工；另一方面，可以通过纵向契约关系，把市场分工变为准一体化契约分工。这实际上是通过实施产业链纵向关系而实现分工制度安排的创新。

因此，交易成本的改变使得企业实施不同的产业链纵向关系，从而带来了产业链分工制度安排的进一步整合。

19.4.2 市场结构的变化

在产业链中，上下游企业所处的市场结构是决定分工制度安排进一步整合的重要因素。因为市场结构的变化使得因分工而产生的收益需要在上下游企业之间重新进行分配，从而也会带来产业链分工制度安排的整合。在单一市场中，企业的市场行为选择仅仅由其所处的市场结构决定，而对产业链中的上下游企业而言，其行为选择必须考虑上下游两个市场的市场结构，即产业链纵向市场结构（郁义鸿等，2006）[①]。

从产业链纵向关系看，处于产业链上游的企业生产中间产品作为下游企业的投入，下游企业生产最终产品提供给消费者。为便于研究，做如下假设：①产业链中只包含两个部门，其中上游部门 A 生产中间产品，下游部门 B 生产最终产品，部门 A 的产品是部门 B 生产过程中必需的投入。②生产每单位 B 正好要求 1 单位 A，可以用相同的产出单位度量 A 和 B。③A 和 B 的市场上分别有 m 个和 n 个企业。④在每个市场上所有企业都是同质的。

参考多纳德－海和德里克－莫瑞斯（2001）的模型，下游部门的反需求函数 $P_B = f(Q)$，其中 $Q = \sum_{i=1}^{n} q_i$，q_i 是各个企业的产出。根据假设④，$Q = nq_B$，其中 q_B 是 B 部门每个企业的产出。作为 B 部门投入品的部门 A 的价格为 $p_A(Q)$，c_B 是其他投入的成本，固定成本是 F_B，则部门 B 中企业的利润函数为：$\pi_B = p_B q_B - p_A q_B - c_B q_B - F_B$，利润最大化条件为：

$$\frac{d\pi_B}{dq_B} = p_B + q_B \frac{dp_B}{dq_B} - p_A - c_B = 0$$，整理得：

$$\frac{d\pi_B}{dq_B} = p_B \left[1 + \frac{q_B}{p_B} \frac{dp_B}{dq_B}\right] - p_A - c_B = 0$$，价格弹性 $E_B = \frac{q_B}{p_B} \frac{dp_B}{dq_B}$，所以，$\frac{d\pi_B}{dq_B} = p_B \left[1 - \frac{1}{E_B}\right] - p_A - c_B = 0$，将部门 B 中 n 个企业的利润最大化条件加总，得到：

$$p_B \left[1 - \frac{1}{E_B}\right] = p_A + c_B$$，其中 $p_A + c_B$ 为成本。

[①] 所谓产业链的纵向市场结构，是指由两个市场各自所具有的不同的市场结构整合而成的整个产业链的市场结构（郁义鸿等，2006）。

对上式整理可导出部门 B 对投入 A 的引致需求，根据假设②，对产出的度量 Q 同时适应于 A 和 B，则 $p_A(Q) = p_B(Q)\left[1 - \frac{1}{nE_B}\right] - c_B$，这就是部门 B 对产品 A 的需求曲线。

由此看出，当 $p_B(Q)$、E_B 和 c_B 一定时，随着 n 的增大，$p_A(Q)$ 逐渐升高。考虑两种极端情况，当 n→∞ 时部门 B 所处市场为完全竞争市场，此时 $p_A(Q)$ 最高；当 n = 1 时部门 B 所处市场为完全垄断市场，此时 $p_A(Q)$ 最低。

类似的，可以给出 A 部门中的任一企业的利润函数：$\pi_A = p_A q_A - c_A q_A - F_A$，其中 $Q = m q_A$，而 c_A 和 F_A 分别是 A 部门的边际成本和固定成本，参考部门 B 可以得到 $p_A(Q)\left[1 - \frac{1}{nE_A}\right] = c_A$，$p_A = c_A / \left[1 - \frac{1}{nE_A}\right]$。

因此，在 c_A 和 E_A 一定时，随着 m 的增大，p_A 逐渐降低。同样考虑两种极端情况，当 m→∞ 时部门 A 所处市场为完全竞争市场，此时 p_A 最低；当 n = 1 时部门 A 所处市场为完全垄断市场，此时 p_A 最高。

为简化分析，把部门 A 和部门 B 的市场结构看作是完全竞争和完全垄断两类，就出现四种组合，如表 19 - 1 所示。

表 19 - 1　　　　　　　　　　　　四种情况组合

部门 A	部门 B	
	竞争	垄断
竞争	Ⅰ（竞争，竞争）	Ⅱ（竞争，垄断）
垄断	Ⅲ（垄断，竞争）	Ⅳ（垄断，垄断）

假设产业链中部门 A 和部门 B 两个市场属于Ⅰ，部门 B 中的企业由完全竞争市场所决定的中间产品价格比较高。部门 A 中的企业由完全竞争市场决定的价格比较低，双方的交易可以达到帕累托改进，对双方都有收益，此时上下游企业倾向于利用市场来组织分工。只要这种均衡不被打破，产业链中的上下游企业就缺乏重新选择产业链分工制度安排的激励，更谈不上产业链分工制度安排的整合。

假设部门 B 部分企业退出或被横向兼并，而部门 A 的企业数目不变，两个市场就属于Ⅱ。此时，由部门 B 企业的完全垄断市场所决定的中间产品 $p_A(Q)$ 最低，而由部门 A 处完全竞争市场所决定的 $p_A(Q)$ 也是最低；在部门 A 企业缺乏市场势力的情况下，成交价格由部门 B 定，也是最低。因此，部门 A 前向一体化部门 B 激励。由于部门 B 于垄断地位，可以决定下游市场的高价格，部门 A 的企业通过变市场分工为企业分工，从而可获得较高收益。

同样，当两个市场属于Ⅲ时，部门 B 的企业就会有后向一体化部门 A 激励，从而部门 B 的企业通过分工制度安排的进一步整合而获得收益。当两个市场属于 Ⅳ 时，即由于两个部门企业的退出或横向兼并而在各自的市场中成为垄断者时，由于双方都具有市场势力，市场分工会使得双方两败俱伤。一般的解决方式是签订纵向契约或纵向一体化，即通过准一体化契约或企业来组织分工可以实现双方收益的增加。

可见，交易成本和收益决定了产业链分工制度安排的选择，而由交易成本和收益所决定的产业链分工制度安排绝不是静态的。相反，由于各种因素对交易成本和收益的影响，产业链中分工制度安排也处在不断整合之中。

19.5 结 论

从斯密、杨格再到杨小凯，都指出了分工在经济发展中的重要作用，但仅仅有了分工还不能必然促进经济发展，更重要的是如何对分工进行组织和协调，即进行分工制度安排的选择与整合。具体到存在着严密上下游分工的产业链而言，采用何种分工制度安排对产业的发展更是起着至关重要的作用，而实施不同的产业链纵向关系就可以对分工制度安排进行恰当的选择与整合。

交易成本和收益会影响产业链中上下游企业具体采用何种纵向关系以选择不同的分工制度安排，产业链分工制度安排也会随着交易成本和收益的变化而不断整合。产业链中的纵向关系实际上是企业根据经济环境的变化对分工制度安排进一步整合的过程。因此，从产业链的形成以及具体产业的发展来说，不能仅仅从宏观的角度泛泛而谈，更要从微观的角度，即对产业链内部分工制度安排的选择及整合加以关注。只有把分工的组织形式协调好，产业链作用的发挥才会具备微观基础。

在经济全球化和技术日新月异的今天，产业链中各个环节对价值创造的贡献发生了很大变化。对于一条产业链而言，最明显的特征就是利润逐渐向产业链的研发和销售两端转移，而中间制造环节的利润则受到层层的纵向控制与压榨。"微笑曲线"就是对这一现象生动的说明，这也是中国目前众多产业发展所遇到的亟须解决的问题。以制造业为例，中国已成为世界制造业大国，但制造业的劳动生产率/人·年 3.8 万元，是美国和日本的 4%，德国的 5.5%，即人均劳动生产率低，主要从事低端产业。在这种情况下，产业链中的企业如果仍然采取市场分工的制度安排，就会永远被锁定在利润的低端环节，从而使得本地区制造业的发展失去基础和动力。企业通过前向一体化和后向一体化则可以变市场分工为企业分工，通过控制产业链的关键环节而获得分工制度安排的最大收益。另外，待时机成熟时又可以通过纵向分离变企业分工为市场分工，只从事产业链中的利润高端环节。同时，如果市场分工因交易成本太高而影响到分工制度安排的收益，则可以通过签订纵向契约变市场分工为准一体化契约分工。在某种程度上，从制造业大国向制造业强国的转变，产业链分工制度安排的重新选择与整合是非常关键的，因为它可以从制度设计上为产业的持续发展奠定基础。

制造业的发展和分工制度安排的选择与整合密切相关，农业产业化的发展也同样涉及这一问题。农业产业化经营中的产业链可采取不同的分工制度安排：企业通过市场向下游农户订购农产品，这是采取市场分工；企业通过纵向一体化使下游农户变成工人，则是采取企业分工；企业也可以和下游农户签订纵向契约，采取准一体化契约分工。在产业链分工制度安排选择与整合的过程中，由于农户经营的分散性等原因使得企业分工和市场分工都很难获得分工制度安排的最大收益，所以，实践中最终筛选的结果大多是采取了准一体化契约分工的制度安排，即"龙头企业＋农户"的模式。

既然通过实施产业链纵向关系而实现的不同分工制度安排促进了产业的发展，那么，从政府角度说，应该创造条件使产业链分工制度安排的选择与整合能够顺利实施。在产业发展的过程中，追求政绩的冲动在很多情况下使得纵向一体化、纵向分离和纵向契约的签订不是企业的自主选择，而是受到诸多非市场因素的限制。例如，本地企业被他地企业纵向一体化并购会使本地政府与被并购企业会失去很多利益，本地政府往往加以阻挠。可见，政府立足全国统一市场，破除抑制分工制度安排与选择的政策因素，才能使分工制度安排有利于促进产业发展。

参考文献

[1] Bolton, P., and M. D. Whinston, Incomplete Contract, Vertical Integration and Supply Assurance [J]. The Review of Economics Studies, 1993 (1).

[2] Carlton D W, Vertical Integration in Competitive Markets under Uncertainty [J]. The Journal of Industrial Economics, 1979, 27 (3): 189 – 209.

[3] Coase R H, The Nature of the Firm [J]. Economica, 1937, 4 (16): 386 – 405.

[4] Klein B, and Murphy K M, Vertical Restraints as Contract Enforcement Mechanisms [J]. The Journal of Law and Economics, 1988, 31 (2): 265 – 297.

[5] Perry M K, Vertical Integration: The Monopsony Case [J]. The American Economic Review, 1978, 68 (4): 561 – 570.

[6] Rey P, Seabright, and J. Tirole, The Activities of a Monopoly Firm in Adjacent Competitive Markets: Economic Consequences and Implications for Competition Policy [R]. IDEI Working Paper, 2001.

[7] Salop S. C., and D. T. Scheffman, Raising Rivals' Integration [J]. American Economic Review, 1983 (2).

[8] Williamson O E, The Vertical Integration of Production: Market Failure Considerations [J]. American Economic Review, 1971, 61 (2): 112 – 123.

[9] 阿林·杨格，贾根良. 报酬递增与经济进步 [J]. 经济社会体制比较，1996（2）：

52-57.

[10] 多纳德·海，德里克·莫瑞斯. 产业经济学与组织 [M]. 北京：经济科学出版社，2001.

[11] 李靖，魏后凯. 基于产业链的中国工业园区集群化战略 [J]. 经济经纬，2007 (2)：74-77.

[12] 马歇尔. 经济学原理（中译本）[M]. 北京：华夏出版社，2005.

[13] 马克思. 资本论（第一卷）[M]. 北京：人民出版社，1975.

[14] 迈克尔·迪屈奇. 交易成本经济学 [M]. 北京：经济科学出版社，1999.

[15] 钱德勒. 看得见的手：美国企业的管理革命（1977）[M]. 北京：商务印书馆，1987.

[16] 施蒂格勒. 产业组织 [M]. 上海：上海三联书店，上海人民出版社，2006.

[17] 泰勒尔. 产业组织理论 [M]. 北京：中国人民大学出版社，1998.

[18] 威廉姆森. 资本主义经济制度（1985）[M]. 北京：商务印书馆，2002.

[19] 魏后凯. 大都市区新型产业分工与冲突管理——基于产业链分工的视角 [J]. 中国工业经济，2007 (2)：30-36.

[20] 亚当·斯密. 国富论 [M]. 北京：商务印书馆，2004.

[21] 杨小凯，张永生. 新兴古典经济学与超边际分析 [M]. 北京：社会科学文献出版社，2003.

[22] 于立宏，郁义鸿. 需求波动下的煤电纵向关系安排与政府规制 [J]. 管理世界，2006 (4)：73-86.

[23] 郁义鸿，管锡展. 产业链纵向控制与经济规制 [M]. 上海：复旦大学出版社，2006.

[24] 张维迎. 博弈论与信息经济学 [M]. 上海：上海三联书店，上海人民出版社，1996.

第 20 章

纵向交易治理、分工制度安排与企业边界[*]

20.1 引　言

在社会分工日益深化的今天，分工尤其是纵向分工已成为提高生产效率的重要途径之一。任何一个最终产品或服务的生产及其价值的实现，都不可能由一个企业来全部完成，而是要受到上下游企业的制约。在这种情况下，上下游企业之间会发生大量的纵向交易，伴随而来的就是交易费用或协调成本的产生。从减少成本同时又获得分工收益的角度讲，这涉及对上下游企业纵向交易的治理，治理的实质是企业对分工制度安排的不同选择，而不同分工制度安排的实现又是通过企业边界变动来完成的。

19世纪末期，纵向一体化（vertical integration）的大型企业在美国出现。到20世纪，美国经济的成功在很大程度上要归功兴起于重要产业部门的纵向一体化的现代企业（钱德勒，1977）。然而，自20世纪80年代以来，原来纵向一体化的企业更加注重其核心能力和核心业务的构建，把企业内部的许多功能外包给其他企业，表现出纵向分离（vertical disintegration）的趋势。纵向一体化是通过扩张企业边界从而选择企业分工，纵向分离则是通过收缩企业边界从而选择市场分工，市场分工和企业分工是纵向交易治理中两种不同的分工制度安排。

科斯（1937）首先提出了"企业边界在哪里"这一重要命题以及"交易费用"的概念。围绕这一命题，许多学者从不同角度提出了各自的观点。威廉姆森（1985）以交易费用为核心，认为根据交易的不同性质，对应不同的治理结构，可以把科斯的企业和市场两分法发展成企业、中间性组织和市场三分法，从而拓展了"企业边界在哪里"这一命题。本章以具有分工特征的纵向交易为切入点，分析纵向交易治理中分工制度安排的选择与企业边界变动之间的关系，试图说明

---

[*] 本章作者为纪玉俊、杨蕙馨，发表在《山西财经大学学报》2008年第5期（有改动）。

企业边界变动不仅是威廉姆森所分析的对企业、市场和中间性组织等不同治理结构的选择，在纵向交易治理中更是对不同分工制度安排的选择，其目的是减少交易费用和最大限度地获得分工的收益。

20.2 纵向交易治理与分工制度安排

20.2.1 分工与纵向交易治理

许多学者对于分工都有深刻的分析。斯密（1972）在《国富论》中揭示了工业生产是一系列基于分工的迂回生产的链条，并提出了分工受市场范围限制的重要思想，即"分工起因于交换能力，分工的程度因此总要受交换能力大小的限制，换言之，要受市场广狭的限制"。① 围绕劳动分工与市场范围的关系，杨格把斯密定理发展成杨格定理：市场规模的扩大引致分工的深化，分工的深化又引致市场规模的扩大，这是一个循环累积、互为因果的演进过程。施蒂格勒指出："亚当·斯密提出的市场范围限制劳动分工的定理，是关于企业和产业功能的理论的核心，并且还可以用来说明许多其他经济问题。"（施蒂格勒，2006）②

分工与交易密不可分，但从亚当·斯密到杨格、再到施蒂格勒，他们对与分工相伴而生的交易都没有涉及，这主要是因为他们在分析过程中都假设交易费用不存在，所以没有必要对此进行分析。在一个交易费用为零的世界中，只要关注分工所带来的收益就已足够，对交易费用可以不予考虑。然而，当交易费用不为零时，情况就不同了。杨和博兰德（Yang and Borand, 1991）认为，劳动分工的程度取决于深化分工带来的收益与交易费用之间的权衡。

上下游企业之间因分工而发生的纵向交易，在社会分工日益深化的今天十分常见，供应商与制造商之间、制造商与销售商之间，都会有大量的纵向交易发生。由于有限理性和机会主义的存在，契约是不完全的，交易费用的存在是不可避免的（威廉姆森，1999）。③ 因此，相伴而来的问题就是如何减少因纵向交易而产生的交易费用，这就涉及对纵向交易的治理。在存在交易费用的条件下，纵向交易治理的必要性是毋庸置疑的。纵向交易治理的目的既是要最大限度地获得分工带来的收益，又要尽可能地减少交易费用。

---

① 亚当·斯密. 国富论（中译本）[M]. 北京：商务印书馆，1972：5.
② 施蒂格勒. 产业组织（中译本）[M]. 上海：上海三联书店，上海人民出版社，2006：169.
③ "有限理性和机会主义是交易费用研究方法中所依据的最重要的行为假设"。参见威廉姆森. 反托拉斯经济学（中译本）第157页，经济科学出版社，1999年出版.

20.2.2 纵向交易治理与分工制度安排

对纵向交易的治理进行分析，首先涉及交易的治理。每一次交易都涉及契约的签订，而由于有限理性的存在，人们在交易时不可能预见到未来的各种或然情况，并以双方都无可争议的语言写进契约中，因此，契约天然是不完全的。机会主义的存在，又使得各方会尽量采取各种策略来谋取自己的利益，从而危及双方的缔约关系。因此，需要借助于一种治理结构，根据不同交易的性质，对双方的交易关系进行治理，故不同性质的交易就与不同类型的治理结构相对应。

威廉姆森按照资产专用性程度、不确定性和交易频率三个维度区分了不同的交易，将所有交易分为三种契约：古典契约、新古典契约和关系契约。古典契约属于完全契约，与市场治理对应。新古典契约和关系契约属于不完全契约，前者与第三方治理对应，后者则包括双方治理和统一治理。可见，对应于不同的交易，存在三种不同的治理结构：市场治理、统一治理和介于两者之间的混合形式。

在纵向交易治理中，治理结构的选择实质上是对不同分工制度安排的选择。契约分析在新制度经济学研究中占有重要的地位，威廉姆森（2002）将经济学分为以新古典经济学为代表的选择科学和以新制度经济学为代表的契约科学。基于分工的上下游企业之间的纵向交易非常普遍，交易的契约性质决定了其治理可以纳入威廉姆森的分析框架。另外，分工基础上的纵向交易又使其治理具有自身的特点，也就是说，治理的目标是对分工制度安排的恰当选择。

马克思（1975）在《资本论》"分工与工场手工业"一章中，将分工分为三大类："单就劳动本身来说，可以把社会生产分为农业、工业等大类，叫作一般分工；把这些生产大类分为种和亚种，叫作特殊分工；把工场内部的分工，叫作个别分工。"[1] 他认为，前两种分工是社会内部的分工，后一种分工是工场内部的分工，它们不仅有程度上的差别，而且有本质上的区别。马克思关于分工的分类实质上说明了分工的两种不同制度安排，即分工既可以通过企业制度来组织，也可以通过市场制度来组织。

总之，基于分工的纵向交易治理不仅仅具备威廉姆森所说的治理特征，更是对不同分工制度安排的选择。参照威廉姆森提出的三种不同治理结构，并对马克思在《资本论》中提出的两种分工制度安排加以引申，可以将纵向交易治理中的分工制度安排分为企业分工、市场分工和准一体化契约分工（杨蕙馨等，2007）。[2] 在纵向交易治理过程中，企业分工通过权威对交易进行协调和组织，市场分工通过价格对交易进行协调和组织，准一体化契约分工则通过价格和权威对分工进行

---

[1] 马克思. 资本论（第1卷）[M]. 北京：人民出版社，1975：389.

[2] "准一体化契约分工"是介于企业分工与市场分工之间的分工制度安排。关于三种分工制度安排的详细分析，可参见杨蕙馨等《产业链纵向关系与分工制度安排的选择及整合》一文。

协调和组织。

为了更清楚地分析问题，我们用一个简单的数学模型来说明这三种分工制度安排。在不影响分析目的的前提下，我们做如下假设：（1）最终产品的生产需要一种中间产品作为投入，而且是必需的。（2）最终产品和中间产品的生产既可以通过市场分工来组织，也可以通过企业分工来组织，这两种方式所发生的交易费用分别为市场型交易费用和管理型交易费用。（3）两种分工制度安排所采用的生产技术相同且不发生变化。（4）生产遵循 C–D 函数，两种交易费用的存在所造成生产效率损失系数分别为 a_1 和 a_2，则可以得到市场分工和企业分工的净产出为 $Y_1 = (1 - a_1) K^{\alpha} L^{\beta}$ 和 $Y_2 = (1 - a_2) K^{\alpha} L^{\beta}$。其中，$0 \leq a_1 \leq 1$，$0 \leq a_2 \leq 1$，而且两种分工制度安排中的 K、L 不发生变化。（5）λ 表示采用市场分工的程度，$0 \leq \lambda \leq 1$。

根据以上假设，我们可以得到：

$$Y = \lambda (1 - a_1) K^{\alpha} L^{\beta} + (1 - \lambda)(1 - a_2) K^{\alpha} L^{\beta} \qquad (20-1)$$

在公式（20–1）中，Y 代表扣除交易费用后"混合"分工制度安排所产生的净产出，根据 λ 取值的不同，可以得到不同的分工制度安排：当 $\lambda = 0$ 时，$Y = \lambda (1 - a_2) K^{\alpha} L^{\beta}$，此时，分工制度安排采取的是企业分工；当 $\lambda = 1$ 时，$Y = \lambda (1 - a_1) K^{\alpha} L^{\beta}$，此时，分工制度安排采取的是市场分工；当 $0 < \lambda < 1$ 时，$Y = \lambda (1 - a_1) K^{\alpha} L^{\beta} + (1 - \lambda)(1 - a_2) K^{\alpha} L^{\beta}$，此时，分工制度安排采取的是准一体化契约分工。

如果把纵向交易治理中的分工制度安排看作是一个连续谱的话，则在谱的两端分别是企业分工和市场分工，此时，λ 分别取端点值 0 和 1。在市场分工和企业分工之间存在的分工制度安排兼有市场分工和企业分工的特点，可称之为准一体化契约分工，此时，$0 < \lambda < 1$。随着 λ 具体取值的变化，在准一体化契约分工中利用价格或权威所协调的交易比例也在发生变化。①

20.3　分工制度安排与企业边界变动

纵向交易治理的实质是对不同分工制度安排的选择，而不同分工制度安排的实现，则与企业边界的变动有着密切的关系。

科斯（1937）指出，在存在交易费用的条件下，企业可以取代市场而发挥资源配置的作用。对于企业与市场之间的边界问题，科斯认为，"企业的边界决定于两种协调方式组织同样一笔交易的额外差异——企业将倾向于扩张，直到在企业内部组织一笔额外交易的成本等于通过在公开市场上完成同一笔交易的成本或

---

① 在实际中两者比例的划分未必如此清楚，在此仅仅是为了分析问题的需要。

在另一个企业中组织同样交易的成本为止"（Coase，1937）。作为交易费用经济学的集大成者，威廉姆森通过资产专用性、不确定性和交易频率对交易加以分类，指出不同的交易对应着不同的治理结构，并把企业边界的分析框架从企业—市场两分法发展成了企业—中间性组织—市场三分法，从而使得企业边界的变动趋于复杂化。

企业分工、市场分工和准一体化契约分工的实现是与企业边界的变动密不可分的，其也可以纳入企业—中间性组织—市场三分法的企业边界分析框架。在此分析框架下，需要分析是什么因素决定了三种不同分工制度安排中企业边界的变动，以及如何变动企业边界来实现不同的分工制度安排。

科斯和威廉姆森在企业边界变动的分析框架中，仅仅考虑了交易费用，而没有考虑不同治理结构的收益对企业边界变动的影响。纵向交易治理中不同分工制度安排的选择是通过企业边界变动实现的，在这一过程中既要减少交易费用，又要获得分工的收益。正如迈克尔·迪屈奇（1999）所指出的，只考虑交易费用是一个半边理论，因为它忽略了资源配置产生的效益。与科斯和威廉姆森的分析框架有所区别，他在分析纵向交易治理中分工制度安排的选择时，认为决定企业边界变动的因素不仅有交易费用，而且有不同分工制度安排的收益。

以企业边界变动为横坐标、以分工制度安排的收益与交易费用为纵坐标做图，可以更清楚地看出分工制度安排与企业边界变动之间的关系（见图20-1）。

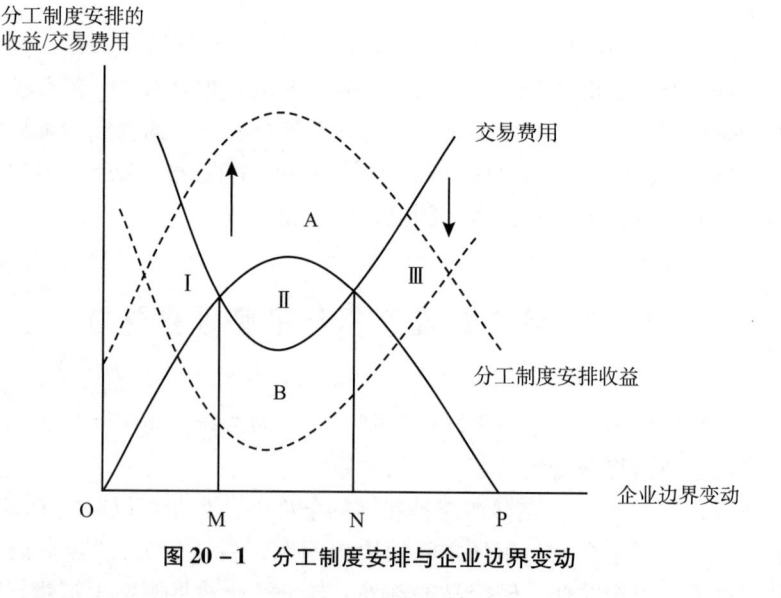

图20-1 分工制度安排与企业边界变动

在图20-1的实线部分，倒"U"型曲线表示分工制度安排的收益，其在A点最高；"U"型曲线表示交易费用，其在B点最低。M和N把图20-1分为Ⅰ、Ⅱ、Ⅲ三个区域，企业边界在M点之前和N点之后（区域Ⅰ和Ⅲ），分工制度安排产生的交易费用高于分工制度安排的收益,而在 M 点和 N 点之间(区域Ⅲ),分工制度安排的收益高于交易费用。在纵向交易过程中,企业分工、市场分工和准一体化契约分工的实现是通过三种纵向关系实现的,即纵向一体化、纵向分离和纵向契约的签订,这三种纵向关系都与企业边界的变动有关。

在区域Ⅰ,交易费用高于分工制度安排的收益,企业会通过纵向一体化扩张企业边界,从而变市场分工为企业分工。由原点开始一直到超过 M 点之后,企业边界的扩张就进入了区域Ⅲ,此时,分工制度安排的收益高于交易费用,企业会将边界扩张到交易费用曲线的 B 点和分工制度安排收益的 A 点。[①] 由此可以看出,纵向交易中企业边界扩张过程的实质就是企业分工取代市场分工的过程,其一直到获得分工的最大收益为止。

在区域Ⅱ,交易费用同样高于分工制度安排的收益,企业会通过纵向分离收缩边界,从而将企业分工变为市场分工。由 P 点开始收缩并到达 N 点后,企业边界收缩进入区域Ⅲ,此时,分工制度安排的收益高于交易费用,企业会将边界收缩到交易费用曲线的 B 点和分工制度安排收益的 A 点。同理,纵向交易中企业边界收缩过程的实质就是市场分工取代企业分工的过程,它直到获得分工的最大收益为止。

在区域Ⅲ,当企业通过扩张或收缩边界而获得分工的最大收益后,企业边界的再变动就会造成分工制度安排收益的减少。在这种情况下,企业就会选择准一体化契约分工来组织生产。也就是说,如果此时企业存在多余的生产能力,只扩张企业边界会造成原有业务与并购业务之间纵向分工的不匹配,新的分工制度安排会带来分工收益的损失。为了既利用原有生产能力,又不损失分工收益,纵向交易的企业之间会签订纵向契约,建立长期合作关系,此时,上下游企业采取的是准一体化契约分工。同样,如果企业内某一项资产在纵向分工中与其他资产密切相关,通过纵向分离使企业分工变为市场分工就会减少分工收益,此时,企业也会在保留此项资产所有权的前提下,利用此项资产与其他企业合作,从而实现准一体化契约分工。所以,在区域Ⅲ,为了获取分工的最大收益,企业在一定条件下会采取准一体化契约分工的方式,此时,企业边界的扩张与收缩并不像纵向一体化和纵向分离那样清晰,与市场的边界变得相对模糊。

以上仅仅是分析了短期内分工制度安排与企业边界变动的关系。从长期来看,交易费用和分工制度安排的收益都会发生变化,如图 20-1 中的虚线所示。假设分工制度安排的收益不变,交易费用曲线向下平移,使区域Ⅲ的范围扩大,就会使分工制度安排的净收益增加。

交通和通信技术的发展大大降低了交易费用,使得通过纵向一体化扩张企业边界而实现企业分工变得更加方便,同样也使得通过纵向分离收缩企业边界而实

---

① 为了分析方便,此处假设 A 点和 B 点同时达到。

现市场分工更加容易。可见，随着交通和通信技术的发展，企业边界的变化呈现出两种截然不同的情况：企业边界收缩，如企业的垂直解体和业务外包等；企业边界扩张，如企业的纵向并购。随着交易费用的降低，纵向交易治理中企业分工和市场分工的选择空间变大，可以获得更多的分工制度安排收益。

20.4 结　　论

新古典经济学描述了一个无交易成本的世界，在这个世界里，企业是一个"黑箱"，市场机制发挥着资源配置的作用。与新古典经济学的分析不同，科斯和威廉姆森以交易费用为中心，指出企业、市场以及中间性组织都是不同的治理结构，分别与不同的交易相对应，从而共同发挥着资源配置的作用。在纵向交易治理中，不同的交易对应着不同的分工制度安排。

由于分工的存在，上下游企业之间要发生大量的纵向交易，在分工越来越深化的今天，纵向交易治理是一个急需解决的问题。纵向交易治理是对不同分工制度安排的选择，而不同的分工制度安排是通过企业边界变动实现的，或通过纵向一体化扩张企业边界实现企业分工，或通过纵向分离收缩企业边界实现市场分工，或通过签订纵向长期契约实现准一体化契约分工。①

对于基于分工的上下游企业之间发生的纵向交易，其治理不应仅仅从交易的治理结构角度考虑，更应权衡分工制度安排的收益与交易成本。从分工制度安排的角度看，为了尽可能获得更多的分工收益，企业会通过变动其边界，对分工制度安排加以恰当选择，以达到获取更多分工收益的目的。

参考文献

[1] 钱德勒. 看得见的手：美国企业的管理革命 [M]. 北京：商务印书馆，1987.
[2] 威廉姆森. 资本主义经济制度 [M]. 北京：商务印书馆，2002.
[3] 亚当·斯密. 国富论 [M]. 北京：商务印书馆，2004.
[4] 阿林·杨格，贾根良. 报酬递增与经济进步 [J]. 经济社会体制比较，1996 (2)：52－57.
[5] 施蒂格勒. 产业组织 [M]. 上海：上海三联书店，上海人民出版社，2006.
[6] 威廉姆森. 反托拉斯经济学 [M]. 北京：经济科学出版社，1999.
[7] 马克思. 资本论（第1卷）[M]. 北京：人民出版社，1975.
[8] 马建威. 企业、企业所有权与公司治理 [J]. 兰州商学院学报，2007 (1)：112－115.

---

① 由于准一体化契约分工兼有市场分工和企业分工的特点，所以企业边界的变动就会比较模糊。

[9] 张燕,姚慧琴. 企业边界变动与产业组织演化 [J]. 河北经贸大学学报,2006 (2): 60-64.

[10] 韩平,陈丽. 组织内部冲突动因的层次分析及管理对策 [J]. 经济与管理,2006 (2): 64-67.

[11] 高政利,李亚伯,欧阳文和. 公共选择视角:论组织制度的宽放效应 [J]. 兰州商学院学报,2006 (1): 51-57.

[12] 蔡吉甫. 公司治理与代理成本关系研究 [J]. 河北经贸大学学报,2007,143 (4): 58-66.

[13] 马小利. 中外公司治理机制理论研究综述 [J]. 经济与管理,2006 (7): 61-64.

[14] 杨蕙馨,纪玉俊,吕萍. 产业链纵向关系与分工制度安排的选择及整合 [J]. 经济研究参考,2007 (66): 24-26.

[15] 迈克尔·迪屈奇. 交易成本经济学 [M]. 北京:经济科学出版社,1999.

[16] Coase Ronald H, The Nature of the Firm [J]. Economica, 1937, 4: 368-405.

[17] Yang Xiaokai, and J Borland, A Microeconomic Mechanism for Economic Growth [J]. Journal of Political Economy, 1991, 99 (3): 460-482.

[18] Williamson O E. The Theory of the Firm as Governance Structure: From Choice to Contract [J]. The Journal of Economic Perspectives, 2002, 16 (3): 171-195.

第 21 章

产业链环节重塑架构下平台问题研究[*]

21.1 问题提出

平台既可以被认为是一种现实空间，或是虚拟空间，它可以导致或促成双方或多方客户之间的交易（徐晋和张祥建，2006）。目前学界普遍认为平台是以网络、电子信息技术为基础形成的虚拟空间，或实体空间，例如一个小园区（王玉梅和徐炳胜，2014）。在网络经济时代，为了应对需求驱动和技术变革的要求，越来越多的企业采用平台这一组织形式。运用互联网思维，把企业做成平台（李海舰和田跃新等，2014）。相应的，在企业发展战略方面出现了以平台为核心的"商业生态系统"（James F. Moore, 1996）、"变革生态系统"（Adner and Kapoor, 2010；Nambisan and Sawhney, 2011），它们在一定程度上都可以划归到平台生态系统的范畴。从平台生态系统自身来看，它包含了产品从原材料供给，到生产，再到销售，最后到达消费者手中的各个环节。从某种意义上说，它的"骨髓"就是产业链。进一步我们不禁要问产业链和平台二者存在什么样的内在关系？从现有研究看，在产业经济学视角下，关于平台的研究主要集中在双边市场理论方面。但是，从整个产品的供产销体系看，双边市场平台中的一些平台，例如电商平台，是以网络技术作为支撑的一种位于销售环节的空间组织形式。另外，在供产环节则存在产业平台，例如，iOS操作系统平台。

总的说来，关于双边市场平台中销售平台和产业平台各自的研究，更多的是着眼于对产业链某一环节的研究，对现实问题的解释能力有限。如果将两种平台结合起来，则构成了产业链上十分重要的两个环节。然而，国内外学者对二者之间的研究略显单薄，也很少有学者从产业链的环节方面对平台进行区分。本章在区分产业平台和销售平台的基础上，将二者整合到产业链这一框架体系下，进而结合智能手机产业链提出了"一体两翼"的架构体系。

---

[*] 本章作者为田洪刚、杨蕙馨，发表在《上海经济研究》2015年第6期（有改动）。

21.2 双边市场平台问题的研究

平台和双边市场二者存在紧密的联系,通常将二者放在一块研究。国内外学者对双边市场平台研究主要集中在以下几个方面:

21.2.1 平台的作用及特征

从 21 世纪初开始,越来越多的国外学者开始关注平台问题,主要涉及双边市场、多边市场、多边平台(Rochet and Tirole, 2003, 2006; Evans, 2003; Rysman, 2009)。埃文斯和司马兰塞(Evans and Schmalensee, 2008)将双边市场定义为包含价格和其他策略的商业活动,并且它强烈受到平台两端的间接网络效应的影响。买方和卖方分属平台的两边,二者构成双边市场(见图 21-1),而买卖双方通过平台完成交易。平台作为一个重要的媒介,具有减少信息不对称和降低交易成本的作用。

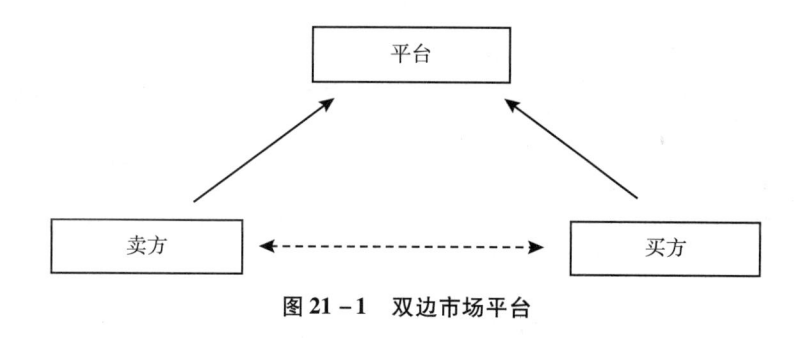

图 21-1 双边市场平台

在实证研究当中对双边市场平台研究比较多的产业对象是信息通信产业、媒体广告产业和支付产业(Rysman, 2004; Evans et al., 2006; Wilbur, 2008)。双边市场研究中常见的平台,如表 21-1 所示。

表 21-1　　　　　　　　　　双边市场平台

平台	买方	卖方	产品
软件类			
视频游戏	消费者	软件开发商	任天堂、X-box
网络游戏	玩家	游戏开发商	盛大、光通
浏览器	消费者	Web 服务器	Internet Explore

续表

平台	买方	卖方	产品
软件类			
pc	用户	硬件提供商,软件开发商	苹果、IBM
操作系统	客户	软件开发商	Windows、Linus、苹果(iOS)、谷歌(Android)
搜索引擎	网民	广告商	百度、谷歌、Hao123
移动电话	呼叫方	接收方	DoCoMo
门户网站和媒体			
门户网站	网民	广告客户	新浪、搜狐
报纸	读者	广告客户	晚报
网络电视	观众	广告商	RTBF
人际交往平台	网民	网民或厂商	Facebook、世纪佳缘、校内网
求职平台	求职者	厂商	智联招聘、前程无忧
支付系统			
信用卡	持卡人	商家	Visa、Mastercard
其他			
展销会	参观者	参展商	广交会
Shopping Malls	消费者	商店	家乐福、国美电器、苏宁电器、沃尔玛
电子商务平台	用户	商家	阿里巴巴、京东商城、eBay

注:用户、客户二者既包括个人又包括厂商。

资料来源:在 Rochet and Tirole (2003a, 2004b)、Parker Vlstyne (2004) 和 Gallaugher and Wang (2002),徐晋的《平台产业经典案例与解析》基础上整理。

  双边市场平台具有三个重要特征:一是相互依赖性。买卖双方都对平台存在依赖,且二者通过平台进行交易。据此埃文斯(Evans,2003a)将平台分为市场制造者、观众制造者和需求协调者。二是网络外部性。它是平台最本质的特征,具体而言分为直接网络外部性和间接网络外部性。阿姆斯特朗(Armstrong,2006)从间接网络外部性的角度对双边市场进行了定义。网络效应具有自我强化的正反馈机制,在某种条件下强的网络效应使得平台间的竞争最后导致"赢者通吃"的结局。另外,网络效应很多时候被称作需求端的规模经济(Katz and Shapiro,1986;Paker and Van Alstyne,2005)。三是价格非对称性。平台核心企业通过对供需双方采取不同的定价策略,例如对某一方进行补贴,将买卖双方整合到平台两边。罗切特和蒂罗尔(Rochet and Tirole,2003)从价格结构方面给出了平台的定义:"当平台向需求双方索取的价格总水平 $p = p_s + p_b$ 不变时,任何用户方价格的变化都会对平台的总需求量和交易量产生影响。"总体说来,平台具有基础性、公共性、交叉网络性、价格结构非中性、系统性以及寄生性等基本属性（谷虹，2012）。

21.2.2 平台定价和平台竞争问题

（1）平台定价问题。

在早期学者研究中，平台定价问题颠覆了经典微观经济学中边际成本等于边际收益的规则。由于平台网络外部性的存在，平台定价策略是解决"鸡蛋相生"问题的一个重要手段。平台定价需要考虑双边用户的异质性，在此基础上决定收取固定费用还是交易费用。罗切特和蒂罗尔（Rochet and Tirole，2003）指出在平台只收取交易费用的前提下，平台两边的定价比等于两边的需求弹性之比。阿姆斯特朗（Armstrong，2006）假设平台只收取固定费用，则存在社会最优定价和平台两边利润最大化定价。在此基础上，国内学者纪汉霖（2006）、李泉（2008）、张廷海（2009）刘启（2009）、胥莉（2009）、王娜、谭力文（2010）对双边市场平台企业的定价行为进行了研究。另外，徐晋在2012年编著的《平台产业经典案例与解析》中将影响平台定价的影响因素归结为：双方需求弹性，中介的相关市场能力，盈余由另一方创造，平台竞争与多属行为，捆绑销售。

（2）平台竞争问题。

在双边市场研究中，通常假设平台是外生的。由于网络效应，平台间的竞争往往导致"赢者通吃"的结果。平台两边分散的用户是支撑平台生存与发展的很重要组成部分，因此两边用户的多归属往往现象是平台间竞争的一大诱因。由于平台价值创造的来源遵循从一边到另一边的逻辑，那么平台选择问题也就变成了怎样将多边放在同一条船上（Evans，2003；Rochet and Tirole，2006）。卡兹和夏皮罗（Katz and Shaprio，1985）指出由于网络外部性的存在，用户的选择行为导致多重均衡的存在。国内学者程贵孙、杨冬梅（2008），程贵孙（2006），尚秀芬（2009），张凯（2010）等对平台企业的行为进行了研究。另外，徐晋（2012）将平台间竞争的主要表现形式归结为：服务差异化，客户差异化，多属现象，内生性，动态性，非对称性。

综上所述，产业经济学视角下，平台通过为存在需求的买卖双方提供基础性的服务而获得价值。平台及两边用户由于网络效应的存在获得价值增值。在这个过程中，平台的定价策略是解决"鸡蛋相生"问题的一个重要手段。在双边市场中，消费者的多属行为既是平台竞争的诱因也是平台竞争的一种表现形式。在强网络效应下，平台间竞争会导致"赢者通吃"的结果。关于平台问题的研究还存在一些待解决的问题。一是对平台外生性的假定，忽略了什么因素决定平台形成及怎样和为什么平台会演化；二是在平台定价问题的研究中，多是从静态角度出发得出定价均衡解，故此经济动态过程中平台的定价问题需要进一步研究；三是平台竞争不仅表现在同产业内平台间的竞争，还表现在互补者与平台企业之间的竞争；四是双边市场中平台间的竞争只是局限于平台之间，不涉及更高层面的平台生态系统之间的竞争；五是双边市场只涉及产品的买方与卖方，平台很少涉及互补产品的研发与生产。

21.3　产业平台问题的研究

惠特赖特和克拉克（Wheelwright and Clark，1992）指出平台是生产产品以满足消费者的需求的，且它能够通过添加、替代或者去除一些功能，使得自身更加完善。麦格拉思（McGrath，1995）认为平台是一些普通元素的集合，尤其是技术元素。它被用来生产一系列相关产品。在早期关于平台理论层面的研究中，平台主要是在生产不同的产品时分享公共的可以重复利用的部件，以便在产品供给端发挥范围经济。

平台在很多产业中存在，尤其是被信息技术驱动的高科技产业。例如，苹果、谷歌为生产智能手机提供的手机操作系统。iOS 操作系统和 Android 操作系统就是典型的产业平台。产业平台为生产产品提供基础性服务。众多的生产互补产品的厂商附属于平台形成了生态系统（Iansiti and Levien，2004；Moore，1996），以便更好地规避风险。平台领导者通过激励第三方投资，推动整个生态系统的良性发展。从产品生产的角度看，平台分为内部（公司或产品）平台和产业（外部）平台。内部（公司或产品）平台是指一个公司把一系列资产集中起来，以便有效地研发和生产一系列产品（Meyer and lehnerd，1997；Muffatto and Roveda，2002）。通过资源的集中利用和模块化设计、生产，提高产出效率的同时，加大对互补性和替代性产品的生产以满足消费者的多样化需求（Gawer and Cusumano，2014）。当平台从企业内拓展到企业间时，便形成了供应链平台。供应链平台的特征是存在明显的上下游买卖关系，而互补品的生产并不是其关注的焦点。产业（外部）平台在向互补厂商提供与产品生产相关的服务、技术方面同内部平台相似，但是以此为基础，外部的厂商（合起来就是一种变革性生态系统或是商业生态系统）能够提供互补产品、技术和服务（Gawer，2009；Gawer and Cusumano，2002）。它与内部平台的最大区别是平台的开放度和网络效应。

早期关于产业平台和变革性生态系统实证性研究通常集中在计算机通信产业和信息技术密集的产业。例如，格林斯坦（Greenstein，1999）研究计算机产业，发现平台由一系列标准组成。文森特（West，2003）从模块化角度分析了平台。伊安西蒂和列维恩（Iansiti and Levien，2004）指出关键性厂商在驱动的产业范围内的变革方面起了重要的作用。总之，产业平台更好地实现了生产池效应。在经济全球化的大背景下，平台核心企业大多为品牌供应商。他们通过平台十分容易地将模块生产厂商和自身的核心业务整合起来,能在短时间内将自己的创意转化成现实的产品并推向市场实现盈利。

在知识经济和信息化时代,对核心技术、关键模块、行业标准的控制变得十分重要(唐浩,2008)。其中的核心技术多为原始性创新,而模块和标准与界面联系密切。在某种程度上,平台领导者掌控了整个界面也就控制了整个平台。切斯布鲁格(Chesbrough,2003)和冯·希佩尔(Von Hippel,2005)指出通过加大界面对外部厂商的开放力度实现一种开放式变革。然而,最近关于平台的开放与关闭度存在很大的争议(Eisenmann,Parker and Van Alstyne,2009;Greenstein,2009;Schiling,2009)。他们还指出在平台开放度一定的情况下,如何激励互补者为技术性变革性进行投资也是十分重要的问题。在整个平台生态系统中,原平台领导者随着新平台的出现和互补品供给者的转移而丧失领导地位。平台企业的技术性创新推动产业平台的演化。另外,模块通过标准化的设计规则完成整个产品的生产,且降低内部依赖度,允许单方面变革。这样提高了厂商应对市场反应的灵活性和满足顾客个性化需求的能力(芮明杰,2006)。

从宏观层面来看,以产业平台为核心形成如下的中心—外围式的平台生态系统架构(见图21-2)。

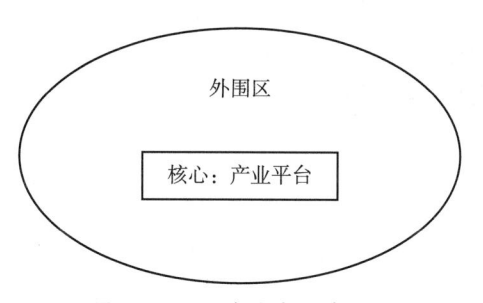

图21-2 平台生态系统架构

在这个生态系统中,平台领导者和互补者必须处理好生态系统内部的竞合问题,以便更好地解决系统创新及平台演化问题。法雷尔和卡兹(Farrell and Katz,2000)指出平台领导者与互补者存在利润分割难题。随着技术的不断变革,平台领导者需要根据内外环境的变化做出关于技术或者设计方面连贯性的决策。至于平台演化问题,安娜贝尔·高维尔(Annabelle Gawer,2014)提出了平台由内部平台到供应链平台再到产业平台的演化路径。

综上所述,在市场经济活动中,存在双边市场平台和产业平台等多种类型的平台。双边市场平台与产业平台有很大的交集。从某种角度上说,双边市场大体属于供应链的范畴(Annabelle Gawer and Michael A. Cusumano)。为研究上的方便,本章把主要用于完成买卖双方交易的平台(具有明显的双边市场特征)叫作销售平台。例如,淘宝、京东等。在此本章对平台做以下三种分类,如表21-2所示。

表 21-2　　　　　　　　　平台的三种分类

类别	产业平台	销售平台	中间状态
实例	操作系统与应用平台	电子商务平台、购物平台	门户网站、搜索引擎、通信平台
依据	某一产品或互补品在此平台上进行生产	平台不具有生产功能，扮演销售渠道商的角色	平台企业依靠广告商作为收入的主要来源

21.4　一个统一的架构体系："一体两翼式"产业链

从产业链包含的供产销环节看，销售平台只是作为沟通买卖双方的媒介，而产业平台则是供产环节重要的组织形式。产业平台和销售平台是产业链中两个必不可少的环节。产业平台和销售平台作为双核，与上游支撑性企业群落、下游互补品企业群落和消费者群落共同构成整个主体产业链。同时结合智能手机产业链看，存在由产品供给端（主要是智能手机终端、内容供应商）、电信运营平台（移动网络可以看作是信息平台，而移动运营商可以看作是平台性企业）和消费者群落组建的一支侧向链。产品供给端、物流平台（例如，大的物流园）和消费者群落为另一支侧向链。三支链条互联互通，各个组成部分相互依存，形成协同共生的共生体。从宏观视角看，二者都以平台作为产业链的驱动核心，形成一个"一体两翼式"产业链（见图21-3）。

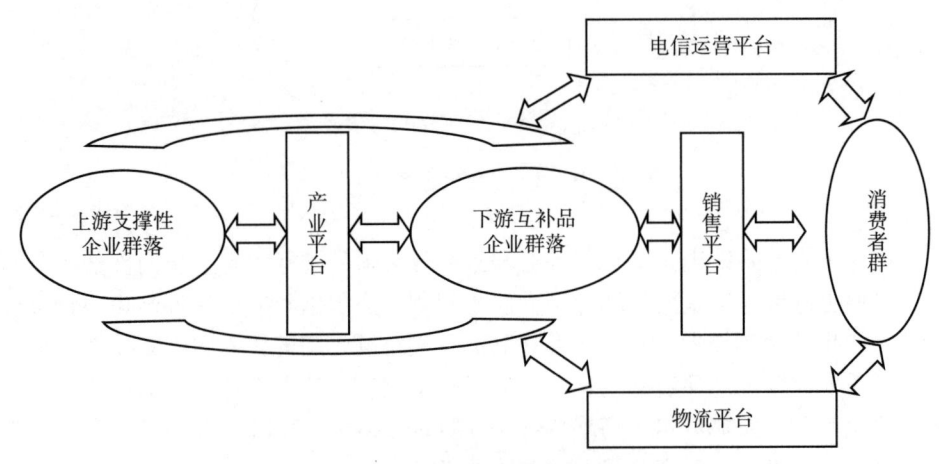

图 21-3　"一体两翼"式产业链

注：图中所述部分参考课题组吴炜峰的想法。

21.4.1　主体链在整个架构体系中起主导作用

主体链以具有双边市场特征的销售平台为界，分为供给端和需求端。

（1）从供给端来看，产业平台在产品供给端处于核心地位。早期平台和企业是统一体，所以内部平台在很大程度上决定了产品设计和分销的渠道。随着技术性变革难度的加大，整个企业创新活动由单个企业层面扩展到以平台为核心的生态系统层面。相应的管理机制由科层管理到契约管理再到生态管理（Annabelle Gawer，2014）。在这个过程中，投入要素尤其是信息技术起到很重要作用。更为重要的是产业平台导致产业链关键环节的重塑，而模块化加速了这一进程。

具体来说，供给端由三部分组成，分别为上游支撑性企业群落、产业平台和下游互补品企业群落。产业平台为主体链的关键环节，而上下游群落可以看作是产业链的配套环节。在经济全球化的背景下，产业链各个组成环节中的节点企业在地理空间上呈现出片段化，依附于产业平台的上下游群落并不一定是某一地理空间内的企业集聚，而更多的是全球范围内组织层面的企业集聚。在市场经济活动中，企业集聚常常采用股权并购、战略联盟的形式来实现。企业群落在供给端形成范围经济，平台的网络外部性使它进一步扩大。群落和平台之间是协同共生的关系。缺失的节点企业会成为整个产业链当中的短板，甚至会导致整个产业链的瓦解。而他们的有机结合推动整个主体链的非线性时序演化。协同共生的关系决定了主体链各个组成部分之间并非简单的市场治理或企业内部的科层式的内部治理模式，更多的是一种受制于利益驱动的中间状态式的治理模式。这种方式更多的是基于利益交易的考量，以便实现优势互补、资源共享、流程对接和文化融合（吴金明，2005）。另外，在上下游企业群落内部，单个企业大多专注于模块化运作，与产业平台进行标准化接口对接。

（2）从需求端来看，用户才是产业链的真正核心（刘玉芹，2011）。在互联网时代，产品生产由投资驱动转化为消费者驱动，无限地接近消费者成为产业链竞争的头等大事。在产业链需求端，平台企业通过提供"免费的午餐"等措施吸引并锁定大量用户，使消费者参与到产品价值创造的过程中来，构筑了需求拉动型产业链。顾客和企业一道成为价值的共同创造者，服务成为经济交换的根本基础（徐从才，2012）。平台以信息技术为支撑通过信息的甄别与反馈，减少了信息不对称，降低了交易成本。具有信息反馈功能的销售平台以顾客服务为首要核心，根据消费者的偏好不同对用户进行区分，使平台可以服务于多边。网络外部性为需求端的规模经济创造了有利的条件，进而提升了整个主体链的竞争力。

（3）实例：苹果公司 iOS 操作系统产业链。标准制定者成为市场垄断者，竞争的重点不是投资，也不是降低成本，而是标准和锁定客户群（赵红岩，2008）。在智能手机业，苹果构建了一个以 iOS 操作系统平台为主导的产业链。作为平台核心企业，在供给端，它通过技术、契约和知识产权，掌握硬件和内容间的界面，并控制多渠道平台。在需求端，苹果主要通过官网、大的柜台和苹果实体销售店作为销售平台出售智能手机。它采取高转换成本的策略锁定用户，从而控制整个产业链，通过低成本高售价，最终获得超额利润。另外，具有信息反馈功能的 app store 是销售平台的补充，使得消费者参与到产品价值创造尤其是 app 的研发过程中来。供给端、需求端和三大群落通过 iOS 操作系统这一产业平台和在销售渠道环节形成的商业平台构建了一个半开放系统产业链，如图 21-4 所示。

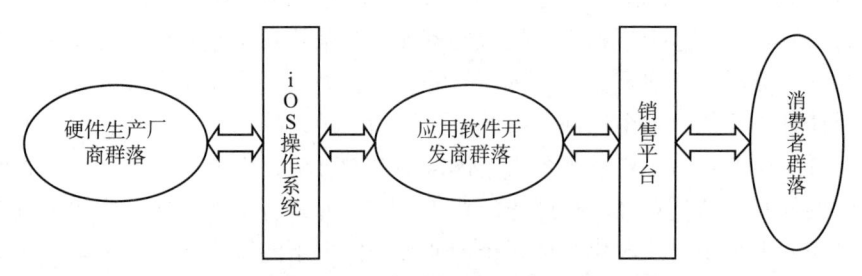

图 21-4 苹果智能手机产业链

（4）鉴于不同的产业，双核平台所起的作用有所不同。企业的核心能力是组织内部一系列互补的技能和知识的整合，企业能力的积累和存储显著影响企业的边界和范围（芮明杰和刘明宇，2006）。由于平台核心企业自身能力有限，所以它的权利范围不可能无限扩张。受服务半径的硬性约束，针对不同的产业，主体产业链呈现出不同的四种平台分化模式（见表 21-3）。

表 21-3　　　　　　　　　　四种平台分化模式

类型	单核驱动—双边市场平台（Ⅰ）	单核驱动—销售平台（Ⅱ）	双核驱动——产业平台主导（Ⅲ）	双核驱动——销售平台主导（Ⅳ）
实例	门户网站、搜索引擎	淘宝，京东商城	iOS 操作系统	利丰
驱动分类	资源带动型	供需催动型	技术推动型	综合联动型

类型Ⅰ的特点是平台核心企业对消费者群落提供免费服务，费用多由企业承担，通过为企业做广告宣传作为自身盈利的主要来源。此类型是网络经济时代的产物，得益于互联网资源发展起来，可以被看作是资源带动型产业链。类型Ⅱ主要特点是作为买卖双方信息匹配进而完成交易的媒介。正是由于存在买卖双方的需求，即产品需求和产品供给，催动了此类产业链的发展。类型Ⅲ的实例是苹果掌控的智能手机产业链。乔布斯曾谈到消费者并不知道自己想要什么。它通过在供给端提供半开放的 iOS 操作系统平台，具有短时间内技术上的难以替代性，同时具有相对完整的销售平台，通过锁定用户，操控了整个产业链。苹果通过提供技术性的基础服务，实现了"变革式生态系统"式的创新。原始性核心技术起到了至关重要的作用，所以在某种意义上可以说此种类型是技术推动型。现代产业链发展的动力，已经逐渐由生产者驱动转变为采购者驱动（徐从才和盛朝迅，2012）。类型Ⅳ的案例利丰公司是从销售平台做起，掌握大批量消费者，使它在

销售环节上具有极强的非替代性能力,并在此基础上进行了产业链的后向整合,实现了开放条件下产业链的壮大和发展、拉长增粗以及不断演化发展(胡国平,2009)。利丰集团实现了全产业链各环节的良性循环,因此它属于综合联动型。

21.4.2 两个侧向链犹如主体链的两翼,在整个产业链架构中起到支撑作用

主体链和侧向链二者存在明显的产业关联。产业关联分前向产业关联、后向产业关联和侧向产业关联。侧向产业链便来源于此,它主要提供产业配套服务,同时由于平台的存在使得两条侧向链具有明显的双边市场特征。(1)供给端—电信运营商—消费者群落,构成了侧向链的一支。创新无限接近消费者、跨界、信息数字技术和互联网数据成为重要的生产要素(2011研究报告)。信息数字技术和互联网成为这一链条的主打元素。电子商务的飞速发展使得实体店交易越来越多地转变为网络交易,加之移动互联网技术的进步,网上交易又进一步转移到电信移动终端(刘玉芹,胡汉辉,2011)。一方面以 iOS 操作系统下的智能手机产业链为例,供给端包括软件开发商、服务提供商和终端供应商,平台核心企业为移动运营商(在中国分别为中国移动、中国联通和中国电信),再就是消费者群落,这三者构成了侧向链。移动运营商作为平台企业,连接数以万计的网络用户,向用户提供信息和通信服务;另一方面连接众多的服务提供商(张新香,胡立君 2010)。与平台业务的混合捆绑销售模式,将电信运营商重新置于其致力于摆脱的通信管道的角色(刘玉芹,2011)。侧向链通过提供基础性和增值性服务,对主体链起到支撑作用。(2)供给端—物流平台—消费者群落,支撑起侧向链的另一支。双边市场平台下,尤其是电子商务与快递业之间以产业链的形式结成产业联盟(李莎,2010)。2013 年 5 月 28 日,阿里巴巴集团、银泰集团联合复星集团、富春集团、顺丰及"三通一达"物流公司在深圳共同组建"中国智能物流骨干网"。依靠主体链的强效带动作用,物流产业链得到了飞速的发展,同时物联网等新的技术的采用,使得这一侧向链对主体链产生正向的反馈作用。(3)"一体两翼"架构下的三条产业链交互融合,加速了产业间的融合,进而衍生出新的产业业态。在产业融合方面,胡汉辉、邢华(2003)从技术、业务、市场三方面的融合以及产业管制环境四个角度,指出产业融合使得原先相互独立的产业相互渗透,导致产业边界变得越来越模糊进而改变产业结构的形态。当产业结构的变化超出临界值时,原有的产业结构就会失去本有的稳定性,发生分叉进而产生新的产业结构(陶长琪和齐亚伟,2009)。产业结构的失稳与变化容易催生新的产业,这也就解释了互联网思维下的制造业服务化的现象。互联网企业加平台企业将成为制造业企业未来发展的一个范式,它是 IT 和制造业的混血儿,或者说是一种技术创新加商业模式的创新,制造业进入泛制造业的时代(郭重庆,2014)。

在网络背景下,平台在某种意义上说是互联网的产物,郭重庆(2014)进一

步指出互联网将重新定义制造业，产品和服务的融合是大势所趋。

21.5 结论及研究展望

网络经济时代，平台成为重要的经济组织形式。经济学视角下，产业平台和具有双边市场特征的销售平台可以整合到"一体两翼"的产业链架构体系下。从产业链的组成环节来看，销售平台是沟通买卖双方的媒介，位于产业链末端，而产业平台为互补品生产者提供支撑性的服务，是连接产业链上游和中游的桥梁。这样就形成以产业平台和销售平台为双核的主体链，同时电信平台和物流平台为两翼形成侧向链。平台作为资源整合的组织形式重新塑造了产业链的各个环节，同时带动了侧向链的发展。从整个系统构架来看，主体链和侧向链相辅相成，二者通过正向反馈机制，形成良性循环。再就是由于信息技术的快速发展，主体链和侧向链的融合度越来越高，扩充了产业边界，加速了产业融合，催生出了新的产业业态。

平台尤其是虚拟平台作为资源整合的组织形式，对产业链的重构起到了至关重要的作用。平台的兴起，使得产业链的构成环节、治理机制、运行机制和整合模式发生了很大的变化，这也将成为后续关注并研究的方向。

参考文献

[1] Annabelle Gawer, Bridging Differing Perspectives on the Technological Platform: Toward an Integrative Framework [J]. Research Policy, 2014: 1239 – 1249.

[2] Armstrong M, Competition in Two – Sided Markets [J]. The RAND Journal of Economics, 2005, 37 (3): 668 – 691.

[3] Annabelle Gawer, and Michael A, Cusumano. Industry Platforms and Ecosystem Innovation [J]. Product Innovation Management, 2014, 31 (3): 417 – 433.

[4] Lee C, Lee D, and Hwang J, Platform openness and the productivity of content providers: A meta-frontier analysis [J]. Telecommunications Policy, 2015, 39 (7): 553 – 562.

[5] 姚凯等. 网络产业链的价值协同与平台领导 [J]. 中国工业经济, 2009 (12).

[6] 芮明杰, 刘明宇. 产业链整合理论述评 [J]. 产业经济研究, 2006 (3): 64 – 70.

[7] 徐晋, 张祥建. 平台经济学初探 [J]. 中国工业经济, 2006 (5): 42 – 49.

[8] 张新香, 胡立君. 数据业务时代我国移动通信产业链整合模式及绩效研究——基于双边市场理论的分析视角 [J]. 中国工业经济, 2010 (6).

[9] 刘玉芹, 胡汉辉. 电信产业链网状化与电信市场竞争 [J]. 中国工业经济, 2011 (10): 132 – 142.

[10] 徐从才, 盛朝迅. 大型零售商主导产业链：中国产业转型升级新方向 [J]. 财贸经济, 2012 (1): 75 – 81.

[11] 李海舰, 田跃新, 李文杰. 互联网思维与传统企业再造 [J]. 中国工业经济, 2014 (10): 135-146.

[12] 董亮, 赵健. 双边市场理论: 一个文献综述 [J]. 世界经济文汇, 2012 (1).

[13] 郭重庆. 2014 东沙湖论坛中国管理百人报告会 [R]. 苏州, 2014.

第 22 章

国际服务外包中知识转移的特点及其动力机制

——关系契约的视角[*]

22.1 引 言

自 20 世纪 80 年代初，一些发达国家的企业为节约成本、提高运营效率和核心竞争力，开始将其非核心的业务或流程外包给专业服务提供商。如果外包转移和交易的对象是特定服务活动或流程则属于服务外包。经过近 30 年的快速发展，如今全球范围内服务外包已颇具规模，2008 年全球服务外包市场规模已达上万亿美元。随着经济全球化的深入和信息技术的进步，服务外包业务涉及的地域范围已从一个国家或地区内部扩展至全球，国际服务外包大规模发展。作为一种紧密型组织间关系结构，国际外包中存在显著的知识转移。在服务外包过程中，发包企业虽然不会将其核心知识转移给接包企业，但为了使接包企业能够提供符合其特定要求的服务或流程，一些技术和知识还是会通过各种方式转移给接包企业。总体来看，这一过程为发展中国家企业通过承接国外先进企业的服务外包业务获取新的技术和管理知识，提高自主创新能力，最终提升其在全球价值链中的地位提供了机遇。但在个体层面上，有的企业通过承接国际服务外包，有效地学习了发包企业的知识和技术，并迅速向价值链高端转移，有的企业则长期被锁定于价值链低端。对国际服务外包中知识转移动力机制的研究有助于揭示导致上述差异的原因，指导我国企业更好地通过国际服务外包中的知识转移，提升自身竞争力并最终提升其在全球价值链中的地位。

从交易成本经济学的角度，国际外包中的知识转移本质上是外包双方的交易过程，这一过程具有明显的关系契约特性。麦克尼尔（Macneil，1978）从社会生活中交换关系的特点出发，认为每项交易都是嵌入在复杂社会关系中的。以一

---

[*] 本章作者为陈庆江、杨蕙馨，发表在《福州大学学报（哲学社会科学版）》2011 年第 6 期（有改动）。

次交易为限的个别契约在现代社会经济实践中并不是普遍现象，处于伙伴关系中的当事人一般都会将很多契约条款悬而不决，留待以后根据商业需要再做随机应变的调整，这就形成了所谓的关系契约。与古典契约依赖法律执行不同，关系契约的执行依赖于契约各方未来合作价值和对自身声誉的关注。

"动力"是一个力学概念，指作用于物体的力与物体运动的关系。"机制"是一个与系统相联系的概念，指系统内部两个或多个要素之间的相互作用和关系。本章研究的知识转移动力机制是指驱动组织间知识转移的力量体系、运行规则及其对知识转移效率的影响。一般情境中组织间知识转移动力机制的探讨已经有了一定积累。莫维利等（Mowery et al.，1996）探讨了战略联盟中的共同权益对知识转移效率的影响。神原英姿（Sakakibara，2003）研究了研发合作中的知识转移，指出知识转移成本和转移收益的权衡是知识转移动力机制的核心内容。这些研究为分析国际服务外包中知识转移的动力机制提供了理论基础。然而，上述研究都是在一般组织间关系结构中进行的，缺乏结合国际服务外包中知识转移特点的针对性分析，限制了理论研究对现实的解释和指导作用。国际外包相关理论研究中也有关于知识转移动力的探讨。帕克和赛格（Pack and Saggi，2001）通过一个三阶段动态博弈模型分析了发展中国家接包企业的技术外溢对发达国家发包企业技术转移意愿的影响。张杰等（2010）分析了发展中国家的制度因素，特别是知识产权保护制度对国际外包中技术转移的影响。李元旭和谭云清（2010）分析了国际服务外包中溢出效应和吸收能力对接包企业知识和技术学习的作用。这些研究都比较分散，缺乏对国际服务外包中知识转移动力机制的系统分析。所以，结合国际服务外包中知识转移的本质特征，探讨其动力机制就成了理论研究和企业实践的必然要求。

本章第二部分阐述国际服务外包中知识转移的特点，并以此为基础探讨其关系契约特性。第三部分从内部动力机制、外部动力机制和关系专用性资产的反馈机制三个方面详细讨论国际服务外包中知识转移的动力机制。最后，根据对国际服务外包中知识转移动力机制的分析提出若干政策建议，以指导我国企业更好地通过承接国际服务外包获取知识，提高自身竞争力。

22.2 国际服务外包中知识转移的特点和契约特性

22.2.1 国际服务外包中知识转移的特点

组织间知识转移影响因素的研究为分析国际服务外包中知识转移的特点提供了借鉴和参考。格兰特（Grant，1996）的研究表明，知识学习过程中双方的组织特征、知识特性以及学习过程三个方面的因素决定了组织学习的效果。阿尔戈特和英格拉姆（Argote and Ingram，2000）构建了一个类似的研究框架，指出知识特性、主体性质以及主体之间的关系是知识管理的主要影响因素。伊斯特比·斯密斯等（Easterby - Smith et al.，2008）指出知识转移双方的资源和能力特征、所转移知识的特性以及组织间互动是影响知识转移的关键因素。借鉴上述研究，本章从国际服务外包中知识转移双方关系的不对称性、所转移知识的任务特定性以及知识转移成本和收益分配的复杂性三个方面分析国际服务外包中知识转移的特点。

从国际服务外包分工格局看，发包主体主要是来自发达国家的企业，发展中国家的企业主要作为承接方参与国际服务外包。发包企业占据全球价值链的高端，拥有先进的技术和管理知识，而接包企业则处于全球价值链低端，技术和管理相对落后。国际服务外包双方之间的知识和技术差距决定其知识转移一般是单向的，即知识由发包企业向接包企业转移。知识转移的单向性导致国际服务外包中知识转移双方关系呈现不对称性，发包企业在知识转移过程中占据主导地位。

国际服务外包发包企业向接包企业转移的知识具有任务特定性，主要是为了使接包企业顺利完成适应其特殊需要的服务或流程。知识转移的任务特定性决定由发包企业向接包企业的知识转移附属于外包的服务或流程，一般情况下不会独立进行。因此，国际服务外包双方很难事前就所转移知识的内容和水平做出明确的规定，只能根据既往经验和对未来的预期不断调整。

国际服务外包中知识转移的成本主要是与知识转移相关的人力和物力投资，除少数涉及知识产权转让的外包业务，这部分投资很难在契约订立的时候预计并明确其分摊比例。国际服务外包的知识转移收益需通过外包的服务或流程实现，并在双方之间进行分配。在不完全契约的环境中，这部分收益的分配比例不能通过正式契约加以规定，而是取决于双方的议价能力。

22.2.2　国际服务外包中知识转移的契约特性

国际服务外包中的知识转移本质上是合作双方之间的交易行为。为分析方便，这里将国际服务外包分解为两个层次的交易：第一个层次交易的标的是外包的服务或流程本身；第二个层次交易的标的是与服务或流程相关的具有任务特定性的知识。严格来说，这两个层次的交易是混同的，并且第二个层次附属于第一个层次，这里的区分仅仅是为了分析问题的方便。本章讨论的知识转移是上述第二个层次的交易。以此为基础，本章将从国际服务外包中知识转移交易契约的不完全性、自我履约性、时间结构和关系嵌入四个方面分析其契约特性。

关系契约本质上属于不完全契约的范畴。麦克尼尔（Macneil，1978）指出，关系契约并不对交易的所有内容条款进行具体详尽的规定，仅确定基本的目标和原则，过去、现在和预期未来契约方的关系在契约的长期安排中起着关键作用。格罗斯曼和赫尔普曼（Grossman and Helpman，2003，2005）指出，外包是一种不完全契约治理下的交易活动，其中的知识转移当然也具有不完全契约的特征，并且其契约不完全性更显著。国际服务外包中知识转移交易的契约不完全性主要表现在交易双方不能就知识转移内容、成本和收益做出明确规定。参与者共同分享收益和承担成本，但收益和成本难以在参与者之间严格分配或分摊，这是麦克尼尔明确提出的关系契约特征之一。

关系契约是一种自我履行（self-enforcing）契约。贝克等（Baker et al.，2002）指出，与正式契约依赖法院的执行不同，关系契约中契约双方就一些第三方无法证实的内容达成的非正式协议是依靠未来合作的价值来维系的。要形成自我履行的关系契约，就要使打破合作关系的短期利益小于保持合作关系的长期利益。在国际服务外包中，当知识转移一方违约时，另一方的选择就是离开这种关系契约。知识转移的关系契约终止后，服务或流程外包契约仍有可能存在，但更有可能同时消失。如果没有相应的知识转移，服务或流程外包交易本身也很难实现。

关系契约典型的交易环境包括一个较长的合作期间，并且交易期间可分为多个相互联系、相互影响的重复交易期间，其中每个交易期间可简单地界定为事先和事后阶段，以及对应的签约、专用投资、实现收益、谈判和收益分配等期间。关系契约的长期性使得契约双方可寻求法律以外的保证机制，避免单次交易中的机会主义行为。与其他类型组织间知识转移相比，国际服务外包中的知识转移一般持续期间较长，具有明显的重复交易特点。根据高德纳（Gartner，2008）的研究数据，大额服务外包合同期限一般都在 5 年以上，2008 年全球最大的 20 个服务外包合同的平均期限为 7.65 年，且只有一个合同执行期限低于 5 年，最长合同年限达 15 年。

关系嵌入是理解关系契约的出发点，而关系专用性资产则是导致关系嵌入性的关键。克劳福德（Crawford，1999）指出，除非引入"资产专用性"，否则难以解释长期契约对短期契约的替代。国际服务外包中，合作双方为了使知识转移过程顺利实现，必须做出相应的人力和物力投资。由于知识的累积性和学习的路径依赖性，国际服务外包中双方为转移知识而进行的投资具有典型的关系专用性。

22.3　国际服务外包中知识转移的动力机制

22.3.1　未来关系价值、违约诱惑与知识转移

交易成本经济学指出，交易中一方或双方做出专用性资产投资后，就会被锁

定于交易关系中。如果不存在一个可事前明确双方权利义务的契约，且交易细节不能由第三方验证，专用性资产投资方就面临被"敲竹杠"（hold-up）的风险。做出专用性资产投资的一方或双方，如果预料到不能通过契约保护自己的利益，就会缺乏足够的投资积极性，导致专用性资产投资不足，最终影响交易效率。关系契约能够在交易细节可为双方观察、但不能由第三方验证的情况下激励专用性资产投资，缓解契约不完全性带来的专用性资产投资不足问题。威廉姆森（Williamson，1985）把关系契约引入交易成本理论，提出关系契约适用于解决由专用性资产投资造成的签约后机会主义问题。交易各方对关系契约能否持续的预期决定了其专用性资产投资水平，而关系契约的存续则取决于契约各方未来关系价值与违约诱惑之间比较的结果。未来关系价值是交易双方未来各交易期间预期收益的贴现值，违约诱惑则是交易各方违约行为带来的自身收益。未来关系价值和违约诱惑均为扣除成本之后的净收益。若考虑机会成本，则两者互为对方的机会成本，即如果选择维持关系契约则不能获得违约收益，选择违约就必然损失未来关系价值。一种因素如果提高了未来关系价值，则同时提高了违约行为的机会成本，降低了违约诱惑；反之亦然。为了表述清晰，后文在分析影响未来关系价值和违约诱惑的因素时，仅述及直接影响收益和成本的因素。当契约各方未来关系价值大于违约诱惑时，关系契约存在；反之，关系契约破裂。契约各方未来关系价值越高，违约诱惑越低，关系契约就越有可能持续，交易中的专用性资产投资就越充足。

从关系契约的视角，与知识转移相关的关系专用性投资是影响国际服务外包中知识转移效率的核心要素。为了使知识转移过程顺利实现，知识转移双方必须付出相应努力，这种努力表现为合作过程中双方为完成知识转移而进行的人力和物力投资。只有当知识转移的未来关系价值大于违约诱惑时，国际服务外包双方才有足够的知识转移和学习意愿并进行关系专用性资产投资。在知识转移双方主体特征和知识特性既定的前提下，知识转移效果可表示为双方专用性资产投资水平的函数。因此，国际服务外包中知识转移双方的未来关系价值、违约诱惑是其知识转移动力机制的基础要素。

国际服务外包知识转移中，交易双方的未来关系价值主要通过发包企业的产品或服务实现。通过国际服务外包，发包企业可改进经营灵活性、缩短产品开发周期、获取专业化外部能力，由此带来的收益将在发包企业和接包企业之间进行分配，具体分配比例取决于双方的议价能力。另外，接包企业的未来关系价值还包含知识学习收益，具体表现为通过学习发包企业的知识和技术，提升自主创新能力和竞争力带来的未来收益。

由于关系结构的不对称性，国际服务外包中知识转移双方违约行为和违约利益有不同的表现形式。发包企业的违约行为主要体现在知识转移收益分配过程中，也就是克莱因等（Klein et al.，1978）所谓的"可挤占准租"分配问题。国际服务外包知识转移收益是由双方在知识转移过程中形成的关系专用性投资创造的经济租金，应按照专用性资产的归属在合作双方之间分配。国际服务外包合作双方共同的知识转移收益首先通过发包企业的产品或服务实现，然后再由发包企业分配一定比例给接包企业。当违约的短期收益大于未来关系价值时，发包企业有独占这部分准租金的诱惑。接包企业机会主义行为主要体现为知识泄露行为。接包企业的知识泄露可能以两种方式发生：一种是无意的知识泄露，源自接包方对其获取的知识缺乏有效的控制；另一种是主动的知识泄露行为，接包方可能会将其在外包过程中获取的知识泄露给其他企业从而获利。接包企业无意的知识泄露主要取决于其知识保护能力、知识特性以及契约环境，这种知识泄露行为不直接影响接包企业的违约诱惑，这里主要关注的是接包企业主动的知识泄露行为。

来自交易关系内的力量和来自外部环境的力量共同决定国际服务外包中知识转移双方未来关系价值和违约诱惑，进而影响双方的知识转移意愿和相关的关系专用性资产投资水平，最终影响知识转移效率。相应地，国际服务中外包知识转移的动力可分为内部动力和外部动力，后文将分别讨论这两种动力的作用机制。另外，国际服务外包中知识转移双方的关系专用性资产投资还有一种反馈机制，反过来会影响双方的未来关系价值与违约诱惑。这一反馈机制与上述内外部动力机制共同构成了国际服务外包中知识转移的动力机制（见图 22 – 1）。

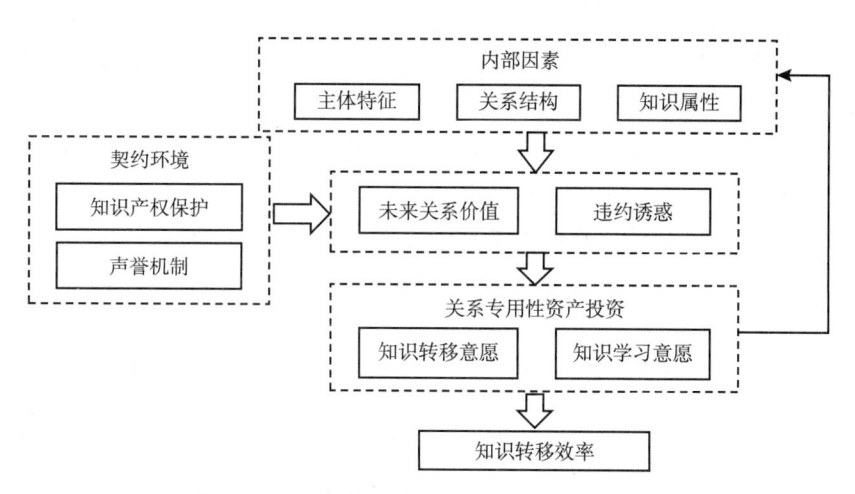

图 22 – 1　国际服务外包中知识转移的动力机制

22.3.2　国际服务外包中知识转移的内部动力机制

关系契约的自我履约性决定国际服务外包中知识转移双方的行为及其相互关

系是其知识转移的内部动力来源。从关系契约视角，国际服务外包中知识转移双方的行为必然会对双方主体特征、关系特征以及所转移知识的属性产生影响，进而影响未来预期收益和违约诱惑，最终影响知识转移效率。

国际服务外包双方主体特征中，影响未来关系价值的主要是双方知识差距以及接包企业的知识吸收和保留能力。一定的知识差距是组织间知识转移的前提条件之一。知识差距能够有效激发接包企业的知识吸收动机，只有知识接收方认为对方的知识值得学习时，才会有学习动力（Grossman and Helpman, 2005）。[1] 一般而言，国际服务外包中发包企业相对于接包企业拥有知识优势，这种知识优势直接影响双方未来关系价值。在其他条件既定的前提下，国际服务外包中发包方知识优势越明显，知识转移潜力越大，知识转移产生的未来收益就越大。

知识吸收能力是企业评估、消化外部新知识并最终商业化应用的能力，这种能力是以前知识基础的函数，具有累积性和路径依赖的特点。有效的知识转移既需要知识发送方的努力，也需要知识接收方具有一定的吸收能力以有效吸收发送方转移的知识。李元旭和谭云清（2010）指出，国际服务外包知识和技术溢出效应在很大程度上取决于接包企业的吸收能力。如果接包企业吸收能力不足，发包企业将无法获得符合其特定要求的中间产品或服务，接包企业也不能从发包企业获取知识，双方的未来关系价值都无从实现。接包企业的知识保留能力主要通过影响合作过程中知识泄露概率来影响双方未来关系价值。如果缺乏知识保护能力，发包企业转移给接包企业的知识就有可能通过人员流动或竞争企业的恶意窃取等渠道外泄。这将降低所转移知识的价值，直接损害外包双方未来关系价值。

交易导向是国际服务外包双方关系特征的主要方面。根据合作目的的不同，国际服务外包可分为"战术性外包"和"战略性外包"两种。类似地，西口敏宏（2007）通过对日本外包体系发展历史和现代惯例的研究，将外包关系分为"讨价还价型"和"问题解决型"两种交易导向。不同交易导向下外包双方预期合作时间、收益实现方式等有很大区别。与"战术性外包"相比，"战略性外包"双方合作时间一般都比较长。在其他因素既定的前提下，国际服务外包合作双方预期合作期限越长，双方的未来关系价值就越大。一般情况下，"战术性"外包发包企业期望通过外包降低产品和服务成本，而"战略性"外

---

[1] 格罗斯曼和赫尔普曼指出，由于发包企业和接包企业之间存在的知识和技术上的差距，接包企业需要做出一定的关系专用性投资才能生产出符合发包方要求的产品和服务。在不完全契约的环境下，接包企业只有在关系专用性投资能够得到完全补偿时才会做出这种关系专用性投资，外包合作关系才会建立。双方知识和技术上的差距越大，接包企业要求得到的补偿就越高。知识和技术差距到达一定临界值后，由于接包企业要求的补偿过高，外包合作关系就不能建立。此处关于外包双方知识差距对未来关系价值影响的讨论隐含着外包合作关系能够建立的前提条件，即假设知识差距不足以妨碍双方建立的外包合作关系。

包不仅追求低成本，还期望通过外包提升其产品和服务性能。两种交易导向下外包目的不同，其知识转移过程和内容也必然存在显著区别，这直接影响知识转移双方的未来关系价值。国际服务外包交易导向还直接影响发包企业的违约诱惑。与"战术性外包"相比，"战略性外包"中知识转移收益更有可能在未来长期合作期间内实现，发包企业某一合作周期违约行为独占的知识转移收益相对较少。

影响国际服务外包中知识转移双方未来关系价值和违约诱惑的知识属性主要有知识的明晰性、互补性等。知识转移能否顺利进行取决于知识如何被传输、解释和吸收。知识本身的明晰性、互补性等特征直接影响知识转移过程，最终影响知识转移双方的未来关系价值和违约诱惑。阿尔戈特和英格拉姆（Argote and Ingram，2000）指出，知识属性会影响知识的可转移性、吸收率和保留程度。知识明晰性和互补性还影响接包企业的知识泄露收益。贝塞拉等（Becerra et al.，2010）指出转移显性知识的风险要大于转移隐性知识的风险，因为显性知识更容易被泄露和复制。类似于拉伊等（Lai et al.，2009）对研发外包中信息泄漏的分析，接包企业的知识泄露行为会降低知识价值。由于存在租金耗散，泄露知识一方不可能将损失的共同收益完全攫取，而只能攫取收益损失的一定份额。在既定的契约环境中，租金耗散程度主要取决于发包企业所转移知识的明晰性：知识越明晰，泄露行为发生的租金耗散就越低，机会主义行为的违约收益就越大，违约行为就越可能发生。另外，由于知识互补性的存在，任何一方离开知识转移关系契约后，其知识价值就会大打折扣，这将显著降低双方的违约诱惑。

22.3.3 国际服务外包中知识转移的外部动力机制

影响国际服务外包中知识转移的外部力量主要是国际外包东道国政府的行政行为。从关系契约视角，国际服务外包东道国政府通过其行政行为影响知识转移契约环境，进而影响知识转移双方的未来预期收益和违约诱惑，最终影响知识转移效率。格罗斯曼和赫尔普曼（Grossman and Helpman，2003）指出，一个国家的契约环境影响发包企业使其合作伙伴进行关系专用性投资的能力。知识产权保护制度和声誉机制是知识转移契约环境的主要内容，健全的知识产权保护制度和有效的声誉机制能够提升国际服务外包中知识转移双方的未来关系价值，降低其违约诱惑，从而提高关系契约维系的预期，促使知识转移双方进行人力和物力投资，提高知识转移效率。

契约环境直接影响国际服务外包中知识转移双方的未来关系价值。契约环境对未来关系价值的影响机制可分为直接和间接两种作用机制。首先，运行良好的知识产权保护制度和声誉机制能够有效遏制知识泄露，提高发包企业的未来关系价值。在发达国家企业对发展中国家企业的国际服务外包中，由于发展中国家知识产权保护制度缺位或执行机制缺失，知识泄露问题更为突出。接包企业有可能同时或以后承接来自发包企业竞争对手的业务，这进一步增加了接包企业知识泄露的概率。其次，知识产权保护制度还通过影响接包企业的持续发展能力间接影响其未来关系价值。张杰（2010）等指出，由于知识产权保护不足，"模仿—套利—杀价"的发展模式在我国接包企业间普遍盛行。这种发展模式有可能使接包企业失去持续发展能力，陷入"贫困化增长陷阱"。所谓"贫困化增长陷阱"，是指国际外包中接包企业被"锁定"或"俘获"于全球价值链分工体系中的低附加值、劳动密集型的低端生产与制造环节，单纯依赖数量和规模的扩张实现增长。发展中国家知识产权保护制度直接影响国际服务外包中知识转移对接包企业持续发展能力的作用，最终影响接包企业的未来关系价值。

契约环境还影响知识转移双方的违约诱惑。在一个知识产权保护制度和声誉机制运行良好的契约环境中，任何一方的违约行为都会带来较高违约成本，其相应的违约收益就会降低，这能够有效抑制知识转移双方的违约行为。

22.3.4 关系专用性资产投资的反馈机制

国际服务外包中与知识转移相关的关系专用性资产投资还存在一种反馈机制。一方面，知识转移双方未来关系价值与违约诱惑的权衡决定了其知识转移意愿和相关的关系专用性资产投资水平。另一方面，关系专用性资产投资反过来对知识转移双方的行为和关系结构特征产生影响。这些因素进一步影响知识转移双方的未来关系价值和违约诱惑，最终影响双方的知识转移意愿和关系专用性资产投资水平。

首先，国际服务外包接包企业的关系专用性资产投资提高了其知识吸收能力。金姆（Kim，1998）将学习能力作为吸收能力的核心，指出知识基础加上学习上的努力程度决定了吸收能力高低。国际服务外包接包企业与知识转移相关的关系专用性资产投资正是其知识学习努力程度的现实体现。

其次，关系专用性资产投资影响双方交易导向。国际服务外包中双方为知识转移进行的关系专用性资产投资能够为知识转移关系契约的长期延续提供可置信的承诺，减少了其中的违约行为，使着眼于长远利益的"战略性外包"更可能发生。李国学指出，全球生产网络中所有参与者都必须进行专用性资产投资，这是全球生产网络稳定运行和价值增值的基础。在只有一方进行专用性资产投资的情况下，专用性资产投资所增加的收益会被通用性投资的一方占有，全球生产网络是不稳定的，它将演化为跨国公司或国际市场。

最后，知识转移双方的关系专用性资产投资影响所转移知识的属性。知识内隐性越强，越需要知识转移双方进行投资以提高知识转移的效率。反过来，关系专用性资产能够促进双方之间的隐性知识转移。通常情况下，所转移知识的内隐性越强，知识本身的价值就越高，且其被泄露的概率越低。

22.4　结论与启示

国际服务外包中的知识转移具有双方关系不对称、所转移知识任务特定以及知识转移成本和收益分配复杂三个方面的显著特征。从交易成本经济学的视角，国际服务外包中的知识转移本质上是关系契约治理下的交易行为。外包双方在知识转移交易中未来关系价值与违约诱惑的对比决定了其知识转移努力程度和相关的关系专用性资产投资水平。国际服务外包中知识转移双方的未来关系价值与违约诱惑主要受知识转移的主体特征、关系特征、知识属性和契约环境等因素的影响，其知识转移动力机制相应地可分为内部动力机制和外部动力机制。国际服务外包中与知识转移相关的关系专用性投资反过来对知识转移双方行为和关系结构特征产生影响，这些因素进一步影响了知识转移双方的未来关系价值和违约诱惑，最终影响双方关系专用性资产投资水平和知识转移效率。

我国国际服务外包接包企业应认识到发包企业的知识转移是建立在长期关系价值与短期违约利益权衡基础上的理性决策，只有积极进行相关的人力和物力投资、增强吸收能力才能使知识转移持续进行。同时，接包企业应争取与国际服务外包发包企业建立"问题解决型"的长期合作关系。此外，接包企业还应注意保护其从发包企业获得的知识，这在保护自身持续发展能力的同时，也提高了发包企业的知识转移意愿。

国际服务外包东道国政府应创造良好的知识转移契约环境。健全有效的知识产权保护制度可消除发包企业知识泄露的担忧，提高其知识转移意愿，最终提升知识转移效率。同时，也可防止整个国家的服务外包产业落入"贫困化增长陷阱"，帮助国内接包企业跳出"模仿－套利－杀价"的窠臼。政府相关部门还应采取一定措施为声誉机制的有效运行创造条件，如建立国际服务外包过程中违约企业"黑名单"制度等。

参考文献

［1］卢锋. 服务外包的经济学分析——产品内分工的视角［M］. 北京：北京大学出版社，2007.

［2］Pack H, and Saggi K, Vertical technology transfer via international outsourcing［J］. Journal of Development Economics, 2001, 65（2）：389–415.

［3］刘志彪，张杰. 全球代工体系下发展中国家俘获型网络的形成、突破与对策——基

于 GVC 与 NVC 的比较视角 [J]. 中国工业经济, 2007 (5): 39-47.

[4] Macneil, Contracts: Adjustment of Long – Term Economic Relations under Classical, Neoclassical and Relational Contract Law [J]. Northwestern University Law Review, 1978, 72 (6): 854-905.

[5] Mowery D C, Oxley J E, and Silverman B S, Strategic alliances and interfirm knowledge transfer [J]. Strategic Management Journal, 1996, 17 (S2): 77-91.

[6] Sakakibara M, Knowledge sharing in cooperative research and development [J]. Managerial & Decision Economics, 2003, 24 (2-3): 117-132.

[7] 张杰, 李勇, 刘志彪. 外包与技术转移: 基于发展中国家异质性模仿的分析 [J]. 经济学 (季刊), 2010, 9 (4): 1261-1286.

[8] 李元旭, 谭云清. 国际服务外包下接包企业技术创新能力提升路径——基于溢出效应和吸收能力视角 [J]. 中国工业经济, 2010 (12): 68-77.

[9] Grant, and Robert M, Toward a knowledge-based theory of the firm [J]. Strategic Management Journal, 1996, 17 (S2): 109-122.

[10] Argote L, and Ingram P, Knowledge Transfer: A Basis for Competitive Advantage in Firms [J]. Organizational Behavior & Human Decision Processes, 2000, 82 (1): 150-169.

[11] Easterby – Smith M, Lyles M A, and Tsang E W K, Inter – Organizational Knowledge Transfer: Current Themes and Future Prospects [J]. 2008, 45 (4): 677-690.

[12] Grossman G M, and Helpman E, Outsourcing versus FDI in Industry Equilibrium [J]. Journal of the European Economic Association, 2003, 1 (2-3): 317-327.

[13] Grossman G M, Helpman E, Outsourcing in a Global Economy [J]. Review of Economic Studies, 2005, 72 (1): 135-159.

[14] George Baker, Robert Gibbons, and Kevin J, Murphy. Relational Contracts and the Theory of the Firm [J]. Quarterly Journal of Economics, 2002, 117 (1): 39-84.

[15] Gartner, Gartner on Outsourcing [R]. Research Report, 2008.

[16] Crawford V P, Long – Term Relationships Governed by Short – Term Contracts [J]. American Economic Review, 1999, 78 (3): 485-499.

[17] Williamson, O. E., The Economic Institutions of Capitalism: Firms, Markets, Relational Contracting [M]. New York: Free Press, 1985.

[18] Klein B, Crawford R G, and Alchian A A, Vertical Integration, Appropriable Rents, and the Competitive Contracting Process [J]. The Journal of Law and Economics, 1978, 21 (2): 297-326.

[19] Cohen W M, and Levinthal D A, Absorptive Capacity: A New Perspective on Learning and Innovation [J]. Administrative Science Quarterly, 1990, 35: 128-152.

[20] 西口敏宏. 战略性外包的演化——日本制造业的竞争优势 [M]. 上海: 上海财经大学出版社, 2007.

[21] Becerra M, Lunnan R, and Huemer L, Trustworthiness, Risk, and the Transfer of Tacit and Explicit Knowledge between Alliance Partners [J]. Social Science Electronic Publishing, 2010, 45 (4): 691-713.

[22] Edwin L. C. Lai, Raymond Riezman, and Ping Wang, Outsourcing of innovation [J].

Economic Theory, 2009, 38 (3): 485 – 515.

[23] Kim Linsu, Crisis Construction and Organizational Learning: Capability Building in Catching-up at Hyundai Motor [J]. Organization Science, 1998, 9 (4): 506 – 521.

[24] 李国学. 资产专用性投资与全球生产网络的收益分配 [J]. 世界经济, 2009 (8).

第23章

经济全球化条件下离岸制造外包发展趋势和产业间差异[*]

23.1 引　言

外包是企业保留特定产品生产供应基本定位的前提下,将生产过程中某些环节通过合同方式转移给外部厂商完成。如果这种交易转移的对象属于制造加工零部件、中间产品的活动,或以中间产品、半成品、最终产品的某种组装或总装为对象的活动,则属于制造外包(卢锋,2007)。[①] 为获取专业化分工和低成本的益处,越来越多的企业将产品生产过程中的某些环节外包给具有更低生产成本的国外企业完成,这种生产环节的跨国转移即是离岸制造外包(刘庆林等,2010;Hummels et al.,2001)。[②] 随着离岸制造外包的大规模发展,全球范围内的制造活动已不再局限于企业内部,而是更多地采用外包方式组织。外包属于企业的微观行为,然而这种行为的普遍化则促成了整体生产方式的变革。离岸制造外包逐渐成为一种新的全球生产组织方式,与之相关的国际外包网络是全球生产网络的主要组成部分之一。

离岸制造外包理论研究比较丰富,但经验研究却相对不足。导致经验研究相

---

[*] 本章作者为陈庆江、杨蕙馨,发表在《南方经济》2011年第4期(有改动)。

[①] 外包涉及发包和接包两个方面。在不引起歧义的前提下,本章均以"离岸制造外包"和"离岸制造外包发包方"表示发包活动和发包主体,而以"承接离岸制造外包"和"离岸制造外包承接方"表示接包活动和接包主体。

[②] 生产非一体化(disintegration of production)、国际生产分割(international production fragmentation)、垂直专业化(vertical specialization)是和离岸外包相近的几个概念,但其侧重点各有不同。其中,国际生产分割与生产非一体化的语义基本相同,即同一产品的不同生产环节配置在不同的国家和地区,多个国家被链接到同一产品的生产链条上,共同组成一个以价值链为纽带的国际一体化生产体系(刘庆林等,2010)。垂直专业化是指一国利用进口中间产品进行生产并将加工后的产品出口(Hummels et al.,2001),更多的是从国际贸易的角度考察国际生产非一体化。而国际生产分割或国际生产非一体化既可以通过离岸外包实现,也可以通过跨国公司的FDI实现。

对滞后的因素有很多，而离岸制造外包水平缺乏广泛认可的测度方法是一个直接原因。离岸制造外包是离岸外包的子概念，本章将离岸外包水平的测度方法进行相应调整后用于测度离岸制造外包水平。产业和国家层面的离岸外包水平可以分别从绝对水平和相对水平两个方面测度，本章将这两个方面的指标分别称为"离岸外包规模"和"离岸外包比率"。多数国家现有官方统计体系中都没有关于离岸外包统一的统计口径和标准，给离岸外包测度带来很大困难。已有的研究多以芬斯特拉和汉森（Feenstra and Hanson, 1996）的测度方法为基础，利用投入产出数据对产业和国家层面的离岸外包水平进行测度（Feenstra, 1998；徐毅和张二震，2008；刘海云和唐玲，2009；干春晖等，2010）。根据芬斯特拉和汉森的研究，可以用一个产业进口中间投入占全部中间投入的比重衡量该产业的离岸外包水平。进一步，将一国所有产业的离岸外包水平按其在总产出中的比重加权平均即可估计该国总的离岸外包水平。由于数据的易得性和方法的简明性，芬斯特拉和汉森的方法得到了比较广泛的认可。该方法所需数据均可从投入产出表中获得。在许多国家，覆盖几乎全部产业的投入产出表数据都是公开的，且具有连续性。另外，这种测度方法也提高了不同国家、不同时期离岸外包水平的可比性。

23.2 离岸制造外包水平的测度

23.2.1 测度方法

本章以芬斯特拉和汉森（Freenstra and Hanson）的方法为基础，经过相应调整作为测度产业和国家层面上离岸制造外包水平的方法。用一个产业来自国外制造业部门的中间投入估计该产业的离岸制造外包规模；用一国制造业部门所有产业来自国外制造业部门的中间投入估计该国的离岸制造外包规模。相应地，用一个产业离岸制造外包规模占该产业来自制造业部门全部中间投入的比重，估计该产业的离岸制造外包比率；将一国制造业部门各产业的离岸制造外包比率按其在制造业部门总产出中的比重加权平均，估计该国总体的离岸制造外包比率。[①] 这种离岸制造外包测度方法仅计算来自制造业部门的中间投入，将来自农林牧渔业和采掘业部门的初级原材料进口排除在外，提高了测度的准确性。

（1）离岸制造外包规模的测度。

用 X_i^M 表示制造业部门 i 产业离岸制造外包规模，则：

[①] 虽然农林牧渔业、采掘业、建筑业和服务业部门也有离岸制造外包业务，但这些部门的离岸制造外包业务不典型且比例较低，因此这里以一国制造业部门的离岸制造外包水平表示该国总体的离岸制造外包水平。

$$X_i^M = \sum_j x_i^j \qquad (23-1)$$

其中，x_i^j 为 i 产业从国外制造业部门 j 产业进口的中间产品。

进一步，一国总体的离岸制造外包规模 M 可以表示为：

$$M = \sum_i X_i^M \qquad (23-2)$$

（2）离岸制造外包比率的测度。

用 OS_i 表示制造业部门 i 产业离岸制造外包比率，则：

$$OS_i = \frac{X_i^M}{X_i} \qquad (23-3)$$

其中，X_i^M 为 i 产业离岸制造外包规模，X_i 为 i 产业来自制造业部门的全部中间投入。

进一步，一国总体的离岸制造外包比率 OS 可以表示为：

$$OS = \sum_i OS_i \cdot \frac{Y_i}{Y} \qquad (23-4)$$

其中，Y_i 为制造部门 i 产业的产出，Y 为该国制造业部门的总产出。

23.2.2　数据来源

本章利用 OECD 结构化分析数据库（OECD‐STAN Database）的投入产出数据，对美国、日本、德国、法国、英国、巴西、印度和中国 8 个代表性国家[①]的离岸制造外包水平进行测度。最新版的 OECD‐STAN 投入产出数据库提供了 1995 年、2000 年和 2005 年三个年度 31 个 OECD 国家和 12 个非 OECD 国家的投入产出表[②]。这些投入产出表以国际标准产业分类第二版（ISIC Rev.2）为基础编制，其中的制造业部门包括 18 个产业。

OECD‐STAN 数据库提供了各国进口中间投入流量矩阵，为计算离岸制造外包水平提供了数据上的便利。公式（23-1）中 i 产业从国外制造业部门 j 产业进口的中间产品 x_i^j 可直接从各国的进口中间投入流量矩阵获得，公式（23-4）中制造业部门 i 产业的产出 Y_i 则可直接从各国的投入产出表中获得；公式（23-3）中 i 产业来自制造业部门的全部中间投入 X_i、公式（23-4）中制造业部门的总产出 Y 均可利用各国的投入产出表，经过简单加总后获得。

[①] 8 个代表性国家中，美国和日本是最发达的两大经济体；德国、法国和英国是欧洲发达国家的代表；巴西、印度和中国是"金砖四国"（BRICs）中的 3 个，是世界主要发展中国家。"金砖四国"中俄罗斯是转型经济国家的典型代表，但由于 OECD‐STAN 投入产出数据库中该国 2005 年的数据缺失，故未将其列入。

[②] OECD‐STAN 数据库提供尾数为 0、5 年份的投入产出表，但由于涉及国家较多，投入产出表的汇总和整理有三年左右的滞后，因此 2005 年数据是本文可得的最新数据。

OECD – STAN 投入产出数据库中的数据用各国法定货币表示。为便于不同国家数据的比较和加总，将这些数据统一换算为美元。其中，日本、德国、法国和英国 4 个 OECD 国家货币对美元的汇率按相应年度 OECD 国民账户货币汇率计算；巴西、印度和中国三个非 OECD 国家货币对美元的汇率按 IMF 国际财务统计（IFS）数据库公布的相应年度最后一个交易日的市场汇率计算。

23.3 离岸制造外包的现状和发展趋势

23.3.1 离岸制造外包的现状

（1）全球范围内离岸制造外包发展迅速，但不同国家和地区发展不平衡。

根据公式（23 – 2）估算 1995 年、2000 年和 2005 年三个年度各国国家层面的离岸制造外包规模，并以各国离岸制造外包规模在 8 个国家离岸制造外包总规模中比重反映该国在离岸制造外包发包市场的相对份额（见表 23 – 1）。根据表 23 – 1 的数据，由于经济总量上的优势，美国的离岸制造外包发包规模最大，是 8 个国家中最大的发包主体，但 10 年间其离岸制造外包发包市场份额变化不大。其他 4 个发达国家的发包规模也比较大，但这 4 个国家的发包份额均呈持续下降的趋势。从发包规模上看，中国已经成为 8 个国家中的第二大离岸制造外包发包主体，且十年间其发包市场份额持续上升，已经成为离岸制造外包的主要发包方之一。中国作为全球最大的加工制造业基地，在承接全球离岸制造外包的同时，需从国外输入大量中间产品，这些都表现为以中国为发包方的离岸制造外包。巴西和印度离岸制造外包规模非常小，且十年间所占发包市场份额变化不大。

表 23 – 1　　　　代表性国家的离岸制造外包规模和相对份额　　　单位：10 亿美元

项目	年份	美国	日本	德国	法国	英国	巴西	印度	中国	合计
规模	1995	213.52	116.02	168.37	98.60	89.41	20.56	7.58	61.19	775.25
	2000	333.54	118.59	172.13	110.77	92.58	18.27	15.83	121.67	983.38
	2005	406.20	166.10	273.10	155.42	121.31	37.18	23.34	278.01	1460.65
份额	1995	27.54%	14.96%	21.72%	12.72%	11.53%	2.65%	0.98%	7.89%	100.00%
	2000	33.92%	12.06%	17.50%	11.26%	9.41%	1.86%	1.61%	12.37%	100.00%
	2005	27.81%	11.37%	18.70%	10.64%	8.31%	2.55%	1.60%	19.03%	100.00%

注：印度的数据分别为 1993 年、1998 年和 2003 年数据。
资料来源：根据 OECD – STAN 投入产出数据库计算。

为进一步考察各国离岸制造外包的相对水平，根据公式（23-4）估算1995年、2000年和2005年三个年度8个国家总体的离岸制造外包比率（见表23-2）。从中看出，自20世纪90年代以来，这些代表性国家总体的离岸制造外包比率都有了较大提高，既包括美国、日本、英国、法国和德国等世界主要发达国家，也包括中国、印度和巴西等发展中大国。美国和日本作为全球两大经济体，离岸制造外包比率10年间有较大幅度提高，但总体仍低于德国、法国和英国。德国、法国和英国作为欧洲发达国家的代表，离岸制造外包比率最高，这主要得益于欧洲经济一体化的推进。巴西、印度和中国等发展中大国的离岸制造外包比率也有了较大提高，但总体水平和发展速度仍低于发达国家。另外，美国和日本虽然总体的离岸制造外包比率低于德国、法国和英国，但10年间发展速度最快，将来极有可能赶上甚至超过这3个欧洲国家。德国、法国和英国由于总体的离岸外包比率已经处于一个比较高的水平，发展潜力和速度都低于美国和日本。巴西、中国和印度总体的离岸制造外包比率较低，提升速度也低于美国和日本。

表23-2　　　　　　　代表性国家的离岸制造外包比率　　　　　　　单位：%

年份	美国	日本	德国	法国	英国	巴西	印度	中国
1995	14.95	10.41	30.31	29.85	36.67	11.82	13.39	12.84
2000	20.30	12.65	35.92	36.36	41.00	12.30	19.08	14.51
2005	22.91	14.17	37.95	35.69	44.87	14.99	16.24	14.89

注：印度的数据为1993年、1998年和2003年数据。
资料来源：根据OECD-STAN投入产出数据库计算。

（2）离岸制造外包已成为各国参与全球生产网络的主要形式之一，但不同发展水平的国家在国际生产网络中的地位不同。

随着交通和通信技术的发展，生产过程的可分性大大增强，国际劳动分工已经延伸到产品内部，逐渐形成了以跨国公司为主导的全球生产网络（李国学，2009）。一国利用进口中间产品进行生产并将加工后的产品出口是全球生产网络中一种常见的分工和贸易形态，胡梅尔斯等（Hummels et al., 2001）将这种全球范围内的垂直分工现象称为垂直专业化，并指出可以用一国或一个产业进口中间产品用于出口的价值与该国或该产业出口产品总价值的比值反映该国或该产业的垂直专业化水平，该比值即垂直专业化比率（VSS）。VSS是一国或一个产业融入全球生产网络程度的集中体现，OECD-STAN数据库根据投入产出表计算了各国1995年、2000年和2005年三个年度各产业出口中的进口内容（import content of exports），① 也就是胡梅尔斯等（Hummels et al., 2001）定义的 VSS。根据公式（23-3），分别估算上述 8 个国家 3 个年度 18 个制造业产业的离岸制造外包比率，并将其与 OECD - STAN 投入产出数据库中相应年度、相应产业的 VSS 值进行相关性分析，结果见表 23-3。

表 23-3　　代表性国家离岸制造外包比率与垂直专业化水平的相关性

	美国	日本	德国	法国	英国	巴西	印度	中国
相关性[b]	0.56**	0.66**	0.39**	0.47**	0.27*	0.86**	0.50**	0.87**

注：(1) 印度的数据为 1993 年、1998 年和 2003 年数据。
(2) 表中各国离岸制造外包比率与垂直专业化比率的相关性分析中样本量 N = 18 个产业 × 3 年 = 54；** 表示相关性在 0.01 的水平上显著（双边检验）；* 表示相关性在 0.05 的水平上显著（双边检验）。
资料来源：根据 OECD - STAN 投入产出数据库计算。

表 23-3 相关性分析结果表明，8 个国家制造业部门的离岸制造外包比率与垂直专业化水平之间有很强的相关性，说明离岸制造外包已经成为各国融入全球生产网络的主要方式之一。从 20 世纪 90 年代初开始，高度一体化的生产组织方式逐渐瓦解，产品生产越来越多地跨越国界，每一个国家都专注于产品生产过程的某些特定阶段并成为相互联系的垂直生产过程中的一个环节，全球生产网络初步形成。其本质特征就是产品生产过程所包含的不同工序和区段被拆散分布到不同国家进行，形成以工序、区段和环节为对象的分工体系，也就是全球范围内的产品内分工体系，而离岸制造外包则是这种产品内分工体系的主要实现形式之一。

虽然从总体上这 8 个国家制造业产业离岸外包比率与垂直专业化水平之间有很强的相关性，但其相关程度存在较大差异，反映出不同国家在全球生产网络中地位的差异。中国和巴西的离岸制造外包比率与垂直专业化水平之间的相关性最高，反映出其离岸制造外包更多地表现为进口中间品来源国制造过程的延续。也就是说，中国和巴西以外包方式进口的中间产品更多地被用于生产出口产品，传递了上一阶段中间产品生产国对最终消费国的出口。印度虽然也是发展中大国，但其离岸制造外包比率和垂直专业化水平的关联度却较低。可能的原因是由于印度工业基础比较薄弱，发展制造业的基础条件尚不具备，如交通运输落后、缺乏充沛的电力能源保障、缺乏技术熟练的产业工人等，其制造外包更多的是为满足

---

① 一国 i 产业出口中的垂直专业化可以表示为 $VS_i = \left(\frac{M_i}{Y_i}\right) \cdot X_i = \left(\frac{X_i}{Y_i}\right) \cdot M_i$，其中 M_i 表示 i 产业进口的中间产品，Y_i 表示 i 产业的总产出，X_i 表示 i 产业的总出口。其中 $M_i = \sum_j M_{ij}$，M_{ij} 是 i 部门进口的 j 部门提供的中间产品。用 VSS_i 表示一国 i 产品或部门出口中的 VS 比重，则 $VSS_i = \frac{VS_i}{X_i} = \frac{M_{ij}}{Y_i}$，这与 OECD - STAN 投入产出数据库中定义的出口中的进口内容（import content of exports）是一致的。

国内需要。

（3）离岸制造外包业务集中在技术密集度较高的产业，且离岸制造外包比率与技术密集度同向变动。

OECD-STAN 投入产出数据库根据各制造业产业技术密集度，将 18 个制造业产业分为中低技术、中等技术和中高技术三个制造业群组①。为反映制造业产业离岸制造外包水平与技术密集度的关系，分别估算 8 个国家 1995 年、2000 年和 2005 年 3 个年度各群组的离岸制造外包规模和比率。

将根据公式（23-1）测算的群组内各产业的离岸制造规模加总得到各国 3 个群组的离岸制造外包规模。为直观地反映各个群组的离岸制造外包规模，计算该群组离岸制造外包规模在一国离岸制造外包总规模中的相对比重，结果见表 23-4。根据表 23-4，各制造业群组的离岸制造外包规模均与群组的技术密集度同方向变动。对比各国 3 个制造业群组离岸制造外包规模的相对比重，中高技术群组离岸制造外包规模最大，中等技术群组次之，中低技术群组最小。从各国 3 个年度不同群组离岸制造外包规模的纵向比较可以看出，1995～2005 年 11 年间这种趋势日趋明显。

表 23-4　代表性国家不同技术密集度制造业群组的离岸制造外包规模比重　　单位：%

年份	技术密集度	美国	日本	德国	法国	英国	巴西	印度	中国
1995	中低	23.34	34.73	23.48	24.93	29.00	28.72	17.71	28.04
	中等	33.69	20.55	37.25	35.26	28.01	28.10	29.45	26.38
	中高	42.97	44.73	39.27	39.81	43.00	43.18	52.83	45.58
2000	中低	20.12	26.30	19.24	20.49	20.55	25.57	35.61	23.69
	中等	37.72	20.81	37.15	34.24	25.55	30.43	23.66	20.32
	中高	42.17	52.88	43.61	45.27	53.89	44.00	40.73	55.99
2005	中低	21.20	18.08	16.57	20.49	24.55	14.63	14.78	15.46
	中等	41.13	25.23	42.29	38.45	28.75	31.26	29.53	20.61
	中高	37.68	56.69	41.14	41.06	46.70	54.10	55.69	63.94

注：印度的数据为 1993 年、1998 年和 2003 年数据。
资料来源：根据 OECD-STAN 投入产出数据库计算。

---

① OECD-STAN 投入产出数据库将 18 个制造业产业中的 6 个归入中低技术制造业（食品、饮料和烟草，纺织、服装、皮革和制鞋，木材及木制品，纸浆、造纸、纸制品和出版印刷，焦炭精炼石油产品和核燃料，资源再生及其他制造业）；7 个列入中高技术制造业（化学和化学产品，机械设备，办公、会计和计算设备，电子设备和电子仪器，无线电、电视和通信设备，医疗、精密和光学仪器，其他运输设备）；其他 5 个产业为中等技术制造业（橡胶和塑料制品，其他非金属矿产品，基本金属，除机械设备外的金属制品，汽车、拖车和半拖车）。

进一步，将根据公式（23-3）测算的各产业离岸制造外包比率按该产业在所属群组中的产出权重加权，得到各个群组的离岸制造外包比率（见表23-5）。除日本外（西口敏洪，2007），[①] 其他7个国家3个年度各群组的离岸制造外包比率均与群组的技术密集度同方向变动。对比3个群组的离岸制造外包比率，中高技术群组最高，中等技术群组次之，中低技术群组最低。从各国3个年度不同制造业群组离岸制造外包比率的纵向比较可以看出，1995~2005年11年间这种趋势日趋明显。

表23-5　代表性国家不同技术密集度制造业群组的离岸制造外包比率　　　单位：%

年份	技术密集度	美国	日本	德国	法国	英国	巴西	印度	中国
1995	中低	10.85	16.04	28.32	24.10	30.28	9.74	8.06	10.91
	中等	15.60	4.82	29.76	31.51	35.18	9.44	13.00	11.17
	中高	19.11	10.38	32.42	35.29	45.17	18.21	21.97	17.03
2000	中低	13.76	17.20	33.43	28.95	30.43	9.47	16.50	13.05
	中等	24.02	6.36	32.29	37.30	38.77	11.82	18.87	11.28
	中高	24.99	14.16	41.15	42.91	53.43	17.86	23.78	17.99
2005	中低	16.56	14.66	33.09	30.01	38.23	6.76	10.48	10.49
	中等	27.65	8.12	35.67	38.56	42.50	16.28	19.39	12.04
	中高	27.49	19.58	43.86	38.91	54.28	28.02	20.87	20.24

注：（1）印度的数据为1993年、1998年和2003年数据。
（2）群组离岸制造外包比率 = $\sum$ 群组所含各产业的离岸制造外包比率 × 该产业在所属群组总产出中的比重。
资料来源：根据OECD-STAN投入产出数据库计算。

23.3.2　离岸制造外包的发展趋势

综合上述对8个代表性国家离岸制造外包发展现状的分析，全球范围内的离岸制造外包呈现以下几大发展趋势：

（1）全球范围内离岸制造外包规模将继续扩大，产业和国家两个层面的离岸制造外包比率将进一步提高。

经济全球化和技术进步是离岸制造外包发展的两大动力。经济全球化带来的

[①] 日本汽车产业有非常完备的国内外包体系（西口敏洪，2007），其离岸制造外包的重要性较低。根据笔者计算，日本"汽车、拖车和半拖车"产业1995年、2000年和2005年三个年度的离岸制造外包比率均低于5%，远低于其他国家的同期水平；另外，"汽车、拖车和半拖车"产业占其所属的"中等技术制造业群组"产出的40%以上。上述两组数据可以解释为什么日本中等技术制造业群组的离岸制造外包比率较低。

市场范围扩大推动了分工细化和专业化程度的提高，扩大了离岸制造外包的效率优势；另外，经济全球化条件下的多边贸易规则和国家发展战略的开放取向改善了契约环境，降低了离岸外包的交易成本（Grossman and Helpman，2003）。技术进步提高了制造业生产过程的可分性，降低了离岸制造外包的运营成本，对离岸制造外包的作用更为直接。

（2）发达国家是全球离岸制造外包的发包主体，但其在离岸制造外包发包市场的份额将进一步下降。

从离岸制造外包的相对水平、绝对份额和增长速度三个方面，发达国家总体上都超过发展中国家，是全球离岸制造外包的发包主体，发展中国家主要作为承接方参与全球离岸制造外包。由于工业化进程和资源禀赋的差异，这种分工格局长期内不会改变。虽然发达国家仍将是全球离岸制造外包的发包主体，但其发包业务在全球的份额将进一步下降。一方面，随着工业化进程的推进，发展中国家在全球离岸制造外包发包市场的份额将持续上升，此消彼长，发达国家在全球离岸制造外包发包市场的份额将进一步下降；另一方面，发达国家制造业部门在国民经济中的比重持续下降，使发达国家离岸制造外包规模的扩张受到限制。

（3）部分工业基础较好的发展中国家在全球离岸制造外包发包市场的份额上升，但其离岸制造外包更多地呈现"为接包而发包"的特点。

部分工业基础较好的发展中国家离岸制造外包规模提升很快。一方面，发展中国家为完成其承接的来自发达国家的离岸制造外包业务，需要从国外输入大量中间产品和零部件，这种业务体现为发展中国家的离岸制造外包；另一方面，在工业化发展到一定阶段后，为提高单位要素的收益水平，部分工业基础较好的发展中国家必然会将部分价值较低的中间部件和生产环节外包给其他国家完成。这两方面的原因将推动发展中国家在全球离岸制造外包发包市场的份额继续上升。从这个角度看，发展中国家的离岸制造外包更多地表现为一种"被动"的外包，即为了承接发达国家的离岸制造外包业务而外包，这种情况在中国表现得尤为突出。自20世纪90年代以来，中国采用大规模进口核心零部件，在国内组装后再大规模出口的方式参与国际生产网络，导致了中间品贸易的迅猛增长（刘瑞翔和姜彩楼，2010）。这种中间品贸易即表现为中国"被动"的离岸制造外包。在这种离岸制造外包分工格局下，中国承接的往往是制造业全球价值链中的低端生产环节，通过离岸制造外包方式输入的则是处于价值链高端的核心零部件。

（4）全球离岸制造外包业务向技术密集型产业进一步集中。

综合表23-4和表23-5的数据，各国离岸制造外包业务主要集中在技术密集度较高的产业，且离岸制造外包比率与技术密集度同向变动。技术进步增强了制造业生产过程的可分性，降低了离岸制造外包的运营成本，是离岸制造外包发展的基本动力之一。随着技术的发展，全球范围内的离岸制造外包业务将进一步向技术密集型产业集中。

23.4 离岸制造外包水平的产业间差异及其影响因素

23.4.1 离岸制造外包水平的产业间差异

将根据公式（23-1）计算的各国同一制造业产业离岸制造外包规模加总，得到该产业在所有 8 个国家的总离岸外包规模。为直观地反映各产业离岸制造外包规模，计算该产业总离岸制造外包规模在所有 18 个产业中的比重。相应地，一个产业总离岸外包规模占该产业总中间投入的百分比即是该产业在 8 个国家的离岸制造外包比率（见表 23-6）。

表 23-6　1995 年、2000 年和 2005 年代表性国家制造业各产业离岸制造外包水平　　单位：%

产业	离岸制造外包规模的比重			离岸制造外包比率		
	1995 年	2000 年	2005 年	1995 年	2000 年	2005 年
食品、饮料和烟草	6.17	4.70	4.51	12.70	13.80	14.24
纺织、服装、皮革和制鞋	6.71	5.26	4.02	18.67	19.87	19.03
木材及木制品	1.72	1.12	1.20	13.08	17.22	17.32
纸浆、造纸、纸制品和出版印刷	6.96	5.58	4.71	16.28	17.88	19.51
焦炭、精炼石油制品和核燃料	1.78	1.66	1.47	24.49	22.54	18.09
化工和化学产品	10.63	10.97	13.42	20.66	23.33	25.24
橡胶和塑料制品	4.06	4.36	4.40	16.10	20.12	22.14
其他非金属矿产品	1.48	1.24	0.90	10.91	13.37	19.33
基本金属	7.69	6.54	8.12	16.89	20.82	22.08
除机械设备外的金属制品	5.11	4.46	4.50	15.13	18.82	20.18
机械设备	8.60	8.03	8.91	15.48	19.74	21.34
办公、会计和计算设备	5.45	9.93	10.55	33.23	35.37	36.33
电子设备和电子仪器	7.01	5.75	5.89	21.07	21.74	23.04
无线电、电视和通信设备	4.39	6.00	2.54	20.03	28.59	40.66
医疗、精密和光学仪器	2.48	1.45	1.78	22.76	31.67	34.66
汽车、拖车和半拖车	12.94	14.93	15.95	15.28	20.57	22.29
其他交通设备	3.78	4.76	4.21	24.09	26.95	31.83
资源再生及其他制造业	3.06	3.27	2.91	17.87	20.89	25.13
合计	100.00	100.00	100.00	—	—	—

资料来源：根据 OECD-STAN 投入产出数据库计算。

某一产业在 8 个国家的总离岸外包规模从一定程度上反映了全球范围内该产业的离岸制造外包规模。以 10% 和 2% 的离岸制造外包规模比重为分界线，粗略地将表 23-6 中涉及的 18 个制造业产业按照其离岸制造外包规模分为大、中、小三组。其中，较大离岸制造外包规模组中典型的是汽车、拖车和半拖车，化学和化工产品，办公会计和计算设备三个产业，且这些产业的离岸制造外包所占比重持续递增，反映出全球范围内的离岸制造外包业务主要来自这些产业且持续向这些产业集中。较小离岸制造外包规模组中典型的是木材及木制品，焦炭、精炼石油制品和核燃料，焦炭、精炼石油制品和核燃料三个产业，且这些产业的离岸制造外包规模比重持续萎缩，反映出全球范围内这些产业对离岸制造外包发展贡献较小。另外，食品、饮料和烟草，纺织、服装、皮革和制鞋，纸浆、造纸、纸制品和出版印刷三个产业离岸制造外包规模居中，但这些产业的离岸制造外包规模比重十年间持续萎缩，反映出这些产业的离岸制造外包业务规模扩展相对较慢。

某一产业在 8 个国家的总离岸外包比率从一定程度上反映了全球范围内该产业离岸制造外包的发展程度。以 30% 和 20% 的外包比率为分界线，粗略地将表 23-6 中涉及的 18 个制造业产业按照其离岸制造外包比率分为高、中、低三组。其中，高水平组中典型的是办公、会计和计算设备，无线电、电视和通信设备两个产业，这两个产业的离岸制造外包比率较高且规模较大；低水平组中典型的是食品、饮料和烟草产业和木材及木制品产业。

23.4.2 离岸制造外包水平产业间差异的影响因素

导致上述产业间离岸制造外包发展不平衡的因素主要有产品的市场范围、生产过程的可分割性、技术密集度以及产业中最终产品间的替代性等。

（1）产品的市场范围。

根据"斯密定理"，市场范围的扩大推动了分工细化和专业化程度的提高，扩大了专业化企业相对于一体化企业的效率和成本优势，有利于企业通过外包发挥规模经济优势。表 23-6 中离岸制造外包比率最高的办公、会计和计算设备，无线电、电视和通信设备，其他交通设备三个产业，以及离岸制造外包规模最大的汽车、拖车和半拖车，化学和化工产品两个产业的产品都可以覆盖全球市场。而木材及木制品，其他非金属矿产品两个产业的产品市场是典型的地方市场，其离岸制造外包规模小、比率低。

（2）生产过程的可分割性。

生产过程的可分割性主要由产品生产过程的工艺特点决定，企业采用哪种方式组织生产取决于产业本身的技术特点和技术上的可分性。生产过程能够被分成相对独立的生产阶段，将有利于中间投入品在空间上的运输，从而有利于离岸外包发展（Feenstra and Hanson，1996）。如果生产过程各个环节在技术工艺上或机器设备的使用上不可分，必须将各个生产环节集中在一个企业内进行，采用一体化生产方式比较有利。相反，如果生产过程的各个环节在工艺或机器设备的使用上具有一定的可分性，各个环节的生产能够由不同的企业分别来承担，采取非一体化生产方式比较有利（吴福象，2005）。高越和李荣林（2008）的经验研究也证实，产业的技术可分割性越强，分割到国外的生产环节也就越多。模块化生产意味着很高的生产过程可分割性，从经验研究看，模块化生产水平较高的产业恰恰是离岸制造外包规模大、比率高的产业，如表23-6中的办公、会计和计算设备产业，汽车、拖车和半拖车产业；离岸制造外包规模小、比率低的木材及木制品，其他非金属矿产品两个产业则是典型的生产流程难以分割的产业。

（3）技术密集度。

技术密集度较高的产业广泛采用模块化的生产技术，其生产过程具有较强的可分割性，这是离岸制造外包大规模发展的前提条件。另外，技术密集度较高的产业往往具有全球范围内相对统一的产品标准和技术标准，便于发包企业以此为核心控制并整合全球资源，降低了离岸制造外包的运营成本。表23-6中办公、会计和计算设备，无线电、电视和通信设备，医疗、精密和光学仪器，其他交通设备四个产业的离岸制造外包比率最高，这些产业都属于OECD划分的中高技术产业；食品、饮料和烟草，纺织、服装、皮革和制鞋，木材及木制品，焦炭、精炼石油制品和核燃料四个产业的离岸制造外包比率最低，这些产业都属于OECD划分的中低技术产业。

（4）最终产品之间的替代性。

产品间的替代性越强，需求弹性就越大。较高的产品需求弹性使市场对特定产品的需求随着销售价格下降迅速扩大，这使离岸外包带来的规模经济效应得以实现。但是，只有当专业化生产带来的成本节约大于外包契约的不完全性引致的最终产品成本增加时，产业内最终产品需求弹性的增加才会使企业更倾向于选择外包而不是一体化（Grossman and Helpman，2002）。例如，表23-6中的办公、会计和计算设备产业的离岸制造外包水平比其他产业高，可能由其产品之间的替代性高、企业间竞争更充分来解释。但是，只有当该产业内专业化生产者的成本优势相对较大，或者外包合作中外包契约的不完全性引致的最终产品成本增加相对较小时上述结论才成立。

23.5 研究结论和政策启示

本章以费恩斯特拉和汉森（Feenstra and Hanson）的离岸外包测度方法为基础设计了产业和国家层面离岸制造外包水平的测度方法，并利用OECD-STAN数据库投入产出数据，估算了全球主要经济体中8个代表性国家1995年、2000

年和 2005 年 3 个年度产业和国家层面的离岸制造外包水平，并以此为基础分析了离岸制造外包的发展趋势和产业间差异及其影响因素。总体上，全球范围内离岸制造外包业务规模将继续扩大并向技术密集型产业集中；产业和国家两个层面的离岸制造外包比率将进一步提高。在全球离岸制造外包分工体系内，发达国家是全球离岸制造外包的发包主体，但其在离岸制造外包发包市场的份额将进一步下降；部分工业基础较好的发展中国家在全球离岸制造外包发包市场的份额上升，但其离岸制造外包更多地呈现"为接包而发包"的特点。具体到产业层面，产业间离岸制造外包发展不平衡的因素主要有产品的市场范围、生产过程的可分割性、技术密集度以及产业中最终产品间的替代性等。

上述研究结果为我国发展离岸制造外包业务提供了有益的启示：

第一，保持现有承接离岸制造外包领域的优势并继续扩大承接规模。随着经济全球化的深入和技术进步，离岸制造外包规模和比率将进一步提高。我国作为一个发展中的制造业大国，应充分利用现有制造业基础设施和人才方面的优势，扩大承接离岸制造外包的业务规模。

第二，在扩大承接离岸制造外包业务规模的同时，更加注意业务质量的提高。我国的离岸制造外包业务呈现"为承接而发包"的特点，说明我国承接的离岸制造外包业务往往是制造业全球价值链中价值含量较低的中间加工和组装环节，大量价值含量较高的基础部件和生产环节需以离岸制造外包的形式从发达国家进口。作为全球离岸制造外包的最大承接国，我国应在扩大承接离岸制造外包业务规模的同时，积极向制造业全球价值链中的高端环节攀升，否则可能长期被锁定于全球价值链的低端。

第三，积极承接技术密集型产业的离岸制造外包业务。随着科技发展，全球范围内离岸制造外包业务将进一步向技术密集型产业集中。顺应这种趋势，应积极承接技术密集型产业的离岸制造外包业务。这既有利于扩大我国承接离岸制造外包的业务规模，也有利于制造业产业结构的升级。

第四，在积极承接离岸制造外包的同时，主动参与全球离岸制造外包。根据本章的测算，我国在大量承接离岸制造外包业务的同时，已经成为全球离岸制造外包主要发包主体之一。但是，我国发包的离岸制造外包业务更多的是为承接发达国家离岸制造外包业务而进口的中间产品。随着工业化进程的推进，为提高单位要素的收益水平，应将部分价值较低的中间部件和生产环节外包给其他国家完成，主动参与全球离岸制造外包，推动中国尽快由"全球工厂"变为"全球制造中心"。

第五，根据产业间离岸制造外包发展水平的差异，有针对性地承接离岸制造外包业务。受产品市场范围、生产过程的可分割性、技术密集度以及产业中最终产品间的替代性等因素影响，全球范围内制造业产业间离岸制造外包发展很不平衡。应在了解离岸制造外包发展产业间差异的基础上，重点承接那些离岸制造外包业务规模大、比率高的产业，如汽车、计算机和通信设备等产业。

参考文献

［1］Feenstra R C, and Hanson G H, Globalization, Outsourcing, and Wage Inequality [J]. American Economic Review, 1996, 86 (2): 240 – 245.

［2］Fenestra, Robert C, Integration of Trade and Disintegration of Production in the Global E-conomy [J]. Journal of Economic Perspectives, 1998, 12 (4): 31 – 50.

［3］Grossman G M, and Helpman E, Integration versus Outsourcing in Industry Equilibrium [J]. The Quarterly Journal of Economics, 2002, 117 (1): 85 – 120.

［4］Grossman G M, and Helpman E, Outsourcing versus FDI in Industry Equilibrium [J]. Journal of the European Economic Association, 2003, 1 (2 – 3): 11.

［5］Hummels D L, Ishii J, and Yi K M, The Nature and Growth of Vertical Specialization in World Trade [J]. Social Science Electronic Publishing, 1999, 54 (1): 75 – 96.

［6］干春晖, 贺书锋, 汪丽. 中国制造业国际外包与能源利用效率研究 [J]. 财经研究, 2010, 36 (2): 48 – 58.

［7］高越, 李荣林. 异质性、分割生产与国际贸易 [J]. 经济学, 2008 (4): 159 – 178.

［8］李国学. 资产专用性投资与全球生产网络的收益分配 [J]. 世界经济, 2009 (8): 3 – 13.

［9］刘海云, 唐玲. 国际外包的生产率效应及行业差异——基于中国工业行业的经验研究 [J]. 中国工业经济, 2009 (8): 80 – 89.

［10］刘庆林, 高越, 韩军伟. 国际生产分割的生产率效应 [J]. 经济研究, 2010 (2): 33 – 44, 109.

［11］刘瑞翔, 姜彩楼. 中间产品贸易、不对称溢出与本土企业的技术升级——基于2002～2007年行业数据的实证研究 [J]. 南方经济, 2010 (12): 32 – 42.

［12］卢锋. 服务外包的经济学分析——产品内分工的视角 [M]. 北京: 北京大学出版社, 2007.

［13］吴福象. 经济全球化中制造业垂直分离的研究 [J]. 财经科学, 2005 (3): 120 – 127.

［14］西口敏宏. 战略性外包的演化——日本制造业的竞争优势 [M]. 上海: 上海财经大学出版社, 2007.

［15］徐毅, 张二震. FDI、外包与技术创新: 基于投入产出表数据的经验研究 [J]. 世界经济, 2008 (9): 41 – 48.

第 24 章

国际服务外包中知识转移对接包企业技术能力的影响*

24.1 引　　言

自20世纪80年代初,一些发达国家的企业为节约成本、提高运营效率和核心竞争力,开始将其非核心的服务或流程外包给专业服务提供商。随着经济全球化的深入和信息技术的进步,服务外包业务涉及的地域范围从一个国家或地区扩展至全球,国际服务外包大规模发展(卢锋,2007)[①]。经过近30年的快速发展,全球范围内服务外包已颇具规模,市场规模已达上万亿美元(Gartner,2008)[②]。由于外包双方的密切接触,国际服务外包中存在显著的知识和技术转移。发包企业虽不会将其核心知识转移给接包企业,但为了使后者能够提供符合其特定要求的服务或流程,一些技术和知识还是会通过各种方式转移给接包企业。总体上看,这一过程为发展中国家和地区的企业获取新的技术和管理知识,提升其在全球价值链中的地位提供了机遇。

对国际服务外包中知识转移与技术进步关系总体层面的探讨有利于理解知识转移对接包企业技术进步的影响,但宏观层面的探讨缺乏一个深入国际服务外包关系内部具有微观基础的直接理论分析,难以理解知识转移对个体企业技术进步

---

* 本章作者为杨蕙馨、陈庆江,发表在《山东大学学报(哲学社会科学)》2012年第2期(有改动)。

① 根据交易对象的经济属性可将外包分为制造外包与服务外包。如果外包转移和交易对象属于制造加工零部件、中间品工序活动,或以中间产品、半成品、最终产品的某种组装或总装为对象的活动,则属于制造外包;如果外包转移对象是特定服务活动或流程则属于服务外包。如果外包合作双方分属不同的国家,则将其称之为国际外包(foreign outsourcing)。参见卢锋.服务外包的经济学分析——产品内分工的视角 [M]. 北京:北京大学出版社,2007. 国际外包还有其他意义相近的表述方式,如离岸外包(offshore outsourcing)。离岸外包是相对于在岸外包(onshore outsourcing)而言的,侧重于从发包方的角度描述外包形态;国际外包是相对国内外包而言的,淡化了发包和接包视角,仅仅强调外包合作双方分属不同国家的外包形态。考虑到本章的研究背景,本章统一使用国际服务外包的提法。

② Gartner. Gartner on Outsourcing [R]. Research Report, 2008.

的作用机制,也不能解释现实中为什么有的企业通过承接国际服务外包,有效地学习了发包企业的知识和技术,并迅速向价值链高端转移,有的企业则长期被锁定于价值链的低端。为弥补上述研究的不足,许多学者从微观企业层面探讨了国际服务外包与接包企业技术进步的关系(刘绍坚,2010;李元旭和谭云清,2010)[①]。这些研究从不同侧面分析了国际服务外包对接包企业技术进步的影响,但未能结合国际服务外包中知识转移的本质特征,系统地揭示这种影响的作用机制,影响了理论解释的力度及其对外包实践的指导作用。

基于知识的企业理论认为,知识是关键生产资源和首要价值来源(Grant, 1996)[②]。知识既可以在组织内部产生,也可以通过各种方式从外部获取,而组织间知识转移是企业获取外部知识的主要途径之一。企业可以通过组织间知识转移获取其他企业的技能和知识,以显著改变自身知识基础和创新能力。与制造外包相比,知识作为关键生产要素的地位在国际服务外包中更加明显,与外包服务和流程相关的知识是国际服务外包接包企业最重要的生产资源。探讨国际服务外包中知识转移对接包企业技术能力的影响和作用机制,能够从微观层面上揭示接包企业发展差异的内在原因,指导发展中国家企业更好地通过国际服务外包中的知识转移,提升自身竞争能力并最终提升其在全球价值链中的地位。

本章以基于知识的企业理论为基础,将国际服务外包视为发包企业主导的企业间知识整合机制,并以此为基础分析国际服务外包中知识转移对接包企业技术能力的影响和作用机制。第二部分讨论国际服务外包作为一种企业间知识整合机制的效率优势以及外包双方在这一机制中地位和立足点的差异对接包企业知识获取和技术能力提升的影响。第三部分讨论国际服务外包中知识转移内容和影响因素,并分别探讨这些因素对不同类型知识转移效率的影响差异。第四部分探讨国际服务外包接包企业技术能力的内部结构以及知识转移对接包企业技术能力的作用机制。第五部分提出接包企业利用知识转移实现技术能力提升的策略和路径选择。最后是结论和接包企业利用知识转移实现技术能力提升的若干建议。

---

① 刘绍坚. 承接国际软件外包的技术外溢效应研究[J]. 经济研究, 2008 (5); 崔萍. 承接服务外包对企业技术创新的影响——基于我国 IT 行业上市公司面板数据的实证研究[J]. 国际经贸探索, 2010 (8); 李元旭, 谭云清. 国际服务外包下接包企业技术创新能力提升路径: 基于溢出效应和吸收能力视角[J]. 中国工业经济, 2010 (12).

② R. M. Grant, Prospering in Dynamically – Competitive Environments: Organizational Capability as Knowledge Integration [J]. Organization Science, 1996, 7 (4): 375 – 387.

24.2 作为企业间知识整合机制的国际服务外包

24.2.1 国际服务外包中知识转移的特点

从当前国际服务外包总体分工格局看,发包主体主要是来自发达国家的企业,发展中国家企业主要作为承接方参与国际服务外包[①]。发包企业占据全球价值链高端,拥有先进的技术和管理知识,而接包企业处于全球价值链低端,技术和管理相对落后。在这种背景下,国际服务外包中的知识转移对发展中国家接包企业技术进步具有十分重要的意义。国际服务外包中双方的知识差距决定接包企业在知识流动中主要以知识后进方的形态出现,是知识学习主体[②]。知识转移的单向性导致国际服务外包中知识转移双方关系呈现不对称性,发包企业在知识转移过程中占据主导地位。

国际服务外包双方业务从属于同一产品或服务价值链的不同区段,双方知识关联性和互补性强,有利于知识转移实现。另外,外包双方的产品或服务价值链位置不同,市场重合性较低,一般不存在战略联盟中知识转移导致"学习竞赛"的可能。这两方面的原因决定国际服务外包中知识转移双方之间的合作性较高而竞争性较低。

从知识转移的内容看,与外包相关的工作分割使发包企业向接包企业转移的知识具有任务特定性,主要是为了使接包企业顺利完成适应其特殊需要的服务或流程。知识转移的"任务特定性"有利于发包企业对知识转移的内容和范围实施控制,使知识转移既能保证接包企业生产出适应其特殊需要的中间服务,又不会损害自己的竞争优势。知识转移的"任务特定性"也导致发包企业主动向接包企业转移的主要是一些"片断化"知识。

24.2.2 国际服务外包作为企业间知识整合机制的效率优势

企业可通过三种方式实现知识转移和整合,分别是企业内部、企业间市场交

[①] 除以发达国家企业为发包方、发展中国家企业为接包方的国际服务外包外,还有少量发达国家企业之间的国际服务外包以及发展中国家企业为发包方、发达国家企业为接包方的国际服务外包。考虑到当前国际服务外包总体分工格局和我国的现实情况,本章以发达国家企业发包、发展中国家企业接包的国际服务外包为研究背景。

[②] 国际服务外包中也存在由接包企业向发包企业的知识转移,但这种知识转移大部分已经内含到接包企业向发包企业提供的流程和服务中。囿于本章的研究主题,对此不作讨论。

易和企业间关系契约。一般情况下，由于知识收益和定价的不确定性，市场交易转移和整合效率最低，而企业内部转移和整合效率最高，但在下列三种情况下企业间关系契约可以提供更有效的知识转移和整合机制：第一，相关生产知识不能完全内含于产品中且企业不愿意内部提供这些知识；第二，企业产品范围和知识范围缺乏对应，企业内专业化知识存在不足或者不能被充分利用；第三，市场上的先动优势对于企业竞争优势十分关键（Grant，1996）[1]。国际服务外包双方合作一般持续期间较长，合作期间内多次重复交易，具有明显的关系契约特性[2]。根据高德纳（Gartner，2008）的研究，大额服务外包合同期限一般在 5 年以上，2008 年全球最大的 20 个服务外包合同的平均期限为 7.65 年，且只有一个合同执行期限低于 5 年，最长合同年限达 15 年[3]。

从交易标的、利益来源以及时间优势三方面看，国际服务外包作为一种企业间关系契约，能够以较高的效率进行知识转移和整合。首先，国际服务外包的交易标的是发包企业定制的、适应其特殊需要的中间服务或流程。与这些服务或流程相关的知识不能完全内含于交易标的中，发包企业需将接包企业提供的中间服务与自身专业化知识相结合，才能完成最终产品的生产。通过外包剥离的服务和流程价值较低，发包企业不愿意由内部供给相关的知识。其次，相对于企业内部整合，企业间关系契约在知识转移效率上存在劣势，但企业间基于知识的合作带来的知识利用效率提高能抵消这种劣势。国际服务外包双方通过外包实现专业化优势，充分利用自身的专业化知识，同时利用对方知识弥补企业内专业化知识的不足，这是外包双方合作利益的根本来源。最后，相对于企业内部知识整合，通过企业间关系契约实现的知识整合具有明显时间优势。随着经济全球化发展和竞争加剧，快速变化的市场环境对企业知识整合速度要求越来越高。发包企业将非核心服务或流程剥离，能够在核心资产基础上快速调整产出组合以适应市场和技术的变动。以现有国际服务外包发展最成熟的信息技术产业为例，这个产业中企业的先动优势十分明显，相关的 IT 服务外包发展也最为充分。

24.2.3　国际服务外包中的知识整合与知识转移

知识转移是企业间知识整合的重要方式，但基于知识的合作却未必以知识转移为目的。某些情况下，知识获取并不是知识整合的最有效方式。只要存在有效的知识整合机制，战略联盟中一方可能不用通过知识转移即可使用对方的专业化

---

[1]　R. M. Grant, Prospering in Dynamically – Competitive Environments：Organizational Capability as Knowledge Integration [J]. Organization Science, 1996, 7 (4)：375 – 387.
[2]　关系契约典型的交易环境包括一个较长的合作期间，并且交易期间可分为多个相互联系、相互影响的重复交易期间。
[3]　Gartner. Gartner on Outsourcing [R]. Research Report, 2008.

知识。在国际服务外包中，发包企业实施外包目的不是通过知识转移获取接包企业的专业化知识并将其内部化，而是通过外包协调使用这些知识。与发包企业不同，接包企业则希望通过承接外包，借助其中的知识转移机制，从发包企业学习技术和管理知识并将其内部化，以实现技术进步和价值链升级。知识转移作为企业间的知识整合机制，可分为外部整合和内部整合：知识获取属于外部知识整合，侧重于评价和获取外部知识；知识利用属于内部知识整合，侧重于知识转换和利用[①]。发包企业和接包企业在国际服务外包知识整合机制中的差异从一个新的视角阐释了双方之间知识转移的单向性和地位差异。

国际服务外包双方知识整合机制的差异可以借助图 24-1 直观地予以说明。图 24-1 外圈实线内的部分表示国际服务外包双方整个内外部知识的整合；内圈虚线内的部分表示发包企业对接包企业的知识转移；中间曲线是外部知识整合与内部知识整合的分界线。两个椭圆和中间的曲线表示整个企业间知识整合划分为四个区间。其中，a 区表示组织间知识转移的外部知识整合，即知识获取；b 区表示组织间知识转移的内部知识整合，即知识利用；A 区表示组织间知识转移之外的外部知识整合；B 区表示组织间知识转移之外的内部知识整合。在国际服务外包知识整合机制中，发包企业的知识整合侧重于外部整合，即通过国际服务外包使用接包企业的专业化知识，这一过程主要体现在 A 区。接包企业则是内外部整合并重，即通过国际服务外包获取发包企业的技术和管理知识并将其内部化，这一过程体现为图 24-1 的 a 区和 b 区。

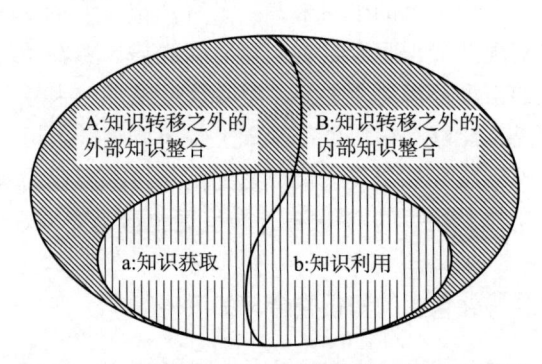

图 24-1　国际服务外包中的知识整合与知识转移

资料来源：笔者绘制。

国际服务外包知识整合机制中发包企业与接包企业地位和出发点的差异必然影响到接包企业的知识获取，最终影响接包企业技术能力。在发包企业占据主导地位的国际服务外包分工体系中，接包企业会被引导发展与发包企业不同但是互

---

① 知识获取和知识利用的区分仅仅是为了分析的方便，实际上两者存在不同程度的交叉、混同和循环往复。

补的知识，这样的结果就是国际生产分割（刘庆林等，2010）[①]。在这种国际生产体系中，发包企业主动向接包企业转移的知识主要是一些"片断化"技术知识，不利于接包企业形成完整的技术能力。以软件服务外包为例，发包企业向接包企业转移的知识可能仅限于其引导接包企业专业化发展的那部分技术知识，如与软件编码、软件测试等相关的知识，对于构成核心能力的技术知识则采取严密封锁策略，如软件架构设计等。

24.3 国际服务外包中知识转移的内容及其影响因素

24.3.1 国际服务外包中知识转移的内容

知识转移内容是指知识发送方向知识接受方转移知识的类型和范围。显性和隐性知识是广为接受的一种知识分类方式，主要关注知识的内隐程度及其能否被明确表述。显性知识能够以语言或数字形式表示，容易编码和转移，与知识情境相关性较低；隐性知识主要表现为实践技巧和经验的积累，很难被表述和交流。隐性知识依赖于个体认知过程以及构成组织特有文化和价值观的组织过程。国际服务外包中这两类知识的转移效率及其对接包企业技术能力的影响存在很大差异。

国际服务外包中转移的显性知识包括两部分：一是抽象知识或者理论知识，其形成依赖于个体概念化技术和认知能力；二是已被编码并以计划、成文规定和程序等形式存储的知识。国际服务外包中转移的隐性知识也包括两部分：一是基于实践的、个体的知识技能，这种知识建立在组织成员亲身实践的基础上，具有情境特定性；二是存在于组织惯例和共同规范中群体形式的隐性知识，有关系和情境特定性、有机性、动态性等特点（Kogut and Zander，1992；Lam，2000）[②]。以软件服务外包为例，接包企业获取的显性知识主要包括软件外包使用的编程语言、软件使用方法以及成文的质量控制程序、项目管理流程等，而技术诀窍、协调规则、组织惯例等则属于隐性知识。

通过国际服务外包转移的不同类型知识之间存在相互作用。显性知识转移为

[①] 国际生产分割是指同一产品的不同生产环节配置在不同的国家和地区，多个国家被链接到同一产品的生产链条上，共同组成一个以价值链为纽带的国际一体化生产体系。参见刘庆林、高越、韩军伟：《国际生产分割的生产率效应》，《经济研究》2010 年第 2 期。

[②] 此处显性知识和隐性知识的内容综合了 Kogut and Zander（1992）和 Lam（2000）的分析并根据本章的研究需要进行了归纳。参见 B. Kogut, U. Zander, Knowledge of the Firm, Combinative Capabilities, and the Replication of Technology, Organization Science, 1992, 3 (3): 383–397. 和 A. Lam, Tacit Knowledge, Organizational Learning and Societal Institutions: An Integrated Framework, Organizational Studies, 2000, 21 (3): 487–513.

隐性知识转移提供了必要的背景,使后续改造和融合过程得以实现。国际服务外包中,接包企业首先获取的是抽象知识和编码知识等概念化的显性知识,如编码规则、质量控制程序、技术标准等。发包企业会主动将这些知识转移给接包企业,以帮助接包企业建立吸收和应用新知识的基础能力。接包企业获取的隐性知识对显性知识转移产生整合作用。隐性知识中管理知识借助其整合作用,能够促进市场知识和技术知识的学习。国际服务外包中转移的显性知识主要是"片断化"技术知识,隐性知识转移能够提高显性知识转移的效率,同时整合"片断化"的显性知识并赋予其意义。在国际服务外包知识转移过程中,相对于显性知识转移对隐性知识转移的促进作用,隐性知识转移对显性知识转移的整合作用更重要。

24.3.2 国际服务外包中知识转移的影响因素

由于知识的"黏滞性",组织间知识转移并不是一个自然的过程,而是存在很多困难。知识转移双方的组织特征、知识特性以及学习过程等方面的因素都对知识转移过程产生影响(Martinkenaite,2011)[①]。对组织间知识转移影响因素的探讨已取得丰富成果,但多数研究仅关注上述诸因素对知识转移效率的总体影响,很少具体分析这些因素对不同类型知识转移影响的差异,更没有结合国际服务外包中知识转移特点的针对性分析。这里结合国际服务外包知识转移的特点,分别讨论发包企业交易动机、外包双方关系质量和接包企业吸收能力对不同类型知识转移效率的影响。虽未能涵盖组织间知识转移过程的所有影响因素,但这三个方面足以解释国际服务外包中知识转移类型和范围的差异(见图24-2)。

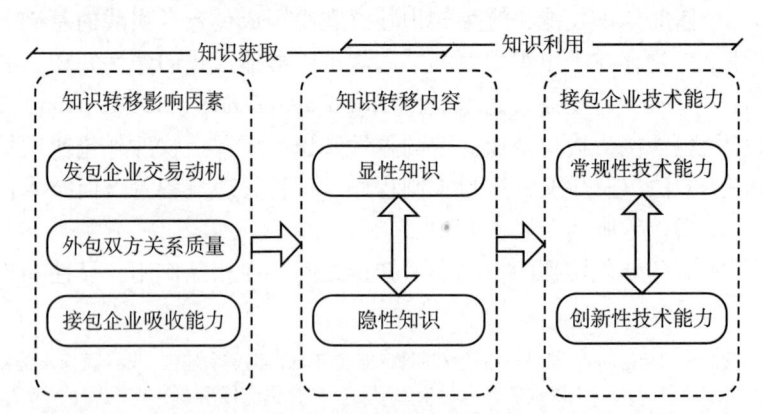

图24-2 国际服务外包中知识转移对接包企业技术能力的影响机制

资料来源:笔者绘制。

[①] I. Martinkenaite, Antecedents and Consequences of Inter-organizational Knowledge Transfer [J]. Emerging Themes and Openings for Further Research, Baltic Journal of Management, 2011, 6 (1): 53–70.

在发达国家企业对发展中国家企业的服务外包中，发包企业交易动机直接影响知识转移可能的类型和范围。根据发包企业交易动机不同，国际服务外包可分为"战术性外包"和"战略性外包"两种（西口敏宏，2007）[①]。外包业务的"战略性"越强，知识转移的效率越高。外包业务的战略性对不同类型知识转移效率都有正向影响，但影响程度存在差异。一般情况下，发包企业期望"战术性外包"降低产品和服务成本，而"战略性外包"不仅追求低成本，还期望通过外包提升其产品和服务性能。"战术性外包"业务持续期间一般较短，发包企业主要关注当前外包业务，转移的知识以显性的技术知识为主，主要是一些具有任务特定性的技术知识以及与如何组织外包业务直接相关的"流程知识"。为实现其长期战略目的，"战略性外包"业务持续期间较长，发包企业在转移显性技术知识的同时，还通过长期的、频繁的接触向接包企业转移部分隐性知识。外包业务的战略性对隐性知识转移的影响比对显性知识转移的影响更为显著。

组织间知识和技巧的转移需要双方之间长期稳定的关系。反映关系质量的组织间关系特征包括双方关系强度、信任水平以及流程和价值共享程度三个方面（Kale, Singh and Perlmutter, 2000）[②]。借鉴企业社会资本的相关研究（Nahapiet and Ghoshal, 1997）[③]，国际服务外包双方关系质量也可以从结构、关系和认知三个维度进行刻画。外包双方关系质量的结构维度主要在体现双方联系的密切程度上。知识转移特别是隐性知识转移需要双方广泛密切的接触才能实现。外包双方关系质量的关系维度中，信任处于核心地位。信任作为一种持续的社会控制机制和风险降低手段，影响知识交换的范围和效率。信任使知识发送方产生所转移知识不会被滥用的安全感，从而促进知识转移。外包双方关系质量的认知维度包括共同语言和编码、相似的价值观等。共享的价值观能够产生促进交流的共同语言，为知识收集和评价提供标准，促进知识转移。外包双方关系质量对不同类型知识的转移存在程度不同的正向作用。显性知识能够编码，可以正式、系统方式转移，而个体层面隐性知识具有抽象性，只能通过知识转移双方亲身参与才能实现。组织层面的隐性知识主要是组织成员据以合作的规则，具有情境依赖性以及

[①] 类似地，西口敏宏区分了"讨价还价型"和"问题解决型"两种外包交易导向，并指出不同交易导向下外包双方预期合作时间、关系密切程度、信任水平、利益实现方式等存在很大区别。参见西口敏宏. 战略性外包的演化——日本制造业的竞争优势 [M]. 上海：上海财经大学出版社，2007.

[②] P. Kale, H. Singh, and H. Perlmutter, Learning and protection of proprietary assets in strategic alliances: building relational capital [J]. Strategic Management Journal, 2000 (21): 217 - 237.

[③] 社会资本是嵌入且源于个体和社会单元拥有的关系网络中并可以通过这些关系网络为个体和社会单元所利用的实际和潜在资源的总和。根据嵌入于社会关系形式和深度的不同，社会资本可以划分为结构、关系和认知三个特征维度：结构维度指企业与外部环境之间的联结模式，具体包括网络联系、网络配置形式等；关系维度指通过关系创造和利用的资产，包括信任、规范和身份认可等属性；认知维度指双方之间可通过共同语言、编码和叙述进行沟通的通用理解、解释等，具体包括共同语言和编码、相似的价值观等。参见：J. Nahapiet, S. Ghoshal, Social Capital, Intellectual Capital and the Creation of Value in Firms [J]. Academy of Management, Best Paper Proceedings, 1997: 35 - 39.

与组织惯例的不可分割性，只有在频繁紧密的接触中才能成功转移。因此，国际服务外包双方关系质量对隐性知识转移的影响比对显性知识转移的影响更为显著。

吸收能力是企业评估、消化外部新知识并最终商业化应用的能力，这种能力是企业以前知识库的函数，具有累积性和路径依赖的特点。吸收能力是影响组织间知识获取的首要因素。具体到国际服务外包情境中，吸收能力是影响接包企业技术创新能力的关键因素。接包企业知识积累的广度和深度直接影响其吸收能力。其他条件相同的情况下，在多个关联的业务环节承接外包业务的接包企业知识获取效果优于仅承接某一相对狭窄环节业务的接包企业。相对于后者，前者能够在多个业务环节上实现知识获取，而不同环节的知识往往紧密联系且相互启发。在承接外包业务同时独立地拥有相对完整业务环节的接包企业，知识获取效果也优于仅承接某一相对狭窄环节业务的接包企业。接包企业吸收能力对不同类型知识的转移效率都有程度不同的正向作用。知识内隐性程度越高，转移的难度越大，对吸收能力的要求就越高。从显性知识到隐性知识，知识的情境依赖性及其与组织惯例的不可分割性逐步提高，在组织间转移的难度也随之增大。可见，接包企业吸收能力对隐性知识转移的影响比对显性知识转移的影响更为显著。

24.4 国际服务外包中知识转移对接包企业技术能力的影响机制

24.4.1 接包企业技术能力及其内在结构

技术能力是一个含义广泛的概念，其内涵和外延尚未达成一致。分析层次和研究视角的差异是导致分歧的主要原因之一。考虑到本章的研究目的，采用魏江基于知识观的技术能力界定，即技术能力是企业为支持技术活动与技术创新的实现，附着在内部人员、设备、信息和组织中内生化知识存量的总和（魏江，1998）[①]。针对国际服务外包接包企业技术能力的特点，借鉴菲格雷多（Figueiredo）的研究，将技术能力分为常规性技术能力（routine technological capabilities）和创新性技术能力（innovative technological capabilities）（Figueiredo, 2002; Isobe, Makino and Montgomery, 2008）[②]。常规性技术能力指企业在既定效率水平和投入要素条件下

---

① 魏江. 基于知识观的企业技术能力研究 [J]. 自然辩证法研究, 1998 (11).

② 类似地，Isobe 等将企业技术能力分为改进能力（refinement capability）和重构能力（reconfiguration capability）。改进能力（refinement capability）是企业提高现有技术资源利用效率的能力，后者是通过整合新资产、新知识以对现有技术资源进行重构，并创造新技术资源的能力。参见 P. N. Figueiredo, Learning Processes Features and Technological Capability Accumulation: Explaining Inter-firm Differences [J]. Technovation, 2002, 22 (11): 685–698; T. Isobe, S. Makino, D. B. Montgomery, Technological Capabilities and Firm Performance: The Case of Small Manufacturing Firms in Japan [J]. Asia Pacific Journal of Management, 2008 (25): 413–428.

实施技术活动的能力，具体表现为与技术使用相关的技能、知识和组织安排；创新性技术能力是企业创造、改变或改进产品或流程的能力，由技术改变相关的技能、知识、经验和组织安排构成。

上述两种技术能力是对立统一的。常规性技术能力是创新性技术能力提升的前提。企业技术能力演化具有路径依赖性，新技术往往与原有技术密切相关。常规性技术能力的提升提高了接包企业吸收能力，使其能够获得更多外部知识，促进创新性技术能力提升。过高的常规性技术能力会阻碍创新性技术能力的发展。随着经验的累积，企业利用现有知识的效率越来越高，学习的自我加强特性会导致更多的知识利用和较少的知识创新。在发包企业主导的国际服务外包分工体系中，接包企业的业务主要集中于特定产品或服务生产过程中一个或少数几个业务环节。接包企业在这些环节上可能会发展出较高的常规性技术能力，但其他环节特别是发包企业保留的价值含量较高环节的技术能力则相对薄弱。接包企业可能会满足于这些环节上较高常规性技术能力带来的相对稳定的短期收益，忽视其他环节技术能力提升。这种情况下，常规性技术能力对创新性技术能力的阻碍作用会更显著。

24.4.2　不同类型知识转移对接包企业技术能力的影响

国际服务外包中发包企业转移的不同类型知识对接包企业两种技术能力的影响方式和程度是不同的。通过国际服务外包转移的显性知识主要包括两类：一是技术基础知识，二是与技术基础知识相关的成文的组织程序或管理流程。国际服务外包中转移的隐性知识中除个人技术诀窍外，主要是以市场和管理知识等形式存在的组织惯例等嵌入性知识。一般而言，生产和技术知识相对外显，市场和管理知识相对内隐。

国际服务外包中转移的显性和隐性知识对其常规性技术能力的影响是正向的。国际服务外包中转移的显性知识与现有技术能力密切相关，可以被纳入现有知识库，扩展接包企业常规性技术能力。国际服务外包中转移的隐性知识主要作为一种整合机制作用于常规性技术能力。企业能力被认为存在于组织原则中，这些组织原则构建了组织中成员之间的联系。在知识转化为常规性技术能力的过程中，上述组织原则发挥了关键的整合作用。国际服务外包中转移的隐性知识如组织协调原则等能够将分散的专业化知识整合为整体组织能力，促进常规性技术能力提升。

国际服务外包中转移的显性和隐性知识对创新性技术能力的影响也是正向的，但隐性知识的影响更大。创新性技术能力是一种动态能力，依赖于企业创造的有利于创新实现的组织惯例。国际服务外包中转移的隐性知识特别是创新文化等深层次组织惯例能够重构接包企业现有知识，更新技术能力，推动接包企业创新性技术能力发展。

24.5 接包企业利用知识转移实现技术能力提升的策略和路径选择

24.5.1 接包企业利用知识转移实现技术能力提升的策略

由于担心知识泄漏以及接包企业通过学习进行后向整合，损害其长期竞争优势，发包企业对接包企业的知识转移是有限度的。在接包企业同时承接来自竞争对手的外包业务或有明显后向整合倾向时，发包企业对知识转移风险更为警惕。与外包相关的工作分割使发包企业向接包企业转移的知识具有"任务特定性"，知识转移内容仅限于发包企业确定的外包环节；知识转移程度以既能保证接包企业生产出适应其特殊需要的中间服务，又不损害到发包企业的长期竞争优势为限。另外，发包企业感知的显性知识转移风险要高于隐性知识转移风险。显性知识模糊性和专用性较低，更容易被泄露和复制，转移风险高于隐性知识转移的风险。相对于显性知识，隐性知识更加依赖于特定的组织情境，转移黏性使竞争者很难估量隐性知识的真实价值。发包企业对不同类型知识感知风险差异使其倾向于采取更严格防护机制来保护其显性的核心技术知识。鉴于此，发包企业主动向接包企业转移的技术知识主要是一些"片断化"的显性知识，仅靠这些"片断化"知识，接包企业很难形成完整的技术能力。

接包企业获取的"片断化"的显性知识能否转化为现实的技术能力，取决于接包企业组织内部协调规则、组织惯例和企业文化等隐性知识，这些隐性知识构成组织内部知识整合机制的主体。相对于显性知识，隐性知识特别是协调规则、组织惯例等具有不可分割性，很难被发包企业通过工作分割加以"完全"保护。另外，发包企业感知的隐性知识转移的风险相对较低，接包企业通过国际服务外包获取有价值的隐性知识的阻力相对较小。接包企业应以国际服务外包中隐性知识转移为突破口，将其从发包企业获取的"片断化"技术知识整合形成相对完整的技术能力。

国际服务外包中发包企业的引导作用和接包企业自身组织惰性都不利于接包企业创新性技术能力的发展。发包企业从自身利益出发，主要关注接包企业的常规性技术能力，并会引导接包企业发展互补环节上的常规性技术能力。在国际IT服务外包中，发包企业经常以接包企业通过一定级别的 CMM（能力成熟度模型）或 CMMI（能力成熟度模型集成）认证作为合作的"技术门槛"[①] 就是例证。企

---

① CMM 和 CMMI 是衡量企业在规定时间内按照既定的成本和质量要求完成特定工作的能力，是接包企业常规性技术能力的集中反映。

业在现有技术领域内的经验和专业化知识也可能会降低其探索新技术机会的意愿，阻碍创新性技术能力的提升。

常规性技术能力能为接包企业带来相对稳定的短期收益，但对其持续竞争能力提升作用有限。当市场和技术环境发生变化时，发包企业可能会重新选择外包合作伙伴。缺乏创新性技术能力、不能适应环境变化的接包企业随时面临被抛弃的危险。单纯常规性技术能力的提升同样无助于接包企业价值链升级，少数几个业务环节特别是低端环节上的常规性技术能力反而更容易使接包企业陷入价值链"低端锁定"的泥潭。为提升持续竞争能力，实现价值链升级，接包企业不应满足于常规性技术能力的提升，更应利用国际服务外包中的知识转移，特别是隐性知识转移促进创新性技术能力的提升。

24.5.2 接包企业利用知识转移实现技术能力提升的路径选择

既然发包企业交易动机、外包双方关系质量和接包企业吸收能力通过知识转移影响接包企业技术能力，接包企业虽不能影响发包企业的交易动机，但可以根据其技术能力提升需要有选择地承接外包业务。紧密的合作关系是外包双方长期互动的结果，接包企业可以通过其行为影响外包双方关系质量。吸收能力是企业以前知识库的函数，具有累积性和路径依赖性的特点。组织文化、承接外包业务经验、企业业务范围以及现有技术能力水平等因素直接影响接包企业吸收能力。因此，接包企业应关注自身吸收能力及其影响因素，结合发包企业交易动机、外包双方关系质量挖掘利用知识转移实现技术能力提升的路径。

根据承接服务外包业务的经验、企业业务范围、现有技术能力水平以及吸收能力的差异，将接包企业分为三类：初创型、成长型和成熟型（见表 24-1）。按接包企业在承接服务外包业务之外是否还拥有相对完整的独立业务，将成长型接包企业进一步细分为专业外包企业和兼营外包企业。不同类型接包企业技术基础和吸收能力不同，通过国际服务外包中知识转移实现技术能力提升的路径也相应地存在差异。

表 24-1　　　　　　　　不同类型国际服务外包接包企业的特征

接包企业类型		接包经验	业务范围	技术能力		吸收能力
^	^	^	^	常规	创新	^
初创型		少	少	低	低	低
成长型	专业外包	中	少	高	低	中
^	兼营外包	中	多	中	中	高
成熟型		多	多	高	中	高

资料来源：笔者绘制。

初创型接包企业一般是直接为承接国际服务外包业务而新设立的企业。这类企业接包经验少，承接的外包业务集中于一个或少数几个环节，常规性技术能力和创新性技术能力都比较低。限于自身条件，初创型接包企业选择外包业务的余地相对较小，可从承接"战术性外包"切入以满足基本生存需要，并通过这些较低端业务取得发包企业认同，循序渐进地提升双方关系质量。这类接包企业由于缺乏知识和经验的积累，吸收能力较低，知识获取和技术能力提升难度较大。在国际服务外包知识转移过程中，初创型接包企业应兼收并蓄，通过学习不同类型的知识首先在一个或少数几个业务环节提升其常规性技术能力。

成长型专业接包企业一般由初创型接包企业发展而来，这类接包企业已在少数几个业务环节积累了较多接包经验，并在这些环节具备了较高的常规性技术能力。知识吸收和创新实现需要多样化知识，成长型专业接包企业相对狭小的业务范围阻碍了吸收能力和技术能力提升。这类接包企业应拓展其业务范围，在特定产品或服务生产流程的多个业务环节承接外包业务，并综合利用其中的显性和隐性知识转移提升多个业务环节的常规性技术能力。在已具备较高水平常规性技术能力的优势业务环节上，应侧重于隐性知识获取并利用隐性知识的重构作用实现创新性技术能力提升。

与成长型专业接包企业不同，成长型兼营接包企业在承接服务外包业务之外还拥有相对完整的独立业务。这类接包企业某些业务环节的常规性技术能力可能落后于成长型专业接包企业，但在特定产品或服务生产流程上的多个环节的技术能力却相对均衡，总体的创新性技术能力和吸收能力也较高。成长型兼营接包企业应发挥其拥有相对完整业务环节、吸收能力强的优势，整合国际服务外包中转移的显性知识和隐性知识，均衡提升其整体业务的常规性和创新性技术能力。

成熟型接包企业经过较长时间的积累，已在特定产品或服务生产流程的多个环节上具有较高的常规性技术能力。受发包企业引导和自身战略定位的影响，与其高水平的常规性技术能力相比，这类接包企业创新性技术能力相对落后。成熟型接包企业常规性技术能力和吸收能力较强，在接包业务选择上有较大主动权，应有选择性地承接"战略性外包"业务并与发包企业建立高质量的合作关系，重点利用转移的隐性知识的重构作用提升创新性技术能力。

上述不同类型国际服务外包接包企业技术能力提升路径如图24-3所示。图24-3中横轴表示接包企业应重点提升的技术能力维度，纵轴表示为实现技术能力提升应重点获取的知识类型，椭圆面积大小则粗略地表示接包企业应在多少个业务环节上提升其技术能力。根据图24-3，初创型接包企业应着眼于相对少的业务环节，通过国际服务外包获取不同类型的知识以重点提升这些业务环节的常规性技术能力。成长型专业接包企业和成长型兼营接包企业都应在多个业务环节上广泛获取不同类型的知识，均衡发展多业务环节常规性技术能力和创新性技术能力。成熟型接包企业则应在特定产品或服务生产流程的多个业务环节上利用国际服务外包中的隐性知识转移提升其创新性技术能力。

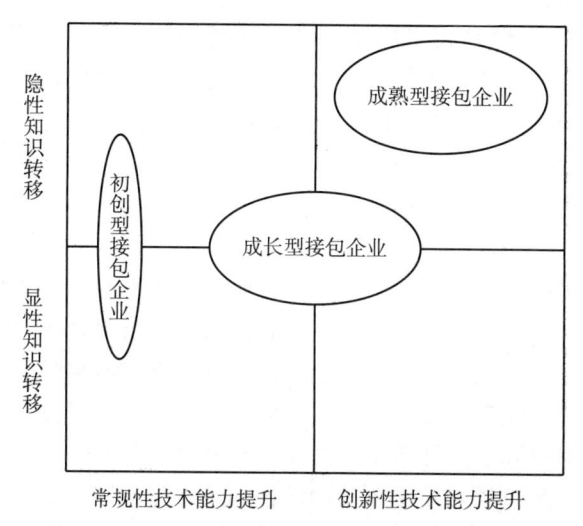

图 24－3　国际服务外包接包企业技术能力提升路径

资料来源：笔者绘制。

24.6　结论与建议

国际服务外包是企业间知识整合机制，外包双方在这一整合机制中的地位和出发点存在差异。发包企业实施外包的目的是通过外包协调使用接包企业的专业化知识，而接包企业则侧重从发包企业学习技术和管理知识并将其内部化。外包业务的战略性、外包双方关系质量和接包企业吸收能力对知识的转移效率都有正向影响，但对不同类型知识转移的影响存在差异，对隐性知识转移的影响比对显性知识转移的影响更为显著。

接包企业常规性技术能力是创新性技术能力提升的前提，但过高的常规性技术能力往往会阻碍创新性技术能力的提升。国际服务外包中显性和隐性知识转移对接包企业技术能力的两个维度都有正向影响，隐性知识转移对创新性技术能力提升作用更大。发展中国家国际服务外包接包企业相对于发达国家发包企业的技术差距表现在显性的技术差距和隐性的知识整合技能两个方面。接包企业应以国际服务外包中隐性知识转移为突破口，将其从发包企业获取的"片断化"技术知识整合形成相对完整的技术能力。另外，国际服务外包中发包企业的引导作用和接包企业自身组织惰性都不利于接包企业创新性技术能力的发展。接包企业不应满足于常规性技术能力的提升，更应利用国际服务外包中的知识转移特别是隐性知识转移，促进创新性技术能力提升。不同类型的接包企业要以自身吸收能力为核心，结合发包企业交易动机、外包双方关系质量，选择利用知识转移实现技术能力提升的路径。

进入21世纪，以信息技术为基础的服务外包产业在全球范围内蓬勃发展，逐步成为各国参与全球分工协作、优化资源配置，促进自然环境与经济社会和谐发展的重要力量。另外，当前国际金融危机的影响仍然存在，全球经济复苏仍然存在诸多不确定性，而全球服务外包产业却"一枝独秀"，继续保持稳定增长态势。适应这种形势，许多国家都将发展服务外包作为转变经济发展模式、提升国际竞争力的重要突破口。在这轮服务外包大潮中，为避免陷入"边缘化"和"低端锁定"的陷阱，我国服务外包接包企业通过承接国际服务外包提升自身技术能力及其在全球价值链中的地位。接包企业应根据自身技术能力提升需要有选择性地承接国际服务外包业务，与发包企业建立长期的战略性合作关系。隐性知识一般没有非正式的知识转移渠道，主要通过外包双方人员的密切接触实现。接包企业应充分利用国际服务外包中的"工作影子计划"（job shadowing program）、人员流动或实践社区，学习发包企业的隐性知识。吸收能力是影响国际服务外包中接包企业知识获取内容和质量的关键因素，接包企业为增强吸收能力，应努力提高知识学习的意愿和投入，并建立开放的学习型组织文化。

第四篇
网络效应

第 25 章

网络效应视角下技术标准的竞争性扩散

——来自 iOS 与 Android 之争的实证研究[*]

25.1 问 题 提 出

现有经济体或者企业之间围绕标准（Blind，2004）[①]控制权的竞争愈演愈烈。标准采用效应的存在深刻影响了生产者的市场行为。信息技术革命带动网络型产业兴起，并伴随信息产业对国民经济的全面渗透，使一些传统产业也具有了网络特性。更为重要的是，网络型产业发展不仅使技术标准产生的动因增强，也使其成为产业发展的必需制度。因此，技术标准对企业的生存和竞争甚至垄断势力的形成和维持具有至关重要的作用。标准竞争是指两种或两种以上个体标准争夺市场标准地位的过程，主要竞争机制是网络效应，竞争焦点是安装基础，表现形式是多个技术标准在市场中竞争性扩散。早期学者大多通过构建博弈模型，从发起人、安装基础、标准组织、兼容性等不同侧面为网络效应对标准扩散影响机制的研究建立了经济学理论基础。研究方法方面，巴斯（Bass，1969）模型能够完整清晰地描述产品（过技术）在整个采用周期中的扩散情况，其微分方程成为该领域研究最常用基本模型型态，并形成阵容庞大的系列扩展形式，即所谓的"非恒定影响模型"（Non‑Invariable Influence，NII）。许多学者将其引入对技术标准扩散的研究。其中，竞争性的引入（从单一标准扩散推广到多标准竞争）和网络效应在扩散中的作用受到关注。金姆等（Kim et al.，1999）认为竞争者的数量增加意味着产品质量改善和长期发展潜力，因此会加速技术创新的扩散，但德基姆佩等（Dekimpe et al.，2000）提出反例，认为旧技术的用户基础会负向作

---

[*] 本章作者为杨蕙馨、王硕、冯文娜，发表在《中国工业经济》2014 年第 9 期（有改动）。

[①] 根据 Blind（2004）对标准的分类，标准按服务对象分为技术标准、管理标准和工作标准三大类，其中技术标准是企业进行生产技术活动的基本依据，是指一种或一系列具有一定强制性要求或指导性功能，内容含有细节性技术要求和有关技术方案的文件；按照形成过程可以将其分为法定标准（De Jure Standards）和事实标准（De Facto Standards），本章主要研究事实标准扩散问题。

用于新技术的扩散。同时，竞争者分割了市场，从而降低了网络效应。戈登堡等（Goldenberg et al., 2010）则通过基于多主体建模（Agent-based Model），认为在标准的竞争性扩散中会因网络效应的存在出现"寒蝉效应"（Chilling Effect）；佩雷斯等（Peres et al., 2010）认为由于网络效应，技术标准先期采用者承担巨大的风险，对风险的规避倾向抑制了标准的扩散速度。韦策尔等（Weitzel et al., 2006）通过均衡分析和仿真分析认为网络拓扑结构对标准的扩散过程产生重要影响，因此最终市场中单一标准独霸天下的局面并不常见；国内学者鲜于波和梅琳则用类似的方法探讨个体适应性对标准扩散的影响。以上研究或侧重对某种标准扩散的实证分析，作为已有扩散模型的一个应用，或完全基于均衡分析和数值模拟，尽管大多数学者都承认网络效应在标准竞争性扩散中的作用，但在扩散模型中将其分离出社会影响因素并予以模型化方面还鲜有研究。同时在对网络效应的影响因素研究中，更多强调安装基础所起的作用，而从 Bass 方程中可以发现安装基础既是标准扩散的原因，也是其结果，网络本身在连接性上的技术差异没有得到足够的重视，而这正是本章需要关注的问题。

25.2　理论模型构建：标准扩散机制中网络效应的提炼与表达

25.2.1　逻辑框架的提出

社会参与者的相互依存性可以概括为三个方面：口碑效应、社会信号和网络效应，经典的 Bass 扩散模型将这些因素糅合在一个参数 q 中刻画。本章认为，在标准竞争中网络效应的作用必须被提炼出来。网络效应是技术标准竞争的内在机理，无论"需求方规模效应""供给方规模效应"还是"双向规模效应"，最终都将表现为竞争性标准安装基础之间的此消彼长，争夺比对手更多地采用者成为标准竞争的主旋律。如果不考虑政府和行业协会的影响，参与标准竞争的企业主要有两种基本战略：先发优势和预期管理。先发优势可以使企业迅速发现消费者需求并予以满足，在竞争对手未做出有效反应的时候就已经建立起一定规模的安装基础，为网络规模的进一步扩大奠定基础。理性的潜在采用者对标准的预期不仅取决于标准进入时间和现有安装基础，还取决于对其技术特性（开放性和兼容性等）的比较和研判。

传统 Bass 模型将潜在采用者分为"创新者"和"模仿者"。前者主要受大众传播媒介外部影响，如广告、促销等，后者主要受已购买者对未购买者的宣传等内部影响，传播某些难以验证的性能，如可靠性、使用方便性以及耐用程度等。佩雷斯等（Peres et al., 2010）据此认为在产品扩散中网络效应只对"模仿者"

施加影响。与之不同，本章认为在技术标准竞争性扩散中，网络效应不仅影响"模仿者"，而且会左右"创新者"的购买决策。主要原因如下：

（1）从消费者选择理论角度看，所有理性的消费者在进行购买决策时遵循"收益—成本"原则。许多网络产品单独使用的效用很小，主要依靠网络效应为消费者提供效用。而网络效应源自网络节点之间的相互依存性，受到网络结构、网络密度和连接强度等诸多因素的影响，节点间相互连通的技术和手段非常重要[①]。除了连接数量，不同产品在互联互通方面的技术特性根本上决定了网络内物质流的速度，进而决定了产品能为消费者提供的价值，构成了产品差异化的主要内容（经典的经济学文献中使用"网络效应系数"或"网络密度"进行刻画）。因此，只要扩散产品具有网络性，已采用者就不仅作为使用者，而且作为产品效用的生产者对所有潜在用户（包括创新者和模仿者，二者主要区别在于侧重于不同的产品信息获取渠道）产生影响。

（2）网络效应在一般产品扩散与技术标准扩散中的作用程度不同。对于一些不具备（或很少具备）网络特性的产品，"创新者"完全可以因对某方面的新颖特性和先进性具有强烈偏好而选择小众产品。技术标准指一种或一系列具有一定强制性要求或指导性功能，内容含有细节性技术要求和有关技术方案的文件，所代表的技术并不一定具有先进性和新颖性，既可能是"创新"，也可能是"守旧"。网络效应在标准扩散中起到核心作用，没有任何采用者可以在标准选择中作为"孤岛"存在，在此过程中产生转移成本、路径依赖、过度惰性、过度惯性等问题，无疑会对创新者的选择带来压力，甚至使其被动地放弃偏好的标准，因为选择网络效应更大的标准将获得更多的使用保障和更小的"被边缘化"风险。

（3）从信息传递角度看，在标准扩散中，网络效应更有条件通过大众媒体对创新者产生影响。标准扩散是强者的游戏，在竞争性垄断市场结构中，只有少数标准主导企业（或经济体）才有资格作为标准扩散的推动者。这些实力强大的企业（或经济体）更有能力通过大众媒体传递信息（比如更加频繁地在最权威的媒体上做广告、运营覆盖面更大的官方信息交流平台[②]、召开广受瞩目的新产品发布会）扩大其标准的影响力，而大众媒体恰恰是创新者获取信息的主要渠道。技术标准推广者利用公开、权威、大规模的信息发布为创新者建立牢固的信任感和乐观的前景，实际上已经成为"预期管理"的重要策略之一。

竞争性标准的功能具有相互替代性，安装基础成为争夺的焦点，一方采用者数量增长提升自身网络效应的同时削弱了另一方的网络效应，对潜在用户产生更大吸引力，因此其扩散呈现出此消彼长的态势。除此之外，竞争性标准相似的功

[①] 实际上，第一次对网络效应的系统性探索就是源于 Rohlf 对电话网络的研究，此后随着 E-mail、Internet、GPS、移动通信的发展，这一领域的研究快速推进。

[②] 例如，每年苹果（Apple）公司召开的"苹果全球开发者大会"和谷歌（Google）公司召开的"谷歌 I/O 开发者大会"。

能也将会加速同类产品的市场渗透，在非恒定影响模型中，这种渗透经常表现为潜在用户数量与各标准已采用者总数量呈正相关关系。综上所述，本章构建技术标准竞争性扩散的逻辑框架（如图 25-1 所示）。一是参考 Bass 模型的基本框架，将潜在采用者分为两类：创新者和模仿者。二是根据卡茨和夏皮罗（Katz and Shapiro, 1986）的观点，将技术标准提供的效用分为基本效用和由网络效应提供的效用，为便于分析，假定基本效用很小，因此主要依靠网络效应为采用者提供价值。其中网络效应主要受标准的安装基础（已采用者数量）和网络连接效率（开放性、兼容性、节点间物质流速等）影响，从网络拓扑学角度看，即指节点的数量和边的强度。三是本章认为网络效应对创新者和模仿者的采用决策都会产生作用，原因如上文所述。四是技术标准安装基础的增加会正向影响己方技术标准的网络效应，从而进入自加强过程，对方技术标准对潜在采用者的争夺会反向影响己方技术标准的网络效应，降低己方技术标准的吸引力。与此同时，如果不考虑竞争期内重复购买和更新换代，竞争性技术标准采用者总量将持续递增，并通过市场渗透增加潜在采用者规模。

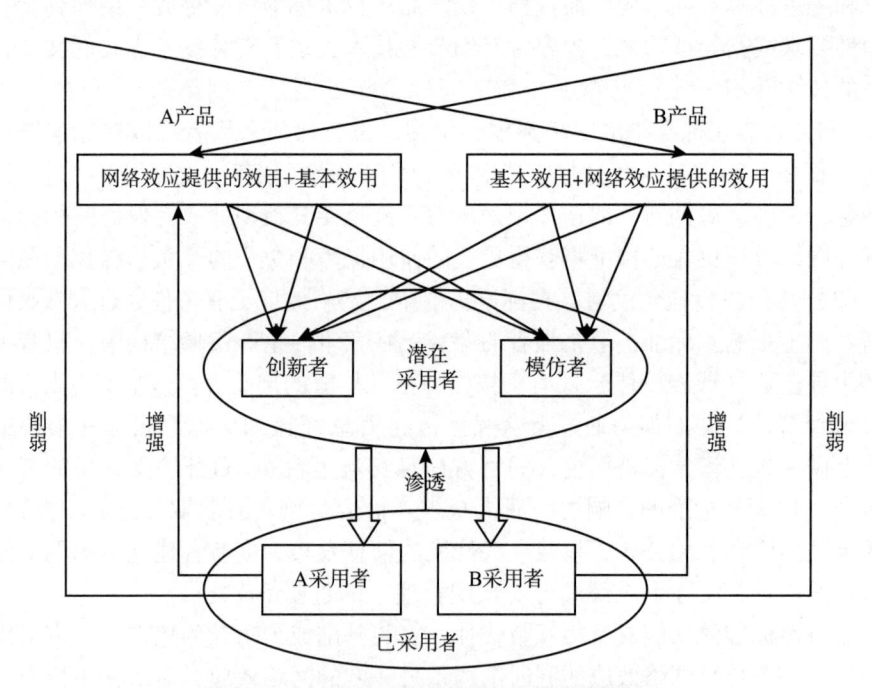

图 25-1 技术标准竞争性扩散的逻辑框架

资料来源：笔者绘制，本章以下各图同。

25.2.2 计量模型的推演

下面根据图 25-1 所示逻辑关系，建立技术标准竞争性扩散方程模型。单一产品扩散基本模型如下（Bass，1969；Kalish，1985）：

$$\frac{dN(t)}{dt} = \left[p + q\frac{N(t)}{M(t)} \right] \cdot [M(t) - N(t)] \qquad (25-1)$$

式（25-1）中，$N(t)$ 为 t 时刻已经购买了该产品的人数，$\frac{dN(t)}{dt}$ 为 t 时刻的扩散速度；p 为创新系数或外部影响系数；q 为模仿系数或内部影响系数。$M(t)$ 为 t 时刻市场最大潜量（Bass，1969；Kalish，1985）[①]；$\frac{N(t)}{M(t)}$ 表示 t 时刻已采纳者占市场最大潜量的比例，$[M(t) - N(t)]$ 表示此时剩余的潜在消费者数量，下同。

在竞争性技术标准市场扩散中，各方围绕安装基础进行"规模锦标赛"，这一过程的核心实现机制就是网络效应。网络效应（由安装基础和网络连接效率决定）的存在会调整标准扩散速度，如果效应强，则成为标准扩散的"加速器"，反之亦然。不仅如此，这种调整在整个技术标准的扩散中并非恒定，而是随时间变化而变化。同样，外部影响系数和内部影响系数应当是时变的，本章尝试将网络效应作为主要时变要素从外部影响和内部影响中提取出来。遵循产品扩散非恒定影响研究的一般形式，假设标准 i 的外部影响函数为 $p_i(t) = p_i G_i(t)$，内部影响函数为 $q_i(t) = q_i G_i(t)$，其中，p_i、q_i 分别为标准 i 的固定外部影响参数和内部影响参数。如果市场中有 n 个标准同时存在，则 t 时刻潜在采用者数量变为 $[M(t) - \sum_{k=1}^{n} N_k(t)]$。标准 i 在 t 时刻扩散方程为：

$$\frac{dN_i(t)}{dt} = \left[p_i + q_i \frac{N_i(t)}{M(t)} \right] \cdot \left[M(t) - \sum_{k=1}^{n} N_k(t) \right] \cdot G_i(t) \qquad (25-2)$$

本章将 $G_i(t)$ 称为技术标准 i 在 t 时刻的"网络效应增益[②]"。理论上讲，在技术标准竞争性市场扩散中，$G_i(t)$ 函数应当取决于两方面：一是己方安装基础和网络连接效率（分别用 $N_i(t)$ 和 g_i 表示）；二是对方安装基础和网络连接效率（分别用 $N_j(t)$ 和 g_j 表示，其中 $j \neq i$，即标准 j 为市场中标准 i 的竞争标准）。并

[①] 最早的 Bass（1969）模型中市场潜量为不随时间变化的固定恒量，但这一假设在大多数情况下并不符合实际。Kalish（1985）认为，市场潜量是由影响其变化的内生变量和外生变量的函数，呈现出"非恒定性"，表达式为：$M(t) = M_0 \exp\left\{ -dp(t) \frac{a+1}{a + \frac{N(t)}{M_0}} \right\}$，此处 $M(t)$ 为 t 时刻的市场最大潜量，$p(t)$ 为 t 时刻的技术价格，M_0 为技术价格等于 0 时的市场潜量，d 为价格系数，a 为市场渗透系数，a、d>0；由于 $p(t) \geq 0$，M_0 可以看作极限市场潜量。如果 $p(t)$ 为固定值 P，则市场潜量内生地由已采纳者的数量决定。初始市场潜量为 $M(0) = M_0 \exp\left\{ -dP \frac{a+1}{a} \right\}$，价格越高，消费者购买意愿越低，市场潜力越小；更值得注意的是 $\frac{\partial M(t)}{\partial t} = \frac{\partial M(t)}{\partial N(t)} \cdot \frac{\partial N(t)}{\partial t} > 0$，因此随着累积采用者数量的增加，市场潜量随时间增长。

[②] 在电子学中，"增益"（Gain）表示对信号的放大倍数，本章借用这一概念。

且 $G_i(t)$ 应当具有以下性质：① $G_i(t) > 0$，潜在采用者单次选择的假设下，网络效应的存在不会"摧毁"安装基础，即假设不考虑负网络效应；如果 $G_i(t) > 1$，则己方网络效应与竞争对手相比占据优势，能够提高扩散速度；如果 $0 < G_i(t) < 1$，则己方网络效应与竞争对手相比占据劣势，使扩散速度降低；如果 $G_i(t) = 1$，则己方网络效用被对手网络效用所抵消，对扩散速度没有影响；② $\dfrac{\partial G_i}{\partial N_i} > 0$，并且 $\dfrac{\partial G_i}{\partial g_i} > 0$，即己方安装基础和网络连接效率参数与网络效应增益呈正相关；③ $\left.\dfrac{\partial G_i}{\partial N_j}\right|_{i \neq j} < 0$，并且 $\left.\dfrac{\partial G_i}{\partial g_j}\right|_{i \neq j} < 0$，即对方安装基础和网络连接效率参数与己方网络效应增益呈负相关。满足以上性质，本章尝试将网络效应增益函数写为以下形式：

如果 $\sum_{k=1}^{n} g_k N_k(t) \neq 0$，则：

$$G_i(t) = \frac{g_i N_i(t)}{\dfrac{1}{n}\sum_{k=1}^{n} g_k N_k(t)} \quad (25-3)$$

式（25-3）实际可以理解为标准 i 在 t 时刻的网络效应与整个市场平均网络效应的比值，如果 $g_i N_i(t) > \dfrac{1}{n}\sum_{k=1}^{n} g_k N_k(t)$，则网络效应将"加速"标准扩散；反之则"抑制"标准扩散。如果二者相等，则网络效应增益等于 1，表明技术标准 i 在 t 时刻的网络效应被竞争对手的网络效应抵消，退化为不考虑网络效应的普通市场竞争模型。极端情况下，如果 $g_i N_i(t) \neq 0$，而 $g_j N_j(t) \to 0$，$j \neq i$，则 $G_i(t) \to n$，表明具有网络效应的标准 i 以 n 倍速扩散，迅速填补了其他缺乏网络效应技术标准的市场空间。如果市场上仅有两项技术标准竞争，即 $n = 2$，则技术标准 1 在 t 时刻的网络效应增益 $G_1(t)$ 为：$G_1(t) = \dfrac{2 g_1 N_1(t)}{g_1 N_1(t) + g_2 N_2(t)}$。如果 $g_1, N_1(t), g_2, N_2(t) \neq 0$，则 $G_1(t)$ 可以进一步写成：$G_1(t) = \dfrac{2}{1 + \dfrac{1}{\dfrac{g_1}{g_2}} \cdot \dfrac{1}{\dfrac{N_1(t)}{N_2(t)}}}$，

其中 $\dfrac{N_1(t)}{N_2(t)}$ 表示 t 时刻技术标准 1 与技术标准 2 的相对市场占有率。

由此可见，技术标准 1 在 t 时刻的网络效应增益实际取决于 t 时刻两种技术标准网络效应参数和安装基础的相对数而非绝对数，两者之间的竞争性扩散是一个此消彼长的过程。图 25-2 为当 $\dfrac{N_1(t)}{N_2(t)}$ 分别为 1∶2、1∶1 和 2∶1 时技术标准 1 的网络效应增益与网络效应技术参数的三维曲面图，可见 $G_1(t)$ 与 g_1 呈正相关

关系，与 g_2 呈负相关关系，当参数 g_1，g_2 给定，技术标准1与竞争性技术标准2相比市场占有率越大，其网络效应增益 $G_1(t)$ 越大。

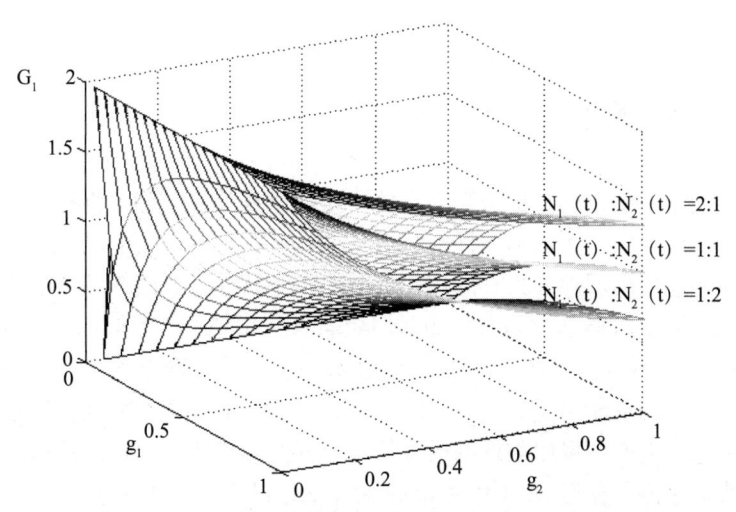

图 25-2　网络效应参数与网络效应增益关系曲面图

综上所述，通过将网络效应增益函数整合入 Bass 方程，本章提出以下技术标准竞争性扩散模型：

$$\begin{cases} \dfrac{dN_1(t)}{dt} = \left[p_1 + q_1 \dfrac{N_1(t)}{M(t)}\right] \cdot \left[M(t) - \sum_{k=1}^{n} N_k(t)\right] \cdot \dfrac{g_1 N_1(t)}{\dfrac{1}{n}\sum_{k=1}^{n} g_k N_k(t)} \\[2ex] \dfrac{dN_2(t)}{dt} = \left[p_2 + q_2 \dfrac{N_2(t)}{M(t)}\right] \cdot \left[M(t) - \sum_{k=1}^{n} N_k(t)\right] \cdot \dfrac{g_2 N_2(t)}{\dfrac{1}{n}\sum_{k=1}^{n} g_k N_k(t)} \\[2ex] \quad\quad\quad \vdots \\[1ex] \dfrac{dN_n(t)}{dt} = \left[p_n + q_n \dfrac{N_n(t)}{M(t)}\right] \cdot \left[M(t) - \sum_{k=1}^{n} N_k(t)\right] \cdot \dfrac{g_n N_n(t)}{\dfrac{1}{n}\sum_{k=1}^{n} g_k N_k(t)} \end{cases} \quad (25-4)$$

式（25-4）中，$M(t) = M_0 \exp\left\{-D\dfrac{a+1}{a + \dfrac{\sum_{j=1}^{n} N_j(t)}{M_0}}\right\}$，表明市场潜量具有非恒定性（假设价格不变，令 D 作为价格参数），其他参数如前所述。

25.3 实证研究：iOS 与 Andriod 操作系统之争

25.3.1 数据来源

下面利用本章提出的理论模型对智能手机移动操作系统竞争性扩散进行实证研究。智能手机可以像个人电脑一样安装第三方软件，具有丰富的功能，独立的操作系统，很强的应用扩展性和良好的用户界面。整个移动互联网终端市场大体分为两个阵营：以开放手机联盟（open handset alliance，OHA）[①] 为核心的 Android 阵营和以 Apple 公司为核心的 iOS 阵营，二者总共占据了移动操作系统 90% 以上的市场份额，具有很强的垄断力量。Android 系统具有开放性的技术特点，技术门槛相对较低，相关组件生产商可以很低的成本使用、开发和修改，出现之后以惊人的速度在市场中快速扩散，截至 2013 年底市场占有率超过 50%，并一直保持十分强劲的增长势头。与 Android 不同，iOS 是一个比较封闭的操作系统，所有的 iOS 设备都是由 Apple 公司开发，并由富士康或其他合作伙伴制造。本章利用 2008 年 11 月至 2013 年 11 月智能手机 iOS 系统和 Android 系统全球月度销售数量组成的面板数据，研究市场上的技术标准竞争性扩散问题。其中，全球智能手机操作系统销售量数据来自 Gartner 数据库，系统销量市场占比数据来自 StatCounter 数据库。

25.3.2 移动操作系统的网络效应

移动操作系统是移动终端软硬件的核心，决定整个系统产品的功能和使用者交互界面，是产品各组件有机结合的技术标准。从表面看，对操作系统的选择是由终端产品制造商做出而非由最终用户直接选择，但是用户可以通过对终端产品品牌的选择（货币投票）反向影响制造商对技术标准的选择，因此两大平台之间的标准竞争态势可以用最终用户数量的对比体现出来。

本章认为，对于以互联互通为本质要求的移动操作系统来说，网络效应可以表现在以下方面：一是直接网络效应。两大系统中许多自带的网络服务为本系统独有，如 iMessage、iCloud 云同步、Siri 语音服务等只能在 iOS 设备上使用，而 Google Now 等则只能在 Android 设备上使用，自然安装基础越大，数据传输速度越快，给用户带来的效用越大。二是双边网络效应（包括间接网络效应）。移动

[①] 开放手机联盟是美国 Google 公司于 2007 年 11 月 5 日宣布组建的一个全球性的联盟组织。这一联盟支持 Google 所发布的 Android 操作系统和应用软件，以及共同开发以 Android 系统为核心移动终端产品和移动数据服务。

操作系统作为一个服务平台,一端连接着最终用户,一端连接着应用软件提供者,当安装基础增加时,会有更多 App 设计者愿意为此平台设计软件,不仅种类更加丰富,而且由此带来的竞争效应会降低软件的使用成本,为用户提供更大的消费者剩余,进而吸引更多潜在用户选择这一系统,市场形成"正反馈"机制。为了最大化这种良性循环,Apple 公司建立了 AppStore 平台,组织和整合开发者为 iOS 量身定制应用软件,Google 公司也针锋相对地建立了 Android Market(后更名为 GooglePlay)。值得注意的是,一些主流的移动网络应用都同时为两大平台开发相应版本,即存在跨平台的"多属"现象。但从移动网络市场整体格局看,近期几乎所有的 App 开发者都是分别为 iOS 和 Android 进行定制设计,鲜见有独立 App 能够同时安装运行于两大系统并带来无差异的消费者体验,几乎没有发现任何跨平台软件强大到可以反向决定移动操作系统的设计路径,因此平台发展的"竞争性瓶颈"尚未出现。而且相当一部分 App 的 iOS 和 Android 版本之间在外观、价格甚至功能方面存在较大差异,在一定程度上限制了软件使用的兼容性。三是负向网络效用,主要是信息安全问题。不可否认的是,移动操作系统的安装基础越大,负载其上的信息财富价值就越大,由此承担的信息风险就越高。操作系统采用的技术路径对于信息安全也有决定性影响,比如 Android 系统完全开放其源代码,允许使用者可以低成本地设计软件甚至对系统进行改写,这一策略虽然可以获得更大的间接网络效应,但也更容易暴露在病毒和网络攻击之下。四是基于用户自身的口碑和平台学习也是一种网络效应。随着用户对一个系统使用越多,通过熟能生巧等会加深对这一系统的了解和依赖,也会产生更佳的口碑。五是互联网的发展为潜在消费者提供了更多的产品信息和强大的购买决策工具,网络共享大大降低了产品信息的搜寻成本,使其能够对移动操作系统的发展态势(如系统的现有用户数量和技术特点)有更为清晰的认识,对未来的预期趋于理性。

25.3.3 计量分析方法与结果

根据前面提出的技术标准竞争性扩散模型,本章建立以下微分方程组作为计量模型。

$$\begin{cases} \dfrac{dN_1(t)}{dt} = \left[p_1 + q_1 \dfrac{N_1(t)}{M(t)} \right] \cdot \left[M(t) - N_1(t) - N_2(t) \right] \cdot \dfrac{2N_1(t)}{N_1(t) + g_2 N_2(t)} & (方程1) \\ \dfrac{dN_2(t)}{dt} = \left[p_2 + q_2 \dfrac{N_2(t)}{M(t)} \right] \cdot \left[M(t) - N_1(t) - N_2(t) \right] \cdot \dfrac{2g_2 N_2(t)}{N_1(t) + g_2 N_2(t)} & (方程2) \end{cases}$$

$$(25-5)$$

式(25-5)中,$N_1(t)$ 表示 iOS 系统在第 t 期的安装基础,$N_2(t)$ 表示 Android 系统在第 t 期的安装基础;p_1 与 q_1 分别为 iOS 系统的固定(非时变)外部影响参数和固定内部影响参数,p_2 与 q_2 分别为 Android 系统的固定(非时变)

外部参数和内部参数；并将 g_1 标准化为 1，以减少待估参数，提高模型估计效率；$M(t) = M_0 \exp\left\{-D\dfrac{a+1}{a+\dfrac{N_1(t)+N_2(t)}{M_0}}\right\}$，$M_0$ 为外生变量，表示技术价格等于 0 时的市场潜量，即最大市场潜量，其他参数含义与前文同。由于上述联立方程模型内各微分方程的参数相互影响，考虑到回归方程间残差存在相关性，本章尝试采用非线性似不相关回归（nonlinear seemingly unrelated regression estimation，NLSUR），使用可行广义最小二乘法（FGLS）对模型进行系统估计。据统计，2013 年全球手机用户数量超过 50 亿，其中 13 亿为智能手机移动互联网用户。因此，本章以 50 亿为最大市场潜力，即 $M_0 = 5000000$（单位：千）作为外生给定变量，并选择迭代至收敛，估计中使用稳健标准差。回归结果见表 25 - 1。

表 25 - 1　　　　　　　　　非线性似不相关回归结果汇总

方程估计结果	观测数量 （Obs）	参数数量 （Parms）	均方根误差 （RMSE）	可决系数 （R-square）
方程 1	61	5	1705.053	0.9563
方程 2	61	5	820.4766	0.9994
参数估计结果	参数 （Coef.）	标准误 （Std. Err.）	z 统计量 （z）	p 值 （P > |z|）
p_1	0.0002	0.0001	2.82	0.005
q_1	0.0389	0.0060	6.53	0.000
p_2	0.0061	0.0014	4.33	0.000
q_2	0.0715	0.0081	8.82	0.000
g_2	0.2706	0.0710	3.81	0.000
D	0.0039	0.0018	2.14	0.032
a	0.0011	0.0020	0.53	0.596

资料来源：笔者计算整理，本章以下各表同。

从方程估计结果看，方程 1 和方程 2 的均方根误差为 1705.053 和 820.4766，如采用不考虑网络效应增益的竞争市场模型，两方程的均方根误差为 1854.17 和 1045.692（限于篇幅，详细估计结果不在此列出），表明本章模型具有更高的一致性。另外，可决系数均大于 95%，表明方程对估计对象的误差具有较好的解释力。从参数估计结果看，整个市场的价格参数为 0.004，且在 5% 的水平上显著，表明市场潜力会随着时间推移（总采用者数量）而上升，市场渗透系数为 0.001，但并不显著。分别考察两个系统，$p_1 < p_2$，$q_1 < q_2$，四个参数均在 1% 水平上显著，表明在剔除网络效应情况下，iOS 系统的固定外部影响系数和固定内部影响系数均小于 Android 系统，但二者的网络连接效率参数之比为 1∶0.27，且在 1% 的水平上显著，表明 iOS 系统网络节点之间的连接效率远超过 Android

系统。比如，iOS 系统集成了 iCloud、iTunes、Facetime、iMessage、GameCenter、Twitter 等设备间数据传输和通讯社交软件，这被认为是提升系统的软硬件一体化程度，带来更好的用户体验和便利。

根据相关参数，可以分别得到两个系统的外部影响函数 $p_1(t)$ 和 $p_2(t)$ 与内部影响函数 $q_1(t)$ 和 $q_2(t)$。如图 25-3、图 25-4 所示，虽然 iOS 系统的固定外部影响系数较小，但由于在初始阶段已经拥有了一定量的用户基础（2010 年 10 月底，iOS 用户总量为 12051640，Android 刚刚诞生，其用户数仅为 176700），其外部影响函数值大于仍然 Android 系统。可见，此时 iOS 系统拥有可观的忠诚用户群，有人将这些 Apple 公司电子产品的忠实爱好者称为"果粉"。Android 系统经过初期的用户积累后，依靠较低的采用门槛和技术开放策略，使其外部影响函数值快速提升，削弱竞争对手赖以生存的安装基础和用户情感认同。数据显示，Android 系统从 2010 年 5 月开始则出现"起飞"（take off①），标志着进入增长期，此后增长幅度逐年加大，并且在 2011 年 3 月后来居上，全面超越了 iOS 系统。

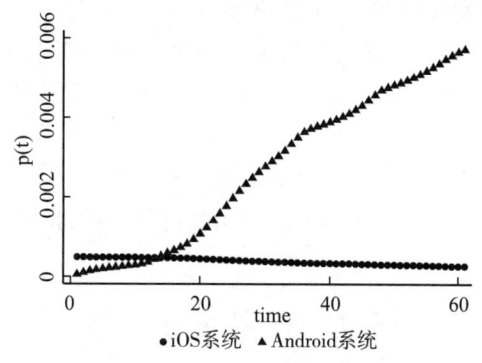

图 25-3　两系统外部影响函数图

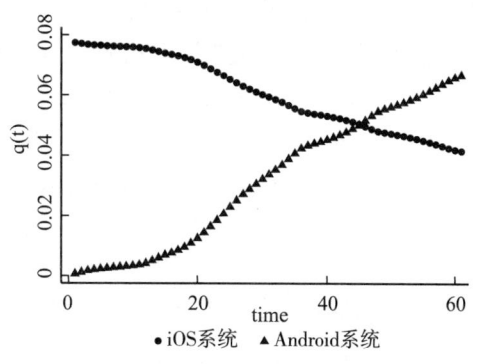

图 25-4　两系统内部影响函数图

---

① 戈尔德和泰勒斯（Golder and Tellis）将"起飞"定义为技术（产品）销售突然增加的时刻，并将此作为技术（产品）引入期和成长期的分界点。

从内部影响角度分析，良好的用户体验可以带来正向的"口碑效应"。iOS 系统具有十分友好的用户交互界面，与初期尚不成熟的 Android 系统相比，其美观、简化、流畅、高效的操作方式赢得使用者的广泛认同。更为重要的是，Apple 公司创建了 AppStore 网络平台，为 iOS 系统提供数量大、功能全、质量高的应用软件，带来强有力的间接网络效应。而随着时间的推移，当采用 iOS 系统的电子产品开始覆盖价格敏感消费者的时候，其高价格的劣势开始显露。在没有明显性能改善情况下，更多消费者对其产品性价比产生怀疑，如系统占用内存大、电池消耗快、封闭性系统缺乏扩展能力和外部兼容性，导致负向口碑效应出现。市场调查公司 YouGov BrandIndex（舆观）2012 年发布的调查数据可成为这一变化的良好佐证。自 2008 年 1 月起，苹果在作为移动互联产品消费主力的 18~34 岁人群吸引力随着时间逐渐降低，尤其是搭载 iOS 系统的 iPhone5 推出后，被美国消费者认为缺乏创意，品牌认知度大打折扣。反观 Android 系统，作为市场的后进入者，早期技术尚不成熟，系统缺乏稳定性，开放源码策略在增加系统扩展性同时也带来严重的信息安全问题。Android 系统推广者也建立了自己的应用程序运营平台——Android Market，成立之初缺乏有效的网络监管和审查制度，导致质量低劣软件泛滥，大量应用程序甚至被植入非法广告和病毒，给使用者带来不良的消费体验。随着以 Google 公司为首的开放手机联盟对 Android 的不断完善，系统的易用性、安全性大幅度提高。Samsung、Motorola、HTC、联想等众多手机生产商宣布支持 Android 系统，从高端、中端和低端对智能手机市场进行全面渗透。

25.4 模型仿真分析

为进一步研究技术标准竞争性扩散的规律，需要对技术标准的采用规模和市场格局进行预测。由于模型中微分方程组难以获得解析解，本章尝试采用数值法获得技术标准采用数量的时变曲线，能够更为清晰地反映各方未来的力量对比。基于模型，本章使用 Matlab – Simulink 工具箱进行建模。将前文非线性似不相关回归得到的参数输入模型，并设置 iOS 系统和 Android 系统已采用者数量的初始值向量为 [12051, 176]（单位：千）①，进行 t = 150 期数值模拟。

模拟结果如图 25 – 5、图 25 – 6 所示。双方竞争初期，iOS 系统拥有明显的先动优势，其增长速度和安装基础数量均高于 Android 系统，但随着时间的推移，后者迅速超越前者并一直保持数量上的压倒性优势，最终 Android 系统的市场占有率 87.7%，iOS 系统市场占有率为 12.3%（本章同时对不考虑网络效应增益

---

① 本章直接采用 2008 年 11 月的实际数据，着重研究网络连接效率的影响。实际上，模拟结果对初始值设置也比较敏感，"先动优势"对竞争结果的影响具有进一步研究的价值。

的模型进行模拟,结果显示:最终 Android 系统的市场占有率为 97.3%,iOS 仅为 2.7%,可见网络效应对于 iOS 系统维持用户基础意义重大)。

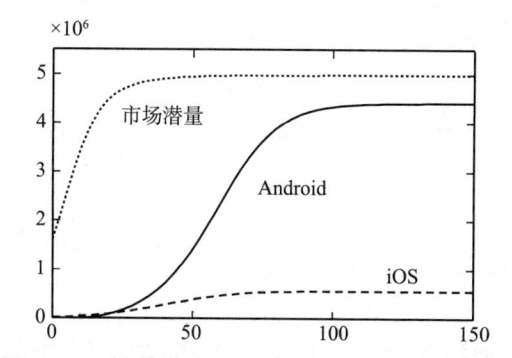

图 25-5 模拟结果:iOS 与 Android 总采用量曲线

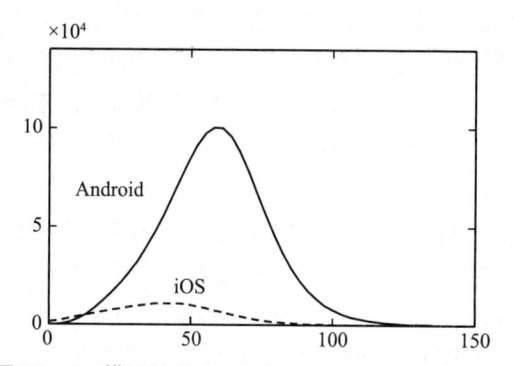

图 25-6 模拟结果:iOS 与 Android 扩散速度曲线

另外,两系统网络连接效率参数的比值对最终市场竞争格局有很大影响,如表 25-2 所示。将 g_1 设定为 1,对 g_2 不同取值下的模拟结果分析发现,iOS 系统的市场占有率随着 $g_1:g_2$ 值的增大而增加,当比例为 1:0.280 时,iOS 的市场占有率仅为 6.73,当比例为 1:0.265 时,双方市场占有率基本持平,当比例为 1:0.250 时 iOS 的市场占有率达到 0.8428。可见,最终市场格局的变化对于网络效应技术参数的变化是非常敏感的。

表 25-2　　　　　不同网络效应系数比值模拟结果汇总

$g_1:g_2$	iOS		Android	
	采用数量[a]	占有率	采用数量	占有率
1:0.280	0.3367	0.0673	4.6633	0.9327
1:0.275	0.4330	0.0866	4.5670	0.9134

续表

$g_1 : g_2$	iOS 采用数量[a]	iOS 占有率	Android 采用数量	Android 占有率
1 : 0.270[b]	0.6137	0.1227	4.3863	0.8773
1 : 0.265	1.0578	0.2116	3.9422	0.7884
1 : 0.260	2.3923	0.4785	2.6077	0.5215
1 : 0.255	3.6795	0.7359	1.3205	0.2641
1 : 0.250	4.2140	0.8428	0.7860	0.1572

注：采用数量单位为 $1.0000e+06$，本例实际取值。

值得一提的是，模拟显示当 g_2 取值约 0.258 时，双方的规模竞争过程呈现出明显的"胶着"现象，如图 25-7 所示。本章认为，这是影响技术标准扩散的各项影响因素相互交织、共同作用的结果。竞争初期，iOS 可能凭借先期建立的安装基础，取得先动优势，其用户数高于 Android 用户数；Android 则依靠日益完善的技术和价格优势（有时甚至采取掠夺式定价策略），不断进行市场渗透，在第 31 期超越前者，令 iOS 的先动优势丧失殆尽；在固定外部影响系数和固定内部影响系数都小于 Android 的情况下，iOS 系统转而依靠更高的网络连接效率，提升网络效应增益，为其标准扩散安装强劲的"加速器"，数量处于劣势的采用者群体却带来更大网络效应，最终"后程发力"在第 72 期实现了数量上的反超，成为市场上的强势标准。模拟分析充分说明，标准竞争中某一阶段的"赢者"未必能够"通吃"，拥有先发优势的一方未必可以一劳永逸。

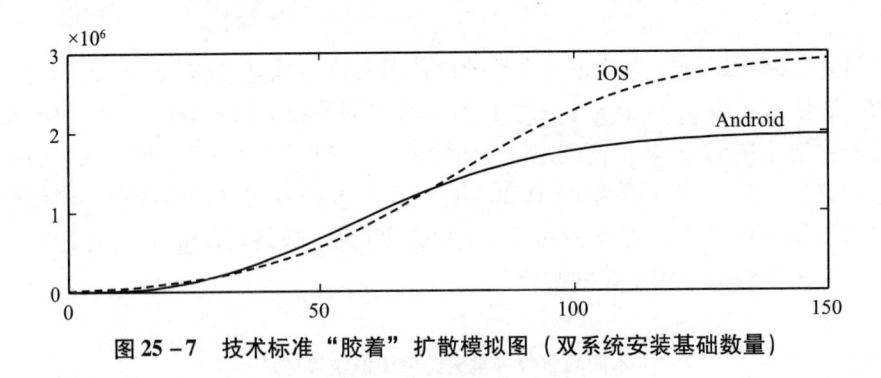

图 25-7 技术标准"胶着"扩散模拟图（双系统安装基础数量）

25.5 结论与启示

本章在 Bass 模型的基础上引入网络效应，研究技术标准竞争性扩散的机制。首先通过引入"网络效应增益"将网络效应的影响在扩散方程中独立出来，进而使用非线性似不相关回归对 iOS 和 Android 在移动网络操作系统市场中竞争性扩散进行实证分析，在此基础上通过建立仿真模型进一步研究竞争性扩散的趋势，主要得到以下结论：

（1）在技术标准竞争性扩散过程中，无论是创新采用者还是模仿采用者，都要受到网络效应的直接影响。即使是潜在用户中的创新采用者，决策时也必须考虑标准产品基本效用和网络效应带来的效用，尤其对于那些网络效应强、以互联互通为本质要求的产品（如大多数信息技术产品），这种考虑是非常必要的；而模仿采用者除了要考虑网络效应外，还要考虑标准产品的口碑效应（互联网产品市场中称为"鼠碑效应"）和社会信号效应等因素。此外，某一标准已采用者总数量增加会对竞争标准产生两方面影响。一方面，令潜在用户的数量增加，"做大的蛋糕"为整个市场提供增长潜力，对处于竞争中的标准创造更大发展空间；另一方面，某一标准已采用者总数量增加推动己方标准的网络效应增强，并同时从安装基础角度削弱对方标准的网络效应。

（2）网络效应对竞争结果的影响主要通过两个方面实现。一方面，安装基础的相对规模。在此过程中起关键作用的是各标准采用者数量的相对位次，而不是绝对数量（随着潜在用户的增加，经常出现所有标准采用者数量都上升的情况），因此标准竞争性扩散更像是一个"锦标赛"过程。具有先动优势的技术标准会在竞争初期享有更大的扩散加速度，但是在消费者异质性高的情况下这种优势可能随着竞争对手的市场渗透逐渐丧失。另一方面，网络连接效率。与前者相比，这一点似乎经常被忽略。本章认为，从逻辑上讲，用户数量的差距只是竞争的表象，而技术水平的差异才是根本。如果一种标准所包含的模块化技术和接口技术能够使用户之间的连接更加紧密，信息、知识传播共享的速度更快，它将比竞争对手更具吸引力。以 iOS 系统为例，虽然用户规模早已被 Android 系统超越，但凭借更高的软硬件一体化水平、软件质量、设备间数据传输效率，仍然保持近 1/3 的出货量市场份额和遥遥领先于行业平均水平的利润率，并没有出现"赢者通吃"的局面。同时需要指出，更高的网络连接效率也可能使网络变成"单面镜"，系统提供者凭借信息不对称的优势，加强对用户的监控，带来一定的信息安全隐患[1]，从这个角度讲，网络连接效率的提高与安装基础一样，也可能带来负向网络效应。但是总体来说，安装基础和网络连接效率结合在一起产生作用，会显著影响技术标准的市场扩散速度。

上述结论对企业（尤其是网络产业中的企业）技术创新和参与技术标准竞争具有重要启示意义。从产品技术角度看，采用者之间的网络连接效率对标准竞争的最终结果具有重大影响，企业在进行标准技术研发时，应更加关注设备之间互

---

[1] 例如，2014 年 7 月 26 日，苹果公司承认，公司员工可以通过一项此前并未公开的技术来提取 iPhone 中短信、通讯录和照片等个人数据。这意味着执法或其他人员可以利用这一技术通过"授信"电脑绕开备份加密，轻松进入已联网的 iPhone 中。

联互通方面的技术创新（如设备局域网络构建、设备之间资源共享、设备接口兼容性等）。以智能手机为例，网络传输效率比存储卡容量更重要，网络连接速度比 CPU 性能更重要，网络稳定性比屏幕分辨率更重要。产品一旦投入市场，竞争初期在网络连接效率方面的微小差距，会因安装基础积累而被放大，甚至可能决定技术标准竞争的最终结果。

另外，对已采用者的维护会很大程度上影响技术标准的市场吸引力。网络效应的特殊性就在于消费者一旦作出了购买决策，就同时承担了生产者的角色，因为他们的存在"创造"出更大的效用。企业可以为用户搭建后续服务和信息交流平台，提高用户满意度，创造更好的消费体验，这不仅是企业的责任，而且有助于形成良好的口碑。从这个角度讲，高满意度的用户群又成为企业技术标准的推广者。互联网的发展为企业搭建这种平台创造了条件，涌现出的各种由企业引导建立或用户自发创建的技术论坛、远程服务中心、"QQ 群""微博""微信朋友圈"等，使用户与企业之间、用户之间的联系更加紧密，其网络效应得以增强，已经成为企业技术标准竞争的重要策略。

上述研究仍存在一些不足之处：一是本章提出并予以模型化"网络连接效率"，并将其纳入"网络效应增益"函数整合进扩散方程，但是网络连接效率的影响因素可能还包括信息传输硬件的技术水平、节点之间的交流频率（意愿）、网络的空间拓扑结构等，需要另文作更加深入的探讨。二是本章主要从网络效应视角对智能手机移动操作系统的扩散进行实证分析和模拟，实际上是对这一过程做了简化分析。不可否认的是，最终用户在选择移动操作系统时，不仅关注其安装基础和网络连接效率，还关注其价格、美观程度、品牌、软硬件一体化程度、信息安全等更为直观的因素，后续研究中可以将这些方面整合为更为全面的分析框架。另外，尽管近期来看两大系统主要使用于智能手机，但已经应用于平板电脑、音乐播放器、游戏机，甚至智能电视、智能手表、智能汽车等非手机设备，无疑这些设备与手机之间也会形成网络效应。但出于数据可得性的考虑，本章并未将其纳入实证分析中，未来还需要广泛收集数据做出更为精准的分析。

参考文献

[1] Blind K., The Economics of Standard: Theory, Evidence, Policy [M]. London: Edward Elgar, 2004.

[2] Shy O., Industrial Organization: Theory and Applications [M]. MIT Press, 1995.

[3] Brynjolfsson E., and C. F., Kemerer. Network Externalities in Microcomputer Software: An Econometric Analysis of the Spreadsheet Market [J]. Management Science, 1996, 42 (12): 1627–1647.

[4] Antonelli C., Localized Technological Change and the Evolution of Standards as Economic Institutions [J]. Information Economics and Policy, 1994, 6 (3): 195–216.

[5] 邓洲. 中国企业技术标准战略研究 [J]. 南京大学学报（哲学·人文科学·社会科学），2010, 47 (2): 113 – 123.

[6] 夏大慰，熊红星. 网络效应，消费偏好与标准竞争 [J]. 中国工业经济，2005 (5): 43 – 49.

[7] Katz M. L., and C. Shapiro, Product Compatibility Choice in a Market with Technological Progress [J]. Oxford Economic Paper, 1986 (11): 146 – 165.

[8] Katz M. L., and C. Shapiro, Product Introduction with Network Externalities [J]. Journal of Industrial Economics, 1992, 40 (1): 55 – 84.

[9] Farrell J., and G. Salone, Coordination through Committees and Markets [J]. Rand Journal of Economics, 1988, 19 (2): 235 – 252.

[10] Lehr W., Standardization: Understanding the Process [J]. Journal of the American Society for Information Science, 1992, 43 (8): 550 – 555.

[11] Cowan R, High Technology and the Economics of Standardization [A]. Dierkes, M., U. Hoffmann. New Technology at the Outset: Social Forces in the Shaping of Technological Innovation [C]. Frankfurt: Campus Verlag, 1992: 279 – 300.

[12] Malueg D. A., and M. M. Schwartz, Compatibility Incentives of a Large Network Facing Multiple Rivals [J]. Journal of Industrial Economics, 2006 (54): 527 – 567.

[13] 孙武军，吴立明，陈宏民. 网络外部性与企业产品兼容性决策分析 [J]. 管理工程学报，2007, 21 (2): 59 – 63.

[14] Bass F. M., A New Product Growth Model for Consumer Durables [J]. Management Science, 1969, 15 (1): 215 – 227.

[15] Bass P., and F. M. Bass, Diffusion of Technology Generations: A Model of Adoption and Repeat Sales [R]. Working Paper: University of Texas at Dallas, 2001.

[16] Bass P., and F. M. Bass, IT Waves: Two Completed Generational Diffusion Models [R]. Working Paper: University of Texas at Dallas, 2004.

[17] Mahajan V., E. Muller, and F. M. Bass, New Product Diffusion Models in Marketing: A Review and Directions for Research [J]. The Journal of Marketing, 1990: 1 – 26.

[18] Mahajan V., E. Muller, and Y. Wind, New-product Diffusion Models [M]. Springer, 2000.

[19] Van den Bulte C., and G. L. Lilien, Medical Innovation Revisited: Social Contagion versus Marketing Effort [J]. American Journal of Sociology, 2001, 106 (5): 1409 – 1435.

[20] Kim N., E. Bridges, and R. K. Srivastava, A Simultaneous Model for Innovative Product Category Sales Diffusion and Competitive Dynamics [J]. International Journal of Research in Marketing, 1999, 16 (2): 95 – 111.

[21] Dekimpe M. G., and P. M. Parker, and M. Sarvary. Global Diffusion of Technological Innovations: A Coupled-hazard Approach [J]. Journal of Marketing Research, 2000, 37 (1): 47 – 59.

[22] Van den Bulte C., and S. Stremersch, Social Contagion and Income Heterogeneity in New Product Diffusion: A Meta-analytic Test [J]. Marketing Science, 2004, 23 (4): 530 – 544.

[23] Goldenberg J., B. Libai, and E. Muller, The Chilling Effects of Network Externalities [J]. International Journal of Research in Marketing, 2010, 27 (1): 4 – 15.

[24] Peres R. , E. Muller, and V. Mahajan. Innovation Diffusion and New Product Growth Models: A Critical Review and Research Directions [J]. International Journal of Research in Marketing, 2010, 27 (2): 91 – 106.

[25] Weitzel T. , D. Beimborn, and W. A. König, Unified Economic Model of Standard Diffusion: The Impact of Standardization Cost, Network Effects, and Network Topology [J]. MIS Quarterly, 2006: 489 – 514.

[26] 鲜于波, 梅琳. 适应性预期、复杂网络与标准扩散动力学——基于计算经济学的研究 [J]. 管理科学, 2007, 20 (4): 62 – 71.

[27] 吴嘉威. 新式路径依赖: 接口经济——关于互联网经济组织模式的思考 [J]. 商业全球化, 2013 (1): 71 – 76.

[28] Arthur, W. B. Competing Technologies, Increasing Returns, and Lock-in by Historical Events [J]. Economic Journal, 1989 (5): 116 – 131.

[29] Farrell J. , G. Saloner, Standardization, Compatibility, and Innovation [J]. The RAND Journal of Economics, 1985: 70 – 83.

[30] 李怀, 高良谋. 新经济的冲击与竞争性垄断市场结构的出现 [J]. 经济研究, 2001, 10 (3): 4 – 35.

[31] Kalish S. A, New Product Adoption Model with Price, Advertising, and Uncertainty [J]. Management Science, 1985, 31 (12): 1569 – 1585.

[32] 邢宏建. 网络技术进步与网络标准竞争 [D]. 山东大学, 2008: 51.

[33] Armstrong M. , and J. Wright, Two-sided Markets, Competitive Bottlenecks and Exclusive Contracts [J]. Economic Theory, 2007 (32): 353 – 380.

[34] 杨蕙馨, 吴炜峰. 用户基础、网络分享与企业边界决定 [J]. 中国工业经济, 2009 (8): 88 – 98.

[35] 杨蕙馨, 李峰, 吴炜峰. 互联网条件下企业边界及其战略选择 [J]. 中国工业经济, 2008 (11): 88 – 97.

[36] 央视网. 全球50亿用户13亿智能手机 [EB/OL]. http://news.cntv.cn/2013/05/08/VIDE1367992320568282.shtml, 2013 – 05 – 08.

[37] Golder P. N. , and G. J. Tellis. Will it ever Fly? Modeling the Takeoff of Really New Consumer Durables [J]. Marketing Science, 1997, 16 (3): 256 – 270.

[38] 董大海, 刘琰. 口碑、网络口碑与鼠碑辨析 [J]. 管理学报, 2012, 9 (3): 428 – 436.

[39] 吴琳琳, 任笑远. 苹果可"开后门"获取用户iPhone信息 [N]. 北京青年报, 2014 – 07 – 28.

第 26 章

用户基础、网络分享与企业边界决定*

26.1 引　　言

　　自科斯（Coase，1937）发表《企业的性质》一文以来，企业的边界问题就一直是新制度经济学以及产业组织理论研究中的一个重大课题。克莱因等（Klein et al.，1978）以及威廉姆森（Williamson，1979，1985）认为企业进行一体化整合是为了规避因资产专用性而产生的"敲竹杠"（hold-up）问题。之后，格罗斯曼和哈特（Grossman and Hart，1986）、霍姆斯特罗姆和米尔格罗姆（Holmstrom and Milgrom，1994）引入非完全合约因素分析企业的边界问题。

　　互联网的出现和发展是现代经济社会的一个标志性事件，它已经深刻地融入人们的工作和生活，也极大地改变着企业的现有边界。勒纳和蒂罗尔（Lerner and Tirole，2002）通过研究开放源软件的组织方式，发现不同于纯市场或企业形式的伙伴生产（Peer Production）的重要性，该组织形式具有信息获取、资源配置的重要功能。新经济条件下，知识策略成为企业战略的重要组成部分，与市场相比，企业这种组织形式对知识生产、专利保护更有效率（Liebeskind，1996）。考虑到不断增加的系统复杂性和不确定的技术经济环境，坎特韦尔和圣坦格洛（Cantwell and Santangelo，2006）分析了兼并作为新经济中企业技术多样性的一种战略工具而使企业的技术边界发生动态调整。国内方面，范黎波（2004）认为互联网在某些情况下能够使企业的有效边界扩大，在另一些情况下却使企业的有效边界缩小。张宇和宣国良（2000）则发现，在互联网条件下，企业出现了巨型化和小型化两种趋势，企业的虚拟化和联盟化将越来越普遍。陈浩（2005）认为网络的楔入在一定程度上细分了企业与市场的原有结构，使交易关系更为复杂。杨蕙馨等人（2008）对互联网条件下企业边界的决定和策略选择行为做出了剖析，认为企业应根据所处的内外部具体条件，选择相匹配的策略，以适应新经济

---

* 作者为杨蕙馨、吴炜峰，发表在《中国工业经济》2009 年第 8 期（有改动）。

条件下的竞争。

上述研究所存在的问题是忽视了互联网条件下企业因之出现的某些重要特征，特别是对互联网应用后企业出现的一个显著特征，即相关企业及其产品获得某种程度的网络外部性，没有给予特别重视和深入剖析。一般来说，网络外部性或网络效应的存在可能会使产品的用户基础加以改变或者再造企业采购、工艺流程以及强化营销服务网络，进而使企业的现有边界发生动态调整。对外部性问题的关注是科斯的另一个贡献。科斯（Coase, 1960）在《社会成本问题》一文中首先引入"外部性"概念，此后，外部性问题成为人们对新古典经济学中的"市场组织"概念的主要批判理由（Buchanan and Stubblebine, 1962）。网络外部性是"外部性"概念在新经济条件下的重要发展，这方面工作是卡兹和夏皮罗（Katz and Shapiro, 1985）首先推动的，而后其他一些作者（Farrell and Saloner, 1985, 1986）也做出重要贡献。

本章引入网络外部性方法对企业边界的决定问题进行了剖析，获得了一些新的结论。第一，基于用户基础的模型表明，网络效应的存在，扩大了两企业进行合作的空间（单边合作在这时成为可能），因此在某种程度上扩大了企业的横向边界。第二，引入网络分享因素后，在一定条件下某些上游企业将有积极性创造新的营销系统，从而导致了企业纵向边界的调整变化（而现有对企业边界问题的研究中很少涉及网络分享因素）。下文将这样安排：首先论证互联网条件下相关企业网络外部性的存在问题，进而在第三部分着重剖析改变产品的用户基础的重要性，第四部分引入网络分享因素研究上下游企业间的整合或"一体化"，最后是结论。

26.2 "e"化企业[①]网络外部性的获得

卡兹和夏皮罗（Katz and Shapiro, 1985）给出的"网络外部性"定义是指：对某些商品而言，一个消费者/用户从该种商品的消费中所获得的效用，随着其他消费/使用该种商品的人数的增多而增加。或者，从企业角度来看，如果满足成本的次可加性（Baumol, Panzar and Willig, 1982），则认为此时也存在着网络外部性，这是一种由范围经济性所带来的网络外部性[②]。这两种定义，可以将前者称为网络外部性的"消费者"视角，后者则是网络外部性的"生产者"视角。一般认为，网络外部性商品由下列产业中的企业提供：IT硬件业、计算机软件业以及传统产业中具有网络资源的产业（如电力、电信、航空业）等。本章认为，

[①] "e"化指企业的电子化、信息化，一般指从事电子商务活动的企业。本章的模型分析中特指具有特定用户基础及可以同时实现"成品"或"配件"销售的这两类特定企业。

[②] 如存在某种网络，使得利用该网络生产时的总成本 $TC(C_1, C_2)$ 小于它们单独生产时的成本 $TC(C_1, 0) + TC(0, C_2)$，则认为存在网络外部性。

随着计算机和互联网技术的普及和应用，某些原先不具备网络外部性的企业，其现有的商品或服务开始具备某些网络外部性的特征。企业因"e"化，如何获得相应的网络外部性呢？可以从这几个方面来理解。

26.2.1 商品信息分享所带来的外部性

自从商品和交易产生以来，商品信息分享一直存在，那时它主要体现为"口碑"。某个人（如A）购买了一块肥皂，她/他将会把该肥皂使用情况告诉身边的其他人，如果其传递的信息是"满意"该肥皂的品质，将使收到该信息的其他人对该品牌的肥皂更容易产生购买需求；反之，如果A反馈回"抱怨"，那么其他人很可能不再购买该品牌的肥皂。"口碑"的存在，使得购买过程中存在一种显著的外部性。这里，网络资源实际上也是存在的，它的名字叫作："社会交互"。基于"社会交互"的网络或称之为"社会关系网"，使得原先没有任何网络资源的商品也就具有了一定程度的网络外部性。

随着计算机和网络技术的普及和应用，"口碑"和"社会交互"的力量被成百、成千倍地放大。此时，因商品信息分享，任何商品都被纳入一个由物理网络（internet/intranet）和社会关系网（social relationships）交织而成的巨型网络之中，因之，这些商品也具备了更强的网络外部性特征。

一般而言，交易行为发生分为两个阶段，较前的阶段为生产/产品阶段，然后是进入销售/消费领域变为商品。然而，由于人类知识、信息的局限性，事实上某些商品消费过程也是一个发现商品新属性，创造新商品的过程。海尔"地瓜"洗衣机的问世，是由于有农民投诉海尔洗衣机排水管老是被堵，服务人员上门维修时发现是这位农民用洗衣机洗地瓜而引起的，海尔因此为特殊需求客户定制能洗地瓜的洗衣机。"油炸可乐"是另外一个例子。电脑分析师冈萨雷斯用可口可乐糖浆、草莓糖浆和一些草莓相混合，弄成球状炸熟，装在玻璃杯里，淋上可口可乐糖浆、发泡的奶油、肉桂糖，再放上一粒樱桃，就大功告成了。这两个事件，经过媒体报道，特别是经过互联网的广泛传播，引起了轰动。现阶段，互联网上存在的各类论坛（BBS）、群空间（Space）、博客（Blog）、播客（Podcast）等，均是消费者分享消费体验，沟通商品新信息的重要平台。随着参与沟通互动的人数增加，更多的商品新属性被发现，更多的消费信息将被打上"满意"或"抱怨"的标签。一个消费者/用户从该种商品的消费中所获得的收益（效用），随着其他消费/使用该种商品并参与信息互动的人数的增多而增加，这无疑是一种网络外部性。

26.2.2 因隐藏信息所带来的外部性

互联网给企业带来的是一种可谓"彻底"的信息透明。由于互联网的存在以及消费信息的分享，企业主们发现消费者都变成了商品专家。反之，对于消费者而言，互联网成了一个可以藏身其中的"保护网"——在互联网上，没人知道你是谁！企业的歧视性差别定价，在某种程度上失效了[①]。信息经济学认为，消费者人数越多，偏好类型也越多，企业就越难设计合适的激励机制以进行类型甄别来实施差别定价。互联网的存在，强化了消费者隐藏信息的能力，并且随着消费者人数的增多，更加凸显了这种网络外部性。

26.2.3 因谈判能力增强所带来的外部性

互联网应用和普及的另一个重要后果是极大地增强了消费者谈判、砍价能力，一个突出表现是"网上团购"开始风生云起[②]。消费者之间成立"团购"组织的主要目的是以大宗交易为手段同企业达成价格上的优惠或商品上的特别定制服务。随着加入"团购"的消费者数量的增多，企业越难以拒绝"团购"组织提出的价格优惠或特制服务条款。参加"团购"的消费者也因参加"团购"的其他消费者的数量增多，而带来更多利益或效用，此处，也是存在网络外部性的。

26.2.4 因企业采购、工艺流程/营销服务网络强化所带来的外部性

互联网的应用和普及使得企业的采购、工艺流程得以改良，而营销服务网络中的部分服务功能可以以方便、低廉的线上提供的方式取代费时、昂贵的线下维护。由于企业进行"e"化的单位成本随着消费者增多而减少，企业有很强的动力再造企业采购、工艺流程，强化其营销服务网络，消费者也将享受到更充分、及时和便利的网络服务。这里的网络外部性主要表现为消费者购买价格的下降、到货等待时间的减少以及维护成本的节约。例如，戴尔的网上订购服务，由于可以带来库存量的降低和某些程度的定制个性化，电脑的性价比具有很大的优势；其强大的物流配送系统也保证了到货等待时间的大幅减少；部分电脑维护则可以通过设立服务网站实现自助（DIY），成本自然也得以降低。

由上述分析看到，互联网的应用与普及可以从四种不同途径获得网络外部性，如表 26 – 1 所示。

[①] 尽管企业可以要求在电子交易中提供身份证明等信息以甄别消费者，但是技术、法律以及成本效率上的一些障碍使得这种甄别不再如线下交易那么有效。此外，这些信息存在着造假的可能。

[②] 无论是较成熟的汽车团购，还是现在还存在较多争议的"万人购房团"，这在互联网普及之前是难以想象的，然而在今日都成为了现实。

表 26-1　　　　　　　　　"e"化企业网络外部性的获得

条件	途径	网络外部性的视角	网络外部性获得的可能方向
互联网的应用与普及	商品信息分享	"消费者"视角	信息分享 发现商品新属性
	隐藏信息		歧视性差别定价失效
	谈判能力		团购
	采购、工艺流程 营销服务网络	"生产者"视角	价格下降 到货等待时间减少 维护成本节约

26.3　基于用户基础的企业横向边界决定

按照第二部分的分析，第三部分与第四部分将分别按照网络外部性的"消费者""生产者"视角建立两个企业边界决定的数理模型。第一个模型与"e"化产品的用户基础（不同类型用户对不同产品具有不同偏好）有关，研究在互联网条件下企业间达成合作或横向兼并的具体条件；第二个模型则引入网络分享因素研究上下游企业间的整合或"一体化"。首先来看用户基础如何改变着企业的边界。

按照夏伊（Shy，2001）所采用的网络外部性方法，考察一个双头垄断产业（即厂商 1 与厂商 2），生产两个具有一定程度差别化的产品或品牌（产品 A 与产品 B）。假设每个产品生产商的生产成本均为零；β、$\hat{\beta}$ 代表消费者的基本效用，并假设 $\beta > \hat{\beta}$，这是因为合作后产品差异性减少给消费者带来一定程度的基本效用损失；与 Shy 模型的一个主要不同是：这里的 a 测度了互联网应用所带来的网络外部性的强度，此外进一步设定 a 是厂商互联网应用程度（I_A、I_B）的增函数，但二阶导数小于零，并且当 I_A、I_B、$I_A + I_B = 0$ 时，$a(I_A)$、$a(I_B)$、$a(I_A + I_B)$ 也为 0；q_A、q_B 分别为厂商 1 与厂商 2 售出的商品数量，p_A、p_B 为相应的价格；δ 为从某一偏好产品转向购买非偏好产品时的"转移成本"（如时间或其他物质方面的损失）。将 2η 个潜在消费者分为两种类型，其中 η 个消费者偏好产品 A，其余 η 个消费者偏好产品 B。因此这两类消费者的效用函数分别为：

$$U_A \equiv \begin{cases} \beta + a(I_A)q_A - p_A & \text{若} \quad \text{购买 A} \\ \beta + a(I_B)q_B - p_B - \delta & \text{若} \quad \text{购买 B} \\ \hat{\beta} + a(I_A + I_B)(q_A + q_B) - p_A & \text{若} \quad \text{购买 A，厂商 1 与厂商 2 合作} \\ \hat{\beta} + a(I_A + I_B)(q_A + q_B) - p_B - \delta & \text{若} \quad \text{购买 B，厂商 2 与厂商 1 合作} \end{cases}$$

$$U_B \equiv \begin{cases} \beta + a(I_A)q_A - p_A - \delta & \text{若} \quad \text{购买 A} \\ \beta + a(I_B)q_B - p_B & \text{若} \quad \text{购买 B} \\ \hat{\beta} + a(I_A + I_B)(q_A + q_B) - p_A - \delta & \text{若} \quad \text{购买 A，厂商 1 与厂商 2 合作} \\ \hat{\beta} + a(I_A + I_B)(q_A + q_B) - p_B & \text{若} \quad \text{购买 B，厂商 2 与厂商 1 合作} \end{cases}$$

(26-1)

式（26-1）中的"厂商合作"指共享信息或服务网络（"厂商 1 与厂商 2 合作"，指厂商 1 向厂商 2 开放网络资源；反之，"厂商 2 与厂商 1 合作"，指厂商 2 向厂商 1 开放相关资源），合作之后的结果是使得不同产品的差异性减少或具有某种程度的"兼容性"[1]。

26.3.1 厂商不合作时的均衡

考察防降价均衡（UPE）[2] 的一组价格 (p_A^U, p_B^U)。对给定的 p_B^U，厂商 1 选择最高价格 p_A^U，满足约束：$\pi_B^U = p_B^U \eta \geq (p_A^U - \delta + a(I_B)2\eta - a(I_A)\eta)2\eta$；对给定的 p_A^U，厂商 2 选择最高价格 p_B^U，满足约束：$\pi_A^U = p_A^U \eta \geq (p_B^U - \delta + a(I_A)2\eta - a(I_B)\eta)2\eta$。因此均衡价格和利润水平为：

$$p_A^U = 2(\delta - a(I_B)\eta), \quad \pi_A^U = 2\eta(\delta - a(I_B)\eta);$$
$$p_B^U = 2(\delta - a(I_A)\eta), \quad \pi_B^U = 2\eta(\delta - a(I_A)\eta) \quad (26-2)$$

从式（26-2）看到，随互联网应用带来的网络外部性的强度（a）的增加，价格和利润水平均降低。从前文又知 a 是互联网应用程度（I_A、I_B）的增函数，因此，随着互联网应用的普及和深化，厂商价格和利润水平均降低，消费者的效用则随着互联网应用的普及和深化而增加[3]。

进一步，如果没有网络应用（即此时网络外部性强度 a = 0），厂商将进行价格竞争，在防降价均衡条件成立时，两者的价格和利润水平均为 2δ 和 $2\eta\delta$。

---

[1] 一般地，"兼容性"指计算机产业中两台机器使用同一软件或在某台机器上运行软件产生的文档可以由另一品牌机器上运行的软件处理。这里的"兼容性"特指厂商间共享信息或服务网络之后所带来的不同产品间的差异性减少。

[2] 在一个防降价均衡里，利润最大化的厂商制定一个较低的产品价格，该价格低得足以阻止任何竞争对手通过设置更低的价格达到挖走其全部客户的目的。

[3] 只要看到 $U_A = \beta - 2\delta + a(I_A)\eta + 2a(I_B)\eta$，$U_B = \beta - 2\delta + a(I_B)\eta + 2a(I_A)\eta$，它们均是厂商互联网应用程度（$I_A$、$I_B$）的增函数，这就意味着消费者效用的增加。

26.3.2 厂商合作时的均衡

仍然考虑防降价均衡（UPE）的一组价格（p_A^U, p_B^U）。对给定的 p_B^U，厂商 1 选择最高价格 p_A^U，满足约束：$\pi_B^U = p_B^U \eta \geq (p_A^U - \delta)2\eta$；对给定的 p_A^U，厂商 2 选择最高价格 p_B^U，满足约束：$\pi_A^U = p_A^U \eta \geq (p_B^U - \delta)2\eta$。因此均衡价格和利润水平为：

$$p_A^U = p_B^U = 2\delta, \quad \pi_A^U = \pi_B^U = 2\eta\delta \tag{26-3}$$

此时，消费者效用为：$U_A = U_B = \hat{\beta} - 2\delta + 2a(I_A + I_B)\eta$。比较式（2）与式（3），马上可知合作的价格和利润较高。

26.3.3 单方合作（如厂商 1 选择合作而厂商 2 选择不合作）时的均衡

此时，防降价均衡（UPE）为：对给定的 p_B^U，厂商 1 选择最高价格 p_A^U，满足约束：$\pi_B^U = p_B^U \eta \geq (p_A^U - \delta)2\eta$；对给定的 p_A^U，厂商 2 选择最高价格 p_B^U，满足约束：$\pi_A^U = p_A^U \eta \geq (p_B^U - \delta + a(I_A)2\eta - a(I_B)\eta)2\eta$。均衡价格和利润水平为：

$$p_A^U = \frac{6\delta + 2a(I_B)\eta - 4a(I_A)\eta}{3}, \quad \pi_A^U = \frac{6\delta\eta + 2a(I_B)\eta^2 - 4a(I_A)\eta^2}{3}$$

$$p_B^U = \frac{6\delta + 4a(I_B)\eta - 8a(I_A)\eta}{3}, \quad \pi_B^U = \frac{6\delta\eta + 4a(I_B)\eta^2 - 8a(I_A)\eta^2}{3} \tag{26-4}$$

选择合作方与非合作方的价格和利润与互联网应用程度（I_A、I_B）密切相关，两者的价格和利润都是合作方互联网应用程度（如 I_A）的减函数，是非合作方互联网应用程度（如 I_B）的增函数。消费者效用为：$U_A = \hat{\beta} + 2a(I_A + I_B)\eta - 2\delta + \frac{4a(I_A)\eta - 2a(I_B)\eta}{3}$；$U_B = \beta + a(I_B)\eta - 2\delta + \frac{8a(I_A)\eta - 4a(I_B)\eta}{3}$。

26.3.4 厂商的合作与非合作决策

根据上述分析，将厂商 1 与厂商 2 的收益矩阵表示为表 26-2。

表 26-2　　厂商合作与非合作时的利润水平（收益矩阵）

项目		厂商 2		
		不合作		合作
厂商 1	不合作	$2\eta(\delta - a(I_B)\eta)$	$2\eta(\delta - a(I_A)\eta)$	$\frac{6\delta\eta + 4a(I_A)\eta^2 - 8a(I_B)\eta^2}{3}$	$\frac{6\delta\eta + 2a(I_A)\eta^2 - 4a(I_B)\eta^2}{3}$
	合作	$\frac{6\delta\eta + 2a(I_B)\eta^2 - 4a(I_A)\eta^2}{3}$	$\frac{6\delta\eta + 4a(I_B)\eta^2 - 8a(I_A)\eta^2}{3}$	$2\eta\delta$	$2\eta\delta$

为了简便，此处只分析纯策略纳什均衡存在的条件。此外，也可以分析不同均衡状态下消费者效用的变化，但考虑到本章关注的是企业边界的决定，因此这里略过。如果厂商1与厂商2的互联网应用程度相同（即$a(I_A) = a(I_B)$），那么（合作，合作）构成唯一的纳什均衡，并且是一占优均衡，这与Shy模型的结论并无二致。但是如果两个厂商的互联网应用程度不同，将有命题1，其与Shy模型的主要差异在于，这里单边合作是可能的，进而给出了双边或单边合作的条件。

命题1（证明参见附录）：

(a) 当产品A比产品B的互联网应用程度更高（即$I_A > I_B$）时，如果$a(I_A) = 2a(I_B)$，则存在（合作，合作）与（非合作，合作）的纯策略纳什均衡；如果$a(I_A) < 2a(I_B)$，则存在（合作，合作）的唯一纯策略纳什均衡；如果$a(I_A) > 2a(I_B)$，则存在（非合作，合作）的唯一纯策略纳什均衡。

(b) 当产品B比产品A的互联网应用程度更高（即$I_B > I_A$）时，如果$a(I_B) = 2a(I_A)$，则存在（合作，合作）与（非合作，合作）的纯策略纳什均衡；如果$a(I_B) < 2a(I_A)$，则存在（合作，合作）的唯一纯策略纳什均衡；如果$a(I_B) > 2a(I_A)$，则存在（非合作，合作）的唯一纯策略纳什均衡。

命题1表明互联网应用程度较低的厂商具有强烈的合作偏好，因为企业间开放网络资源给它的用户从而给它自身带来的利益相对更多。进一步，从图26－1中可更加形象地理解命题1（主要是a段，b段完全类似）的含义。图26－1的横轴表示互联网应用程度，纵轴表示网络外部性的强度。$a(I)$曲线反映了互联网应用程度与网络外部性强度的关系。为了满足（合作，合作）的纯策略纳什均衡条件，I_A必须要位于区间$(I_B, \bar{I}_A]$中，而（非合作，合作）的纯策略纳什均衡则位于区间$[\bar{I}_A, \infty)$中。在$a(I_B)$给定时，穿过点$(I_B, a(I_B))$的$a(I)$曲线的曲率决定了该区间的"长度"大小；图26－1中$a(I)$曲线移至$a(I)'$处，相应的，$\bar{I}_A$变为$\bar{I}'_A$。

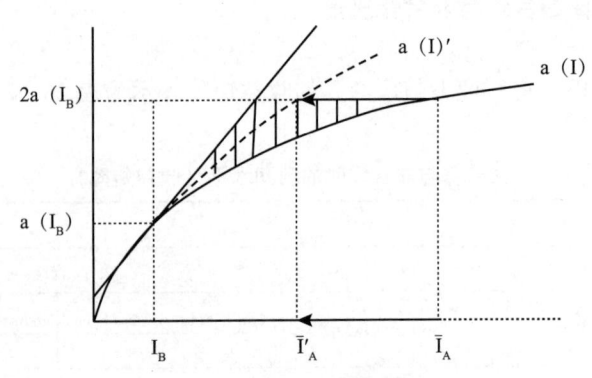

图26－1　$I_A \geqslant I_B$时的纯策略空间

企业的横向边界由企业间的合作或竞争策略所决定。与没有网络应用的情形相比（此时，由于网络外部性不存在，厂商间不存在开放网络资源之类的合作行为），如果存在网络外部性从而企业决定合作（如这里的"共享信息或服务网络"），则这两个企业联系相对紧密，更似"一个"企业。从这个意义上，可以看作企业横向边界发生某些调整变化。总之，互联网的应用和普及给企业所生产的商品带来一定程度的网络外部性，双边或单边合作策略被更多地采用，故在某种程度上扩大了企业的横向边界。

26.4 网络分享下的企业纵向边界决定

这里引入网络分享因素分析上下游企业间的整合或"一体化"。在一个双头垄断的市场结构中，一厂商（M）生产某种装置（I），在互联网技术不发达、信息传递、配送货不畅的"旧时代"里，它必须通过分销商（S）进行销售。现在，随着互联网的采用和产品知识的普及，厂商 M 发现某些专业型的消费者（C）喜欢自行组装（DIY），厂商 M 这时面对的问题是：它（"进入者"）是否可以建立某种直销系统专营配件（见图 26-2）？原有的分销商 S（"在位者"）将会如何反应？

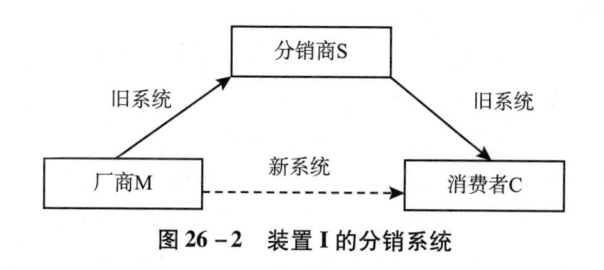

图 26-2 装置 I 的分销系统

对消费者做出设定。假设存在两种类型的消费者："普通用户"（L）和"专业型用户"（H）。前一类型的消费者有 m 个，喜欢购买成品；后一类型的消费者有 n 个，喜欢购买配件进行组装。如果不存在配件市场而只能购买成品，则"专业型用户"会有一个效用损失，其值为 δ。两类消费者的效用函数分别表示为：

$$U_L \equiv \begin{cases} \beta - p & \text{若 购买} \\ 0 & \text{若 不购买} \end{cases}; \quad U_H \equiv \begin{cases} \beta - p & \text{若 购买配件} \\ \beta - p - \delta & \text{若 购买成品} \\ 0 & \text{若 不购买} \end{cases} \quad (26-5)$$

式（26-5）中，β 为装置 I 的基本效用；p 为新、旧系统的售价。

26.4.1 只存在成品市场

厂商 M 的单位制造成本为 c_{manu}，分销商的单位分销成本为 c_{sale}。并假设销售利润在分销商和厂商之间分享，两者讨价还价后确定的分享比例为 1∶1。只存在成品市场意味着：分销商/厂商无法对"普通用户"和"专业型用户"做出有效甄别。此时，厂商/分销商决定其最大化利润的售价 p。如果只卖给"普通用户"，则其售价 $p = \beta$；如果在卖给"普通用户"的同时也卖给"专业型用户"，则其售价 $p = \beta - \delta$。因此这两种不同情形的利润分别为：

$$\pi_L = (\beta - c_{manu} - c_{sale})m ; \quad \pi_{L,H} = (\beta - \delta - c_{manu} - c_{sale})(m+n) \quad (26-6)$$

显然，只要 $\pi_L \leq \pi_{L,H}$（即两种类型用户的比例 $n/m \geq \delta/(\beta - \delta - c_{manu} - c_{sale})$），厂商/分销商应该同时向"普通用户"和"专业型用户"销售产品，售价为 $p = \beta - \delta$，利润（记为 π_M^{11}、π_S^{11}）为 $\pi_{L,H}/2$；反之，市场将对"专业型用户"关闭，此时，厂商和分销商的利润（记为 π_M^{12}、π_S^{12}）均为 $\pi_L/2$。

26.4.2 同时存在成品市场和配件市场

此时，对卖给"普通用户"的成品和卖给"专业型用户"的配件，均索要价格 $p = \beta$。总利润为：

$$\pi \equiv \pi_L + \pi_H = (\beta - c_{manu} - c_{sale})(m+n) \quad (26-7)$$

分销商和厂商的利润（记为 π_M^2、π_S^2）均为 $\pi/2$。显然 $\pi/2 > \pi_{L,H}/2$，同时亦 $> \pi_L/2$。因此，无论对厂商 M 还是对分销商 S，只要能甄别"普通用户"和"专业型用户"[①]，配件市场的存在就能带来利润的增长。提请注意，与下面创建新的直销系统相比，在原有市场基础上创建配件市场（即某种程度的网络分享）可以节省新市场的创建费用（如固定资产投资、新团队组建、培训成本等）。

26.4.3 创建新的直销系统（同时引入互联网因素）

技术进步，特别是互联网技术的应用和普及，使厂商 M 在保持原有的分销系统的基础上有可能引入新的直销系统，并建立相关服务网站，用于对口服务"专业型用户"。直销系统的一大优势是节省分销成本。此时，假设分销商的单位分销成本为 c_{sale}^{new} 是互联网应用程度（I）的减函数，即 $c_{sale}^{'new}(I) < 0$，同时 $c_{sale}^{''new}(I) > 0$，并有一极限值为 $\hat{c}$。当然，新系统的建立和维护也需要成本，这里假定它是一

---

① 显然，这种甄别并不困难，因为不同类型的消费者或对成品或对配件存在着不同偏好。只要创建这两个市场，就能实现自动甄别。

个固定成本，其值为 C_I。无论是新的直销系统和原有的分销系统，厂商 M 均向消费者索要 β 的保留价格。因此，厂商 M 和分销商 S 的利润分别为：

$$\pi_M^3 = \pi_L/2 + (\beta - c_{manu} - c_{sale}^{new}(I))n - C_I; \quad \pi_S^3 = \pi_L/2 \quad (26-8)$$

26.4.4 厂商 M 的决策

厂商 M 是否创建新系统的关键在于比较 π_M^2 与 π_M^3 的大小。如果 $\pi_M^3 > \pi_M^2$，那么创建新的直销系统就是有利可图的；反之，则只要在原有市场基础上拓展配件业务即可。显见，要使 $\pi_M^3 > \pi_M^2$，只需：

$$(\beta - c_{manu} - c_{sale}^{new}(I))n - C_I > \frac{n(\beta - c_{manu} - c_{sale})}{2} \Rightarrow c_{sale}^{new}(I) < \frac{\beta - c_{manu} + c_{sale}}{2} - \frac{C_I}{n} \equiv F \quad (26-9)$$

其中，F 是 c_{sale}^{new} 的边界值，c_{sale}^{new} 只有小于该值，厂商 M 才会创造新的直销系统。显然，如果旧系统的单位销售成本 c_{sale} 足够大，而单位制造成本 c_{manu} 较小，新系统的建立和维护的成本 C_I 较低，"专业型用户"较多，那么厂商 M 创建新系统就更有利。图 26-3 清楚地展示了式（26-9）的含义。

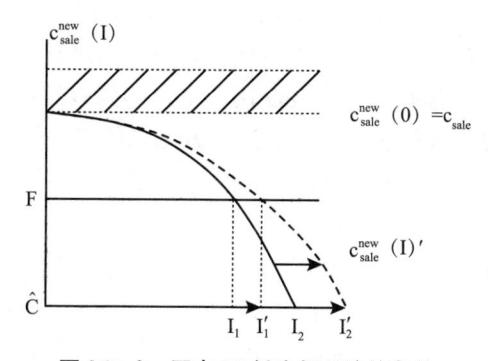

图 26-3 厂商 M 创建新系统的条件

图 26-3 的横轴表示互联网应用程度 I，纵轴表示 $c_{sale}^{new}(I)$。$c_{sale}^{new}(I)$ 曲线与 F 直线的交点处的互联网应用程度为 I_1，与 $\hat{c}$ 直线交于 I_2。根据式（26-9）给出的条件，区间（I_1, I_2）决定了厂商 M 创造新系统的条件。在 F 给定时，$c_{sale}^{new}(I)$ 曲线的曲率决定了该区间的初始值与终端值，图 26-3 中新的 $c_{sale}^{new}(I)'$ 曲线与 F 直线的交点给出新区间的初始值 I_1'，并且该曲线与 $\hat{c}$ 直线交于 I_2'，从而创造新系统的区间变为（I_1', I_2'）。如果 F 直线位于直线 $c_{sale}^{new}(0) = c_{sale}$ 的上方，则不存在创造新系统的机会。

26.4.5 分销商 S 的对策与讨价还价均衡

对分销商 S 而言，与在原有市场基础上再扩建配件市场相比，厂商 M 创建新系统当然是对其不利的（只要看到 $\pi_S^2 > \pi_S^3$）。特别当 $n/m \geq \delta/(\beta - \delta - c_{manu} - c_{sale})$ 条件成立时，而原先又只存在成品市场，那么厂商 M 创建新系统对分销商 S 最为不利（只要比较 π_S^3 与 π_S^{11}，立即可知 $\pi_S^{11} > \pi_S^3$），此时，创建新系统的利益完全被厂商 M 攫取，甚至剥夺了分销商 S 原有的一小部分利益。分销商 S 将如何应对呢？

方法一：以关闭成品市场来遏制。此时，分销商 S 的利润为 0，厂商 M 的利润变为 $\pi_M^{31} \equiv (\beta - \delta - c_{manu} - c_{sale}^{new}(I))n - C_I$，减少了 $\pi_L/2$。

方法二：在原有市场的基础上独立拓建配件市场。假定分销商 S 能在厂商 M 之外采购到配件（为了简单起见，假设采购价格正好等于单位制造成本），那么它就可以脱离厂商 M 在原有成品市场的基础上独立拓建配件市场。如果 $(\beta - c_{manu} - c_{sale})n > (\beta - c_{manu} - c_{sale}^{new}(I))n - C_I$，即 $(c_{sale} - c_{sale}^{new}(I)) < \dfrac{C_I}{n}$，则分销商 S 可以通过索要比厂商 M 更低的价格而独占该配件市场。

方法一是一个"损人不利己"的方法，难以相信理性的分销商 S 会采用，特别是当"普通用户"大幅减少或者互联网成本足够低以致厂商甚至可以再建一个成品直销系统的时候，这种遏制是无效的。方法二的有效性，除了满足上文中给出的条件外，还取决于市场结构状况，如果上游是一个整合的或"一体化"的市场结构，配件的采购将受到很大的限制。

上述两种方法实质上均属于非合作对策。如果厂商 M 和分销商 S 进行合作（另一种意义上的"网络分享"），结果会怎样？下面来考察双方合作的讨价还价均衡。鲁宾斯坦（Rubinstein，1982）用完全信息动态博弈的方法，对基本的、无限期的完全信息讨价还价过程进行了模拟，并据此建立了完全信息轮流出价讨价还价模型，也称为鲁宾斯坦模型。该模型表明两个参与人对一块"蛋糕"的分割比例为：对先动的参与人，该比例为 $x_1 = (1 - \delta_2)/(1 - \delta_1\delta_2)$，其中 δ_1、δ_2 是两个参与人的贴现因子；后发的参与人的分割比例则为 $x_2 = 1 - x_1$。

现在，进一步来确定创建配件市场所带来"蛋糕"的大小。如果是在原有的成品市场上拓建，则创建配件市场所带的利益（总利润的增长）为 $\min\{(\pi - \pi_L), (\pi - \pi_{L,H})\}$；如果是创建新的直销系统，则创建配件市场所带的利益（总利润的增长）为 $\min\{(\pi_M^3 + \pi_S^3) - \pi_L, (\pi_M^3 + \pi_S^3) - \pi_{L,H}\}$。可见，最终是在原有的成品市场上拓建还是创建新的直销系统取决于这两个值的大小，也就是 $(\pi_M^3 + \pi_S^3)$ 与 π 的大小关系。创建新的直销系统的条件为：

$$(\pi_L/2 + (\beta - c_{manu} - c_{sale}^{new}(I))n - C_I) + \pi_L/2 > (\beta - c_{manu} - c_{sale})(m+n) \Rightarrow (c_{sale} - c_{sale}^{new}(I)) > \frac{C_I}{n}$$
$$(26-10)$$

从式（26-10）可知，随着互联网的应用和普及（使 $c_{sale}^{new}(I)$ 进一步减少）以及"专业型用户"数 n 的增加，创建新的直销系统的条件将更能得到满足；同样的，在原有的成品市场上拓建配件市场的条件为 $(c_{sale} - c_{sale}^{new}(I)) < \frac{C_I}{n}$。将上述分析，归结为命题2。

命题2：

当互联网应用带来对"专业型用户"的总销售成本的减少额大于直销新系统的建立和维护的成本时（即 $(c_{sale} - c_{sale}^{new}(I)) > \frac{C_I}{n}$），应该创建新的直销系统；反之，则在原有的成品市场上拓建配件市场。

假设厂商 M 和分销商 S 的贴现因子（"耐心"程度）δ_1、δ_2 相同均为 δ，进一步假定厂商 M 为先动者，则厂商 M 获得创建配件市场的利益 (π_M) 为：$\frac{\min\{(\pi - \pi_L), (\pi - \pi_{L,H})\}}{1+\delta}$（如果 $(c_{sale} - c_{sale}^{new}(I)) < \frac{C_I}{n}$）或 $\frac{\min\{((\pi_M^3 + \pi_S^3) - \pi_L), ((\pi_M^3 + \pi_S^3) - \pi_{L,H})\}}{1+\delta}$（如果 $(c_{sale} - c_{sale}^{new}(I)) > \frac{C_I}{n}$）；分销商 S 获得创建配件市场的利益 (π_S) 为：$\frac{\delta\min\{(\pi - \pi_L), (\pi - \pi_{L,H})\}}{1+\delta}$（如果 $(c_{sale} - c_{sale}^{new}(I)) < \frac{C_I}{n}$）或 $\frac{\delta\min\{(\pi_M^3 + \pi_S^3) - \pi_L, (\pi_M^3 + \pi_S^3) - \pi_{L,H}\}}{1+\delta}$（如果 $(c_{sale} - c_{sale}^{new}(I)) > \frac{C_I}{n}$）。显然，如果 $\delta > 1$，则 $\pi_M < \pi_s$；$\delta = 1$，则 $\pi_M = \pi_s$；$\delta < 1$，则 $\pi_M > \pi_s$。

厂商 M 创建新的直销系统，其实质是该企业纵向边界得到扩大。尽管上述模型略显简单，但已充分显示在互联网采用和普及后，因为网络分享因素使企业的边界发生了某种程度的调整和变化。

26.5 结　　论

互联网应用于企业的一个显著特征是使相关企业及其产品获得某种程度的网络外部性。"e"化企业之所以获得网络外部性至少是由以下四方面的原因产生的：因商品信息分享所带来的外部性；因隐藏信息所带来的外部性；因谈判能力增强所带来的外部性；因企业采购、工艺流程/营销服务网络强化所带来的外部性。无论是按照网络外部性的"消费者"视角还是"生产者"视角，互联网的应用和普及确实使得企业的边界发生动态调整。基于用户基础的模型分析表明：网络效应的存在，扩大了两企业进行合作的空间，因此在某种程度上扩大了企业的横向边界。引入网络分享因素研究上下游企业间的整合或"一体化"的模型分析则表明：互联网采用和普及后，在一定条件下使某些上游企业将有积极性创造新的营销系统，从而导致企业纵向边界的调整变化。

长期以来，国内外对企业边界问题的研究缺乏真正让人信服的实证证据（Baker and Hubbard, 2001），互联网条件下企业边界的研究也是如此。下一步研究应该在寻找更一般化模型（本章的两个相对"特殊化"模型有必要进行整合和进一步深化）的基础上，利用可获得的统计或调查数据进行经验验证，以判明互联网因素对企业边界更为确切的影响。

附录：证明命题 1

此处只证明命题的（a）段，（b）段可以完全类似地获得证明。

1. 如果（合作，合作）为纯策略纳什均衡，则必须同时满足：

对厂商 1， $\quad 2\eta\delta \geq \dfrac{6\delta\eta + 4a(I_A)\eta^2 - 8a(I_B)\eta^2}{3}$ （A.1）

对厂商 2， $\quad 2\eta\delta \geq \dfrac{6\delta\eta + 4a(I_B)\eta^2 - 8a(I_A)\eta^2}{3}$ （A.2）

由于 $I_A > I_B$，故式（A.1）蕴含着式（A.2）。从式（A.1）马上获知 $a(I_A) \leq 2a(I_B)$。

下面进一步证明，当 $a(I_A) < 2a(I_B)$ 时，该纳什均衡是一占优均衡，从而是唯一的纯策略纳什均衡。此时，对厂商 1 除了要满足式（A.1）（式中"≥"符号变为">"符号）还要满足式（A.3），对厂商 2 除了要满足式（A.2）（式中"≥"符号变为">"符号）还要满足式（A.4）。

$$\dfrac{6\delta\eta + 2a(I_B)\eta^2 - 4a(I_A)\eta^2}{3} > 2\eta(\delta - a(I_B)\eta) \quad (A.3)$$

$$\dfrac{6\delta\eta + 2a(I_A)\eta^2 - 4a(I_B)\eta^2}{3} > 2\eta(\delta - a(I_A)\eta) \quad (A.4)$$

显然，$\dfrac{6\delta\eta + 2a(I_A)\eta^2 - 4a(I_B)\eta^2}{3} > \dfrac{6\delta\eta + 2a(I_B)\eta^2 - 4a(I_A)\eta^2}{3}$ 且 $2\eta(\delta - a(I_B)\eta) > 2\eta(\delta - a(I_A)\eta)$，因此式（A.3）与式（A.4）中只要式（A.3）成立，式（A.4）自然成立。式（A.3）可以进一步化简为：

$$\dfrac{6a(I_B)\eta^2 + 2a(I_B)\eta^2 - 4a(I_A)\eta^2}{3} > 0 \Leftrightarrow a(I_A) < 2a(I_B) \quad (A.3-1)$$

2. 如果（非合作，合作）为纯策略纳什均衡，则必须同时满足：

对厂商 1， $\quad \dfrac{6\delta\eta + 4a(I_A)\eta^2 - 8a(I_B)\eta^2}{3} \geq 2\eta\delta$ （A.5）

对厂商 2, $\dfrac{6\delta\eta + 2a(I_A)\eta^2 - 4a(I_B)\eta^2}{3} \geq 2\eta(\delta - a(I_A)\eta)$ （A.6）

式（A.5）与式（A.6）可以进一步化简为：

$$a(I_A) \geq 2a(I_B) \quad （A.5-1）$$

$$2a(I_A) \geq a(I_B) \quad （A.6-1）$$

由式（A.5-1）和式（A.6-1），同时考虑到 $I_A > I_B$，所以只要 $a(I_A) \geq 2a(I_B)$ 成立即可。同样，可以进一步证明，当 $a(I_A) > 2a(I_B)$ 时，该纳什均衡是一占优均衡，从而是唯一的纯策略纳什均衡。过程如同上文，从略。

参考文献

[1] Baker, G. P. and Hubbard, T. N, Empirical Strategies in Contract Economics: Information and the Boundary of the Firm [J]. American Economic Review, 2001, 91: 189 – 194.

[2] Baumol, W., Panzar, J., and Willig R., Contestable Markets and the Theory of Industry Structure [M]. New York: Harcourt Brace Jovanovich, 1982.

[3] Buchanan J. M., and Stubblebine, W. C. Externality [J]. Economica, 1962, 29: 371 – 384.

[4] Cantwell J. and Santangelo, G. D., The boundaries of firms in the new economy: M&As as a strategic tool toward corporate technological diversification [J]. Structural Change and Economic Dynamics, 2006, 17: 174 – 199.

[5] Coase R. H., The Nature of the Firm [J]. Economica, 1937 (4): 386 – 405.

[6] Coase R. H., The Problem of Social Cost [J]. Journal of Law and Economics, 1960, 3: 1 – 44.

[7] Farrell J., and Saloner G., Standardization, Compatibility, and Innovation [J]. Rand Journal of Economics, 1985, 16: 70 – 83.

[8] Farrell J., and Saloner, G., Installed Base and Compatibility: Innovation, Product Preannouncements, and Predation [J]. American Economic Review, 1986, 76: 940 – 955.

[9] Grossman S., and Hart O., The Costs and Benefits of Ownership: A Theory of Vertical and Lateral Ownership [J]. Journal of Political Economy, 1986, 94: 691 – 719.

[10] Holmstrom B., and Milgrom P., Multitask Principal – Agent Analyses: Incentive Contracts, Asset Ownership, and Job Design [J]. Journal of Law, Economics, and Organization, 1991, 7: 24 – 52.

[11] Katz M. and C. Shapiro. Network Externalities, Competition and Compatibility [J]. American Economic Review, 1985, 75: 424 – 440.

[12] Klein B., Crawford R., and Alchian A., Vertical Integration, Appropriable Rents, and the Competitive Contracting Process [J]. Journal of Law and Economics, 1978, 21: 297 – 326.

[13] Lerner J. and Tirole J., Some Simple Economics of Open Source [J]. Journal of Industrial Economics, 2002, 50: 197 – 234.

[14] Liebeskind J. P., Knowledge, Strategy, and the Theory of the Firm [J]. Strategic

Management Journal, 1996, 17: 93 - 107.

[15] Rubinstein A., Perfect Equilibrium in a Bargaining Model [J]. Econometrica, 1982, 50: 97 - 109.

[16] Shy O., The Economics of Network Industries [M]. Cambridge, UK: Cambridge University Press, 2001.

[17] Williamson O. E., Transaction Cost Economics: The Governance of Contractual Relations [J]. Journal of Law and Economics, 1979, 22: 233 - 261.

[18] Williamson O. E., The Economic Institutions of Capitalism [M]. New York: Free Press, 1985.

[19] 陈浩. 网络经济下企业的边界：交易成本理论分析 [J]. 江苏大学学报（社会科学版），2005（4）: 93 - 97.

[20] 范黎波. 互联网对企业边界的重新界定 [J]. 当代财经, 2004（3）: 17 - 22.

[21] 杨蕙馨, 李峰, 吴炜峰. 互联网条件下企业边界及其战略选择 [J]. 中国工业经济, 2008（11）: 88 - 97.

[22] 张宇, 宣国良. 网络时代的企业边界 [J]. 上海交通大学学报：哲学社会科学版, 2000, 8（3）: 24 - 29.

第 27 章

互联网条件下企业边界及其战略选择[*]

27.1 引　　言

是什么决定了企业的边界？或换言之，一个企业在具体而又复杂的经营环境中，如何做出竞争或合作（competition or cooperation）以及自造或购买（make or buy）的决定？前者实际上是一个横向兼并（horizontal mergers）的问题，后者则属于纵向一体化（vertical integration）的范畴。自科斯（Coase, 1937）发表《企业的性质》一文以来，该问题就一直是新制度经济学以及产业组织理论研究中的一个重大课题。

概括而言，前人对企业边界问题的研究，主要是围绕着"市场势力"（market power）与"交易成本"（transaction cost）这两种不同的思路展开的。基于市场势力的分析，主要从规避垂直外部性——如所谓的"双重边际"问题（Tirole, 1988）与水平外部性——如销售上的"免费搭车"问题（Mathewson and Winter, 1986）、实施价格歧视（Perry, 1978）、排斥（Hart and Tirole, 1990；Riordan, 1998）以及供应安全（Carlton, 1979），产业成长阶段（Stigler, 1951）等方面入手界定企业边界。交易成本分析则被引入对资产专用性（Willamison, 1975, 1983, 1985）、所有权安排与不完全合约（Grossman and Hart, 1986；Hart and Moore, 1990；Hart, 1995）的研究中，开启了对企业边界问题研究的新方向。

互联网起源于美国国防科研项目阿帕网（ARPANET），最早是用于军事信息的传递。以互联网技术为标志的新经济迅速发展为企业经营带来了一个全新的时代。互联网作为最具开放性的信息交流平台，具有便利、易得、价廉、标准统一等特点，它使企业的生产、销售、设计等活动比较方便地跨越时空与国界的限制，将遍布世界各地的各种机构、组织、个人联系起来，在互联网条件下企业的边界呈现出新的变化特点。

---

[*] 本章作者为杨蕙馨、李峰、吴炜峰，发表在《中国工业经济》2008 年第 11 期（有改动）。

对于互联网条件下企业边界的变化及战略选择，近年来已经成为国内外理论界的研究热点之一。帕特森和洛兰德构造了一个网络经济条件下企业边界的决策模型分析企业的业务工序外包（BPO）问题，他们认为：一个无偏的、最优的BPO方法，需要同时考虑交易成本、风险以及沉没成本等因素；贯彻该模型要求对BPO的细节进行量化，并对每一个潜在的服务供应商和每道业务工序的风险与控制因素进行考量；通过该方法可以研究虚拟企业的创立以及对企业的边界进行动态构建（Patterson and Rolland, 2002）。一些学者通过研究开放源软件的组织方式，发现企业、市场之外的又一种新的组织形式——伙伴生产（peer production），该组织形式具有信息获取、资源配置（特别是互联网经济中最重要的人的创造力的合理配置）的重要功能（Tirole and Lerner, 2002；Benkler, 2002），新经济中，知识战略成为企业战略的重要组成部分。有学者研究表明，与市场相比，企业这种组织形式对知识生产、专利保护更有效率（Liebeskind, 1996）；而创新是突破现有企业边界的一种重要手段（Hippel and Krogh, 2006）。

有国内学者研究了互联网条件下企业水平边界、垂直边界的决定问题，认为互联网在某些情况下能够使企业的有效边界扩大，在另一些情况下却使企业的有效边界缩小（范黎波，2004）。张宇和宣国良（2000）的研究发现互联网的发展降低了企业的组织管理成本和交易成本，在互联网条件下，企业出现了巨型化和小型化两种趋势，企业的虚拟化和联盟化将越来越普遍。陈浩（2005）认为网络经济的发展并没有改变企业与市场二分结构的实质，但网络的楔入却在一定程度上细分了原有结构，使交易关系更为复杂。杨蕙馨等（2007）特别关注了中间性组织存在与演化的一系列问题以及产业链纵向关系中分工制度安排的选择与整合问题。

尽管上述研究对互联网条件下的企业边界的决定问题有较深入的分析，然而对因企业边界变动而导致的企业战略选择问题较少触及，或只对其中某一些战略做出阐述，缺乏全面、系统的梳理和论述。本章通过分析互联网对企业价值链、管理成本、交易成本以及使用互联网成本的改变，建立互联网条件下企业边界变化的模型，指出企业边界可能变化的方向。企业应根据所处的内外部条件，在专业化战略、并购与被并购战略、外包战略以及竞合战略中选择与自己相匹配的战略，以适应新经济条件下的竞争。

27.2 互联网条件下企业边界的变化

信息技术，尤其是互联网技术的发展对企业经营管理产生了巨大的影响。一是互联网的出现和大规模商用极大地降低了企业之间信息传递的成本，提高了传递的速度；二是互联网的应用为企业之间以及不同技术之间的相互融合奠定了物质和技术基础,从而出现了"并行工程""精益生产""灵捷制造""虚拟制造"等柔性生产模式;三是企业之间快捷便利的信息交流降低了信息不对称的程度,更有利于企业之间信任度的提高和虚拟企业等柔性组织的建立(孙艳,2002)。显而易见,互联网的出现使企业的交易成本和生产成本降低,必然导致企业边界发生变化。互联网对企业边界的影响,可以从以下四个方面来分析:

27.2.1 互联网对企业价值链的影响

价值链是一组互不相同但又相互关联的价值创造活动,包括从零部件供应商获取基本原材料到把最终产品交付到终极用户手中的全部活动。波特(Porter,1985)将企业的业务流程描绘为一个价值链,竞争不是发生在企业与企业之间,而是发生在企业各自的价值链之间。只有对价值链的各个环节(业务流程)进行有效管理的企业,才有可能真正获得竞争优势。价值链是判定企业竞争优势并从中发现方法以创造和维持企业竞争优势的一项基本工具。

互联网技术的应用范围涉及企业所有的经济活动,可以直接影响企业价值链上任意环节的成本,改变和改善成本结构。企业可以凭借网络信息技术的支持,及时掌握各个生产环节和各个销售网点的相关生产和销售信息,利用企业内部网络对这些信息进行分类统计处理,进而通过与供应商之间的网络使供应商能够即时获得库存信息,通过快速反应系统及时对库存进行补充,使企业可以以最小批量进货,实现零库存。信息化使企业成本下降,其实质是通过提高信息资源开发利用效率和扩大信息资源开发利用范围,使企业能以低信息成本实现共享管理信息,并随管理规模的扩大形成规模管理效应,从而改变企业的竞争方式。企业通过降低各业务环节的成本,凭借明显的价格优势在行业中处于领先地位,取得竞争优势。可见,互联网技术的应用能够极大地提高生产效率,降低企业的采购成本和销售成本。

互联网条件下,企业的生产效率提高,采购、销售的便易以及规模化生产都降低了生产成本,企业便会更加集中有限的资源来从事优势环节的生产,原有的整个产品生产的价值链被打断,企业的纵向规模缩小,横向规模扩张,企业边界的形状发生变化(见图27-1)。假设市场上有 a、b、c 三家企业,都拥有完整的价值链,都从事零件1、2、3的生产,但彼此的生产能力和优势不同,如图27-1A 所示。实线表示企业的边界,虚线表示整个价值链中不同环节的划分。互联网条件下,企业会专注于自己优势环节的生产,从而企业边界会纵向缩短,横向伸展,由原先的不规则的瘦长型变为扁胖型,如图27-1B 所示。

值得注意的是,图27-1只是互联网条件下企业边界形状变化的情形之一,实际环境中不排除存在其他变化形式。但是,无论现实中最终选择哪种形式的企业边界形状,都将需要紧密围绕企业的核心能力,根据所处产业及市场竞争的具体情况,重整或再造企业原有的价值链。

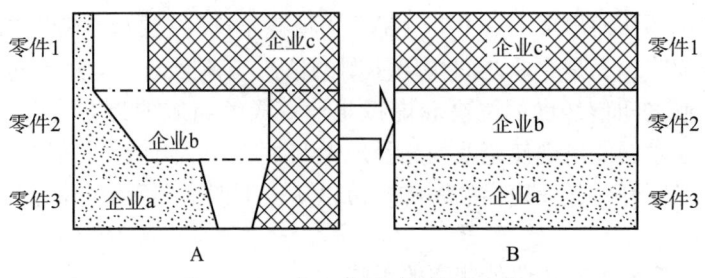

图 27-1　企业边界形状发生变化

总之，互联网的出现以及大规模商用提高了生产效率，降低了企业的采购与销售成本，从而降低了单位产品的成本，企业的分工更加细致，企业原有的价值链会改变，从而企业边界的形状发生着变化。

27.2.2　互联网对管理成本的影响

互联网可以最大限度地实现计算机资源和信息共享，同时还可以通过远程的信息交流和沟通借助"外脑"实现网上设计。互联网的出现和普及对管理成本的影响表现在：①通过互联网进行企业内部会议和培训等工作，降低了管理中的交通费用；②通过互联网实现企业的信息协调、传递和加工，降低了管理中的通信费用；③借助互联网自动完成管理的某些功能和过程，降低了企业的人工成本；④通过互联网企业可以即时了解订货、生产、销售和库存情况，实现按需生产和按需订货，降低了企业的库存成本等。许多小企业，特别是在网上创办的小企业之所以能独立创业并获得发展，正是因为互联网的普及才有可能变为现实。网络技术的广泛应用不仅极大地降低了企业的管理成本，而且管理成本的降低使得企业能够进一步扩大规模，从而企业的最优边界由于组织成本的降低而扩大了。

27.2.3　互联网对交易成本的影响

按照科斯的定义，交易成本泛指所有为促成交易发生而形成的成本，包括寻找贸易伙伴的搜寻成本、取得交易对象信息和与交易对象进行信息交换所需的成本、讨价还价的成本、进行相关决策与签订合同所需的成本以及监督交易进行的成本。互联网的出现和应用可以使企业交易成本大大降低，主要体现在：①网络技术使企业交易信息的收集和处理更为便捷，不仅能够迅速完成订单处理，还可以立刻得到顾客的意见反馈。②消费者通过互联网可以比以前更快、更容易地在更多的供货商之间就产品、价格、品质等进行选择，甚至可以通过网络分享有关信息，大大降低了信息搜寻成本，并借助互联网进行"团购"谈判，降低了谈判成本。互联网交易还能够实现企业信用信息披露的快捷和公正，降低交易的履约成本。③通过互联网交易，资产的所有者或是潜在的未来使用者都可以较低的成本获得更多的关于这项资产的用途及所有者、使用者的各项相关信息，提高了一项资产用于别的用途或者找到新的使用者的可能性，从而一定程度上降低了资产的专用性。

27.2.4 网络成本对企业边界的影响

企业在运用互联网进行生产经营的过程中，本身就存在着使用成本，主要包括：一是互联网使用自身的成本，主要是计算机设备的购置、网络系统的设计、调试、运营及维护费用等；二是网络交易带来的成本，与传统的面对面、一手钱一手货的交易方式不同，网络交易双方不直接见面，这可能导致交易主体的机会主义倾向和信用缺失，再加之网上支付系统可能存在的风险，使得后续履约的成本增加；三是网络自身的安全成本，主要是网络技术自身的安全带来的成本，如网络病毒的危害、网络黑客的入侵导致的损失等。正因为企业运用互联网本身存在着成本与风险，企业自然会采取行动来尽量降低成本、减少风险，所以企业边界有融合的趋势。

由上述四方面的分析看到，互联网的出现与普及，使得企业价值链、管理成本、交易成本、网络成本都发生了变化，其导致企业边界的变化情况，可以进一步总结为如表 27-1 所示。

表 27-1 　　　　　　　互联网条件下企业边界的变化

条件	变量	变化方向	企业边界的可能变化
互联网的出现与普及	企业价值链	重组	纵向缩小，横向扩大
	管理成本	减小	扩大
	交易成本	减小	缩小
	网络成本	增加	融合

在表 27-1 中，由于互联网的出现及普及，很可能发生企业价值链重组现象，企业边界的一个可能变化方向是纵向缩小而横向扩大。管理成本的降低，将相应导致企业边界扩大；而交易成本的降低，则带来企业边界的缩小。网络成本因素，则进一步使企业边界发生"融合"的趋势性变动。

27.3　互联网条件下企业边界的决定

按照威廉姆森（2002）的观点，在考虑资产专用性的情况下，企业的交易活动将有所不同：资产专用性最强的，比如企业的核心技术、核心经营活动，这一类交易适合采用企业的形式来组织；资产专用性较弱的，如原材料的采购和供应，这类交易置于企业内部进行并不经济，更适合由市场来组织；介于两者之间的交易，如零部件的供应和产品的销售，最终是由市场来进行组织还是应该由企业来进行组织，要据具体情况而定。所谓的"效率边界"（实际上也就是企业边界）是核心技术以及被证明置于企业内部进行更有效率的交易的集合。图 27-2 所示的为威廉姆森的效率边界模型：S_1、S_2、S_3 为核心技术，R 为原材料，C_1、C_2、C_3 为 3 种零部件，D 为分配，o 为自己生产，b 为通过市场购买，实线表示交易发生，虚线表示交易未发生。

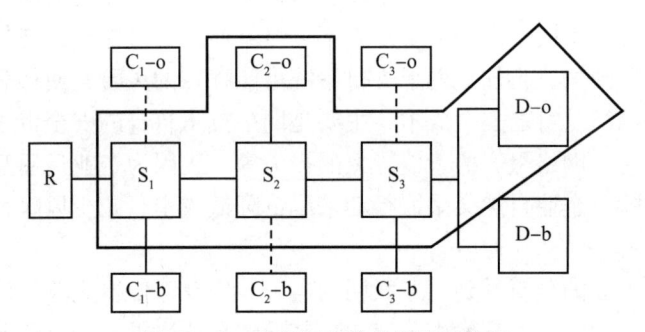

图 27-2　威廉姆森的效率边界模型

资料来源：威廉姆森. 资本主义经济制度——论企业签约与市场签约 [M]. 北京：商务印书馆，2002.

在威廉姆森模型的基础上，建立一个简单的数学模型以进一步分析互联网条件下企业边界的决定问题。假设某一商品生产需要 n 道工序相互配合完成。其中有 1 道工序（可将其看作该企业的核心技术，为了简便，不妨把它假设为最后 1 道工序）必须由某一代表性企业（如 A）来完成，剩下的 n-1 道前向工序由该企业决定是否由它自己来生产或从外部市场购买。此时，企业的边界由其所"内在化"的工序决定，比如，它自己生产 m 道前向工序，再加上必须要生产的最后 1 道工序，那么，企业 A 的边界由 $m+1(1 \leq m \leq n-1)$ 的大小所确定。将所有工序进行重新编号，"内在化"的 m 道工序分别编为"1, 2, …, m"，这 m 道工序的制造成本分别为 $MC_m(I)(-m=m+1, m+2, …, n-1)$，随互联网的应用而递减；总管理成本为 $(m+1) \cdot C(I)$，其中 $C(I)$ 为单道工序的管理成本，它是互联网应用（I）的一个减函数；通过市场交易 n-1-m 道工序的交易成本分别为 $TC_{-m}(I)(-m=m+1, m+2, …, n-1)$，同样是互联网应用的减函数，相应的，市场价格为 $p_{-m}(-m=m+1, m+2, …, n-1)$；互联网的应用成本设为 I。A 企业所生产商品的市场的销售价格为 p，该企业是一个最大化利润行为者，并且假设该企业只用前 n-1 道工序（可以把这些工序理解为中间投入品，分别记为 $q_1, q_2, …, q_{n-1}$）进行最终商品的生产，那么：

$$\max \prod = p \cdot f(q_1, q_2, \cdots, q_{n-1}) - \sum_{m=1}^{m} MC_m(I) - \sum_{-m=m+1}^{n-1} q_{-m} p_{-m}$$
$$- (m+1) \cdot C(I) - \sum_{-m=m+1}^{n-1} TC_{-m}(I) - I \qquad (27-1)$$

式（27-1）表明，企业最大化利润，需要从其收入中减去"内在化"工序的制造成本和管理成本，再减去采购自市场上的工序的交易成本。

要使式（27-1）最大化，必须同时满足：

$$-\sum_{m=1}^{m} MC_m(I) - \sum_{-m=m+1}^{n-1} q_{-m} p_{-m} - (m+1) \cdot C(I) - \sum_{-m=m+1}^{n-1} TC_{-m}(I) \geqslant$$
$$-\sum_{m=1}^{m+1} MC_m(I) - \sum_{-m=m+2}^{n-1} q_{-m} p_{-m} - (m+2) \cdot C(I) - \sum_{-m=m+2}^{n-1} TC_{-m}(I) \qquad (27-2)$$
$$-\sum_{m=1}^{m} MC_m(I) - \sum_{-m=m+1}^{n-1} q_{-m} p_{-m} - (m+1) \cdot C(I) - \sum_{-m=m+1}^{n-1} TC_{-m}(I) \geqslant$$
$$-\sum_{m=1}^{m+1} MC_m(I) - \sum_{-m=m+1}^{n-1} q_{-m} p_{-m} - m \cdot C(I) - \sum_{-m=m+1}^{n-1} TC_{-m}(I) \qquad (27-3)$$

化简得：

$$MC_m(I) + C(I) \geqslant q_{m+1} p_{m+1} + TC_{m+1}(I) \qquad (27-4)$$
$$q_m p_m + TC_m(I) \geqslant MC_m(I) + C(I) \qquad (27-5)$$

式（27-4）表明，如果最优状态时应为 m 道工序被"内部化"，而实际上却有 m+1 道工序被"内部化"，那么，内部生产第 m+1 道工序的成本（包括制造成本、管理成本）必然要大于从外部采购（包括购买成本、交易成本）。同样，式（27-5）表明，如果最优状态时应为 m 道工序被"内部化"，而实际却有 m-1 道工序被"内部化"，那么，从外部采购第 m 道工序的成本必然要大于该工序内部生产的成本。

互联网的应用，对企业最大化利润行为的影响是不确定的。这可从式（27-1）求对 I 的导数清楚地看到：

$$\frac{\partial \prod}{\partial I} = -\sum_{m=1}^{m} MC'_m\left(\frac{I^*}{2}\right) - (m+1) \cdot C'\left(\frac{I^*}{2}\right) - \sum_{-m=m+1}^{n-1} TC'_m\left(\frac{I^*}{2}\right) - (m+1) - \frac{1}{2}$$
$$(27-6)$$

式（27-6）右边前三项为正数，因此 $\frac{\partial \prod}{\partial I}$ 取正负值的关键取决于这三项之和是否大于1。在不考虑互联网对企业价值链的作用（即不考虑第一项）时，如果互联网的应用相比较交易成本的降低，管理成本能更快速地减少，此时，增大 m（即扩大企业边界）必将使利润增加，即 $\frac{\partial \prod}{\partial I}$ 增大，这是一种有利可图的行为。反之，如果相比较管理成本的降低，交易成本得到更快速的下降，减少 m（即缩小企业边界）也将使利润增加，自然，此时企业将做出更多工序要外部采购的决策。如果再考虑重联网对企业价值链的作用，情况会更复杂，本章暂忽略不计。

最后，看一下互联网应用的成本因素。假设，现在发生一次网络技术革命，使得互联网应用的成本减为原先（I^*）的 1/2。那么（27-6）式变为：

$$\frac{\partial \Pi}{\partial I} = -\sum_{m=1}^{m} MC'_m\left(\frac{I^*}{2}\right) - (m+1) \cdot C'\left(\frac{I^*}{2}\right) - \sum_{-m=m+1}^{n-1} TC'_m\left(\frac{I^*}{2}\right) - \frac{1}{2} \quad (27-7)$$

此时，需要在明确各导数的斜率（即求利润函数的二阶导数）的前提下，获得企业利润的增减情况。在这个一般化的公式中，不能确定互联网因素对企业利润的影响关系，进而也不能明确企业边界的变动情况，这也就是上文在表 27-1 中使用"融合"一词的原因。

27.4 互联网条件下企业的战略选择

在互联网条件下，不同的力作用于企业，企业边界发生着各种可能性的变化，从而决定了面临不同内外部条件的企业需要进行不同的战略选择。互联网条件下企业的战略选择主要有：价值链重组——专业化战略，扩大生产规模——并购与被并购战略，剥离弱势环节——企业的外包战略，形成"抱团"优势——合作竞争战略，这里没有一个单一的战略决策模型，而是根据企业自身的核心能力对一个战略"集束"做出最优或次优选择的问题。下面对这四种战略进行详细分析。

27.4.1 价值链重组——专业化战略

专业化战略是集中于一个特别的、较窄的市场里面，通过抓住特定客户群体的特殊需求，集中力量于有限地区的市场，或者集中力量于产品的某种用途，进而建立竞争优势和市场地位的战略，其条件是企业在细分的、有限目标市场上更具效率。互联网的出现与普及，生产效率得以大幅度提高，采购销售费用降低以及大规模生产大大降低了单位产品的生产成本，使企业可以着力于好少数的几件事情。分工得更加细致和深化，使得公司层面的价值链出现破碎及重组。同时，由于企业的资源有限性，任何企业都无法完成产品生产的全过程，以往价值链的分工变成了现在价值链中各个环节的分工，分工的细化使得企业能够集中力量做好最擅长的工作，对于中小企业更是如此，使众多中小企业借助互联网能够实现专业化经营。

从战略管理角度来看，多元化和专业化都是企业的基本战略，都有成功的可能。实施专业化战略，对企业有三个方面的好处：①劳动分工原理告诉我们，即使其他条件不变，单纯的专业化生产作业，或者说熟能生巧就能提高生产效率。

②专业化有利于实现规模经济，使单位产品生产成本降低，比小规模生产获得更大的经济效益。当然，规模经济并不仅仅局限于生产领域，而且包括诸如市场销售、资金筹集、人员培训等方面。③专业化有利于企业进一步细分市场，尤其是在那些市场需求复杂多样、每个细分市场规模有限的消费品行业，走特色发展之路较易形成竞争力。

近年来，提高企业核心竞争力的专业化经营已经成为跨国公司业务整合的主要趋势。例如，诺基亚公司就是从多元化转向专业化经营的道路。

27.4.2 扩大生产规模——并购与被并购战略

企业进行多种生产要素和营销要素的资源整合，是互联网时代寻求扩大利润空间的一条新途径。一般而言，企业构建核心竞争力的基本模式有两种：一是自我发展；二是并购某些具有专长的企业，或与拥有互补优势的企业建立战略联盟。与自我发展构建企业核心竞争力相比，并购具有时效快、可得性和低成本等特点。尽管要完成从搜寻具有某种资源和知识的并购对象到实现并购，并进行资源整合，构建企业核心竞争力的过程也需要一定的时间，但比通过自我发展构建核心竞争力要快得多。对于那种企业需要的某种知识和资源专属于某一企业的情况，并购就成为获得这种知识和资源的唯一途径，通过并购构建核心竞争力的低成本性主要体现在从事收购的企业有时比目标企业更知道其拥有的某项资产的实际价值。

从企业成长的角度来看，与通过内部资本积累扩大规模相比较，企业并购可以给企业带来多重绩效：一是并购能给企业带来规模经济效应。一方面是企业的生产规模经济效应，通过并购可以对企业的资产进行补充和调整，以达到最佳经济规模，降低企业的生产成本。另一方面是企业的经营规模效应，通过并购，企业可以针对不同的顾客或市场进行专门的生产和服务，满足不同消费者的需求；可以集中有限的经费用于研究、设计、开发和生产工艺的改进等方面，迅速采用新技术，推出新产品；企业规模的扩大还可以使企业的融资相对比较容易等。二是并购能给企业带来市场势力效应。企业的纵向并购可以通过对关键原材料和销售渠道的控制，使企业更具成本优势，产生对竞争对手不利的影响，提高企业所在领域的进入壁垒和企业的差异化优势；横向并购可以减少竞争对手，实现并购企业间的优势互补，提高市场占有率，增加对市场的控制力。三是并购能给企业带来交易成本的节约。①并购企业间的学习效应明显，通过并购使知识在同一企业内使用，达到节约交易成本的目的。②通过并购可以将商标、商誉等无形资产的使用者变为企业内部成员，解决这些无形资产运用中遇到的外部性问题。③有些企业的生产需要大量的中间产品投入，而中间产品市场存在供给的不确定性、质量难以控制和机会主义行为等问题，通过并购将合作者变为企业内部机构，就可以消除上述问题。

在互联网条件下，越来越多的企业开始呈现小型化的趋势，其中最具代表性的是 IT 企业和网络企业。在竞争过程中，中小企业个体很难单枪匹马应对实力强劲的大企业，与其被吞并，还不如主动通过被一个有实力、有前途的大企业并购的方式以谋求长远的发展，利用自己的优势去迎合大企业扩展业务的需求，在众多买家中寻找合适的价格和归宿。在现代市场经济中，企业相当于一种商品，只要价格合适，主动选择被并购对于双方来说就是"双赢"的。而现实情况是，好的企业都想自己继续持有经营，"好好的为什么要卖呢？"而那些陷于亏损困境的企业则都想卖出去，快点把包袱甩掉。这可能是多数企业在发展中遇到的一个悖论，好的时候不想卖，坏的时候卖不掉。进一步讲，出售可以作为一种战略在企业建立时便进行培养，即我创建这个企业就是为了出卖，把企业当作一种纯粹的商品，企业可以在一个合适的时机主动选择被并购战略，以最大限度地套取现金。比如，近日汇源果汁集团有限公司董事长兼总裁朱新礼决定把汇源果汁出售给可口可乐的消息引起了社会各界的震惊，暂且不论是否有违反垄断法，仅从成本收益角度分析，这完全是一种正常的有利可图的商业行为。

27.4.3 剥离弱势环节——企业的外包战略

进入 21 世纪，已经有越来越多的企业经营者专注于核心竞争力的培育，逐步将重要但非核心的业务交由外部的企业完成，业务外包成为一种趋势。技术的飞速发展以及互联网普及所引发的知识快速传播，使得在全球范围内、共享的生态环境下获取资源成为可能，移动办公、自助服务和及时有效的信息沟通促使组织结构发生着翻天覆地的改变。信息技术的发展促进了生产方式的变革，信息产业数字化的前景更使业务外包与采购的优越性日益显现出来，业务外包和采购的兴起也与信息产业的发展密切相关。信息产业以小企业为主要力量，而小企业利用业务外包与采购是当然的最佳选择。

业务外包推崇的理念是，如果在价值链上的某一环节不是世界上最好的，而这又不是企业的核心竞争优势，而且这种活动不至于使企业与客户分开，那么，就可以把它外包给世界上最好的专业公司去做。也就是说，首先确定企业的核心竞争力，并把企业内部的智能和资源集中在那些有核心竞争优势的活动上，而后将剩余的其他活动外包给最好的专业公司。而那些能够形成企业的核心能力或提高竞争力的活动、属于企业需要控制的价值流、需要与顾客密切接触的活动以及可以获得较高投资回报率的活动是不能外包的。

可以预测，未来企业将会越来越多地将价值链的非核心环节业务外包给其他企业，特别是中小企业。从战略上看，业务外包可以给企业提供较大的灵活性，尤其是在购买高速发展的新技术、新式样的产品，或由复杂系统组成的零部件方面更是如此。在经济全球化、竞争国际化、资源社会化的竞争中，全球业务外包是企业整合利用外部专业化资源，达到降低成本、提高效率和竞争力，增强企业对环境迅速应变能力的管理模式。例如，日本丰田集团总公司就有160多家小企业与之发生外包交易，由于彼此之间相互依赖，共享知识与技能，共同开发与生产，所以，丰田公司既降低了业务的不确定性因素所导致的风险，又降低了生产成本，改进了质量，加速了新产品开发过程（黄泰岩、郑超愚，2000）。

27.4.4 形成"抱团"优势—合作竞争战略

与传统竞争不同，合作竞争是指企业通过寻求合作的方式来获得共同发展，即使这些企业在发展新产品及市场竞争中互为竞争对手，也可以通过与竞争对手的信息交换以获得最小化风险与最大化企业竞争能力。

所谓合作竞争（co-opetition）战略是指，企业为寻求和维持持久竞争优势，而做出的重新整合企业与市场资源的重大筹划和谋略。在市场需求迅速变化的情况下，互联网的普及要求企业必须改变传统的竞争思维模式，做出以合作求竞争的战略选择，寻求与供应商、顾客、竞争对手的密切合作，以求共担风险，这样比直接对抗更加有利。

合作竞争战略具有以下特征：①"双赢"。即参与合作竞争的企业能够从合作中获得一定的利益，如利润的增加、生产效率的提高、产品或服务附加值的提高、获利能力的改善等。事实上，利益是合作竞争战略得以实施和取得成功的基本前提，企业间资源优化配置的结果就是合作参与人的"双赢"。②共同目标。即关于未来合作成就的期望与蓝图，是对战略远景的形象描述。事实上，对共同目标的憧憬往往是激励战略合作伙伴通力合作的主要原因。③彼此信任。即参与企业对合作竞争的态度或基本看法彼此一致，双方或多方彼此信赖、诚实坦白、信守诺言，具有通力合作的团队精神，以最大化团队整体利益为出发点，追求合作双方或多方的共同成长。

合作竞争战略的选择是企业边界不断融合的重要表现。互联网条件下，企业之间的联系更为密切，同行业内的企业也不再是单纯的竞争关系，竞争不一定是你死我活，一个企业经营业绩的取得不一定要以其他企业经营惨败为代价，竞争是以吸引并留住顾客为根本目标，关键在于供应链上下游及客户关系的建立与忠诚，因此，合作竞争战略便显得尤为重要。在互联网条件下，企业彼此之间抱成团，通过合作降低交易与竞争成本，提升整体竞争实力；通过竞合，做到资源共享、风险共担、利益均沾、共同发展。企业间只有在合作竞争的过程中抱成团，才能够形成企业的"共生圈"，提高效率，产生"1+1>2"的效果。

27.5 结论与研究意义

互联网的出现与普及，对企业的价值链、管理成本、交易成本以及网络成本都产生了影响，使企业边界向不同方向变化，企业在内外部条件发生变化时也会采取相应的战略，以适应新经济条件下的竞争，如表27-2所示。

表27-2　　　　　　　　互联网条件下企业战略的选择

条件	变量	变化方向	企业边界的可能变化	企业战略
互联网的出现与普及	企业价值链	重组	纵向缩小，横向扩大	专业化
	管理成本	减小	扩大	并购与被并购
	交易成本	减小	缩小	外包
	网络成本	增加	融合	合作竞争

互联网的出现改变了企业生产经营过程中的各种费用，给消费者和厂商提供了一个开放的交互式的商务交流平台，减少了传统交易的种种障碍，使运输的时间和通信的成本大大降低，缩短了生产厂商与最终消费者之间的距离，这势必影响企业在新经济条件下的战略选择。对于一个企业来讲，互联网并非只影响一个变量的变化，企业边界的变动也并非完全对应相应的战略选择，企业须根据所处的内外部环境，综合考虑各方面的影响因素，选择相匹配的恰当战略。从现有企业界的实际情况来看，专业化战略和并购战略被较多地采用，这可能与我国近期的市场竞争与产业发展状况相关。随着市场环境的改善以及互联网更为广泛的融入经济生活，不久的将来可能看到更多的企业选择业务外包战略与合作竞争战略。

本章只是从理论上对互联网的出现及普及导致的企业边界的变化方向做了分析，并没有给出充分的经验证明。同时，依然将企业作为黑箱，只是研究了互联网对企业边界及战略的影响，没有细化对企业内部各种职能部门的具体影响与作用。在互联网对企业战略影响这个问题上，可以在充足实证数据的基础上，深入剖析企业内部各职能部门战略选择的变化，如融资战略、人力资源战略、营销战略等，这样将会对企业实际的经营决策具有更强的指导意义。

参考文献

[1] Benkler, and Yochai, Coase's Penguin, or, Linux and the Nature of the Firm [J]. Hie Yale Law Journal, 2002, 112 (3): 369-446.

［2］Carlton D W., Vertical Integration in Competitive Markets under Uncertainty［J］. The Journal of Industrial Economics, 1979, 27 (3): 189 – 209.

［3］Coase R. H, The Nature of the Firm［J］. Economics, 1937.

［4］Grossman S J, and Hart O D, The Costs and Benefits of Ownership: A Theory of Vertical and Lateral Integration［J］. Journal of Political Economy, 1986, 94 (4): 691 – 719.

［5］Hart Oliver, Firms Contracts and Financial Structure［M］. Oxford: Clarendon Press, 1995.

［6］Hart Oliver, and John Moore. Property Rights and the Nature of the Firm［J］. Journal of Political Economy, 1990, 98 (6).

［7］Hart O, and Tirole J. Vertical Integration and Market Foreclosure［J］. Working papers, 1990 (2): 205 – 286.

［8］Liebeskind J P, Knowledge, Strategy, and the Theory of the Firm［J］. Strategic Management Journal, 1996, 17: 93 – 107.

［9］Mathewson, G. F. New Developments in the Analysis of Market Structure［C］. Cambridge, MA: MIT Press, 1986.

［10］Perry M K, Price Discrimination and Forward Integration［J］. The Bell Journal of Economics, 1978, 9 (1): 209 – 217.

［11］Patterson, K., and E. Rolland, A Decision Model for Configuration of Firm Boundaries in the Network Economy［J］. The Electronic Journal for E – Commerce: Tools & Applications, 2002, 1 (2).

［12］Porter M., Competitive Advantage［M］. New York: Free Press, 1985.

［13］Riordan Michael, Anticompetitive Vertical Integrations by a Dominant Firm［J］. Anieriean Economic Review, 1998, 88 (5).

［14］Stigler George J, The Division of Labor is Limited by the Extent of the Market［J］. Journal of Political Economy, 1951, 59 (3): 185 – 193.

［15］Tirole Jean, The Theory of Industrial Organization［M］. Cambridge, MA: MIT Press, 1988.

［16］Lerner J, Tirole J, Some Simple Economics of Open Source［J］. The Journal of Industrial Economics, 2002, 50 (2).

［17］Williamson O. E. Markets and Hierarchies: Analysis and Antitrust Implications［M］. New York: Free Press, 1975.

［18］Williamson O E, Credible Commitments: Using Hostages to Support Exchange［J］. The American Economic Review, 1983, 73 (4): 519 – 540.

［19］Williamson O. E., The Economic Institutions of Capitalism［M］. New York: Free Press, 1985.

［20］Hippel E. V., and G. V. Krogh, Free Revealing and the Private – Collective Model of Innovation Incentives［J］. R&D Management, 2006, 36 (3).

［21］陈浩. 网络经济下企业的边界：交易成本理论分析［J］. 江苏大学学报（社会科学版），2005 (4): 93 – 97.

［22］范黎波. 互联网对企业边界的重新界定［J］. 当代财经，2004 (3): 17 – 22.

[23] 冯文娜,杨蕙馨. 中间性组织的演化过程分析——基于分工理论的解释 [J]. 理论学刊,2007 (7):28 - 42.

[24] 黄泰岩,郑超愚. 未来组织设计 [M]. 北京:新华出版社,2000.

[25] 孙艳. 网络经济中的企业组织结构:基于交易费用理论的考察 [J]. 财经科学,2002 (2):61 - 64.

[26] 威廉姆森. 资本主义经济制度——论企业签约与市场签约 [M]. 北京:商务印书馆,2002.

[27] 杨蕙馨,纪玉俊,吕萍. 产业链纵向关系与分工制度安排的选择及整合 [J]. 经济研究参考,2007 (66):24 - 26.

[28] 张宇,宣国良. 网络时代的企业边界 [J]. 上海交通大学学报:哲学社会科学版,2000,8 (3):24 - 29.

第 28 章

网络效应视角下技术标准的共存均衡与兼容性技术研发策略研究

——一个防降价均衡博弈分析[*]

随着高科技产业蓬勃兴起,技术标准知识含量不断增加,此时标准不仅是一套众所周知的生产规则,而且开始包含越来越多的技术专利,使技术标准的经济学属性发生变化。金德伯格(Kindleberger, 1983)认为现代技术标准具有公共物品属性,但因为大量嵌入专利而具有明显的排他性,技术标准具有"准公共物品"的经济学属性。掌握标准内嵌核心技术的企业可以凭借专利资产对标准使用者进行影响和控制,并从中获取巨大经济利益,这一过程强化了他们进行技术专利标准化的动机。莱文(Levin, 1988)和科图姆(Kortum, 1998)通过对专利情况的研究,提出"专利悖论",从另一方面证明现代高科技企业不遗余力将研发成果申请为专利(形成专利丛林),并努力将所持有的技术专利嵌入行业标准,是为了获得产业领导地位,排斥、弱化甚至孤立竞争对手而采取的竞争战略行为。

随着计算机、网络通信技术的快速发展,技术标准影响范围超出使用企业自身的生产作业范畴。参与标准竞争的企业有动力极力扩大其标准的市场覆盖范围,并通过兼容性选择和多渠道营销努力,影响用户预期。随着安装基础增加,越来越多的用户通过使用该标准产品获得更多效用,并对其未来做出正面预期。当用户规模扩张到临界容量时,用户规模效应就会被触发。对于消费者而言,这一系列过程一方面降低了现有产品的使用成本,提升了其价值;另一方面转移成本的存在使得用户将被锁定于某个特定的技术标准或产品规范。对于提供产品并推广技术标准的在位企业而言,这一过程巩固了其市场垄断地位,其对知识产权的保护和管理推高了市场进入壁垒,从而使之可获得更多超额利润。掌握标准制定和推广主动权的企业(主导企业)可以利用这一独特的战略优势实现"赢者通吃"。可见,网络效应是技术标准的重要属性,也是技术标准竞争的作用机理,它使技术标准的市场竞争局面更为复杂。

---

[*] 本章作者王硕、杨蕙馨,发表在《创新与创业管理》2015 年第 1 期(有改动)。

28.1 网络效应视角下技术标准竞争的复杂性

卡兹和夏皮罗（Katz and Shapiro，1994）认为，网络效应分为直接网络效应和间接网络效应。直接网络效应实质上是一种"需求方的规模效应"。在一个具有直接网络效应的产品市场中，一个消费者得自某种商品的效用取决于消费该商品的其他消费者的数量，需求曲线完全不同于标准的需求曲线。当网络规模较小时，边际消费者[①]的支付意愿较低，因为他能够联系的其他人数量少；当网络规模较大时，对商品评价较高的人已经参与进来，边际消费者的支付意愿也较低，因此需求曲线呈上凸形状。此时，可能存在三种均衡状态，即网络规模为零、小规模网络和大规模网络。对市场进行动态分析可发现：随着时间的推移，极易出现干扰因素打破均衡状态的情况。这种"干扰因素"可能是源自企业的某种战略实施或营销努力，也可能是某些随机事件和不可预测因素。这些因素使商品的平均成本逐渐下降，扩大了进入网络的消费者数量，当网络规模扩大到临界容量时，系统将快速上升为高水平均衡，即出现安装基础的"起飞"[②] 美国传真机的案例、标准键盘的案例和Windows操作系统的案例物都很好地诠释了这一点。间接网络效应主要源于供给方的规模经济和范围经济。在硬件/软件范式中，硬件需求量的增加带来软件需求量和品种的增加，不仅摊薄了软件研发创新的先期成本，而且产生技术溢出效应。尤其是在信息技术产品和服务领域，消费者享有直接网络效应和间接网络效应的双重好处，而这一切都要依靠同类产品技术标准和互补性产品技术标准的协调才能实现。熊红星认为，这种复杂性决定了绝大多数垂直网络标准竞争中的均衡不是唯一的，竞争的结果可能产生唯一的市场标准（即市场过度标准化），也可能出现多个标准并存（即市场标准化不足）。邢宏建将网络效应异质假定和非对称兼容纳入同一模型，在线性网络效应的假定下探讨了不同类型的竞争网络获得的稳定"共存均衡"。

不仅如此，消费者异质性偏好和产品差异化催生了技术标准领域的模块化设计方式。要实现模块化，就需要彻底改变传统产品概念，将产品定义为一套复合功能组合和用户问题解决方案，按照功能结构对产品进行分解、组合和封装，同时对模块化的"设计规则"效率条件进行分析，即设计规则必须使分解后的专业化收益大于引致的交易费用。系统产品的提供者所做的工作越来越倾向于将各类功能模块按照消费者的需要和技术规则的要求进行排列组合，那些"小而精"的

[①] 边际消费者是指当市场价格为 p 时，在购买与不购买之间无差异的消费者。换句话说，其对商品的支付意愿等于价格。

[②] 戈尔德和泰勒斯（Golder and Tellis，1997）将"起飞"定义为技术（产品）销售突然增加的时刻，并将此作为技术（产品）引入期和成长期的分界点。

功能模块具有更多的嵌入机会。越来越多的标准主导企业选择建立技术标准联盟，以分散技术风险、市场风险和规制风险。技术标准联盟扩大主导企业的影响力，为联盟成员企业提供了"搭便车"的机会。但是，联盟企业可能存在"多属"问题、企业间利益协调困难等因素进一步增强了市场标准竞争结果的不确定性。

28.2 模型的基本假定

如上所述，造成技术标准竞争过程复杂性的主要原因是技术标准具有网络性和消费者具有异质性偏好。夏伊（Shy）证明了在此环境下 Nash – Bertrand 均衡是不存在的。本章以防降价均衡（undercut-proof equilibrium）作为一种替代研究方法，做出相关基本假定。

28.2.1 消费者相关假定

（1）消费者偏好的网络效应。

为了简化模型，只考虑直接网络效应存在的情况。根据卡兹和夏皮罗（Katz and Shapiro）的观点，如果某种产品带给消费者的效用随该产品用户人数的增加而增加，那么这种产品就具有网络效应（或网络外部性）。因此，当消费者使用某技术标准时，其效用包括两部分——基本效用和网络效应带来的效用。基本效用是指消费者独立使用标准时的效用，如标准化带来的生产成本节约、产品质量提升等，是技术标准优化企业内部作业流程的结果，本章称之为基本效用项，用 g 表示。网络效应带来的效用如前文所述，本章称之为网络效应项，用 q 表示使用者数量，并假定网络效应项是 q 的函数 a(q)[①]。

参考夏伊（Shy，1996）的解释，本章认为：当存在两个或两个以上竞争性标准时，网络效应系数反映了用户对各标准安装基础差异的敏感性。换句话说，网络效应系数高，表明用户更"厌恶"用户数量小的技术标准，"喜好"用户数量大的标准，对技术标准间用户规模的差异反应激烈；网络效应系数低，表明用户对技术标准之间用户规模的差异反应温和。

[①] 对 a(q) 有以下几点需要说明：阿托尔（Author，1989）认为网络效应可能为正向（$a'(q) > 0$）、负向（$a'(q) < 0$）和零（$a'(q) = 0$），并发现在正向网络效应下用户将被锁定于某个由一系列"历史事件"导致的技术标准，即所谓存在标准形成的"路径依赖"。克莱门茨（Clements）则认为网络效应经常表现为规模报酬不变（$a''(q) = 0$）和规模报酬递减（$a''(q) < 0$）。为了使消费者效用函数为线性函数，本章假定网络效应带来效用的函数也为线性函数，用 a 表示网络效应系数，反映安装基础的增加对效用的影响。

(2) 兼容性。

当市场中存在互联互通的技术标准时，用户除了可以从本标准的网络中获得效用，还可以从其他标准网络中获得效用，由此进一步将网络效应项分为本网络效应项和兼容网络效应项。技术标准兼容性来自标准中存在相似的、通用的或可移植的技术元素。假定技术标准 B 中有 $\rho_A(0\leqslant\rho_A\leqslant1)$ 比例的技术元素可以在技术标准 A 中使用，则技术标准 A 对技术标准 B 以兼容度 ρ_A 部分兼容。当 $\rho_A = 0$ 时，技术标准 A 对技术标准 B 不兼容；当 $\rho_A = 1$ 时，技术标准 A 对技术标准 B 完全兼容。需要说明的是，兼容度不一定具有对称性，即不一定满足 $\rho_A = \rho_B$。可以认为兼容度是标准生产企业对对方标准的一种技术迎合，即向对方技术路径偏移。是否选择兼容以及兼容度的大小由企业根据利润最大化原则进行决策。

(3) 预期与协调。

潜在消费者根据对技术标准未来安装基础的预期做出选择。在比较静态分析中假定消费者理性，而且具有完全信息。卡兹和夏皮罗（Katz and Shapiro, 1994）将这种预期成为"可实现预期"，夏伊（Shy, 1996）引用"完美洞察力"（perfect foresight）假定消费者能够正确预测某一产品未来的用户数量。通常假定完美洞察力与协调相联系，视之为所有消费者都一致同意是否购买。

消费者的正确预测和有效协调基于一定的现实基础。首先，随着科技的发展，消费者的信息搜寻成本极大降低，多渠道信息来源有助于相互验证信息的准确性。其次，消费者的网络联系加强，彼此互通信息，协调过程更为高效，如通过网络社区召集大量消费者进行团购就是一个很好的例子。最后，企业有动力及时发布准确的产品信息，如许多数码产品企业对即将上市的新产品进行"预先发布"或"预售"，主动与消费者沟通并做出有关产品时间和质量的承诺的目的是将其提前锁定。一旦承诺落空，发布的产品将沦为"雾件"[①]，信誉、口碑也会遭受极大损失，因此企业不敢冒险传递虚假信息。基于此，本章假定消费者具有完美洞察力并且没有协调失败。

28.2.2 企业生产假定

(1) 生产成本与企业利润。

技术标准作为一种产品服务的生产作业规范，具有与信息产品类似的成本特征，即固定成本很高、边际成本很低。由于内嵌大量技术专利，因此研发创新费用、技术转让费用、技术许可费用、专利申请费用等都应作为制定技术标准的固定成本。鉴于此，本章假定技术标准生产企业的成本只包含固定成本 f。企业的

[①] 经过预先发布，却迟迟未能按照承诺上市甚至销声匿迹的新产品通常被称为"雾件"（vaporware）。

收入则为标准的使用价格 p 与安装基础 q 的乘积。则企业利润函数为：$\pi = pq - f$。

（2）标准的技术假定。

本章首先假定标准的技术水平是外生给定的，因此技术标准的基本效用参数 β、网络效应参数（线性）α 和兼容度 ρ 都将看作外生变量。随着分析的深入，逐步放松这一假定。

28.3 技术标准的共存均衡分析

28.3.1 消费者效用函数

假定一个由技术标准 A 和技术标准 B（分别简称"标准 A"和"标准 B"）构成的双寡头竞争市场（见图 28-1）中有两类消费者，他们分别定位于两个标准，其数量为 η_A 和 η_B，每个消费者只购买一个产品。标准 A 和标准 B 的基本效用参数分别为 β_A 和 β_B，其内部网络效应系数分别为 α_A 和 α_B，其兼容度系数分别为 ρ_A 和 ρ_B，且 $p_i a_i < a_j (i, j = A, B)$，即兼容性带来的效用小于两标准内部网络带来的直接效用。标准 A 的价格和标准 B 的价格分别为 p_A 和 p_B，两个标准的提供企业（分别简称标准 A 生产企业和标准 B 生产企业）的销售数量（安装基础）为 q_A 和 q_B，其利润分别为 π_A 和 π_B。如果消费者选择了另一个标准，那么就会有 δ 的效用损失。

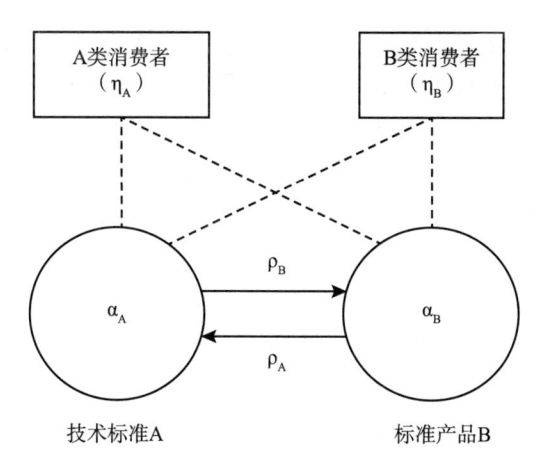

图 28-1 一个水平网络条件下存在消费者偏好异质的双寡头模型

在 Hotelling 模型中，将 δ 作为直线城市之间的距离，是计算交通成本的重要参数，本章将之作为外生变量来衡量负品味参数或运输成本参数，并规定不同的技术标准对消费者的影响比基本效用差异和网络效应带来效用差异之和的影响更大，即定位于标准 i 的消费者转而使用标准 j 的转换成本满足 $\delta > (\beta_j - \beta_i) + \alpha_j(\eta_i + \eta_j) - \alpha_i(\eta_i + \rho_i \eta_j)$ 其中 i, j = A, B；且 i≠j。

则定位于标准 A 和标准 B 的消费者效用函数为：

$$U_A = \begin{cases} \beta_A + \alpha_A(q_A + \rho_A q_B) - p_A & \text{选择标准 A} \\ \beta_B + \alpha_B(q_B + \rho_B q_A) - p_B - \delta & \text{选择标准 B} \end{cases}$$

$$U_B = \begin{cases} \beta_A + \alpha_A(q_A + \rho_A q_B) - p_A - \delta & \text{选择标准 A} \\ \beta_B + \alpha_B(q_B + \rho_B q_A) - p_B & \text{选择标准 B} \end{cases}$$

因此，当两类消费者以纯策略选择标准 A 和标准 B 时共有 4 个策略集。在消费者异质性偏好环境下，可能有 3 个均衡状态——{(A, A), (A, B), (B, B)}，对应的收益矩阵如图 28-2 所示。

		B 类消费者 标准 A	B 类消费者 标准 B
A 类消费者	标准 A	$V_A(A, A) = \beta_A + \alpha_A(\eta_A + \eta_B) - p_A$ $V_B(A, A) = \beta_A + \alpha_A(\eta_A + \eta_B) - p_A - \delta$	$V_A(A, B) = \beta_A + \alpha_A(\eta_A + \rho_A \eta_B) - p_A$ $V_B(A, B) = \beta_B + \alpha_B(\eta_B + \rho_B \eta_A) - p_B$
	标准 B	$V_A(B, A) = \beta_B + \alpha_B(\eta_A + \rho_B \eta_B) - p_B - \delta$ $V_B(B, A) = \beta_A + \alpha_A(\eta_B + \rho_A \eta_A) - p_A - \delta$	$V_A(B, B) = \beta_B + \alpha_B(\eta_A + \eta_B) - p_B - \delta$ $V_B(B, B) = \beta_B + \alpha_B(\eta_A + \eta_B) - p_B$

图 28-2　A 类消费者与 B 类消费者的效用矩阵

28.3.2　标准生产企业的防降价策略

下面寻求构成防降价均衡的一组价格。首先对降价进行定义，以考察降价发生时相关标准的用户规模的变化如何影响消费者的选择行为。在前述初始条件下，有 i, j = A, B 且 i≠j，如果 $p_i < p_j + \beta_i - \beta_j + \alpha_i(\eta_i + \eta_j) - \alpha_j(\eta_j + \rho_j \eta_i) - \delta$，那么标准 i 生产企业降价以抗衡标准 j 生产企业。因此，为了吸引标准 j 的用户使用标准 i，标准 i 生产企业必须将其价格降低到竞争对手之下并弥补厌恶成本 δ，一旦降价成功，标准 i 生产企业的用户数量将由 η_i 上升到 $(\eta_i + \eta_j)$。

因此，同时满足下列条件的一组价格 (p_A^U, p_B^U) 构成防降价均衡（UPE）：

对于给定的 p_B^U，在下式约束下，标准 A 生产企业选择最高价格 p_A^U：

$$\pi_B^U = p_B^U \eta_B - f_B \geq [p_A + (\beta_B - \beta_A) + \alpha_B(\eta_A + \eta_B) - \alpha_A(\eta_A + \rho_A \eta_B) - \delta](\eta_A + \eta_B) - f_B$$

对给定的 p_A^U，在下式约束下，标准 B 企业选择最高价格 p_B^U：

$$\pi_A^U = p_A^U \eta_A - f_A \geq [p_B + (\beta_A - \beta_B) + \alpha_A(\eta_A + \eta_B) - \alpha_B(\eta_B + \rho_B \eta_A) - \delta](\eta_A + \eta_B) - f_A$$

当等式成立时，可以解出均衡价格：

$$\begin{cases} p_A = \dfrac{\eta_A + \eta_B}{\eta_A} p_B - \dfrac{\eta_A + \eta_B}{\eta_A} [\delta - (\beta_A - \beta_B) - \alpha_A(\eta_A + \eta_B) + \alpha_B(\eta_B + \rho_B \eta_A)] \\ p_B = \dfrac{\eta_A + \eta_B}{\eta_B} p_A - \dfrac{\eta_A + \eta_B}{\eta_B} [\delta - (\beta_B - \beta_A) - \alpha_B(\eta_A + \eta_B) + \alpha_A(\eta_A + \rho_A \eta_B)] \end{cases}$$

如图 28-3 所示，当 $p_A \geq \dfrac{\eta_A + \eta_B}{\eta_A} p_B - \dfrac{\eta_A + \eta_B}{\eta_A} [\delta - (\beta_A - \beta_B) - \alpha_A(\eta_A + \eta_B) + \alpha_B(\eta_B + \rho_B \eta_A)]$ 时，标准 A 生产企业不对标准 B 生产企业的价格调整进行降价抗衡，反之采取降价策略；同理，当 $p_B \geq \dfrac{\eta_A + \eta_B}{\eta_B} p_A - \dfrac{\eta_A + \eta_B}{\eta_B} [\delta - (\beta_B - \beta_A) - \alpha_B(\eta_A + \eta_B) + \alpha_A(\eta_A + \rho_A \eta_B)]$ 时，标准 B 生产企业不对标准 A 生产企业的价格调整进行降价抗衡，反之采取降价策略。方程组确定的两条直线将第一象限划分为 4 个区域[①]：区域 Ⅰ，标准 A 和标准 B 均针对对方价格调整选择降价抗衡；区域 Ⅱ，标准 A 针对标准 B 价格调整选择降价抗衡，而标准 B 则不进行降价抗衡；区域 Ⅲ，标准 A 和标准 B 均不针对对方价格调整选择降价抗衡；区域 Ⅳ，标准 B 针对标准 A 价格调整选择降价抗衡，而标准 A 则不进行降价抗衡。两直线交点 $p^U(p_A^U, p_B^U)$ 即为 UPE 均衡点。

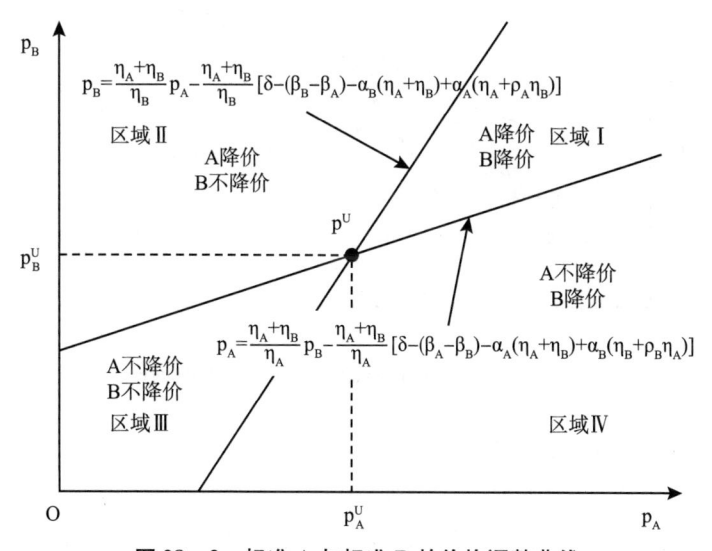

图 28-3 标准 A 与标准 B 的价格调整曲线

---

① 满足条件 $\delta > (\beta_j - \beta_i) + \sigma_j(\eta_i + \eta_j) - a_j(\eta_i + \eta_j)$，两条直线均有正截距，又因为标准 i 的斜率为 $\dfrac{\eta_i + \eta_j}{\eta_i}$ (I, j = A, B)，则在第一象限有一个交点。

28.3.3 均衡的达成

(1) 价格初始状态在区域 I 的均衡过程。

如图 28-4 所示，如果价格初始状态为区域 I 内某点 $p^0(p_A^0, p_B^0)$，假定标准 A 有一个很小的价格波动，标准 B 降价与之抗衡，如果价格调整是瞬时的，标准 B 的降价将使价格状态到达 $p^1(p_A^1, p_B^1)$，其中 $p_A^1 = p_A^0$，$p_B^1 < p_B^0$。此后轮到标准 A 对标准 B 的降价做出降价反映，双方价格状态到达 $p^2(p_A^2, p_B^2)$，其中 $p_A^2 < p_A^1$，$p_B^2 = p_B^1$。标准 B 继续对标准 A 降价，使价格状态到达 $p^3(p_A^3, p_B^3)$，其中 $p_A^3 = p_A^2$，$p_B^3 < p_B^2$，以此类推，直至达到均衡点 $p^U(p_A^U, p_B^U)$。如果又标准 A 首先做出降价，结果类似，在此不再赘述。

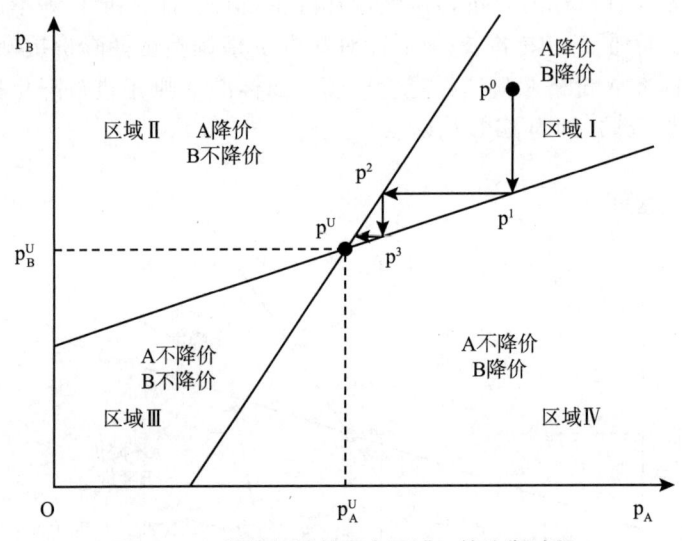

图 28-4 价格初始状态在区域 I 的均衡过程

(2) 价格初始状态在区域Ⅲ的均衡过程。

如图 28-5 所示，如果价格初始状态为区域Ⅲ内某点 $p^0(p_A^0, p_B^0)$，标准 A 考虑到标准 B 在此区域不会对其价格调整做出降价抗衡，两标准用户数量也不会变化，为了获得最大利润，同时价格调整是瞬时进行的，标准 A 将提高价格直至 $p^1(p_A^1, p_B^1)$，其中 $p_A^1 > p_A^0$，$p_B^1 = p_B^0$。此时，标准 B 同样会因标准 A 不会在此区域进行降价抗衡，将价格调整至 $p^2(p_A^2, p_B^2)$，其中 $p_A^2 = p_A^1$，$p_B^2 > p_B^1$。然后标准 A 继续将价格调整至 $p^3(p_A^3, p_B^3)$，其中 $p_A^3 > p_A^2$，$p_B^3 = p_B^2$。在区域Ⅲ内两标准会继续调整，直至达到均衡点 $p^U(p_A^U, p_B^U)$。

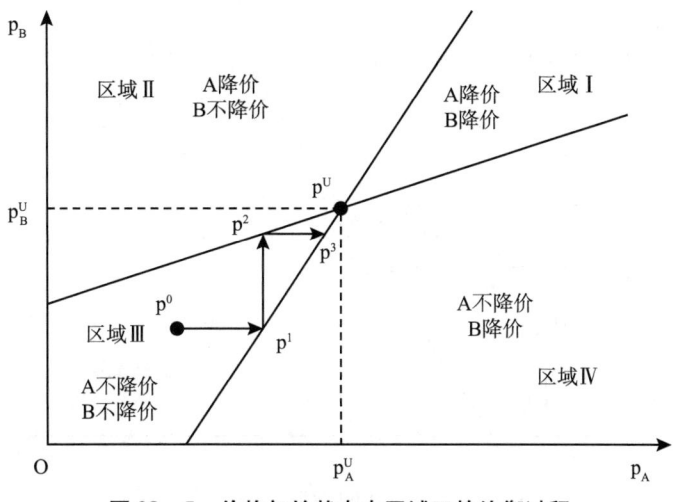

图 28-5　价格初始状态在区域Ⅲ的均衡过程

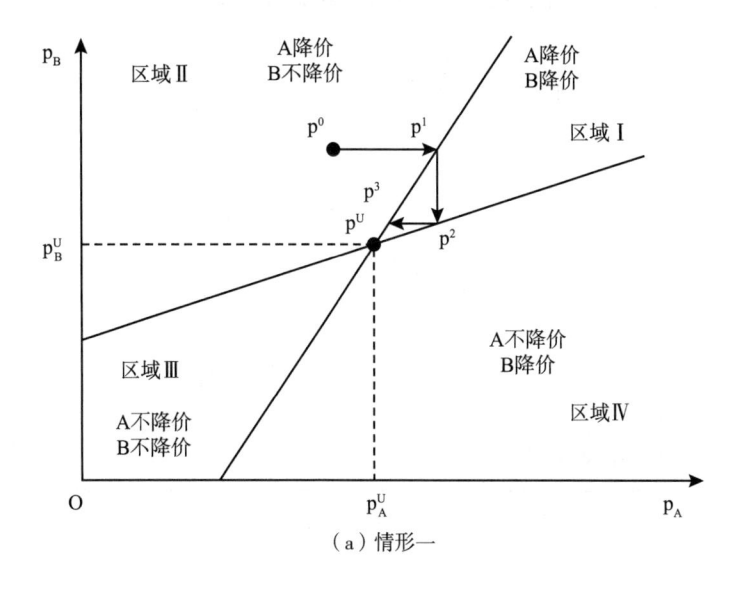

（3）价格初始状态在区域Ⅱ的均衡过程。

价格初始状态 $p^0(p_A^0, p_B^0)$ 在区域Ⅱ的调整过程分为两种情形。

第一种情形：如果 $p_B^0 \geqslant p_B^U$，则如图 28-6（a）所示。标准 A 由于预测到标准 B 不会在此区间内降价，因此会提高其价格到达 $p^1(p_A^1, p_B^1)$，其中 $p_A^1 > p_A^0$，$p_B^1 = p_B^0$，此后，进入区域Ⅰ内双方的价格调整见前面分析。

第二种情形：如果 $p_B^0 < p_B^U$，则如图 28-4（b）所示。同样，标准 A 由于预测到标准 B 不会在此区间内降价，因此会提高其价格，即使在离开区域Ⅱ到达区域Ⅲ之后，标准 B 仍然不会降价，因此标准 A 会继续提高价格直至 $p^1(p_A^1, p_B^1)$，其中 $p_A^1 > p_A^0$，$p_B^1 = p_B^0$，此后，在区域Ⅲ内双方的价格调整见前面分析。

（a）情形一

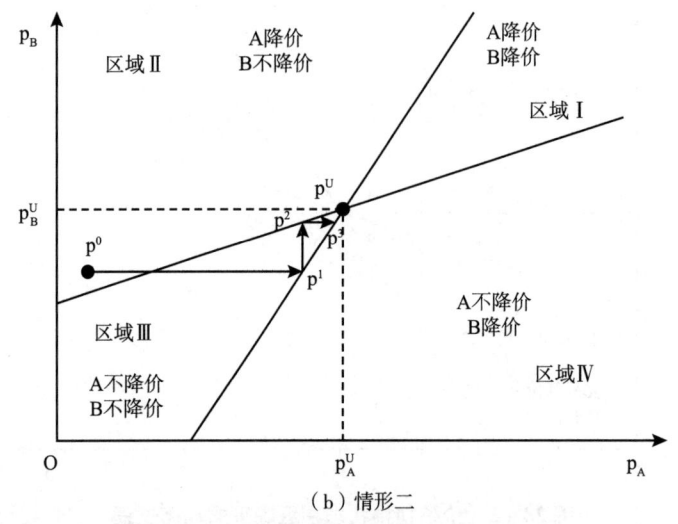

318 | 企业成长：中间性组织与网络效应研究

（b）情形二

图 28-6　价格初始状态在区域 Ⅱ 的均衡过程

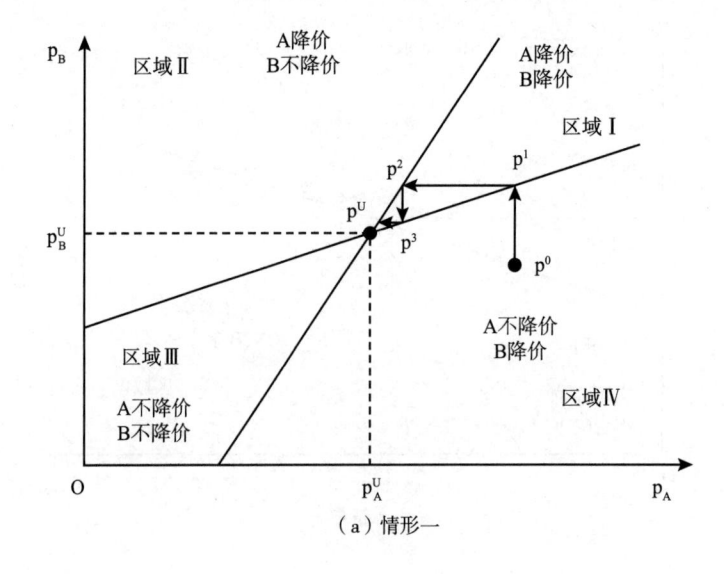

（4）价格初始状态在区域 Ⅳ 的均衡过程。

价格初始状态 $p^0(p_A^0, p_B^0)$ 在区域 Ⅳ 的调整过程分为两种情形。

第一种情形：如果 $p_A^0 \geq p_A^U$，则如图 28-7（a）所示。由于标准 B 预测到标准 A 不会在此区间内降价，将会提高其价格到达 $p^1(p_A^1, p_B^1)$，其中 $p_A^1 = p_A^0$，$p_B^1 > p_B^0$，此后进入区域 Ⅰ 内，双方价格调整见前文分析。

第二种情形：如果 $p_A^0 < p_A^U$，则如图 28-7（b）所示。由于标准 B 预测到标准 A 不会在此区间内降价，将会提高其价格，即使在离开区域 Ⅳ 到达区域 Ⅲ 之后，标准 A 仍然不会降价，因此标准 B 会继续提高价格直至 $p^1(p_A^1, p_B^1)$，其中 $p_A^1 = p_A^0$，$p_B^1 > p_B^0$，此后在区域 Ⅲ 内，双方价格调整见前面分析。

（a）情形一

(b) 情形二

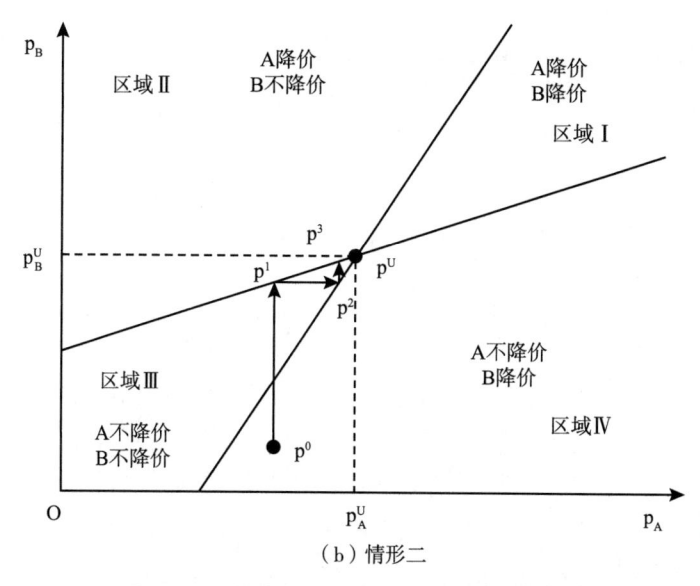

图 28-7 价格初始状态在区域Ⅳ的均衡过程

28.3.4 对称用户偏好的均衡分析

本章将分析的重点放在技术标准网络效应对均衡结果的影响，对上面做出补充假定：假定两标准的基本效用项相同，即 $\beta_A = \beta_B = \beta$，则技术标准给消费者带来的效用差异主要源于两个方面：各网络内部用户产生的网络效应；网络间兼容产生的网络效应。另外，为了简化分析过程，假定定位于两个不同标准的消费者人数相当，且每个消费者只购买一个产品，即 $\eta_A = \eta_B = \eta$，消费者总规模 2η。将之带入均衡方程组，则有

$$\begin{cases} p_A^U = 2\delta - \dfrac{2}{3}[2(\alpha_B - \alpha_A\rho_A) + \alpha_B(1-\rho_B)]\eta \\ p_B^U = 2\delta - \dfrac{2}{3}[2(\alpha_A - \alpha_B\rho_B) + \alpha_A(1-\rho_A)]\eta \end{cases}$$

可知

$$\frac{\partial p_A^U}{\partial \alpha_A} = \frac{4}{3}\rho_A\eta \geqslant 0, \ \frac{\partial p_A^U}{\partial \alpha_B} = -2\eta < 0;$$

$$\frac{\partial p_A^U}{\partial \rho_A} = \frac{4}{3}\alpha_A\eta \geqslant 0, \ \frac{\partial p_A^U}{\partial \rho_B} = \frac{2}{3}\alpha_A\eta \geqslant 0;$$

$$\frac{\partial p_A^U}{\partial \delta} = 2 \geqslant 0; \ \frac{\partial p_A^U}{\partial \eta} = -\frac{2}{3}[2(\alpha_B - \alpha_A\rho_A) + \alpha_B(1-\rho_B)] < 0.$$

对 p_B^U 分析同上。

因此，由均衡价格确定的利润水平为

$$\begin{cases} \pi_A^U = p_A^U \eta_A - f_A = 2\delta\eta - \dfrac{2}{3}[2(\alpha_B - \alpha_A\rho_A) + \alpha_B(1-\rho_B)]\eta^2 - f_A \\ \pi_B^U = p_B^U \eta_B - f_B = 2\delta\eta - \dfrac{2}{3}[2(\alpha_A - \alpha_B\rho_B) + \alpha_A(1-\rho_A)]\eta^2 - f_B \end{cases}$$

可知

$$\frac{\partial \pi_A^U}{\partial \alpha_A} = \frac{4}{3}\rho_A \eta^2 \geqslant 0, \quad \frac{\partial \pi_A^U}{\partial \alpha_B} = -2\eta^2 < 0;$$

$$\frac{\partial \pi_A^U}{\partial \rho_A} = \frac{4}{3}\alpha_A \eta^2 \geqslant 0, \quad \frac{\partial \pi_A^U}{\partial \rho_B} = \frac{2}{3}\alpha_A \eta^2 \geqslant 0; \quad \frac{\partial \pi_A^U}{\partial \delta} = 2\eta \geqslant 0;$$

$$\frac{\partial \pi_A^U}{\partial \eta} = 2\delta - \frac{4}{3}[2(\alpha_B - \alpha_A\rho_A) + \alpha_B(1-\rho_B)]\eta,$$

$$\frac{\partial^2 \pi_A^U}{\partial \eta^2} = -\frac{4}{3}[2(\alpha_B - \alpha_A\rho_A) + \alpha_B(1-\rho_B)] < 0_\circ$$

对 π_B^U 分析同上。

综上所述，得到以下命题：

当消费者偏好呈现网络效应时，对于竞争性技术标准：

（1）价格和利润水平随本标准网络效应系数的增大而提高，随对方标准网络效应系数增大而降低；

（2）价格和利润水平随双方兼容系数的增大而提高；

（3）价格和利润水平随厌恶参数的增大而提高；

（4）价格随消费者人数的增加而减小，利润与消费者人数之间存在呈倒"U"型关系。

另外显示：无论本方兼容度的提高还是对方兼容度的提高都会提升技术标准的价格和生产企业的利润。实际上，本方网络效应系数无法单独影响本方标准价格和利润，只能通过对竞争方标准进行兼容发挥作用——这一结果只有在双方的异质性消费者规模相等时才成立。尽管企业的市场并不以社会福利最大化为决策出发点，但是社会福利的变化经常引起社会管理者的关注，招致政府、社会舆论、行业协会等的调查和规制，需要企业在决策时予以考虑。本章将社会福利定义为：

$$W = \eta U_A + \eta U_B + \pi_A + \pi_B$$

在均衡状态下，有

$$W = [2\beta + \alpha_A(1+\rho_A) + \alpha_B(1+\rho_B)]\eta^2 - f_A - f_B$$

可知，竞争标准任何一方的基本效用、网络效应系数、兼容系数的增加都会提高社会福利。

28.3.5 非对称用户偏好的均衡分析

本节考察异质性消费者规模对竞争均衡的影响。本章将异质性消费者规模相对大的技术标准简称为"强标准"①,将另一方简称为"弱标准"。

仍令 $\beta_A = \beta_B = \beta$。设置参数 λ,满足 $0 < \lambda < 2$。假定定位于技术标准 A 的消费者数量为 $\lambda\eta$,定位于技术标准 B 的消费者数量为 $(2-\lambda)\eta$,则消费者总规模仍为 2η。

显然,如果 $0 < \lambda < 1$,则标准 B 为强标准;如果 $1 < \lambda < 2$,则标准 A 为强标准;如果 $\lambda = 1$,则为对称规模,分析如前面。

将 $\eta_A = \lambda\eta$,$\eta_B = (2-\lambda)\eta$ 带入均衡价格方程组,则有

$$\begin{cases} p_A^U = \dfrac{2}{(\lambda-1)^2+3}[2(2\rho_A+2\lambda-\rho_A\lambda-2)\eta\alpha_A + (2\rho_B+\lambda-\rho_B\lambda-4)\lambda\eta\alpha_B + (4-\lambda)\delta] \\ p_B^U = \dfrac{2}{(\lambda-1)^2+3}[2(\rho_B\lambda-2\lambda+2)\eta\alpha_B + (2\rho_A-\rho_A\lambda^2+\lambda^2-4)\eta\alpha_A + (2+\lambda)\delta] \end{cases}$$

$$\frac{\partial p_A^U}{\partial \alpha_A} = \frac{4}{(\lambda-1)^2+3}(2\rho_A+2\lambda-\rho_A\lambda-2)\eta$$

当 $\lambda = 1$ 时,如前面分析,$\dfrac{\partial p_A^U}{\partial \alpha_A} > 0$。

当标准 A 为强标准(标准 B 为弱标准)时 $1 < \lambda < 2$,可得

$$\frac{\partial p_A^U}{\partial \alpha_A} = \frac{4}{(\lambda-1)^2+3}[\rho_A(2-\lambda)+2(\lambda-1)]\eta > 0$$

当标准 A 为弱标准时(标准 B 为强标准)时 $0 < \lambda < 1$,可得

$$\frac{\partial p_A^U}{\partial \alpha_A} = \frac{4}{(\lambda-1)^2+3}[\rho_A(2-\lambda)-2(1-\lambda)]\eta \begin{cases} > 0, \text{当 } \rho_A > \dfrac{2(1-\lambda)}{2-\lambda} \\ < 0, \text{当 } \rho_A < \dfrac{2(1-\lambda)}{2-\lambda} \end{cases}$$

$$\frac{\partial p_A^U}{\partial \alpha_B} = \frac{2}{(\lambda-1)^2+3}(2\rho_B+\lambda-\rho_B\lambda-4)\lambda\eta < 0$$

$$\frac{\partial p_A^U}{\partial \rho_A} = \frac{4}{(\lambda-1)^2+3}(2-\lambda)\alpha_A\eta > 0$$

$$\frac{\partial p_A^U}{\partial \rho_B} = \frac{2}{(\lambda-1)^2+3}(2-\lambda)\lambda\alpha_B\eta > 0$$

$$\frac{\partial p_A^U}{\partial \delta} = \frac{2}{(\lambda-1)^2+3}(4-\lambda) > 0$$

由于难以获得 λ 的解析解,因此本章采用数值模拟的方法分析 p_A^U 与 λ 和 η 的关系,设定:$\alpha_A = \alpha_B = 0.1$;$\rho_A = \rho_B = 0.2$;$\delta = 20$;绘制出 $\lambda - \eta - p_A^U$ 的三维曲面图($0 \leqslant \lambda \leqslant 2$;$0 \leqslant \eta \leqslant 300$)。如图 28-8 所示,当 η 较小时,p_A^U 与 λ 之间呈

---

① 此处区别于"强势标准"。强势标准是指产业多标准并存的市场中占有优势的标准,这种优势源于安装基础或用户预期等。

先增后减的倒"U"型关系（二阶倒数小于0），随着 η 的增加，倒"U"型曲线的二阶导数逐渐增加，当 η 达到 122 左右时，二阶倒数等于 0，此后，随着 η 的增大，曲线的二阶倒数继续增大，p_A^U 与 λ 之间呈先降后升的正"U"型关系。对 p_B^U 分析同上。

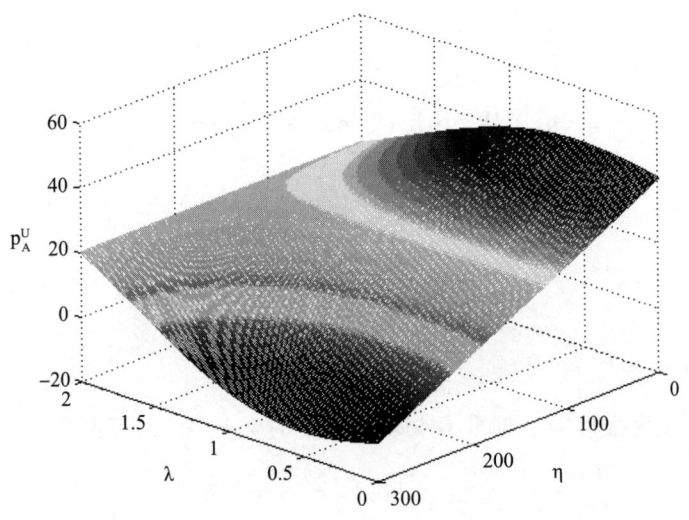

图 28-8 $\lambda-\eta-p_A^U$ 的三维曲面图

达到均衡时双方利润为

$$\begin{cases} \pi_A^U = \dfrac{2}{(\lambda-1)^2+3}[2(2\rho_A+2\lambda-\rho_A\lambda-2)\lambda\eta^2\alpha_A+(2\rho_B+\lambda-\rho_B\lambda-4)\lambda^2\eta^2\alpha_B+(4-\lambda)\lambda\delta\eta]-f_A \\ \pi_B^U = \dfrac{2}{(\lambda-1)^2+3}[2(\rho_B\lambda-2\lambda+2)(2-\lambda)\eta^2\alpha_B+(2\rho_A-\rho_A\lambda^2+\lambda^2-4)(2-\lambda)\eta^2\alpha_A+(4-\lambda^2)\delta\eta]-f_B \end{cases}$$

$$\frac{\partial \pi_A^U}{\partial \alpha_A} = \frac{4}{(\lambda-1)^2+3}(2\rho_A+2\lambda-\rho_A\lambda-2)\lambda\eta^2$$

如 λ=1 时，如前面分析 $\dfrac{\partial \pi_A^U}{\partial \alpha_A} > 0$；

当标准 A 为强标准（标准 B 为弱标准）时 1<λ<2，可得

$$\frac{\partial \pi_A^U}{\partial \alpha_A} = \frac{4}{(\lambda-1)^2+3}[\rho_A(2-\lambda)+2(\lambda-1)]\lambda\eta^2 > 0$$

当标准 A 为弱标准时（标准 B 为强标准）时 0<λ<1，可得

$$\frac{\partial \pi_A^U}{\partial \alpha_A} = \frac{4}{(\lambda-1)^2+3}[\rho_A(2-\lambda)-2(1-\lambda)]\lambda\eta^2 \begin{cases} >0, \text{当} \rho_A > \dfrac{2(1-\lambda)}{2-\lambda} \\ <0, \text{当} \rho_A < \dfrac{2(1-\lambda)}{2-\lambda} \end{cases}$$

$$\frac{\partial \pi_A^U}{\partial \alpha_B} = \frac{2}{(\lambda-1)^2+3}(2\rho_B+\lambda-\rho_B\lambda-4)\lambda^2\eta^2 < 0$$

$$\frac{\partial \pi_A^U}{\partial \rho_A} = \frac{4}{(\lambda-1)^2+3}(2-\lambda)\alpha_A \lambda \eta^2 > 0$$

$$\frac{\partial p_A^U}{\partial \rho_B} = \frac{2}{(\lambda-1)^2+3}(2-\lambda)\lambda^2 \alpha_B \eta^2 > 0$$

$$\frac{\partial \pi_A^U}{\partial \delta} = \frac{2}{(\lambda-1)^2+3}(4-\lambda)\lambda \eta > 0$$

本章使用数值模拟的方法分析 π_A^U 与 λ 和 η 的关系。仍然设定 $\alpha_A = \alpha_B = 0.1$；$\rho_A = \rho_B = 0.2$；$\delta = 20$；绘制出 $\lambda - \eta - \pi_A^U$ 的三维曲面图（$0 \leq \lambda \leq 2$；$0 \leq \eta \leq 300$）。如图 28-9 所示，当 η 较小时，p_A^U 与 λ 之间存在先增后减的倒"U"型关系（二阶倒数小于 0）；随着 η 的增大，二阶导数先降低后上升，倒"U"型曲线呈先平坦后陡峭；随着 η 的继续增大，二阶倒数开始上升接近于 0，随着 η 的增大，曲线二阶倒数继续增大，在 η 大于 200 之后，p_A^U 与 λ 呈明显的正"U"型曲线关系。对 π_B^U 分析同上。

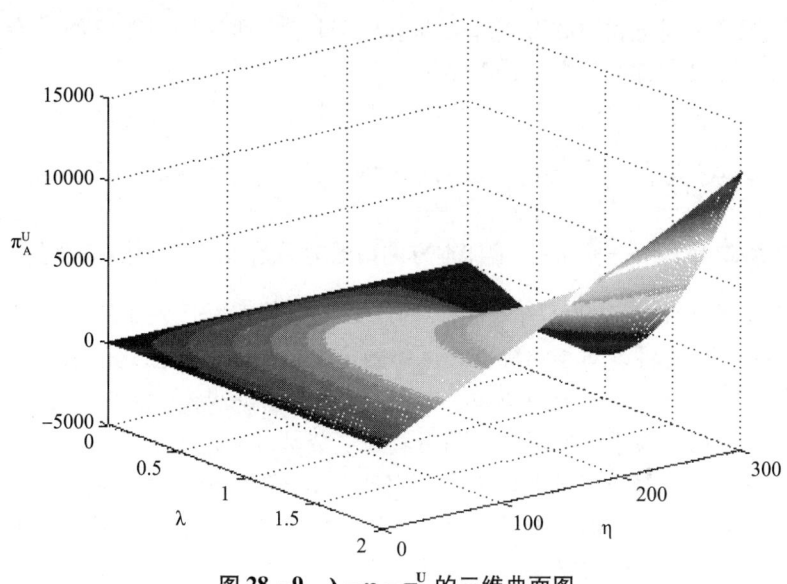

图 28-9　$\lambda - \eta - \pi_A^U$ 的三维曲面图

综上所述，可得到以下命题：

当消费者偏好呈现网络效应且规模不对称时，对于竞争性技术标准：

（1）无论本方标准兼容系数还是对方标准兼容系数的提高都会提升本方标准的价格和利润水平。

提高本方兼容系数可令本方消费者从对方标准消费者那里获得更大效用，提升了标准对消费者的使用价值，消费者愿意支付更高价格使用这一标准；对方兼容系数的提高则提升了整个技术标准网络（包含标准 A 和标准 B）的网络效应，也能够提升消费者的保留价格。

（2）价格和利润水平随厌恶参数的增大而提升。当标准产品之间的差异增加时（厌恶成本增加），偏好于某标准的消费者的转移成本更高，实际使标准生产者在某特定市场中获得一定垄断力，从而可以索取更高价格，获得更高利润。在标准竞争实践中，企业提高消费者转移成本的手段多种多样。比如，提供免费或低价格的培训服务，令标准使用者尽快适应标准的技术特点；引导消费者购置高价值的配套设备和互补软件，目的在于通过这些专用性资产的增加使之对本方标准更佳依赖，尤其是这些技术标准的提供者"锁定"消费者之后，可以通过不断进行标准更新和技术升级来从使用者处获得更多利润。例如，20世纪80年代中晚期，贝尔大西洋公司购买了AT&T的5ESS数字转换器，并为此购置价值30亿美元的传输系统和其他设备。尽管在竞争的初期依靠5ESS的先进技术，贝尔大西洋公司打败了北方电讯（Northern Telecom）和西门子（Siemens），但是很快就发现自己已经被牢牢锁定在AT&T的操作系统和界面上，以至于当需要服务升级和技术改良时，必须要与AT&T进行协商，并向其支付巨额费用（如要获得"声音拨号"服务就需支付800万美元）。显然，贝尔大西洋公司因巨额"专用性资产"的投入而被"敲竹杠"（hold up）。

（3）对于强标准，增加本方网络效应系数能够提升价格和利润；对于弱标准，当本方兼容系数大于$\frac{2(1-\lambda)}{2-\lambda}$时，增加本方网络效应系数能够提升价格和利润；当本方兼容系数小于$\frac{2(1-\lambda)}{2-\lambda}$时，增加本方网络效应系数将降低价格和利润。

参考夏伊（Shy，1996）的解释，网络效应系数实际反映了用户对各标准安装基础差异的敏感性。对于强标准，网络效应系数的提高会强化消费者对规模优势的偏好。换句话说，对规模更敏感的消费者更加偏好规模大的一方。同样，对于弱标准，网络效应系数的提高令消费者对安装基础的差异更敏感，从而更"厌恶"本方在用户规模方面的弱势地位。因此，本方网络效应系数越高，本方与对方规模的差距就越大，消费者所获得的效用越低，其支付意愿也越低。但是，兼容性也对网络规模的弱势带来一定补偿：当兼容系数达到一定数值时，兼容性带来的效用①足以超过网络规模差距带来的负面影响，可以发现，此时规模差距越大，本方网络效应系数越大，兼容性带来的效用越大，企业可以索取更高价格。

（4）当消费者总人数较少时，价格和利润与异质性消费者所占比例呈倒"U"型关系；当消费者总人数较多时，价格和利润与异质性消费者所占比例呈正"U"型关系。

本章认为，上述现象同样是由于消费者对网络规模差异的偏好和兼容性对效

---

① 由ρ_i、α_i和对方规模$(2-\lambda)\eta$决定。

用增加的贡献两方面的变化引起。在消费者总人数较少的情况下，兼容对方标准网络而获得的效用也较小，当技术标准为弱标准时，网络规模的差异带来本方消费者的负向偏好，此时增加λ将减少这种负向偏好，对价格和利润产生正向作用。同时，$(2-\lambda)\eta$的减少使兼容对方标准的效用降低，对价格和利润产生负向作用。当λ较小时，正向作用大于负向作用，推动价格和利润升高；当λ较大时，正向作用小于负向作用，推动价格和利润降低，从而形成倒"U"型非线性曲线。同理可知，在消费者总人数较多的情况下，当λ很小时，λ的增加而损失的效用$\rho_i\Delta\lambda\eta$更高，此时价格和利润将随λ的增加而递减；当λ较大时，继续增加的λ增大了本方消费者对优势网络的支付意愿，其幅度高于因此而损失的兼容对方标准的效用，此时价格和利润将随λ的增加而递增，从而形成正"U"型非线性曲线。

28.4 技术标准兼容性研发创新投资决策

从前面分析可知，提升本技术标准与对方技术标准的兼容系数能够提高均衡价格和均衡利润。而提升本标准网络效应系数将产生两方面影响。

第一，使本方消费者对规模差异的敏感性增强。对于弱标准生产者，这种敏感性的增强会降低消费者的支付意愿，因此必须以更低的价格留住他们；对于强标准生产者，这种敏感性的增强反而强化了对消费者的锁定，令之能够索取更高价格。

第二，消费者得自兼容性的效用会加强其支付意愿，在本例中，这种效用由$\rho_i(2-\lambda)\alpha_i$刻画。显然本方网络效应系数的提高会增加这种效用，标准生产者同样可以增加利润。那么，标准生产企业如何对技术标准的研发创新投资做出最优决策，特别是如何在资源有限的情况下对研发创新预算进行合理分配？本节将讨论这一问题。

28.4.1 标准的技术内生性补充假定

假定1：参与企业主要依靠自主研发创新对标准进行技术创新，包括对标准的网络效应系数方面的技术创新和对标准的兼容度方面的技术创新。将标准的技术进步归因于企业自身的研发创新努力，不考虑联合研发创新或者研发创新卡特尔（Research Joint Venture）的情况。

假定2：企业能够通过增加研发创新投资提升技术标准的网络效应强度，且研发创新投入呈边际报酬递减特征。假定研发创新产出函数为

$$\alpha_i(x_i) = \omega_i x_i^{\frac{1}{2}}$$

此处，$x_i \geq 0$ 表示企业 i 用于技术标准网络效应系数方面的研发创新投资，其产出为网络效应密度 $\alpha_i(x_i)$；$\omega_i \geq 0$ 为企业的研发创新成本参数，可表示为企业网络效应创新的研发创新效率。需要说明的是，技术标准研发创新过程往往具有技术不确定性，这种不确定性会影响企业对研发创新的相关决策，因此 ω_i 实际上也暗含了研发创新投资的成功率或期望产出的相关参数。通过上述函数设置可知

$$\frac{\partial \alpha_i}{\partial x_i} = \frac{1}{2}\omega_i x_i^{-\frac{1}{2}} \geq 0$$

$$\frac{\partial \alpha_i}{\partial \omega_i} = x_i^{\frac{1}{2}} \geq 0$$

即网络效应系数为研发创新投入的增函数，企业在此方面的投入越多，则网络效应系数越大。研发创新效率越高，投资产生的网络效应越大。另外，

$$\frac{\partial^2 \alpha_i}{\partial x_i^2} = -\frac{1}{4}\omega_i x_i^{-\frac{3}{2}} < 0$$

即研发创新投入函数呈边际效用递减趋势，符合企业成本产出函数的一般规律。

假定3：企业能够通过增加研发创新投资来提升技术标准的兼容强度，即给定双方安装基础和网络效应系数，本方标准消费者能够从对方标准消费者处获得更多效用，并且研发创新投入呈边际报酬递减特征。假定研发创新产出函数：

$$\rho_i(y_i) = \frac{\upsilon_i y_i}{\upsilon_i y_i + 1} = 1 - \frac{1}{\upsilon_i y_i + 1}$$

此处，$y_i(y_i \geq 0)$ 表示企业 i 用于技术标准兼容性方面的研发创新投资，其产出则为网络效应密度 $\rho_i(y_i)$；$\rho_i(y_i)$ 的最小值为 0，表示标准 i 使用者无法从对方标准安装基础上获得网络效用，当 $y_i \to +\infty$ 时，$\rho_i(y_i) \to 1$，即假定标准 i 与对方标准完全单向兼容的成本为无穷大。可见，此处并未考虑与对方标准完全兼容的情况。事实上，由于对技术研发创新成果的保护和专利制度的存在，使得企业难以获得有关竞争对手产品技术全面而真实的产品技术信息，企业往往难以做到完全的无缝兼容 $\upsilon_i(\upsilon_i \geq 0)$ 为企业的研发创新成本参数，可表示为企业兼容性创新的研发创新效率。与 ω_i 相似，υ_i 也暗含了研发创新投资的成功率或期望产出的相关参数。通过上述函数设置可知

$$\frac{\partial \rho_i}{\partial y_i} = \frac{\upsilon_i}{(\upsilon_i y_i + 1)^2} > 0$$

$$\frac{\partial \rho_i}{\partial \upsilon_i} = \frac{y_i}{(\upsilon_i y_i + 1)^2} > 0$$

即兼容性为研发创新投入的增函数，企业在此方面的投入越大，兼容性系数越高。研发创新效率越高，投资所产生的兼容度越高。另外，

$$\frac{\partial^2 \rho_i(y_i)}{\partial y_i^2} = -\frac{2\upsilon_i^2}{(\upsilon_i y_i + 1)^3} < 0$$

即研发创新投入函数呈边际效用递减趋势，符合企业技术创新的自身特点。

假定4：前面已经假定技术标准研发创新企业的成本只包含固定成本 f_i，此处进一步假定固定成本只由用于提高标准网络效应系数的研发创新投资和用于提高兼容度的研发创新投资构成，同时假定企业 i 总投资额（研发创新预算）为 M_i，即

$$f_i = x_i + y_i = M_i$$

28.4.2 技术内生情形下标准生产企业研发创新投资博弈过程

在技术内生情形下，竞争企业在研发创新阶段和产品价格竞争阶段，均根据利润最大化原则选择最优研发创新预算分配方案。

第1阶段：企业选择最优定价。

根据前面分析，在 UPE 状态下，两企业进行价格竞争，令 $x_i = M_i - y_i$，得到如下均衡利润：

$$\pi_A^U = \frac{2}{(\lambda-1)^2+3}\left[2\left(\frac{2v_A y_A}{v_A y_A+1}+2\lambda-\frac{v_A y_A}{v_A y_A+1}\lambda-2\right)\lambda\eta^2\omega_A(M_A-y_A)^{\frac{1}{2}}\right.$$
$$\left.+\left(2\frac{2v_B y_B}{v_B y_B+1}+\lambda-\frac{2v_B y_B}{v_B y_B+1}\lambda-4\right)\lambda^2\eta^2\omega_B(M_B-y_B)^{\frac{1}{2}}+(4-\lambda)\lambda\delta\eta\right]-M_A$$

$$\pi_B^U = \frac{2}{(\lambda-1)^2+3}\left[2\left(\frac{2v_B y_B}{v_B y_B+1}\lambda-2\lambda+2\right)(2-\lambda)\eta^2\omega_B(M_B-y_B)^{\frac{1}{2}}\right.$$
$$\left.+\left(2\frac{2v_A y_A}{v_A y_A+1}-\frac{2v_A y_A}{v_A y_A+1}\lambda^2+\lambda^2-4\right)(2-\lambda)\eta^2\omega_A(M_A-y_A)^{\frac{1}{2}}+(4-\lambda^2)\delta\eta\right]-M_B$$

第2阶段：企业选择最优研发创新投资组合。

以技术标准 A 为例，分析企业最优研发创新投资组合。求均衡利润函数对 y_A 的导数，得到一阶条件：

$$\frac{\partial \pi_A}{\partial y_A} = \frac{4\lambda\eta^2\omega_A\frac{\rho_A}{y_A}(2-2\rho_A-\lambda+\lambda\rho_A)(M_A-y_A)^{\frac{1}{2}}-2\lambda\eta^2\omega_A(2\rho_A+2\lambda-\lambda\rho_A-2)(M_A-y_A)^{-\frac{1}{2}}}{(\lambda-1)^2+3}=0$$

其中：$\rho_A = \frac{v_A y_A}{v_A y_A+1}$。得到

$$y_A^* = \frac{(16\lambda v_A M_A - 8\lambda^2 v_A M_A - 7\lambda^2 + 12\lambda + 4)^{\frac{1}{2}}-\lambda-2}{2\lambda v_A},$$

$$y_A^* = \frac{-(16\lambda v_A M_A - 8\lambda^2 v_A M_A - 7\lambda^2 + 12\lambda + 4)^{\frac{1}{2}}-\lambda-2}{2\lambda v_A} < 0 \text{（舍去）}。$$

此时，

$$x_A^* = M_A - \frac{(16\lambda v_A M_A - 8\lambda^2 v_A M_A - 7\lambda^2 + 12\lambda + 4)^{\frac{1}{2}}-\lambda-2}{2\lambda v_A}$$

可见，标准生产企业兼容性创新投入主要受兼容性研发创新效率、总研发创

新预算和异质性消费者结构影响。鉴于 y_A^* 对 υ_A，M_A 和 λ 偏导函数的解析式比较复杂，本章使用数值法对变量之间的关系进行粗略分析。设定 $\upsilon_A \in [0.01, 0.03]$，步长为 0.0001，$\lambda \in [0, 2]$，步长为 0.01，$M_A = 20000$，得到如图 28-10 所示的三维曲面图。

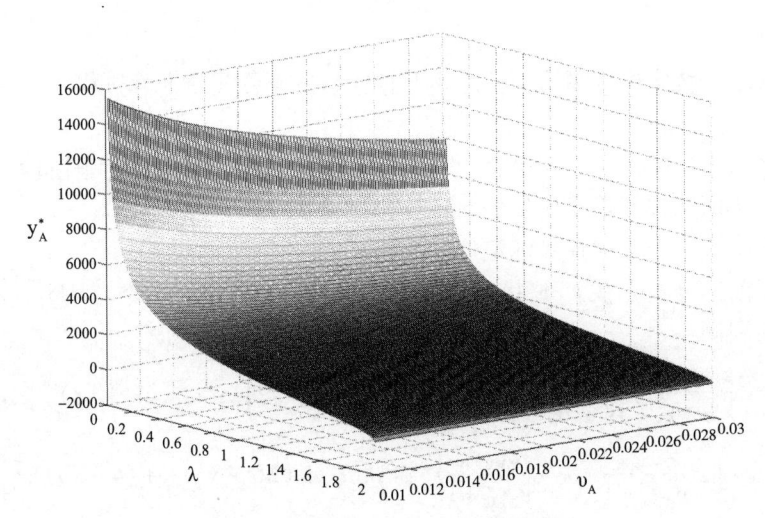

图 28-10　$y_A^* - \lambda - \upsilon_A$ 三维曲面图

如图 28-10 所示，兼容性研发创新的投资数额随 υ_A 的上升而下降，表明企业研发创新系统效率的提高可以节约宝贵的研发创新资金。一方面，研发创新系统效率取决于研发创新人员的专业知识水平、研发创新设施软硬件水平和创新激励制度等因素，是企业在长期发展中逐步内生形成的，兼具发展性和相对稳定性。另一方面，与标准兼容性相关的研发创新效率还涉及对对方技术特性的掌握和消化吸收，通过整合双方技术能够快速实现标准网络间的对接，以获得更高收益。

同时，当标准 A 生产企业的异质性消费者数量（标准 A 用户基础）较小时，企业应以提高标准的兼容度为主要研发创新方向。尽管此时提升本网络效用系数也很重要，但是通过提高兼容水平来从对方网络中获取效用的做法更为理智。随着本方用户基础的提高，从对方用户基础获得网络效用的吸引力逐渐下降，此时企业应逐步削减在兼容性方面的投资，而转向升本网络效应系数。当 $\lambda \to 2$ 时，几乎所有的消费者都被囊括在标准 A 的用户基础中，本网络通过与对方网络兼容而获得的效用微乎其微，A 企业可以停止对提升兼容度的投资，而把资源转向本网络效应系数的技术研发创新。

由此可见，本章在技术标准兼容性研发创新方面的投资选择分析为上述观点提供了更为明确的证据。理论上讲，已有学者在研究标准竞争下的企业行为时集中于探讨企业是否选择兼容（双向兼容、完全兼容或完全不兼容）的问题。卡兹和夏皮罗（Katz and Shapiro, 1986）认为，声誉好、实力强的大企业倾向于不兼容，而声誉和实力较弱的企业倾向于兼容。马卢格和施瓦茨（Malueg and Schwartz, 2006）进一步认为，拥有最大安装基础的企业选择与其他规模较小的竞争对手不兼容，因为这会使消费者意识到互不兼容的网络进行竞争比单一垄断的网络更有积极意义，优势企业可以据此进一步扩大安装基础并吸引新用户加入。夏伊（Shy, 1996）的研究表明，小企业经常主动与大企业产品网络兼容，通过"搭便车"维持本方的安装基础。由此可见，本章在技术标准兼容性研发创新方面的投资选择分析为上述观点提供了更为明确的证据。

28.5 结　　论

本章首先探讨了技术标准竞争的复杂性，使用防降价均衡研究标准生产企业的市场竞争行为，重点分析了网络效应系数、兼容度和异质性消费者规模对技术标准生产企业均衡价格和均衡利润的影响，并在此基础上探讨了企业的标准创新策略。主要结论包括以下三个方面。

（1）对于对称标准网络，生产企业的均衡价格和均衡利润水平随着本标准网络效应系数的增大而提高，随着对方标准网络效应系数的增大而降低。因此，对于异质性消费者规模大体相当的竞争性标准，增加本标准的网络连接效率非常重要。无论是本方兼容度的提高还是对方兼容度的提高都会提升技术标准的价格和生产企业的利润，保持一定开放性甚至主动寻求与对方网络兼容有利于从市场共存中获益。产品异质性的增强提高了消费者的转移成本，使标准生产企业能够谋求更高价格和利润。消费者总规模的增大为标准扩散提供了市场，能够提升企业利润，但同时令竞争加剧，企业均衡价格降低，当规模超过一定水平时，受价格降低的影响，企业所获得总利润反而下降，因此标准生产企业利润与消费者总规模之间呈倒"U"型关系。

（2）对于非对称网络的分析表明：无论是本方标准兼容系数还是对方标准兼容系数的提高都会提升本方标准的价格和利润水平，且价格和利润水平随厌恶参数的增大而提高。但是，网络效应系数的影响较为复杂：对于强标准，提高本方网络效应系数能够提升价格和利润；对于弱标准，只有当兼容系数达到一定水平时，提高网络效应系数才有利可图，因此弱标准生产企业更需提高本方标准的兼容性。当消费者总人数较少时，价格和利润与本方异质性消费者所占比例之间存在倒"U"型关系；当消费者总人数较多时，价格和利润与异质性消费者所占比例之间存在正"U"型关系，其中包含了本网络效应项和兼容网络效应项随消费者规模的变化而此消彼长的作用过程。

（3）技术标准生产企业用于兼容性研发创新的投资数额随着研发创新效率的

上升而下降，可见企业建立稳定高效的技术研发创新系统能够快速实现标准网络间的对接以获得更高收益。但是，兼容性研发创新的重要性随着本方消费者规模比重的提高而下降，拥有强大安装基础的企业可以减少在此方面的投入，但是推出弱标准的企业提高本方标准的兼容性是重中之重。该结论对于作为后发者和挑战者参与国际标准竞争的中国本土企业具有重要的启示意义。

参考文献

[1] 李保红，吕廷杰. 技术标准的经济学属性及有效形成模式分析 [J]. 北京邮电大学学报：社会科学版，2005（2）：25 – 28.

[2] Levin R. C., Appropriability, R&D Spending, and Technological Performance [J]. The American Economic Review, 1988, 78 (2): 424 – 428.

[3] Kortum S., and Lerner J., Stronger Protect ion or Technological Revolution: What is Behind the Recent Surge in Patenting? [R]. Carnegie – Rochester Conference Series on Public Policy, 1998, 48: 247 – 304.

[4] Katz M. L., and Shapiro C., Product Compatibility Choice in a Market with Technological Progress [J]. Oxford Economic Papers, 1986, 38: 146 – 165.

[5] 朱彤. 外部性、网络外部性与网络效应 [J]. 经济理论与经济管理，2001（11）：60 – 64.

[6] Varian H. R., and Repcheck J., Intermediate Microeconomics: A Modern Approach [M]. New York, NY: WW Norton & Company, 2010.

[7] Golder P. N., and Tellis G. J., Will it Ever Fly? Modeling the Take-off of Really New Consumer Durables [J]. Marketing Science, 1997, 16 (3): 256 – 270.

[8] Economides N., and Himmelberg C. P., Critical Mass and Network Size with Application to the US FAX Market [J]. NYU Stern School of Business EC – 95 – 11, 1995.

[9] David P. A., Clio and the Economics of QWERTY [J]. American Economic Review, 1985, 75 (2): 332 – 337.

[10] Liebowitz S. J., and Margolis S. E., Winners, Losers, and Microsoft [M]. Oakland, Calif: The Independent Institute, 1999.

[11] 熊红星. 网络效应、标准竞争与公共政策 [D]. 上海财经大学，2005.

[12] 邢宏建，臧旭恒. 网络标准竞争的共存均衡与厂商的兼容策略 [J]. 南开经济研究，2008（1）：96 – 111.

[13] Langlois R. N., Modularity in Technology and Organization [J]. Journal of Economic Behavior & Organization, 2002, 49 (1): 19 – 37.

[14] 娄朝晖. 网络产业技术标准：研究进程及拓展空间 [J]. 财经问题研究，2011（6）：44 – 50.

[15] Choi J. P., Tying in Two – Sided Markets with Multi-homing [J]. The Journal of Industrial Economics, 2010, 58 (3): 607 – 626.

[16] Shy O., Technology Revolutions in the Presence of Network Externalities [J]. Interna-

tional Journal of Industrial Organization, 1996, 14 (6): 785 – 800.

[17] Shy O., The Economics of Network Industries [M]. Cambridge University Press, 2001.

[18] Morgenstern O., Perfect Foresight and Economic Equilibrium [J]. Selected Economic Writings of Oskar Morgenstern, 1935: 169 – 183.

[19] 张丽君. 新产品预先发布对消费者购买倾向的影响：基于消费者视角的研究 [J]. 南开管理评论, 2010 (4): 83 – 91.

[20] 曲振涛, 周正, 周方召. 网络外部性下的电子商务平台竞争与规制——基于双边市场理论的研究 [J]. 中国工业经济, 2010 (4): 120 – 129.

[21] 夏大慰. 熊红星网络效应、消费者偏好与标准竞争 [J]. 中国工业经济, 2005 (5): 43 – 49.

[22] 李薇, 邱有梅. 基于纵向合作的技术标准研发决策分析 [J]. 软科学, 2013 (6): 48 – 52.

[23] Malueg D. A., Schwartz M. M., Compatibility Incentives of a Large Network Facing Multiple Rivals [J]. Journal of Industrial Economics, 2006, 54 (4): 527 – 567.

第 29 章

基于社会网络视角的知识转移研究述评[*]

29.1 引　言

知识的传播和转移是一个社会化过程，有很强的情境嵌入性，社会关系在其中的重要性毋庸置疑，应用社会网络分析来研究知识转移是很有说服力的理论视角。已有的该领域研究可以分为两类：一类从转移主体之间的对偶关系特征出发，关注二元网络中关系强度、交往频率对转移主体影响；另一类从转移主体所嵌入的网络结构出发，关注网络的位置、密度和异质性对转移主体影响。

对于知识转移的研究可以分阶段来进行，考虑到社会网络在知识转移的不同阶段有不同作用，可以把知识转移分为知识获取和知识吸收两个环节，即高效地搜寻、传递、吸收和内化知识，使之成为接受方知识基础的一部分。网络视角的知识转移研究，以对偶关系特征或多元网络结构为自变量，考察其对因变量知识获取和知识吸收的影响。

29.2　对偶关系特征的影响

对偶关系是指两个单元之间成对的关系，该视角的知识转移研究关注转移主体间关系对两者间知识转移的影响。这些研究中，自变量对偶关系特征的测量维度主要采用强联系、弱联系指标，对于因变量的影响因知识转移的不同环节而不同。更深入的研究则引入知识转移渠道、知识特性等变量，寻找多变量之间的匹配，信任等情感变量也逐渐被引入。

---

[*] 本章作者为辛晴、杨蕙馨，发表在《图书情报工作》2009 年第 14 期（有改动）。

29.2.1 弱联系与强联系的优势对比

网络关系强度的测量主要采用强联系、弱联系维度。格兰诺维特（Granoveter，1973）通过四个指标，即互动频率、情感紧密性、熟识程度和互惠性服务的内容将人际关系分为强联系、弱联系。强联系是在社会经济特征相似的个体间发展起来的，群体同质性较高，由此获得的重复信息性也较多；而弱联系则是在社会经济特征不同的个体间发展起来的，分布范围较广，更能充当信息桥的作用。

弱联系的力量主要表现在知识获取阶段，其优势源于三个方面：①弱联系能带来异质性资源和非冗余信息，更有利于新知识的传播；②弱联系具有成本优势，建立和维持强联系需要更多的时间和成本，满足网络成员的互惠期待会挤占本来用于自身工作的时间和资源，增加成员互助的机会成本；③弱联系不存在强联系网络中的惰性和路径依赖性，不会过度依赖已有的信息搜寻渠道和现有知识源。实证研究证实了弱联系在获取信息方面的优势。但是也有学者对这一结论的普适性提出了怀疑，边燕杰在中国和新加坡的求职调查证实，网络成员间的强联系才是有用信息的主要来源。植根于个人主义和普遍信任文化的弱联系力量在中国差序格局和特殊主义信任的文化背景中受到质疑，也验证了知识转移的深度情境嵌入性。

弱联系在知识吸收环节的积极作用不仅不显著，甚至会起到阻碍作用，此时强联系的优势则更胜一筹。首先，强联系有利于提高知识转出方的转移意愿与动机。知识转出方通常把知识转移当作是纯粹的风险和成本，决策之前会比较转移行为的成本和收益。强联系之间互惠交换的频率更高，知识转出方在未来得到回报的不确定性随之降低，转移积极性提高。其次，强联系能够提高知识接受方对于被转移知识的价值预期。知识转移的障碍之一是知识接受方不信任"非本地发明"的知识，而强联系之间的情感亲密性能消除这种障碍，人们对于情感更紧密更熟悉的人的能力和知识的评价要高于不熟悉的人。再次，强联系能够提高转移渠道的丰富性，促进知识转移绩效。强联系之间更加频繁的社会互动和更多的时间投入，必然导致更加丰富的知识转移渠道。最后，强联系通常伴随着较高的吸收能力。强联系间的经验和知识基础的同质性较高，而共同知识正是决定吸收能力的关键要素，对于知识的成功转移至关重要。

29.2.2 多变量间的匹配

对偶关系视角研究中的另一个思路是引入知识特性、转移渠道等变量，探讨不同联系强度在不同特性、不同阶段的知识转移中所起的不同作用，寻找这些变量之间的最佳匹配。从知识特性出发来寻找最佳匹配的研究比较多见。知识从编码程度可分为隐性知识和显性知识，从来源可分为公开知识和私人知识，从系统性程度可分为简单知识和复杂知识，从传播程度可分为共有知识和独有知识。由于简单的、公开的、显性知识的转移对于知识搜寻能力的要求相对更高，对于知识吸收能力的要求相对较低，因此弱联系更适合此类知识的转移；而复杂的、私人的、隐性的知识转移则相反，对于吸收能力的要求更高，因此强联系在促进此类知识转移方面，比弱联系更有优势。团队之间的弱联系有利于知识获取却不利于复杂知识的吸收，当强联系被用来转移复杂、隐性知识的时候，团队绩效的提高更加明显。紧密的嵌入性关系适合私人知识的转移，而疏远的市场型关系适合公开知识的转移。知识转移渠道的引入更加证实了匹配观点。从认知角度来看，隐性知识转移需要更深层次的情境支持和多元化的交流媒介，观察学习和类比学习是最有效的途径，而强联系之间情感的紧密联系和更高的熟悉程度，是这两种学习得以进行的前提和基础。

29.2.3 其他变量的引入与考量

实证研究出于测量的方便，多数更关注强弱维度中客观的互动时间、交往频率等指标，对于主观指标如情感亲密性和互惠，则关注不足或权重较低。这种测量方式难以真实地反映二元关系的全部内涵，也欠缺说服力。为弥补这一缺憾，学者们开始在研究中引入情感变量，其中信任是使用最多的概念。

信任是一种非理性的决策行为，它的产生有三种渠道：①对于交易双方互惠程度的成本收益的计算和分析可以产生利益基础上的信任；②重复交往带来的亲密感可以产生信任；③交易双方共享的价值观、制度和规范，使得双方的行动是可以预期和值得信赖的，产生规范基础上的信任感。从这个定义可以看出，强联系之间更容易产生信任，但是强联系并不必然产生信任，弱联系之间也不必然缺乏信任。因此有学者把信任作为网络与知识转移间的中介变量，指出信任而不是联系强度才是促进知识转移的直接原因，认为只要控制了信任维度，弱联系同样可以促进知识转移。嵌入性关系成员之间所固有的信任机制、合作解决问题机制和细致信息交换机制增加了网络成员之间的合作，提高了私人信息的交换率。也有学者强调信任对于知识转移的独立影响，社会资本理论的知识转移研究在这方面论证比较充分，在此不再赘述。

29.3 多元网络结构特征的影响

一部分学者将研究视线投向了转移主体所嵌入的社会网络，即由多个单位或个体之间的二元关系构成的社会系统或关系集合。转移主体所嵌入的网络位置、网络密度和网络异质性是研究中的主要自变量。

29.3.1 网络位置

网络位置可以通过网络中心性来表征，包括程度中心性、亲近中心性、中介性，其中程度中心性与中介性是主要指标。大部分学者认同程度中心性与知识转移正相关。网络位置会影响接触和获取外部信息及有用知识的机会和能力，网络节点的中心度越高，所能接触到的知识源就越多，更容易获得能够激发创新行为的新思想和外部信息。中介性与知识转移的正相关性也得到广泛认可。中介性用于衡量一个企业作为媒介者的能力，也就是处在结构洞位置的程度。行动者占据的结构洞越多，越能够掌握信息获取和信息控制的优势，获得更丰富、非重叠、跨越边界的"信息收益"，得到的回报就高。实证研究如表29-1所示：

表29-1 多元网络结构特征对知识转移的影响

因变量	主要观点	代表文献
网络位置	网络中心性与知识转移正相关	Tsai and Ghoshal, 1998; Powel, 1998; Tsai, 2001
	网络中介性（洞与桥）与知识转移正相关	McEvily and Zaher, 1999; Luo et al., 2003; Reagans and McEvily, 2003; Zaher and Bel, 2005
网络密度	高密度网络促进知识转移	Coleman, 1990; Dyer and Nobeoka, 2000; Ingram and Roberts, 2000
	质疑高密度网络促进知识转移	McDonald and Westphal, 2003
	折衷观点：适中的网络密度或者高密度与洞、桥结构的结合有利于知识转移	Uzi, 1999; Krackhardt, 1996; Reagans and Zuckerman, 2001
	密度与知识转移无关	Spanoweetal, 2001; Lupetal, 2003
网络异质性	网络异质性有利于知识搜寻和获取	Le et al., 2001; Soetanto and Va Genhuizen, 2006; 蒋春燕, 2008; Song Almeida and Wu, 2003
	网络异质性不利于知识吸收	Dar, Argote and Epple, 1995; 蒋春燕, 2008; Baum and Ingram, 1998

29.3.2 网络密度

在图论中，密度描述网络中各个点之间关联的紧密程度，密度对这些连接线进行汇总并与所有点之间都相互连接的完备图相比较，以测量图的完备性。关于网络密度对于知识转移的影响，研究者得出了四种不同的结论。

第一种观点起源于科尔曼（Coleman, 1990），强调高密度网络能够促进知识转移。在一个闭合的网络系统中，任何信息和资源都有可能以最短的路径直接流向网络中的任意一点，行动者之间具有较高的依赖程度，这种网络结构蕴藏了更多的社会资本，有利于形成指示性规范，降低交易成本和交易风险，促进知识转移。第二种观点以麦当劳和韦斯特法尔（McDonald and Westphal，2003）为代表，否认了高密度网络对于知识转移的促进作用，认为在知识获取阶段，高密度网络容易形成路径依赖，导致信息渠道狭窄，会阻碍新知识的流入，最终影响知识转移的数量和质量，导致决策失误。第三种观点以乌兹（Uzzi，1997）为代表，采取折中态度，提出高密度的嵌入性网络与低密度的疏远型网络的有机结合才是最佳方案，这样既避免了完全嵌入造成的信息冗余和缺乏选择性，又避免了完全疏远造成的信息共享障碍。第四种观点以斯派维等（Sparrowe et al.，2001）等的研究为基础，认为网络密度对于知识转移的影响无法证实。

29.3.3 网络异质性

网络异质性也称网络差异，衡量网络中全体成员在某种特征上的差异情况。网络的每个节点都是一个资源束，如果资源束差异较大，那么整个网络的资源就更丰裕，企业通过网络获取的外部资源更丰富。大部分学者认同网络异质性对于资源整合的积极作用，但是具体到知识转移而言，网络异质性的影响却存在争议。

异质性网络对于知识转移的正面影响主要表现在知识获取阶段。一方面，异质性网络可以提供很多新颖且不重复的信息，扩大了知识搜寻的范围，而信息的多样性提高了新信息与原有信息结合的可能性，从而提高了知识转移绩效。在战略形成阶段，异质性程度较高的产业外关系可以增加产品开发团队的信息多样性。桑等（Song et al.，2003）认为科学家个人知识与转岗后企业已有知识存在显著差异时，知识转移的绩效最好。另一方面，组织对于外部异质性知识的重视程度会影响知识转移的效果。实证研究为异质性知识偏好提供了证据，外部知识的独特性、稀缺性提高了自身价值，吸收外部异质性知识不会危及知识接受者的地位，组织对于异质性网络成员独有知识的重视程度，要高于同质性网络成员的独有知识。

尽管网络异质性可以扩大知识搜寻的范围，提高知识的可获得性，但是在知识吸收阶段却起到相反作用。一方面，网络异质性造成的信息多样性会大大增加管理层筛选和处理信息的难度，降低信息处理速度，增加信息处理成本，对产品开发绩效产生副作用；另一方面，异质性知识的转移面临转移主体之间的知识距离或组织距离过大的障碍。来自同质性网络的组织或具有某种所有权安排的组织之间的知识转移，比相互独立的组织之间知识转移要容易得多。

29.4 评价与研究展望

从社会网络视角研究知识转移，其基本思路是从转移主体所处的网络位置、网络结构来解释其转移行为，为解释个体行为提供微观基础，虽然其视角独特，但也存在不足。具体来说，对偶关系层面的知识转移研究从基本的二元关系入手，简化了研究问题，可以更深入地考察关系质量、情感因素等在知识转移中的作用，为进一步探讨网络作用的因果机制提供了很好的平台。但是，二元关系的高度抽象使得研究无法反映社会网络纷繁复杂的全貌。多元网络层面的研究弥补了这个缺陷，从网络位置、密度、异质性维度出发，全面考察了网络结构特征对知识转移的不同影响。这种分析更接近现实，将对偶关系研究中忽视的第三方关系纳入了研究范围，却缺乏对网络中深层次关系质量的深入分析，把分析停留在网络结构特征层面，使其对现实的解释力大打折扣。所以，网络视角的知识转移研究尚未达成一致结论就属情理之中。网络对知识转移的影响方向、影响程度以及在什么条件下存在影响，都是需要进一步研究的问题。具体来说，未来研究可以从以下四个方面进行：

第一，探寻网络视角知识转移研究产生争议的原因。要探讨理论产生争议的原因，首先，要考虑现有的社会网络视角采用的理论基础和研究方法是否恰当。社会网络流派的理论出发点就是从社会结构或网络结构来研究社会行为，这一论断本身是需要解释的，为什么某一个网络结构会产生某种行为？就方法论而言，由于收集资料的难度，网络研究设计存在两个问题：一是只能选择与网络有关的样本；二是广泛使用"自我—中心"方法，得到的是被访者的开放性网络，无法在不同网络之间进行比较，影响了研究的外部效度。其次，要考虑理论的限制条件和适用范围，本章所指出的争议原因，可以从多方面入手来进行探讨。网络密度对知识转移的不同影响，是否与民族文化或者组织文化有关？网络异质性对于知识转移的影响，是否因组织信息处理能力或知识吸收能力高低而有所不同？

第二，已有研究忽视了中介变量的作用，假设网络特征直接作用于知识转移行为。网络学派在技术上对网络结构、关系特征等做出了准确的描述、测量和分析，但这一优势也同时阻碍了它对知识转移因果机制的进一步探讨，如网络位置和网络关系为什么会影响知识转移？这种影响的传导机制如何？网络特征对转移主体的转移意愿、机会、能力有什么影响？尽管已有研究引入信任、文化、社会资本等变量，但理论解释的深度还不能令人满意。

第三，大部分研究关注网络对于知识转移的正面影响，而对网络的成本和代价的研究还不够。已有研究中也有对网络的成本和代价的考虑，尤其是网络学派中的功利性思路，更是引入了效率机制来指导网络的构建，但是这些分析大部分建立在理论推演的基础上，缺乏实证支持。并且，强调的代价是不同网络之间对比的代价，对于网络与其他经济交往形式之间的对比还鲜有研究，如社会网络的效率同正式制度安排的效率相比处于什么位置？正式工作关系和非正式社会网络之间是否存在互动，互动的机制和后果如何？

第四，知识转移只是知识管理的一个环节，知识保留和知识创新则是更有现实意义的环节。大部分的实证研究对于知识转移绩效的测量，是通过问卷调查进行的，很难避免回答者主观性的影响，也容易受到同源误差的影响。知识转移很可能促成知识创新，把两者结合起来进行研究，可以更多地使用客观数据如专利数据或其他财务数据来测量知识创新绩效，资料来源的多元化会提高数据和资料收集的可信度，同时也更具有实践意义。

参考文献

[1] Granovetter M S, The Strength of Weak Ties [J]. American Journal of Sociology, 1973, 78 (6): 1360 - 1380.

[2] Hansen M T, The Search - Transfer Problem: The Role of Weak Ties in Sharing Knowledge across Organization Subunits [J]. Administrative Science Quarterly, 1999, 44 (1): 82 - 111.

[3] Uzzi B, Embeddedness in the Making of Financial Capital: How Social Relations and Networks Benefit Firms Seeking Financing [J]. American Sociological Review, 1999, 64 (4): 481 - 505.

[4] 边燕杰，洪洵. 中国和新加坡的关系网和职业流动. 国外社会科学，1999，4：26 - 44.

[5] Thomas - Hunt M C, Ogden T Y, and Neale M A, Who's Really Sharing? Effects of Social and Expert Status on Knowledge Exchange Within Groups [J]. Management Science, 2003, 49 (4): 464 - 477.

[6] Govindarajan G V, Knowledge Flows within Multinational Corporations [J]. Strategic Management Journal, 2000, 21 (4): 473 - 496.

[7] Uzzi B, and Lancaster R, Relational Embeddedness and Learning: The case of bank loan managers and their clients. Management Science, 2003, 49 (4): 383 - 399.

[8] Nadler J, Thompson L, and Boven L V, Learning Negotiation Skills: Four Models of Knowledge Creation and Transfer [J]. Management Science, 2003, 49 (4): 529 - 540.

[9] Cross L R, The Strength of Weak Ties You Can Trust: The Mediating Role of Trust in Effective Knowledge Transfer [J]. Management Science, 2004, 50 (11): 1477 - 1490.

[10] Uzzi B, The Sources and Consequences of Embeddedness for the Economic Performance of Organizations: The Network Effect [J]. American Sociological Review, 1996, 61 (4): 674 - 698.

[11] Tsai W, and Ghoshal S, Social Capital and Value Creation: The Role of Intrafirm Networks [J]. The Academy of Management Journal, 1998, 41 (4): 464 - 476.

[12] Powell W W, and Smith - Doerr K L, Interorganizational Collaboration and the Locus of Innovation: Networks of Learning in Biotechnology [J]. Administrative Science Quarterly, 1996, 41 (1): 116 - 145.

[13] Tsai W P, Knowledge transfer in intraorganizational networks: Effects of network position and absorptive capacity on business unit innovation and performance. Academy of Management Journal, 2001, 44 (5): 996 - 1004.

[14] Zaheer M E, Bridging Ties: A Source of Firm Heterogeneity in Competitive Capabilities

[J]. Strategic Management Journal, 1999, 20 (12): 1133-1156.

[15] Luo Jar-Der, HuiWei-sheng, and Yeh Kuan-Ling. Social network structure and performance of knowledge teams a case study in the Chinese cultural stings [J]. Paper presented American Academy of Management Convention, Technology and Innovation Management Session, Seattle, 2003.

[16] Reagans R, and Mcevily B, Network Structure and Knowledge Transfer: The Effects of Cohesion and Range [J]. Administrative Science Quarterly, 2003, 48 (2): 240-267.

[17] Zaheer A, and Bell G G, Benefiting from Network Position: Firm Capabilities, Structural Holes, and Performance [J]. Strategic Management Journal, 2005, 26 (9): 809-825.

[18] Dyer J H, and Nobeoka K, Creating and managing a high-performance knowledge-sharing network: the Toyota case [J]. Strategic Management Journal, 2000, 21 (3): 345-367.

[19] Ingram P, Roberts P W, Friendships among Competitors in the Sydney Hotel Industry [J]. American Journal of Sociology, 2000, 106 (2): 387-423.

[20] Mcdonald M L, and Westphal J D, Getting by with the Advice of Their Friends: CEOs' Advice Networks and Firms' Strategic Responses to Poor Performance [J]. Administrative Science Quarterly, 2003, 48 (1): 1-32.

[21] Sparrowe R T, Liden R C, and Kraimer W M L, Social Networks and the Performance of Individuals and Groups [J]. The Academy of Management Journal, 2001, 44 (2): 316-325.

[22] 蒋春燕. 企业外部关系对内部创新活动的影响机制 [J]. 经济管理, 2008, 437 (5): 30-34.

[23] Song J, Almeida P, and Wu G, Learning-by-Hiring: When Is Mobility More Likely to Facilitate Interfirm Knowledge Transfer? [M]. INFORMS, 2003.

[24] Menon T, and Pfeffer J. Valuing Internal vs. External Knowledge: Explaining the Preference for Outsiders [J]. Management Science, 2003, 49 (4): 497-513.

第五篇
全球价值链

第 30 章

中国制造业融入垂直专业化分工全球价值链的研究述评[*]

30.1 引　　言

　　伴随着国际贸易的快速发展，全球价值链下的跨国生产和贸易分工已经成为全球经济发展的重要引擎（Hummels et al.，2001）。全球价值链（global value chain，GVC）通过全球网络下的生产、销售、消费以及回收等多个环节所融合的链条化关系，为世界贸易体系提供了新的研究视角。而垂直专业化分工作为中间产品加工过程中的重要跨国生产方式，已经成为全球价值链中不可缺少的一部分，并对发展中国家参与全球贸易意义重大（Gereffi，1999）。中国作为最具特色的发展中国家之一，中国制造业对外加工贸易的垂直专业化分工模式对其国际贸易地位和竞争力究竟有何影响是政府、企业和学术界不断探讨的问题，得到了国内外学者的重视。在近 20 年的研究中，关于垂直专业化分工、全球价值链的研究不断完善并发展了一系列相关方面的研究，如全球价值链治理（Gereffi，Humphrey and Sturgeon，2005；吕文栋和张辉，2005）以及创新升级（刘昌年等，2015），中国制造业应如何通过垂直专业化分工融入全球价值链，进而提升中国制造业的竞争力，是已有文献关注的重点问题之一。本章在对国内外学者相关研究文献的整理和分类基础上，基于垂直专业化分工全球价值链基本理论，剖析中国制造业融入垂直专业化分工全球价值链的路径和影响，以期为我国制造业的转型升级提供理论依据和实践指导。

---

[*] 本章作者为杨蕙馨、高新焱，发表在《经济与管理评论》2019 年第 1 期（有改动）。

30.2 全球价值链与垂直专业化分工

30.2.1 全球价值链的内涵

20世纪80年代，著名学者波特（Porter）通过对企业一系列经营活动的研究，将价值链（value chain）定义为一个价值创造的动态链条，并根据企业经营活动内容的性质将价值链的增值活动分为基本活动和辅助性活动。在此基础上，波特（Porter，1998）根据不同企业之间的相互合作与竞争关系，跳出企业自身内部价值链的视角，拓展性地结合市场整体环境下的企业与上游供应、下游分销之间的纵向价值链和企业与竞争对手之间的横向价值链，提出价值系统（value system）理论，指出一个价值链的创造过程包括设计、生产、储运、营销、分销、售后等多个环节，虽然这可能是一家企业内部运营所能完成的，但实际上，大多数活动往往需要多家企业的共同参与。这也为进一步研究全球贸易背景下的价值链体系奠定了理论基础。杰里菲（Gereffi，1994）通过对服装产品从原材料到最终产品整个过程的举例描述，提出了具有生产者驱动和购买者驱动的二元驱动模型特点的全球商品链（global commodity chain，GCC）概念。伴随着经济全球化及其国际贸易在21世纪前后不断地深化发展，各国之间的贸易往来增多，关于全球价值链的理论也逐步清晰化，得到学者们的认可和进一步探索。有的研究从将价值链嵌入全球贸易发展和产业组织分析之中，揭开了全球价值链的研究风潮。全球价值链吸纳了全球商品链的核心观点，并实现了术语"全球商品链"向"全球价值链"的转变。研究表明，全球价值链和全球商品链在本质上的区别并不明显，但价值链选择了更加有发展前景的方式来拓宽视野，去探索整个全球产业组织的决定因素。卡普林斯基（Kaplinsky，2000）认为全球价值链模型揭示了一个行业或部门如何参与将产品或服务带入整个生产过程所需的一系列活动，并且这个链条包括交付和售后服务等活动。杰里菲和费尔南德斯·史塔克（Gereffi and Fernandez-Stark，2011）将全球价值链简单地定义为"公司和工人将产品从概念带到最终用途以及其他方面所做的全方位活动"。帕迪拉-佩雷斯和埃尔南德斯（Padilla-Pérez and Hernández，2010）认为全球价值链可以有效地识别全球贸易链条中的参与者等级地位，这直接影响某个行业的全球组织分布和各种经济活动的地理位置。约翰逊和诺格拉（Johnson and Noguera，2012）则认为与距离或运输相关的贸易成本的下降有效加强了全球生产的整合和分散，通过将一个国家的总出口中作为所有其他国家出口的增加值生产的中间投入的增加值份额的量值作为最终需求距离，进而探讨价值链上的增加值贸易。与此同时，格里芬（Gereffi）等学者强调了全球价值链能够说明全球化下生产网络布局的因素选择，这对于发展中国家容纳和制定全球贸易的策略方式选择提供了借鉴。邓宁和隆达（Dunning and Lundan，2008）研究表明，随着全球贸易的"碎片化"趋势，企业的经营活动将朝着一个极为明确的方向加入全球价值链之中，并加速全球价值链的重构和更新，最终影响企业对外投资动机。

30.2.2 垂直专业化分工的本质

垂直专业化贸易理论兴起于20世纪60～70年代。从20世纪80年代中期开始，在全球化的经济迅猛发展期间，经济学家们认为虽然如今的国际贸易份额相对于20世纪初的份额并没有显著提升，但伴随近几十年来贸易额的快速增长，国际贸易的性质已经发生变化（Hummels et al.，2001），学者们越发重视国际贸易下的"碎片化"的生产方式，并提出"垂直专业化"（vertical specialization）概念作为一种新型的国际贸易增长方式，将其定义为"出口的进口投入部分，或者看作为出口中体现的本国以外的外国增值部分"，并且认为垂直专业化需要具有三个条件：(1) 商品需要在两个或更多个连续阶段上生产；(2) 有两个或更多的国家参与生产过程，并且在生产过程中产生了价值增值；(3) 至少有一个国家必须在生产过程中使用进口投入品，结果输出品至少有一部分是被出口的。有的学者认为比较优势和规模经济是国际贸易中垂直专业化产生的两大基础。盛文军和廖晓燕（2002）认为垂直专业化现象日益突出主要是由于贸易政策、运输成本和通信费用的降低以及新兴市场的扩大这三大因素推动的。在垂直专业化下各国按顺序生产货物，每个国家都专注于一个良好生产顺序的特定阶段。这种顺序的一个显著特征就是一个国家用来制造货物或货物的进口中间产品，然后再出口到另一个国家。

此外，阿西莫格鲁等（Acemoglu et al.，2015）认为，垂直专业化分工加快了技术发展对于高技能人才的需求，进一步推动经济发达地区的技能偏向性技术进步，加剧全球贸易发展的不均匀分布。但有些学者认为，大部分发展中国家针对加工出口产品的技术水平并没有较大的提高，换而言之，其比较优势并没有太大的转变（Freund，2016）。通过对发展中国家垂直专业化的研究发现，垂直专业化分工对一国贸易影响程度与国家政策和技术发展水平有着显著关系。而发展中国家利用低级生产要素所取得的国际分工地位，会导致其深深陷入俘虏型网络关系之中，不利于自身技术创新和产业升级，甚至无法摆脱全球价值链上游发达国家的俘虏式控制，在被外界束缚下的国内产业无法培育出具有向高端环节攀升的领导企业（刘志彪和张杰，2007）。随着一国参与垂直专业化分工程度的加深，参与国际贸易中间品制造的比重的提高，会使得本国经济体更容易受到世界经济波动的影响，一旦受国外不良因素的干扰，造成贸易危机的可能性就会更高（梅冬州和崔小勇，2017）。

30.2.3　垂直专业化分工与全球价值链的关系研究

（1）垂直专业化分工是全球价值链不断更新的动力。

伴随着世界生产越来越分散，更多国家开始参与全球价值链上的许多产品的中间生产过程，而这些国家也大多处于垂直专业生产的特定阶段。此外，全球价值链的"链条化"特征也可以被垂直专业化的量化指标所展现（Hummels, Ishii and Yi, 2001）。垂直专业化分工的生产方式推动着全球贸易分工的转变，有助于各国在不同的生产环节上进行有效的规模生产，利用其比较优势优化全球价值链，进而改变了国际贸易形式。从全球价值链的发展可以看出，全球价值链的快速发展源于不断细化的国际产品生产，生产环节的碎片化和上下游生产者的衔接与其非线性的扁平化状态有着紧密的因果关系，进一步说明了垂直专业化可以作为价值链不断更新的内生动力（丁宋涛和刘厚俊，2013）。参与世界贸易的国家正努力通过自由化贸易来提升垂直专业化水平，进而在全球价值链条上占据一席之地。与此同时，国际产品间的生产分工逐步发展到产品内部，国际产品专业化生产对国际贸易的增长和技术扩散有着重要作用（胡昭玲，2006）。通过对美国——加拿大汽车协议、墨西哥与美国的加工贸易协定、日本和亚洲之间的电子贸易等案例研究表明，近年来国际贸易的垂直专业化急剧增加，促使中间品跨国生产的比例有了很大提升，进而影响了全球价值链上的参与国的对外出口水平和效率。垂直专业化贸易作为一种从技术输出国到技术引入国的有效传播途径，可能会根据不同的扩散方式导致不同程度的技术溢出。这种技术溢出不仅能够使全球价值链条上游的发达国家因为中间品生产企业的竞争而获取低成本，还可以提高发展中国家参与者的生产技术水平。

（2）全球价值链为垂直专业化分工提供发展平台。

从生产环节的国际贸易地位分工上看，发达国家可以利用自身积累的雄厚资本和发达科技在全球范围内构建全球价值链，将需要大量资源和劳动力的中间品加工环节交付给发展中国家，从而加速推动了全球范围内价值链上的专业化分工。此外，国际贸易网络推动新兴市场的发展，将一批发展中国家融入世界市场之中，这些国家的外贸优惠政策降低了与发达国家的贸易壁垒，为跨国公司培育可供垂直专业化分工的企业创造了有利条件（刘志彪和刘晓昶，2001）。全球价值链推动下的国际贸易一体化使得产品生产工序可以划分为多个"碎片化"环节，跨国公司通过全球视野下的生产要素比较优势分析，选择将产品链条的每个部分划分成不同的中间品，交付给其他国内或国外企业进行生产加工，而这些企业在专业化生产中渐渐形成规模经济，达到了国际垂直专业化的分工结果。帕迪拉-佩雷斯和埃尔南德斯（Padilla - Pérez and Hernández, 2010）研究表明，全球价值链框架有助于识别链条内的分级或基于权力的关系，这对产业的全球组织分布和经济活动的地理位置有直接影响，进而作用于垂直专业化分工的布局。

30.3 中国制造业与垂直专业化分工

30.3.1 垂直专业化分工对中国制造业的推动

在近 40 年的中国制造业快速发展中，垂直专业化分工的生产加工模式不断深化中国制造业参与国际贸易的程度，将"中国制造"推向世界市场，凭借"世界工厂"的美誉，成为许多跨国公司的制造业外包的顶级供应商，被认为是全球贸易市场上最具有竞争力的世界级加工制造平台。中国制造业不断融入国际垂直专业化分工是我国出口增长的重要因素（文东伟和冼国明，2010）。从总体上看，垂直专业化分工有利于我国制造业全员劳动生产率的提高，加速中国产业的发展进程。

30.3.2 中国制造业的垂直专业化分工地位

（1）中国制造业的出口产品类型。

从中国制造业出口产品类型看，中国在垂直专业化分工中的主要角色是国际贸易的产品加工制造者，承担国际贸易中的中间品加工和组装的分工任务（高越和高峰，2005）。黄先海、韦畅（2007）在对中国制造业出口的研究中，将四大要素密集型产业根据其出口垂直专业化份额平均值由大到小排序为资本技术密集型产业、资本密集型产业、资源密集型产业和劳动密集型产业，在我国制造业九大类别中机械制造业的垂直专业化程度最高。

（2）中国制造业的出口产品技术含量。

从中国制造业出口产品技术含量看，与国外发达国家相比较，我国技术开发能力仍有待提高，所以大部分外包生产仍处于低技术含量对外出口产品的加工制造环节（胡昭玲和张蕊，2008）。但是，中国制造业在国际贸易上的积极参与也带来了令人瞩目的外贸增长和技术进步。张小蒂、孙景蔚（2006）通过对中国产业垂直专业化贸易额和指数的研究，认为以技术为优势的中国制造业已经得到了长足发展且潜力巨大，但以低成本为外贸竞争优势的制造业则面临着后劲不足的困境，这进一步说明了垂直专业化分工中的技术升级明显影响着我国制造行业的国际竞争力。文东伟、冼国明（2009）利用 OECD 中 1995～2005 年 11 年间的中国投入产出表数据来度量我国制造业的垂直专业化水平，研究发现，中国高新技术制造业垂直专业化大幅提高，国际竞争力不断增强，其比较优势越发明显。沈春苗（2016）利用 2001～2011 年中国制造业的 14 个细分行业面板数据测算表明，我国制造业垂直专业化对技能偏向性技术进步有着积极的作用，但以加工贸易为主的制造业发展方式也会阻碍其技能偏向性技术进步的速度。

(3) 中国制造业的出口产品生产区域。

从中国制造业出口产品生产区域看，中国制造业对外贸易的快速发展带动了区域性的产业集群兴起和发展。臧新和李菡（2011）通过对我国制造业产业集群现象的研究，推测不同行业存在的"门槛值"可能与不同水平上的垂直专业化的作用程度不同，两者的量值符合确保了相互良性作用的长期性。从短期看，劳动密集型产业集群提高了专业化生产，此外，垂直专业化对资本密集型企业的集聚起到了推动作用，这表明我国垂直专业化分工下的企业集聚效应明显，进而说明了我国制造业垂直专业化分工在我国呈现区域性模块分布。针对这一方面的研究，学者们普遍认为我国对外出口加工贸易垂直专业化分工主要集中在东部地区，以长三角和珠三角尤为突出，这与中国自改革开放以后为吸引跨国外包所采取的政策因素和经济环境有很大的关系。马风涛、刘志彪和吴福象（2005）通过对我国江苏一带的投入产出表实证研究表明，我国长三角经济带区域在生产非一体化和贸易一体化方面都达到了较高的水平，其积极参与国际制造业的代工贸易加速推进了所在地区的企业垂直专业化程度，但国外直接投资带动下的出口贸易增长并不能从实质上推动我国本土企业融入国际化垂直专业化分工体系。

(4) 中国制造业的出口产品增加值。

从中国制造业出口产品增加值看，不同类型制造业能够取得增加值的数值存在很大的差异。中国制造业可以掌握低端、中低端技术制造业的垂直专业化分工主导地位、并拥有提高增加值的研发能力，而中高技术制造业的垂直专业化分工处于参与或附庸地位上，研究表明，前者的增加值往往低于后者（张咏华，2012）。发达国家的跨国公司专注于技术研发、品牌设计等高增加值活动，远远高于中国所能得到的产品附加值收入。在中国制造业垂直专业化分工程度不断加深的同时，全球价值链下的发达国家领头企业对于发展中国家的俘虏式贸易控制，导致我国对外出口的产品广泛限制在资源型传统部门或者价值链低端环节的低附加值产品领域。胡昭玲、宋佳（2013）针对中国制造业产品出口价格趋势分析国家分工地位，发现中国制造业出口的大部分是低价格产品，生产能力的熟练程度也远大于高价格产品。王岚、李宏艳（2015）的研究表明，对比 1995～2011 年中国低技术行业与国际同类行业，我国增值能力不断增强，中高技术行业则出现与之相反的状况。也有学者认为中国知识密集型制造业本身创造增加值的能力是有所提高的（樊茂清和黄薇，2014）。马风涛（2016）从各类企业参与全球价值链分工的程度来看，民营企业和大型外资企业参与垂直专业化分工的程度较高。总体来看，垂直专业化分工下的中国制造业仍面临着外部支持和内部动力双重困境,中国企业与发达国家的企业相比,尤其是高资本与高技术型行业,我国企业的价值增值和价值实现能力相对较弱。

此外,还有很多学者研究了中国制造业融入国际垂直专业化分工对工资水平、国内就业等方面的影响。国际垂直专业化程度加深不仅会影响制造业行业内的工资差距,如熟练劳动力和非熟练劳动力(王中华、王雅琳和赵曙东,2009),还会影响行业间的工资收入差距,如对高新技术不同行业影响的显著差异(戴魁早,2011)。唐东波(2012)利用"交叉协作"理论,研究垂直专业化对中国不同水平劳动力的就业影响,发现中国制造业承担加工来自价值链上游的中间品有助于提高高技能劳动力就业比例,但从价值链下游承担低成本劳动力所创造的中间品则会对我国低技能工人就业造成负面影响。

30.4 中国制造业融入垂直专业化分工 GVC 的影响

30.4.1 中国制造业垂直专业化深入参与全球价值链

作为全球贸易的一环,中国制造业一直以低成本的竞争优势将国际贸易的主要发展定位在全球价值链的低端部分,尤其是高技术产业具有突出的低端"锁定"效应。这种专注于大规模加工制造中间产品的垂直专业化出口模式推进了我国制造业的蓬勃发展,逐步提高了我国全球化水平(刘志彪和张杰,2009),并且关乎全球价值链的升级(马红旗和陈仲常,2012)。

程大中(2015)利用投入—产出的研究,证实了中国制造业垂直专业化已经深入参与到全球价值链之中。周升起等人针对中国制造业 1995~2009 年期间的数据研究证明,伴随着生产加工中间品垂直专业化分工的不断加深,中国制造业及内部各部门的全球价值链地位不断提升,但由于资源和劳动力成本上的限制以及外贸战略的转变,近些年来,中国企业进口越来越多的中间品来进行再加工出口,这种进出口中间品的比重变化使得全球价值链分工地位呈现"L"型变化。王岚、李宏艳(2015)根据与嵌入路径和价值增值相联系的全球价值链地位指数研究中国制造业的外贸分工位置,发现中国制造业嵌入全球价值链的路径主要分为三种类型,从近期趋势来看,呈现倒"U"型趋势的低技术行业位于价值链下游,呈现稳步下滑趋势的中端技术行业位于价值链上游,下滑振幅较大的高新技术行业则位于价值链中游。从整体上看,中国制造业处于全球价值链最终需求的下游附近的位置,不同内部行业在全球价值链分工地位上的趋势特征和中国制造业总体一致(周升起,兰珍先和付华,2014),并且中国制造业不断深化参与价值链的前向和后向参与方式的程度。我国制造业中的高技术产业不断融入更多的全球价值链的环节中，甚至其专业化分工程度比国内生产分工程度更加显著。葛顺奇和罗伟（2015）探讨了全球价值链视角下的跨国公司进入对中国制造业及其结构的影响，发现其在我国制造业的人力成本密集度和劳动力密集度的提高上具有不显著的直接影响，但显著的间接影响着资本密集度和人力资本密集度的提高以及劳动力密集度的下降。

30.4.2　中国融入垂直专业化分工 GVC 的困境及出路

随着中国经济的发展，尤其是制造业的发展，中国融入全球价值链的路径也遭遇到了新的阻碍，如低碳经济下环境规制对中国污染产业贸易竞争力（张晓莹，2015）。通过考虑中国进口和国内生产投入模型，提出的中国 I/O 模型并明确将加工出口纳入模型，进而评估包括 20 个细分的中国产品生产行业，有的学者认为中国获得的贸易利益可能与出口总值存在偏差。基于此，库普曼、王和魏（Koopman，Wang and Wei，2008）拓展了 83 个中国出口商品生产行业，研究表明，在中国出现复杂的出口结构在很大程度上是一种统计幻象，通过对国外附加值和国内附加值的分解计算，证明了我国产业的技术复杂度对进口投入所产生的依赖性呈现正向作用，这说明传统统计方法下的中国出口规模和结构被严重夸大，并不能准确显示我国制造业参与垂直专业化分工全球价值链的贸易地位。张明志和李敏（2011）认为，20 世纪 90 年代以来，伴随着中国产业国际垂直专业化分工程度的加深，产业结构上存在"虚高"问题。

参与垂直专业化分工全球价值链的中国制造业既面临着来自发达国家的利润榨取，又需要同其他新兴国家低成本劳动力和资源竞争市场，获利能力呈现下降趋势（王岚和李宏艳，2015）。此外，"被俘虏"的我国制造业要承受发达国家的技术控制壁垒，承接外包项目所形成的产业集群还处于低水平聚集状态，这种模式下的中国制造业只能承担低利润的初中级加工环节，并不能激发企业自主创新的活力。张杰和郑文平（2017）认为我国制造业企业一直将加工贸易视为全球价值链主要分工角色，出口中间产品比例越高的本土企业反而会忽视自身研发投入，产品开发环节更为薄弱，抑制自身的技术创新能力，特别是民营企业显现了显著的抑制效应。自改革开放以来，我国东部地区的企业率先加入全球价值链，推动了区域外贸垂直专业化水平，带动了沿海地区的经济增长，但外贸代工并不能从根本上做到国内产业自主升级和区域协调，反而也拉大了我国地区经济水平差距，这种非均衡的"断层"式发展扩大了我国国内价值链的整合、升级的难度。

面对一系列中国制造业融入垂直专业化分工全球价值链发展遇到的问题，张杰、刘志彪（2009）根据单边和双边交易平台的载体模式，讨论了全球价值链上中国如何构建国家价值链。根据我国制造业垂直专业化的出口现状，可以通过培育国际龙头企业、加强政府顶层设计和资源整合、提高核心能力和专业化水平以及升级国内外市场四点建议，进而改变我国在垂直专业化分工下全球价值链上的困境。此外，产品生产的结构性转型升级也是增强国际竞争力的有效途径。戴翔、张为付（2017）认为，在全球价值链下的中国外包贸易不仅仅是简单的大众认知下的"需求侧"，而应该明晰中国出口的"供给侧"内涵，进行外贸方式的积极转变，推动中国制造业对外出口的结构性改革，增加中国制造业的知识要素投入量，鼓励中国制造业不断向全球价值链上端攀升和培育世界级先进制造业产业集群，达到"低端锁定"突破的目标（丁宋涛和刘厚俊，2013）。

30.5 结论及未来展望

本章梳理了近年国内外垂直专业化分工及全球价值链的相关文献，结合中国制造业对外贸易现状，从整体上展示了垂直专业化分工下我国制造业参与全球价值链的研究，阐述了学者们对于全球贸易下"中国制造"如何转型、占据全球价值链上的优势地位的相关研究与观点。全球价值链将全球贸易看作一个设计、生产、消费和回收的链条，每个环节都附有或多或少的增值价值，垂直专业化分工则是在全球贸易生产环节中形成了专注于某个加工环节或部分的相对优势，进而更具竞争力地去瓜分价值链条上的增值环节或部分。垂直专业化分工是将全球价值链的产品层面进一步细化为工序层面的研究，两者相互影响，密不可分。对于中国制造业融入垂直专业化分工全球价值链的研究，主要集中在中国制造业出口对全球贸易和国内经济的影响、中国制造业外贸的国际地位以及如何改变劣势、摆脱困境和提升贸易竞争力方面。从研究得出的结论看，中国制造业采取垂直专业化形式参与全球价值链可以获取一定的利润以及获取产业集聚动力、技术扩散途径、国际影响力提高等诸多有利因素。但与此同时，由于受到发达国家的跨国公司、外商直接投资等带来的利润榨取和长期处于承担低利润的初中级中间品加工环节带来的僵化模式，中国加工贸易型制造业面临着区域发展不协调、技术贸易壁垒、创新能力不足等诸多困境和问题。

基于上述对中国制造业融入垂直专业化 GVC 相关研究的分析，未来应该从全球价值链与垂直专业化分工的理论基础和相关联系作为切入点，更加深入地剖析垂直专业化分工的中国制造业融入全球价值链的现状及未来向价值链中高端迈进的路径。以下两个方面的问题尤其值得关注和深入探讨：

30.5.1 积极改变垂直专业化分工角色

中国制造业参与全球价值链的方式不仅仅只停留在传统产品的原材料供给和简单加工环节，还要延伸到高技术的产品协同研发和生产环节。面对垂直专业化分工特征的全球价值链，我们需要明确国际贸易与合作已经逐渐将重心转移到产品内链条式环节，在这种新环境下占据优势地位，需要掌握产品最具增加值的部分，因此，我国制造业要积极引导和支持研发和技术进步，掌握产品盈利的核心要素，通过改变垂直专业化分工的生产加工环节角色，进入产品的高附加值环节，占据全球价值链上有利地位。

30.5.2 参与全球价值链的升级与创新

"升级"可以被看作是通过创新方式来提高产品附加值，也可以被视为是一种在全球价值链上向更高附加值方向发展的活动。全球价值链的升级和创新是国际贸易发展的必经之路，也是一个国家的制造业获取竞争优势的必经之路，自主参与其升级和创新过程必然会获取新环境下的有利要素，进而占据全球价值链上的高附加值环节。嵌入全球价值链的方式不同会导致企业不同类型、不同程度的升级。中国制造业企业要根据自身实际，将生产环节的一部分的经验运用好以获取新的能力，开发和升级新工艺以改善链式治理的环境，推动企业更好地融入全球价值网络。具有产业集群特征的中国制造业区域可以通过积极参与价值网络，找寻获取产品高增加值的嵌入路径来达到企业升级的目的。

相对而言，现有关于中国制造业融入垂直专业化分工全球价值链的研究仍然是一个比较新的领域，很多方面值得进一步研究和挖掘。

参考文献

［1］吕文栋，张辉. 全球价值链下的地方产业集群战略研究［J］. 中国软科学，2005（2）：119-124.

［2］刘昌年，马志强，张银银. 全球价值链下中小企业技术创新能力影响因素研究——基于文献分析视角［J］. 科技进步与对策，2015（4）：57-61.

［3］盛文军，廖晓燕. 垂直专业化贸易、公司内贸易与产业内贸易：兼论中国企业的竞争战略选择［J］. 世界经济，2002（2）：58-63.

［4］刘志彪，张杰. 全球代工体系下发展中国家俘获型网络的形成、突破与对策［J］. 中国工业经济，2007（5）：39-47.

［5］梅冬州，崔小勇. 制造业比重、生产的垂直专业化与金融危机［J］. 经济研究，2017（2）：96-110.

［6］丁宋涛，刘厚俊. 垂直分工演变、价值链重构与"低端锁定"突破——基于全球价值链治理的视角［J］. 审计与经济研究，2013（5）：105-112.

［7］胡昭玲. 国际垂直专业化分工与贸易：研究综述［J］. 南开经济研究，2006（5）：12-26.

［8］刘志彪，刘晓昶. 垂直专业化：经济全球化中的贸易和生产模式［J］. 经济理论与经济管理，2001（10）：5-10.

[9] 文伟东, 冼国明. 中国制造业的垂直专业化与出口增长 [J]. 经济学（季刊）, 2010 (1): 467-495.

[10] 高越, 高峰. 垂直专业化分工及我国的分工地位 [J]. 国际贸易问题, 2005 (3): 16-20.

[11] 黄先海, 韦畅. 中国制造业出口垂直专业化程度的测度与分析 [J]. 管理世界, 2007 (4): 158-159.

[12] 胡昭玲, 张蕊. 中国制造业参与产品内国际分工的影响因素分析 [J]. 世界经济研究, 2008 (3): 3-8.

[13] 张小蒂, 孙景蔚. 基于垂直专业化分工的中国产业国际竞争力分析 [J]. 管理世界, 2006 (5): 12-21.

[14] 文伟东, 冼国明. 垂直专业化与中国制造业贸易竞争力 [J]. 中国工业经济, 2009 (6): 77-87.

[15] 沈春苗. 垂直专业化分工对技能偏向性技术进步的影响——基于我国制造业细分行业的实证研究 [J]. 国际贸易问题, 2016 (2): 77-87.

[16] 臧新, 李菡. 垂直专业化与产业集聚的互动关系——基于中国制造行业样本的实证研究 [J]. 中国工业经济, 2011 (8): 57-67.

[17] 刘志彪, 吴福象. 全球化经济中的生产非一体化——基于江苏投入产出表的实证研究 [J]. 中国工业经济, 2005 (7): 12-19.

[18] 张咏华. 中国制造业在国际垂直专业化体系中的地位——基于价值增值角度的分析 [J]. 上海财经大学学报, 2012 (10): 61-68.

[19] 胡昭玲, 宋佳. 基于出口价格的中国国际分工地位研究 [J]. 国际贸易问题, 2013 (3): 15-25.

[20] 王岚, 李宏艳. 中国制造业融入全球价值链路径研究——嵌入位置和增值能力的视角 [J]. 中国工业经济, 2015 (2): 76-88.

[21] 樊茂清, 黄薇. 基于全球价值链分解的中国贸易产业结构演进研究 [J]. 世界经济, 2014 (2): 50-70.

[22] 马风涛. 基于企业异质性的中国制造业出口产品全球价值链解构 [J]. 经济与管理评论, 2016 (5): 20-28.

[23] 王中华, 王雅琳, 赵曙东. 国际垂直专业化与工资收入差距 [J]. 财经研究, 2009 (7): 122-133.

[24] 戴魁早. 垂直专业化的工资增长效应——理论与中国高技术产业的经验分析 [J]. 中国工业经济, 2011 (3): 36-46.

[25] 唐东波. 垂直专业化贸易如何影响了中国的就业结构? [J]. 经济研究, 2012 (8): 118-131.

[26] 刘志彪, 张杰. 从融入全球价值链到构建国家价值链: 中国产业升级的战略思考 [J]. 学术月刊, 2009 (9): 59-68.

[27] 马红旗, 陈仲常. 我国制造业垂直专业化生产与全球价值链升级的关系——基于全球价值链治理视角 [J]. 南方经济, 2012 (9): 83-90.

[28] 程大中. 中国参与全球价值链分工的程度及演变趋势——基于跨国投入—产出分析 [J]. 经济研究, 2015 (9): 4-16.

[29] 王岚, 李宏艳. 中国制造业融入全球价值链路径研究——嵌入位置和增值能力的视角 [J]. 中国工业经济, 2015 (2): 76 – 88.

[30] 周升起, 兰珍先, 付华. 中国制造业在全球价值链国际分工地位再考察——基于 Koopman 等的 "GVC 地位指数" [J]. 国际贸易问题, 2014 (2): 3 – 12.

[31] 葛顺奇, 罗伟. 跨国公司进入与中国制造业产业结构 – 基于全球价值链视角的研究 [J]. 经济研究, 2015 (11): 34 – 48.

[32] 张晓莹. 环境规制对中国污染产业贸易竞争力影响机理研究 [J]. 经济与管理评论, 2016 (5): 20 – 28.

[33] 张明志, 李敏. 国际垂直专业化分工下的中国制造业产业升级及实证分析 [J]. 国际贸易问题, 2011 (1): 118 – 128.

[34] 张杰, 郑文平. 全球价值链下中国本土企业的创新效应 [J]. 经济研究, 2017 (3): 151 – 165.

[35] 张杰, 刘志彪. 全球化背景下国家价值链的构建与中国企业升级 [J]. 经济管理, 2009 (2): 21 – 25.

[36] 戴翔, 张为付. 全球价值链、供给侧结构性改革与外贸发展方式转变 [J]. 经济学家, 2017 (1): 39 – 46.

[37] Hummels D., Ishii J., and K. Yi, The Nature and Growth of Vertical Specialization in World Trade [J]. Journal of International Economics, 2001, 54 (1): 75 – 96.

[38] Gereffi G. International Trade and Industrial Upgrading in the Apparel Commodity Chain [J]. Journal of International Economics, 1999 (48): 187 – 215.

[39] Gereffi G., Humphrey J., and Sturgeon T. The Governance of Global Value Chains [J]. Review of International Political Economy, 2005 (12): 78 – 104.

[40] Porter Michael E, Clusters and the New Economics of Competition [J]. Harvard Business Review, 1998 (6): 77 – 90.

[41] Gerefi Gary, The Organization of Buyer – Driver Global Commodity Chain: How U. S. Retailers Shape Overseas Production Networks [J]. Commodity Chains and Global Capitalism, Westport, 1994 (84): 95 – 122.

[42] Kolinsky R, Spreading the Gains from Globalization: What Can Be Learned from Value Chain Analysis [J]. Journal of Development Studies, 2000 (37): 117 – 146.

[43] Gerefi, G., and K. Femandez – Stark, Global Value Chain Analysis: A Primer Technical report [R]. Center on Globalization Governance and Competitiveness, Durham, N. C., 2011.

[44] Padilla – Pérez R., and Hernández R. A., Upgrade and Competitiveness within the Export Manufacturing Industry in Central American, Mexico, and the Dominican Republic [J]. Latin American Business Review, 2010, 11 (1): 19 – 44.

[45] Johnson Robert C., and Guillermo Noguera, Accounting for Intermediates: Production Sharing and Trade in Value Added [J]. Journal of International Economics, 2012, 86 (2): 224 – 236.

[46] John, H., Dunning Sarianna, and M. Lundan, Multinational Enterprises and the Global Economy [J]. Journal of International Business Studies, 2008, 39 (7): 1236 – 1238.

[47] D. Acemoglu, G. A. Gancia, and F. Zilibotti, Offshoring and Directed Technical Change [J]. Social Science Electronic Publishing, 2015, 7 (3): 131 – 166.

[48] C. L. Freund, The Anatomy of China's Export Growth [J]. Social Science Electronic Publishing, 2016, 199 (5): 1-29.

[49] Padilla-Pérez R, and Hernández R. A., Upgrade and Competitiveness within the Export Manufacturing Industry in Central American, Mexico, and the Dominican Republic [J]. Latin American Business Review, 2010, 11 (1): 19-14.

[50] Koopman R., Wang Z., and Wei S. J., How Much of Chinese Export is Really Made in China? Assessing Domestic Value-Added When Processing Trade is Pervasive [R]. NBER Working Paper, No. 14109.

第 31 章

从全球价值链到新产业生态系统

"毫无疑问,在最终的一个社会内,可被想象到的所有组织形式都将找到属于自己的位置,但问题是,它们得在一个既定的目标和社会实践范围内证明自己是最适应的。"(弗兰克·H. 奈特)

长期以来,我国企业都致力于提升自身竞争力,试图改善在全球价值链中的低端地位,但现实中成功的企业少之又少。

竞争力研究从组织结构、人力资源、生产运营、企业文化等方面给出诸多解释,似乎企业只要加足马力,从技术或品牌视角出发,沿"工艺流程升级→产品升级→功能升级→链条升级"攀升即可。

但是,全球价值链仅是价值网络众多实践形态中的一种,当沿着链条升级路线已经走不通时,企业可能更应该关注行驶的方向,而不是加多大马力。否则,可能越努力,错得越无法收拾。

31.1 全球价值链的捆绑

企业家们习惯把目标锁定在全球价值链上。换句话说,企业家们对企业竞争力的理解被全球价值链困住了。

之所以如此说,主要原因在于,全球价值链分析范式本身具有显而易见的缺陷:它在最大程度上体现主导企业的意志,忽视处于中、低端位置的企业的诉求;它过于强调各环节纵向关系的约束机制,弱化企业内生性成长的激励机制;它高度重视企业间的治理结构,缺少对消费者诉求和外部环境变化的关注。

这些缺陷会带来十分严重的后果。

(1) 增大系统性风险。部分企业参与全球价值链分工,是为了隔绝市场不确定性带来的风险。但由于权力关系的不对称,原本应由主导企业承担的市场等风险,大多被间接转嫁至其他企业。结果是,主导企业获取了与其实际承担风险程

---

* 本章作者为王海兵、杨蕙馨,发表在《清华管理评论》2014 年第 11 期(有改动)。

度不相称的高额利益，而其他企业不仅没能有效隔绝风险，还新增了本应由主导企业担负的额外风险，这进一步增大了全球价值链的系统性风险。

（2）企业短期行为增多。部分企业参与全球价值链分工，是希望通过与主导企业建立良好的合作关系，为提升竞争优势创造机会。但主导企业往往不愿看到其他企业有超出预期的价值创造活动，特别是可能与其自身业务产生竞争的技术投资行为。同时，主导企业还会强调其他企业只能为之生产或服务。这极大压缩了企业长期行为的开展空间，使企业基本上只着眼于短期行为。

（3）"市场隔层陷阱"。部分企业参与全球价值链分工的同时，仅在与上、下游企业交易范围的一亩三分地上辛勤耕耘，对最终消费市场的感知力缺乏敏感度。长此以往，会丧失在复杂多变环境中整合潜在资源、捕捉市场机会和驾驭不确定性因素的能力，最终走上一条"愈加伤害的夕阳之路"。

如图31-1所示，企业家们一次次试图沿"微笑曲线"向两端升级，却一次次遭遇到全球价值链主导者游牧式和掠夺式的逐底压迫，甚至造成新情境下升级顶部的境遇还不如原本处于曲线底部的境遇，从而使得企业家们疲于应对，再也无暇顾及转型升级。

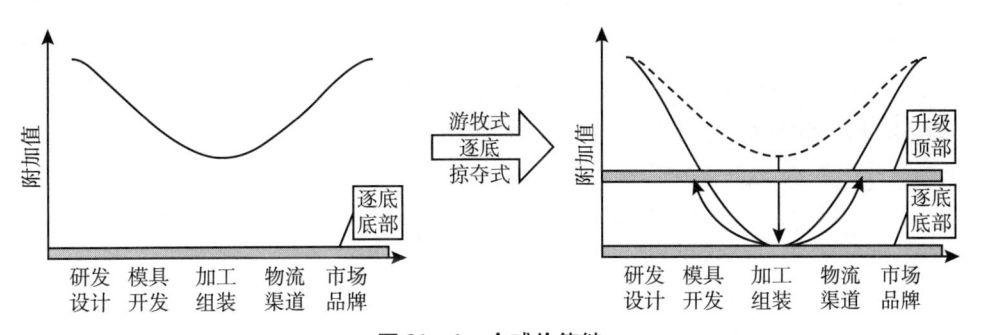

图31-1　全球价值链

对很多固守全球价值链理念的企业来说，表面上仍以市场合约为基础进行销售，实际上却已经被主导企业"买"了下来。

必须看到，全球价值链只是价值网络的一种实践形态。当全球价值链不再适合企业的生存发展时，企业家们应该考虑：是否该向其他更合适的企业运营的价值网络转变或演进？

31.2　向价值网络演进

价值网络的演进，是价值链各活动环节被打破、断裂和重构的过程，是各参与方在经济意义上的"分久必合"和"合久必分"。现阶段，推动价值网络持续演进的因素主要有：

（1）互联网的高速发展。互联网高速发展，会通过降低信息不对称性和消费者搜寻成本，推动价值网络的持续演进。在此情境中，由于生产者和消费者边界逐渐模糊、生产者和消费者间距离被极大地缩短，平台化、扁平化、网络化、虚拟化等组织形态异军突起，企业生产方式也随之从工业经济时代下大规模流水线制造，转向信息时代下大规模个性化定制。不仅如此，企业市场营销策略也正在从传统的销售，向更加注重消费者体验的预售等方式转变，如 2012 年 11 月 29 日，15 万部小米手机竟在 103 秒内售罄。

（2）消费者需求及其行为的变化。消费者本身会通过精细化需求和理性化行为，引领价值网络的持续演进。

（3）就需求而言，正在经历由数量向质量、由隐性向显性、由封闭向开放、由被动向主动、由单一性向多样化、由地理限制向空间扩展、由低层次满足向高层次自我价值实现等转变。同时，由于消费者与消费者、消费者与生产者间关系更加紧密，需求的自我创造功能将会受到越来越多的关注。

（4）就行为而言，消费活动正逐渐趋于理性。突出表现为，购买决策前，花费大量的时间和精力对相关产品或服务进行调查、对比和分析。消费过程中，更加注重产品或服务所带来的生活化和社区化享受。使用时，对探索和挖掘产品或服务所提供的实际功能和潜在功能越来越感兴趣。在这种情况下，能否提高快速反应能力、增添消费者体验环节、发展产销合一方式、搭建共享平台、提供综合配套解决方案等变得十分必要。

（5）开源理念的深入人心。开源模式会通过开放、共享、合作和利他主义等理念，推动价值网络的持续演进。

（6）在驱动机制上，开源理念更强调多元化，认为尽管传统经济意义上的物质激励很重要，但获得专业领域内的声誉、享受合作创新行为本身的乐趣，以及创新成果被广泛应用所带来的成就感也同样重要。

（7）在生产组织方式上，开源理念更强调公共产权属性、模块化创新、个性化定制和独立决策，认为合作与共享能够降低风险并超越竞争，是一种更有效和更稳定的实践形式。以操作系统为例，根据 Gartner 公司的相关数据显示，2013 年向全球终端用户销售的智能手机中有 78.4% 采用 Android 系统，有 15.6% 采用 iOS 系统，相较 2012 年分别上升了 12 个百分点和下降了 3.5 个百分点，而同年平板电脑销售中有 61.9% 安装的是 Android 系统，有 36% 安装的是 iOS 系统，相较于 2012 年分别上升了 16.1% 和下降了 16.8%。

（8）大数据时代的思维转换。大数据会通过精确识别异质性消费需求，并促使企业有针对性地采用协同战略，以开展价值创造活动推动价值网络的持续演进。

（9）与工业经济时代下，消费需求被粗暴地以"类"聚和以"群"分不同，大数据时代依赖先进软、硬件技术，对海量消费者行为进行数据化处理和分析，使消费需求以个性化的形式,被准确识别和精心"呵护",从而催生出更加细分的市场分割。

（10）对企业而言,及时发现异质性消费需求,无疑能带来战略先机,但单一企业显然无法适应消费需求的动态演化,企业间需要采取比以往更加紧密的协同战略,使信息、资源、技术和能力在更大范围内得以利用,从而推动单纯竞争朝竞争与合作方向发展,这也意味着企业间将建立以共生共存为基础的生态系统。

31.3 从模块化到新产业生态系统

考察价值网络的演进过程,我们发现,除全球价值链外,还存在模块化、商业生态系统、产业生态系统、新产业生态系统等不同的实践形态。

31.3.1 模块化

模块化是一种"即插即用"的价值网络形态,主要针对市场需求外在的多变性和生产系统内在的稳定性之间的矛盾。对消费者来说,异质性需求并非指仅需要单一属性的产品或服务,而是强调在特定情境下,对产品或服务综合属性中的某一方面的情有独钟。也就是说,多样化的市场诉求在最终产品或服务中相容共存,而不是互相排斥,但不同消费者的核心诉求具有差异,甚至同一消费者的核心诉求也会随情景发生动态变化。

例如,一款手机往往具有通话、短信、照相、蓝牙、MP3、无线、上网和电视等功能,但对爱好音乐的消费者来说,MP3 功能可能是核心诉求,而对爱好旅游的消费者来说,照相功能可能是核心诉求。

对企业来说,面对越来越复杂的产品或服务属性,如何建立灵活的生产系统尤为重要。将复杂生产系统进行切割,并利用界面标准重新链接的模块化方法就十分有效,它具有柔性化特征,能够提升不同属性间的兼容程度,降低非系统性风险并实现规模经济。

20 世纪 90 年代以来,计算机以集成主板为界面的软、硬件模块化生产就取得了巨大成功,而近年来,"山寨"手机以集成化芯片 MTK 为界面的软、硬件模块化制造,则将模块化价值网络推向了新的高峰。

如图 31-2 所示,模块化价值网络,一般都经历了底端模块化和顶端模块化的过程,两种演变一般具有相反的作用力,使逐底底部和升级顶部不会发生明显的变化。由于底部模块化的技术壁垒较低,而顶部模块化的技术壁垒较高,最终的模块化分布中,技术水平低的模块化层次低、数量少、规模大,技术水平高的模块化层次高、数量多、规模小。

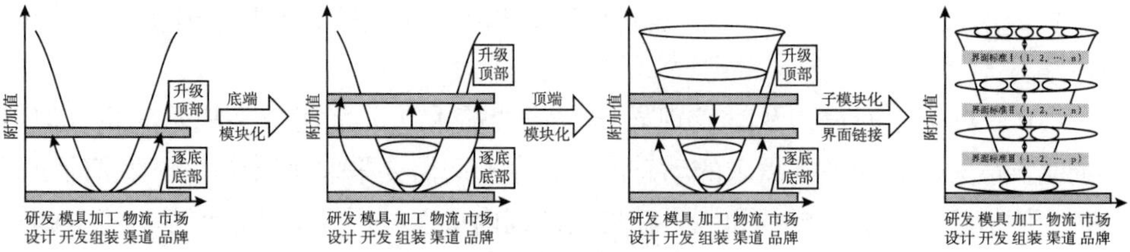

图 31-2 模块化

以计算机为例，顶部模块化体现在如苹果、戴尔、惠普等品牌商和 Intel、AMD 等芯片商上，中部模块化体现在如日立、西数、希捷等硬盘生产商和 LG、三星、明基等显示器生产商上，底部模块化体现在鸿海、仁宝、纬创等组装商上。

当然，模块化价值网络也并非毫无缺陷，比如复杂生产系统切割成子系统后，协调成本增加，过于关注子系统间垂直链接导致系统性风险提升，子系统集成度的非对称性导致彼此排斥和浪费性生产，界面标准供给者的不确定性弱化系统的整体稳定性等，需要引起企业家们的高度重视。

31.3.2 商业生态系统

商业生态系统在更广范围内考虑与外部环境的交互作用，将包括消费者、投资者、高校、研发机构、政府、工会、供应商等利益相关方纳入其中，形成了一种具有开放性、包容性和自组织性特征的价值网络形态。

摩尔（Moore）认为商业生态系统是一种更具结构性的群落组织，类似于自然界中的种族，只不过后者从阳光、水和土地等自然资源中获取营养并成功繁衍壮大，而前者则需在社会环境中经历诞生、扩张、领导和自我重生的演化过程。

在商业生态系统内部，企业群落主要有三类，分别是居于核心地位的骨干型企业，占据关键节点的主宰型企业，以及专注特定价值创造活动的缝隙型企业。它们各司其职、协同创新，以应对日益激烈的竞争压力和不断增加的不确定性因素。

然而，商业生态系统也有较大的局限性。

一方面，共生共存仅限于商业生态系统内部，系统间的竞争多呈现零和博弈模式。可以用捕食者及其猎物过程来形象描述（如图 31-3 所示）：假设企业是捕食者，消费者是猎物，猎物随机分布在特定地理区域内，捕食者知道猎物分布的概率密度，但不能确认或者阻止在其巡视的领域内其他捕食者的出现，所以其策略是在巡视过程中，尽可能最大化捕食猎物；由于猎物在区域内随机游走，所以最终不一定能达到均衡分布；考虑到这一点，捕食者会在一定区域内采取联合行动方略，形成一种稳定的种族组织，从而极大地提高捕食成功的概率，但同时也会增加特定区域内猎物迁移的可能性。最终猎物会被围困在多个捕食种族巡视地域的交叉处。任何捕食种族没有理由放弃所追寻猎物，而让其他种族白白获益。因为重新寻找新猎物成本巨大，所以捕食种族会围绕被困猎物展开厮杀。

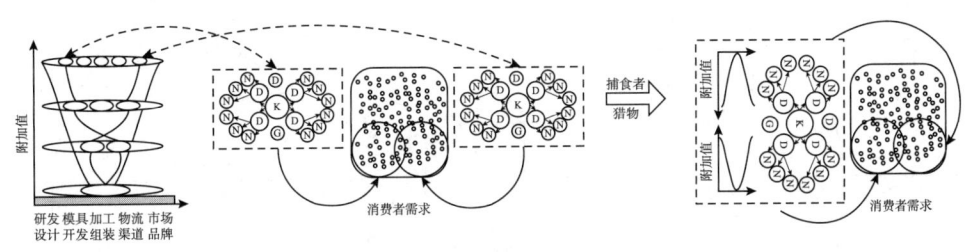

图 31-3　商业生态系统

注：图中 K 为骨干型企业，D 为主宰型企业，N 为缝隙型企业；G 为政府，O 为其他利益相关方。

另一方面，商业生态系统内部过于强调骨干型企业的领导作用，从而导致结构性耦合仅以单向形式存在，这与全球价值链和模块化都强调垂直治理结构无异，会增加自身动态演化过程中的系统性风险。

31.3.3　产业生态系统

产业生态系统从物质代谢和能量流动的角度出发，强调与环境的共生共存和经济的可持续性发展，是一种具有循环经济特征的价值网络形态，主要由发展所需资源环境的约束和消费者生活方式的转变共同引致。

资源环境约束方面，如电力供应紧张、土地供需失衡、矿产能源短缺、人才结构不匹配等问题十分突出，较低的资源利用率和高强度的污染排放也严重损害着经济的可持续性发展。与此同时，消费者却越来越认识到环境保护的重要性，并积极践行低碳化生活方式和消费习惯，比如避免使用一次性餐具、短途出行搭乘公交、使用环保购物袋、购买节能灯等。

对企业来说，相关生产经营活动需要做出对应的调整，比如完善能源使用结构、设计和生产低能耗产品、投资建设污染处理设备、技术研发提升资源利用率等等。以沃尔玛为例，在所有商店推广和应用节能灯、持续投资清洁生产项目、从全球供应链中减少污染排放、持续开展能效提升培训等已为其赢得了广泛的社会荣誉和经济效益。

但是，产业生态系统作为价值网络的一种实践形态，现有研究仍主要停留在区域或产业层面，内容也多为城市建设与规划或废物处理等。实际上，如果在企业层面上过于强调物质的循环利用，会造成生产型群落与服务型群落彼此分离的局面（如图 31-4 所示），可能带来的直接后果是对消费者的三重收费，即生产型群落因向消费者供给产品而收费，服务型群落因替消费者处理废物而收费，生产型群落向消费者转嫁由服务型群落因替其处理废物或提供可再利用资源的收费。

图 31－4　产业生态系统

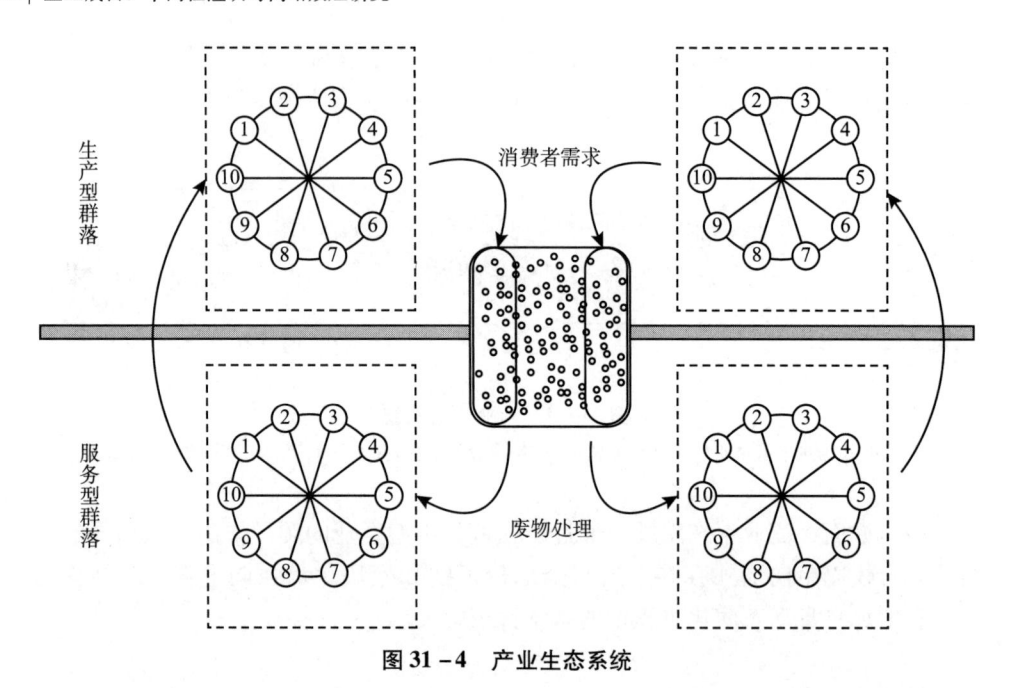

反过来，由于价格增加，消费者会减少相应产品的购买，进而导致生产型群落和服务型群落的产品或服务量下降，在相同收益情况下价格就要提升，这又会降低消费者购买意愿，最终陷入恶性循环。显然，这偏离了构建产业生态系统的初衷。

31.3.4　新产业生态系统

新产业生态系统综合了商业生态系统中从社会层面思考企业问题的优势，以及产业生态系统中更广泛意义上的共生共存概念，是一种更具适应性的价值网络。它以消费者体验为起点，以产消合一为特征，以群落的共生共存为目标，具有自洽稳定的动态协同演化性质。其本身仍为价值链，但却是在演化过程中逐渐加长、加粗的价值链（如图 31－5 所示）。之所以如此，与上述价值网络演进的推动因素息息相关。比如，加长的价值链形态，不仅反映了大数据时代下，消费者需求链经数据化行为模式被分析和预测后的重新排列组合，还包括因科技革命对分工的持续影响而导致的迂回生产过程的延展；加粗的价值链形态，则反映了由消费者需求的精细化和行为的理性化演变及互联网迅速发展，所带来的群落壮大和产消者间及群落间更加纷繁复杂的联系。

相较于其他几种价值网络形态，新产业生态系统具有明显的优势，主要表现：

(1) 消费者得到前所未有的重视。消费者在全球价值链和模块化中或者被忽略或者被前定假设；在商业生态系统中仅作为被捕食的"猎物"存在；在产业生态系统中虽被融入，但其地位仍十分被动。

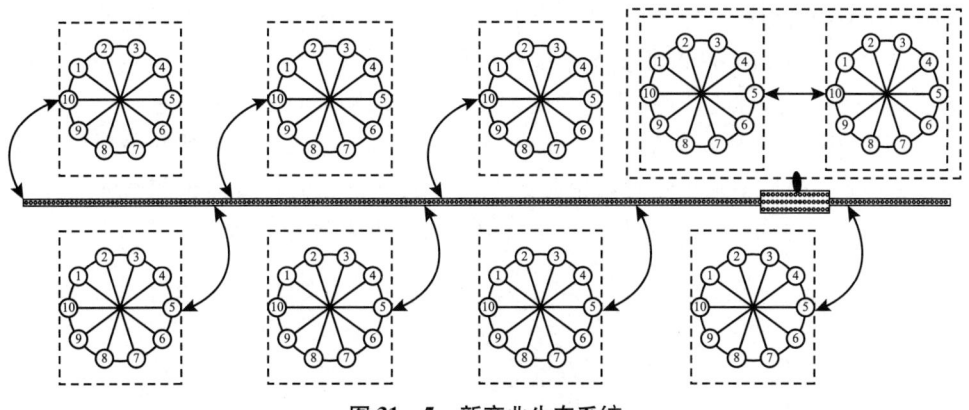

图 31-5 新产业生态系统

而在新产业生态系统中，消费者被摆在了突出位置，不仅包括群落及群落内部的组织都直接面向市场需求，其还被积极融入研发设计、生产制造等每一个价值创造的环节中。

（2）分工协作程度更高。全球价值链的治理结构是领导型，强调自上而下的垂直分工；模块化的治理结构是模块型，自上而下的垂直分工和同一技术层次上的水平分工并存，但偏重前者；商业生态系统的治理结构是关系型，自上而下的垂直分工和同一技术层次上的水平分工并存，但偏重后者；产业生态系统和新产业生态系统的治理结构都是市场型，但前者强调以竞争为基础的群落间分工，而后者强调以协作为基础的群落间和群落内部分工。

（3）"做大蛋糕"的内生性激励更足。全球价值链、模块化和商业生态系统都存在权力关系的不对称性，这主要是由消费者需求的不确定性导致的。因此，三种价值网络中的顶端企业，一方面会通过纵向约束占有非顶端企业的大部分收益；另一方面也会通过技术、合约等方式限制非顶端企业的转型升级，最终使后者始终处于依附状态。

由于非顶端企业可用于研发投资的收益被取走、疲于应对顶端企业不断转嫁的外部风险和害怕现有地位被替代等原因，内生性成长激励十分欠缺；产业生态系统中可能存在的恶性循环陷阱增加了"做大蛋糕"的难度。新产业生态系统中，由于消费者需求能得到准确识别并被显性排列，使产业生态系统中各群落能依此重新整合，形成一个个与消费者有着广泛密切联系的独特群落，其内部有效分工使"做大蛋糕"的内生性激励更足。

（4）进化的效率更高。全球价值链上，中低端企业的进化会受到顶端企业游牧式、掠夺式的逐底压迫，模块化中顶端模块和低端模块的相反作用使升级顶部抬高成为虚增现象，商业生态系统内零和博弈式竞争会损害进化效率，产业生态系统中缺少与消费者的积极沟通会使进化迷失方向。

而新产业生态系统各组成部分间较高的匹配度和较完善的自我调节机制，能有效增强协作能力、提升适应性、降低系统风险，从而促进更高的进化效率。

从全球价值链到新产业生态系统，每种价值网络实践形态都需要企业作为行为主体基于特定目标进行变革，这就是演化，价值网络是，企业也是。

但正如达尔文所认为的，"不是最强者，也不是最弱者，是那些最适应者才得以生存"。这是不是意味着，企业在寻找"属于自己的位置"的过程中，要谦卑地承认，企业竞争力的提升，仅是价值网络竞争力提升的副产品？

第 32 章

价值链断裂、新产业生态系统形成与我国企业全球研发[*]

32.1 引 言

国际金融危机以来，我国企业经营压力不断攀升，如人工成本上升、产能过剩、资金融通困难、国内需求不足和国外需求萎靡等持续困扰企业，如何在不确定因素增多的背景下实现企业转型升级成为学术界研究的热点。现有研究大都借助全球价值链分析范式探究我国情境下企业发展困境和转型升级问题，成果颇丰，结论主要依据比较优势丧失与否分为亟须转型升级（张杰和刘志彪，2009；俞荣建，2010）和谨慎转型升级（瞿宛文，2007；陈宏辉和罗兴，2008）两类。在转型升级文献中，研究者多从技术视角和品牌视角展开，升级路径无外乎从 OEM→ODM→OBM 或沿工艺流程升级→产品升级→功能升级→链条升级的序列攀升（汪建成等，2008；杨桂菊，2010；孔伟杰，2012；汤碧和陈莉莉，2012；赵昌文和许召元，2013）。

梳理相关文献发现，尽管研究者对转型升级的态度不尽一致，但对我国企业发展困境的认识却较为统一，都认为我国大多数企业仍处于价值链的低端位置。由此，一个值得思考的问题在于，在经历改革开放 30 多年的发展后，我国企业在全球价值链上的整体境遇却没有发生显著改善（杨蕙馨和王海兵，2012），尤其在遭受历次危机冲击时，大批企业关停并转成为"潮"现象，其脆弱竞争力一览无遗，难道我国企业在这么多年的发展过程中始终"裸泳"？从实践看，我国企业不可谓努力不足，相反，在勤劳朴实的传统文化观念影响下，我国企业生产的大量产品在世界市场上占据着重要地位，那为何一直在谈转型升级，却在全球价值链中的地位长期以来如此尴尬？一种观点认为，企业成长非短期行为，我国企业竞争力未得到提升只是暂时现象，需要更长时间予以体现。诚然，该观点有

---

[*] 本章作者为王海兵、杨蕙馨、吴炜峰，发表在《经济管理》2014 年第 6 期（有改动）。

道理，然而更符合实际情况的逻辑应在于，尽管我国企业在发展过程中具有后发优势，但发达国家企业也并非停步不前，反而持续加大本国人力资本投资，并利用现有先进技术积极构建由其主导的国际生产网络，在全球范围内配置资源，加强自身竞争优势，使其始终占据全球价值链的高端环节。对我国企业而言，试图通过代工实现全球价值链上转型升级的成功概率小之又小，最终多数被证明只会处于"被俘获"的"悲惨增长"境地（刘志彪和张杰，2007；卓越和张珉，2008）。

本章认为，截止到 2014 年的过去 30 多年，并不是我国企业内生性努力不足，而是努力的方向有误，导致错误的主要原因是长期应用全球价值链分析范式指导我国企业经营发展实践，使学术界和业界过于依赖理论工具本身的使用，忽视了全球经济环境的剧烈变化导致理论工具的适用性变化，从而针对实践提出的政策建议的效果大打折扣。理论来源于实践，意义也在于指导实践，但理论可以被经验"证伪"，所以任何理论都具有明显的时代扎根性。当前时代正发生剧烈变化，科技革命如火如荼，企业生产经营方式经历重大转折，最为突出的是消费者需求更加多样化和精细化，与之相对应，消费者被显性地置于各种经济关系中的核心地位，如 3D 打印技术、开源理念、产消合一等一系列围绕消费者的变化都对继续应用全球价值链分析范式指导企业实践提出了挑战。刘志彪和张杰（2007）认为从加入全球价值链（GVC）到选择国内价值链（NVC）是我国代工企业实现转型升级的重要途径。徐宁等（2014）指出国内市场规模、运营成本和行业结构是决定我国代工企业选择 GVC 或 NVC 的重要影响因素，理论依据是新贸易理论中的母国市场效应（Krugman，1980）。实际上，母国市场效应是基于生产者和消费者对差异化产品的追求而言，单纯选择 NVC 显然忽视了发达国家跨国企业早已进入我国各主要细分市场并在竞争中具有明显优势的现实，也难以脱离类似商业生态系统框架内捕食者和猎物模型中零和博弈的局限，而且，NVC 与 GVC 在分工上并无本质区别，但 NVC 中企业面临的"需求+技术"组合是"国内市场需求+国内外资中低技术"，GVC 中却是"国际、国内市场需求+国际企业中高、国内外资中低技术"。本质上，差异化产品强调的是消费者需求的多样化和精细化，NVC 思维探讨的是分工主体间关系质的变化，也即是价值链的断裂与重整，两者有机融合才能有效指导我国企业转型升级的实践。正是基于此，本章试图构思新产业生态系统[①]的分析框架，不仅与商业生态系统、产业生态系统有别，更强调从消费者体验出发、以企业群体共生共存为目标，超越单纯企业竞争并将竞争扩展至产业生态系统之间，通过博弈形成一种自洽稳定的动态协同演化过程，最终达到进化稳定均衡。

---

① 此概念为吴炜峰同志首先提出，他本人正致力于新产业生态系统理论体系的研究，相关论文也即将发表。此处沿用仅是其原始概念中一个方面的应用。

32.2 全球价值链分析范式在指导企业转型升级实践中的弊端

全球价值链理论之所以被广泛应用，不仅在于其清晰明了、简单实用的工具性质，更在于其包含了经济学、国际贸易、管理学甚至地理学等多学科的丰富内容。尽管全球价值链分析范式在一定时期内具有实践指导上的有效性，但弊端也显而易见，主要体现在以下方面。

32.2.1 体现发达国家企业的意志，忽视不发达国家企业的诉求

全球价值链本质上是一种分工形式，所有参与主体理应平等享有表达自身关于合作交易机制和公平获取利润分配等机制的权利，但现有全球价值链体系下，不发达国家企业的话语权往往被忽视。格里芬（Gereffi，1994）认为治理就是一种权力关系对比，劳动力、资本、原材料、利润等资源在价值链中的分配结果取决于权力关系的不对称性程度，当一方比另一方具有更大权力时，价值链就被前者控制和协调。由于现有全球价值链中的领导企业往往来自发达国家或地区，它们利用对外直接投资、许可证贸易、连锁经营、合约生产、分包订单等方式在全球范围内转移生产能力和配置资源，不仅有效降低成本、分散经营风险、开拓产品市场、实现规模经济、获取高级要素，还使之集中核心资源在最具竞争力的业务或业务环节上，保证以更大的成功概率实现竞争优势的动态演化。以耐克为例，尽管在亚洲四国（中国、越南、印度尼西亚和泰国）的鞋业代工合同供应量占其全球销量的96%以上，但每当一国生产成本提高时，追寻"成本洼地"的动力就促使其开始代工合同的"候鸟式迁移"，仅在几年间，越南就超过其他三国，成为耐克全球代工合同供应份额中的最大者。这种发达国家企业的"游牧式"和"掠夺式"合作交易往往给不发达国家企业带来"被俘获"的"悲惨增长"境遇，甚至可能在遭受危机冲击时引发不发达国家或地区的"产业空洞化"危机（张庆霖和苏启林，2010），进一步加剧受创伤程度。

32.2.2 重视企业间的治理结构，忽视消费者的诉求

全球价值链不仅包括参与价值创造活动的各组织间的互动关系，还应包括与顾客的动态博弈过程。但现有文献中，后者几乎没有被提及。现有全球价值链分析范式暗含的假设将消费者及其需求看作是前定外生，各参与主体只需在不同治理结构安排下进行相应的经济活动。实际上，只重视企业间治理结构会使部分企业，尤其是不发达国家企业面临"市场隔层陷阱"（王桤伦，2007），忽视消费

者可能会使企业迷失发展方向，进而增大全球价值链体系的系统性风险。张国胜（2010）认为我国代工企业与目标市场间的隔层是人为造成的，主要源自企业在自选择专业化代工模式过程中被诱导形成了对发达国家企业的过度依赖，致使企业在复杂多变的环境中失去整合潜在资源、捕捉市场机会和驾驭不确定性因素的能力。尽管一些企业的初衷是通过参与和利用全球价值链分工隔绝市场不确定性带来的风险，但由于权力关系的不对称，原本由发达国家企业承担的市场等风险往往被间接转嫁给不发达国家企业，结果是发达国家企业获取了与其实际承担风险程度不相称的高额利益，而不发达国家企业不仅没有有效隔绝风险，还可能承担发达国家企业转移的额外风险。

32.2.3 强调纵向联系间的约束机制，弱化了企业内生性成长的激励机制

全球价值链体系中的不发达国家企业往往希望通过影响发达国家企业价值链的结构而改善彼此间关系使双方受益，为提升竞争优势提供机会，但不同参与者的私人产权属性和彼此敌对的历史可能会损害纵向关系的综合优化（Porter, 1985）。从现实看，该纵向联系更为强调约束机制而弱化了企业成长的内生性激励。约束机制主要体现为排斥效应和挤出效应，前者指发达国家企业强调不发达国家企业只能为其生产或服务而排斥同时为竞争对手生产或服务行为，后者指发达国家企业不愿看到不发达国家企业有超出预期的价值创造活动，特别是可能与其自身业务产生竞争的研发行为。内生性激励弱化主要体现为不发达国家企业在全球价值链中位置僵化和转型升级路径堵塞，前者指发达国家企业始终占据全球价值链的高端位置而不发达国家企业长期处于低端位置，后者不仅指转型升级路径有限，往往仅能从技术或品牌视角出发，更体现为转型升级路径在企业攀升早期畅通，在后期面临重重约束而堵塞。于明超和陈柳（2011）通过实证分析认为，我国企业在全球价值链中的创新行为往往面临被挤出的风险，技术视角上企业的转型升级大多停留在非核心的实用型技术层次。王桤伦（2007）探讨了我国民营企业参与国际代工的"市场隔层陷阱"问题，认为由于比较优势和制度安排等原因，全球价值链体系中的民营企业具有"国际代工偏好"，是一条"愈加伤害的夕阳之路"，将极大制约民营企业的内生性成长。

32.2.4 过于关注工具本身应用，忽视对外部环境变化的关注

全球价值链理论在 20 世纪 90 年代形成、完善和成熟，并迅速为理论界和业界所推崇。大量文献研究的出发点在于依据全球价值链理论解析治理、升级和利益分配等问题，并没有对理论在实践应用过程中所蕴含的时代背景进行阐述，更不用提对理论适用性本身产生怀疑；业界实践过程中往往过于看重以附加值高低

论成败，忽视对自身比较优势的审视与发扬，企业也大多着眼于短期行为，忽视对经济环境长期变化趋势的关注与把握。由此造成了全球价值链理论内在的僵化、保守和封闭，也正是长期应用僵化、保守和封闭的全球价值链理论指导我国企业实践，才造成了一直在谈转型升级、但始终处于全球价值链低端位置的"奇怪"现象。

32.3 价值链断裂与重整：从模块化到新产业生态系统

价值链本质上是某种特定的分工形态，其断裂与重整演化反映了分工的持续深化过程，而斯密-杨格定理指出，分工不仅受市场范围约束，还能影响市场范围大小。波特（Porter，1985）认为价值链是企业内部分工体系下一系列价值创造活动的总和，它们在技术性和经济效果上具有差异又相互联系。一般而言，技术上的复杂程度远低于经济效果，系统内经济效果的复杂程度远低于系统外经济效果，反映在现实中即可理解为企业生产经营方式的技术性演化、功能整合与协调的能力演化、产品或服务价值实现和应对系统外风险能力的演化间难易程度依次上升。由于科技水平所限，可以理解为何既有研究多关注挖掘系统内经济效果，而日益变化的外部环境则要求把越来越多的关注重点聚焦在如何将价值链断裂与重整在更广阔的社会和经济关系中予以体现。当前消费者行为及其需求变化、互联网迅速发展、科技革命持续演进、开源理念深入人心（Man，2006）、大数据时代思维转换等环境变化因素正驱使价值链各活动环节被打破，原有价值系统内各经济关系将被重整（杨蕙馨等，2008）。尽管全球价值链分析范式在指导我国企业早期发展过程中发挥了重要作用，但新形势下，却不能再有效承担起指导企业未来转型升级的重任，需要形成一种新的分析范式。

32.3.1 模块化

不少文献从模块化的视角研究了价值链断裂和重整，认为价值链上各活动环节断裂形成相对独立的子系统，然后通过界面标准链接又重新整合为新的复杂系统。由于模块化具有柔性特征，能够克服消费者不同需求与流水线规模生产的矛盾，使大规模定制生产模式成为可能（朱瑞博，2004；徐宏玲和李双海，2005；余东华和芮明杰，2005；朱有为和张向阳，2005）。文婧和金雪琴（2008）、李晓华（2010）分别通过国产手机产业链和"山寨"手机崛起对模块化视角下价值链断裂和重整进行了论证。一些研究者从空间视角出发探讨了价值链跨区域重组问题（刘友金和胡黎明，2011），还有研究者在模块化基础上将价值链重构扩展至价值链网络重构层面（苟昂和廖飞，2005；胡大立，2006；王琴，2011），在价值链网络重构中，冲破"瀑布效应"成为研究的焦点（刘明宇和芮明杰，2012）。

尽管模块化视角的研究很具启发意义，仍存在一定的局限性，主要表现在：（1）模块化生产网络具有企业内分工和企业外分工的二重属性（曹亮等，2008），可能会增加复杂系统本身的协调成本；（2）子系统在复杂系统演进过程中容易陷入中国版模块化陷阱（宋磊，2008）和再集成式模块化陷阱（沈于和安同良，2012），前者包括系统演进方向预期与实际发展不相一致时产生的矛盾和不发达国家企业技术创新被锁定的危险，后者主要指系统演进过程中集成度再上升而导致子系统间互相排斥；（3）连接不同子系统的界面标准供给方不确定，这种不确定性会显著影响复杂系统的内部结构和整体稳定性，同时还应注意，界面标准自身也在演化，若其与复杂系统的演化不匹配，可能会极大限制复杂系统的发展；（4）忽略了消费者诉求。这些局限使模块化研究及据此提出的指导实践的建议不能满足实践变化的需求。

32.3.2 商业生态系统

一些研究者巧妙地引入了更具开放性、自组织性和新陈代谢特征的生态概念，在文献中多体现为商业生态系统与产业生态系统两类。

商业生态系统是一种更具结构性的群落组织，能够将零散的资本、顾客利益和由创新引致的才能凝结在一起，就像从阳光、水和土地等自然资源中获取营养并成功繁衍壮大的种族一样，其演化发展会经历诞生、扩张、领导和自我重生（或毁灭）四个阶段（Moore，1993）。李东（2008）将动态顾客价值演变和平台扩张的生态系统进化联系在一起，通过构建动力性能、包容性能和孵化性能分指标进行聚类分析，归纳出四种不同的商业生态系统类型。胡岗岚等（2009）以商业生态系统理论为基础，研究了阿里巴巴集团案例，论证了我国电子商务产业集聚从而形成电子商务生态系统的合理性。钟耕深等（2011）研究了奇虎360与腾讯诉讼之争，认为不同参与主体角色合理分配对健康的商业生态系统演进至关重要，一些行业需要更加开放，以营造良好的竞争格局，使行业保持活力。

上述研究展示了生态概念的广泛应用前景，但仍在很大程度上应用了全球价值链理论，突出表现在主宰型企业对系统内部其他参与主体的掠夺和在商业生态系统间竞争的零和博弈模式中，共生共存、协同演化的特征并未由始至终得到体现[①]。

---

① 可以形象地用捕食者及其猎物过程来理解：首先假定企业是捕食者，消费者是猎物，猎物随机分布在一定的地理区域内，捕食者知道猎物分布的概率密度，但不能确认在其巡视的领域内是否有其他捕食者出现，所以其策略是在巡视过程中尽可能最大化捕食成果。由于猎物在区域内是随机游走的，所以最终不一定能取得均衡解。于是捕食者开始在一定区域内采取联合行动方略，这极大地增加了捕食成功的概率，但同时该区域内猎物出逃的可能性增加。另一区域内也是如此，最终猎物被围困在两区域结合处。两队捕食群体都知道，再去跨区域搜寻猎物成本太大，所以只会围绕被困猎物展开博弈，而零和博弈思维下的均衡结果会是某一捕食群体被消灭，剩下的捕食群体享受大餐。

32.3.3 产业生态系统

产业生态系统研究极大地超越了全球价值链理论，并在商业生态系统基础上强化了共生共存、协调演化特征，同时，也增加了循环经济的概念。刘浩和原毅军（2010）将共生发展运用到产业结构演化中，以全要素生产率为参数构建实证分析模型，论证了两者之间的非对称互惠共生关系，同时考察了不同地区间共生行为模式和状态的差异；石磊等（2012）从关键参与主体、核心竞争力及资金流向角度对比分析了丹麦卡伦堡、美国、英国、日本、韩国和中国六种产业共生发展模式，认为中国产业共生模式仍处于初级阶段，很不稳定，需进一步发展；孙晓华和秦川（2012）讨论了寄生共生、偏利共生和互惠共生三种共生关系的区别，通过考察美国、欧洲和日本汽车产业将不同共生关系与相应的产业链纵向治理模式相联系；刘奇中（2013）基于循环经济减量化、再利用和再循环的原则，对技术创新体系进行了重构，认为当前需要在核心体系和保障体系两方面深化努力；刘英基（2013）基于产业共生网络视角，分析了协同创新驱动机制，通过实证计量检验了协同创新对产业高端化的积极作用。

然而，大量关于产业生态系统的研究多见之于资源与环境、生态保护、城市规划、废物处理等领域，重在强调循环经济的概念（袁增伟和毕军，2007），经济学上的研究也多处于产业层面、区域层面（张睿和钱省三，2009），缺少企业层面的研究及对企业实践的有效指导。

32.3.4 新产业生态系统

为了弥补上述理论分析工具的不足，本章提出新产业生态系统的概念，目的在于：一是优势互补，层层递进。模块化理论能够超越全球价值链中游牧式、掠夺式的逐底竞争，商业生态系统能够有效避免模块化理论中升级顶部虚增的假象，而新产业生态系统将商业生态系统研究中的企业层面视角和产业生态系统中的共生共存、协同演化理念相结合，弥补了彼此间的缺失。二是深化共识，统一框架。当前文献中诸如共生链、闭合链、生态系统、生态位、产业进化、产业共生、集群共生等诸多名词给研究本身造成了困扰，新产业生态系统将这些内容协调至统一框架内，进而能推动研究的持续前进。三是理论联系实际。新产业生态系统将正在发生或在可预期未来可能发生变化的经济环境因素引入框架内，增加了理论分析与实践应用的适应性。由此，将新产业生态系统定义为：以消费者体验为起点、以产消合一为特征、以企业共生共存为目标的自洽稳定的动态协同演化过程，其本身仍为价值链，但却是在演化过程中逐渐加长、加粗的价值链。

当前外部环境对新产业生态系统形成的驱动机制主要表现在：一是消费者行

为及其需求变化。消费者需求进一步向多样化和细致化演进，行为的不确定性也在增加，其在各种经济关系中的地位正得到前所未有的重视。如消费者正变得更加谨慎和理性，所以产品或服务的体验环节在消费者做出购买决策前将十分必要；消费者更加注重产品或服务消费过程的生活化和社区化，所以搭建分享平台将十分重要；消费者更加积极地想了解关于产品生产或服务提供的一切，所以产消合一的方式将十分奏效；消费者更加迫切地想得到相关问题的答案，所以综合配套解决方案将十分有效。这些都将促使企业有更强烈的内在动力与消费者建立直接的联系。二是互联网迅速发展。互联网迅速发展不仅使消费者的生活方式发生巨大改变，还通过降低交易成本、减少信息不对称性等方式影响消费者与企业、企业与企业间的博弈过程，使企业边界发生变化，而这一变化本身又带来了交易双方关于分工制度安排的再整合和再选择问题。三是科技革命持续演进。以信息化、数字化和智能化为特征的现代基础制造技术创新正大力改造传统规模生产和柔性制造系统，以生物医疗、航空探索、清洁能源和地球开发为代表的前沿技术领域正加速产出研究成果，科技革命的持续演进不仅使企业生产组织方式发生变化，更深刻改变着全球竞争格局。四是开源理念深入人心。开源理念源自软件开发生产过程并逐渐延伸至经济学研究甚至人们的生产生活，它将理性经济人假设还原为社会人假设，强调在共享、合作和利他基础上的利己行为，在利益驱动、生产组织方式、合作治理结构等方面有别于传统研究，能够在一定程度上克服传统经济学研究中如公共产品供给等难题。五是大数据时代思维转换。与工业经济时代不同，大数据时代承认企业与消费者间的信息不对称性，甚至消费者有时也并不清楚自己的准确需求，但消费者行为模式具有稳定性特征，从而可进行数据化分析处理最终准确定位和满足消费者需求。对企业而言，在科技革命持续演进的背景下，全球化个体定制和综合配套解决方案真正成为可能。大数据不仅是一种技术，还是一种生活方式，更是一种全新的思维，正在对企业内部价值链活动重组和产业发展业态产生深刻影响。

正是在上述外部环境的驱动下，回顾从全球价值链到新产业生态系统的演变过程，并用图示的方式画出（如图32-1所示），可发现新产业生态系统的特征主要有：

（1）更加重视消费者。相比于全球价值链和模块化研究中消费者的作用被忽略、商业生态系统中消费者成为随机游走的"猎物"、产业生态系统中消费者的地位仍然较为被动，新产业生态系统中消费者的作用被放在了突出位置。之所以如此，是因为消费者更加理性，消费行为本身将变得更加谨慎，使消费决策需在与企业群落充分沟通并对产品有先期实际体验后做出。

（2）新产业生态系统的价值链形态更长、更粗。更长不仅是由于大数据时代背景下消费者行为模式可被分析和预测，从而使更加精细化的消费者需求能够被重新组合排列，而且技术进步使分工进一步深化，造成了曲折迂回生产过程的加

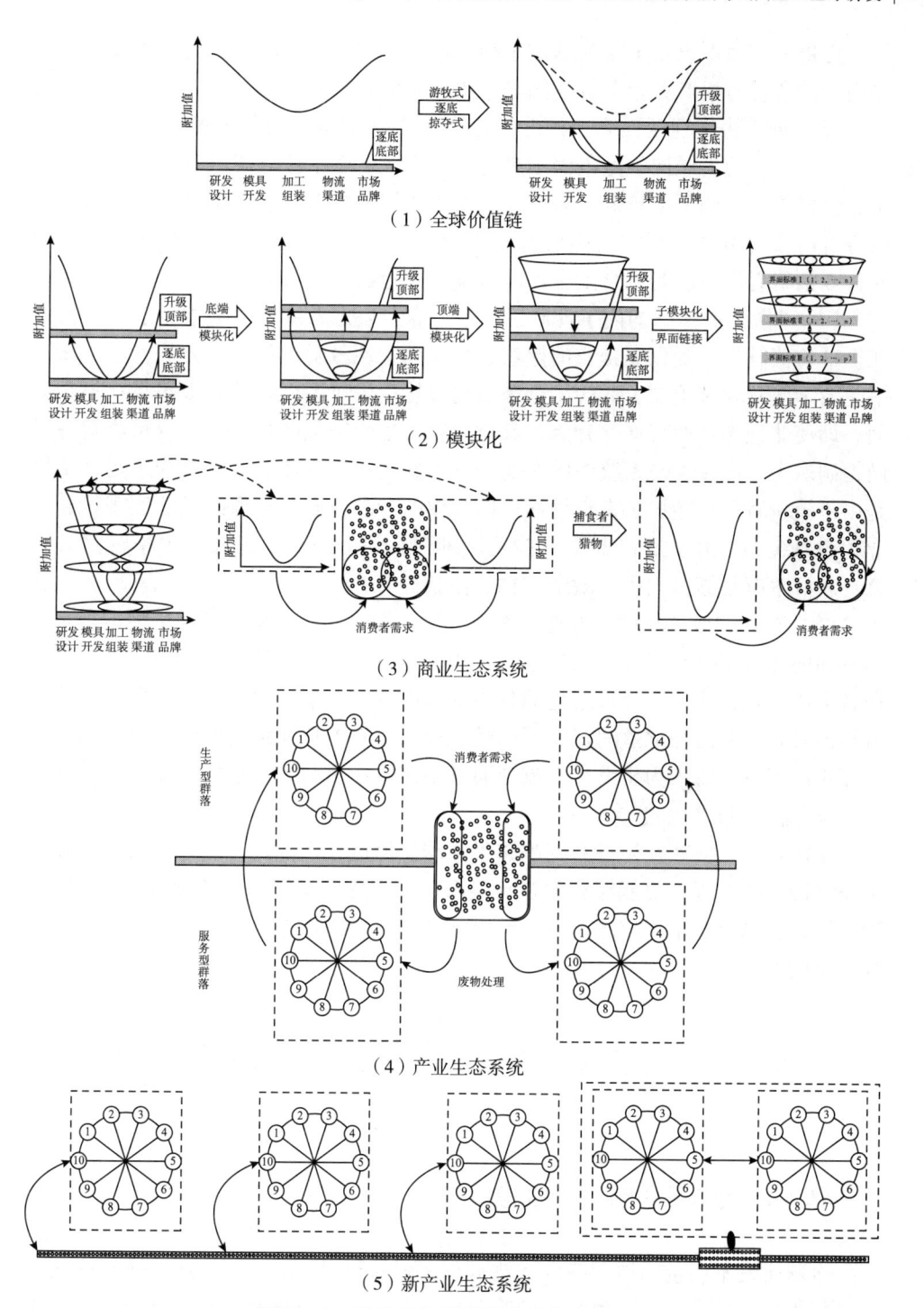

第32章 价值链断裂、新产业生态系统形成与我国企业全球研发 | 373

(1) 全球价值链

(2) 模块化

(3) 商业生态系统

(4) 产业生态系统

(5) 新产业生态系统

图 32-1 从全球价值链到新产业生态系统

注：产业生态系统中群落内部企业数为 m_i；而新产业生态系统中群落内部企业数为 n_i；$n_i > m_i$。
资料来源：作者绘制。

长;更粗一方面不仅是由于为满足精细化消费需求而使生产型群落的横向扩大[①],也由于消费者与生产型企业群落间联系更加频繁和复杂。

(3) 分工协作程度更高。商业生态系统更强调全球价值链基础上的垂直分工,且在系统间更倾向于竞争而不是合作。产业生态系统强调群落内部的水平分工,但群落间协调程度较低。新产业生态系统按消费者需求分布,将生产群落和服务群落重新组合,新群落中内部水平分工程度更高,同时,在遇到需求集聚时,如消费者需要的是综合配套解决方案,企业群落间会互相合作。

(4) "做大蛋糕"的内生性激励更足。商业生态系统中非顶端企业由于嵌入在全球价值链中,受顶端企业的俘获,往往内生性激励不足,一方面,是由于顶端企业不愿看到非顶端企业转型升级成为直接竞争对手而封锁升级路径;另一方面,即使非顶端企业有局部升级,其所获利润也会被顶端企业通过双重收费等纵向控制取走。产业生态系统中的企业群落内部企业内生性激励也较为不足,主要是由于消费者需求随机游走特性而可能导致的产品或服务价值的无法实现。新产业生态系统中,由于消费者需求被显性排列,加上产业生态系统中小群落被整合,新群落有足够的内生性激励"做大蛋糕"。

(5) 进化的效率较高。商业生态系统中掠夺式的价值链形态和价值链竞争间的零和博弈思维阻碍了进化的效率。产业生态系统中企业虽能自洽稳定,但与消费者沟通不足,往往会迷失进化的方向。新产业生态系统中群落与消费者、消费者与消费者、群落与群落间建立了广泛的联系,其本身就是进化的高级形态,由于真正以消费者需求为出发点,重视通过整体协作提高群落技能,能够有效降低系统风险,增强进化的效率。

由此可知,新产业生态系统超越了全球价值链分析范式,是一种自洽稳定的动态协同演化过程,更能够有效指导经济环境发生变化下我国企业的转型升级。现阶段,我国企业正以全球研发为着力突破点,加速推进新产业生态系统完整实践形态的形成。

32.4 全球研发:新产业生态系统形成的助推器

32.4.1 全球研发与新产业生态系统

全球研发不仅包括地理纬度上技术在全球的利用、合作和生产,还包括技术企业组织形式的变迁和竞争策略的改善、技术企业与非技术企业的合作等,在更

---

① 反映在图 32-1 中是新产业生态系统中生产型群落的组成数量 n 远大于产业生态系统中的 m。

广泛意义上，全球研发下的技术进步还与一国乃至世界的经济增长、就业稳定等宏观经济目标紧密联系。其与新产业生态系统的联系可以从以下方面考察：（1）从全球研发的参与者角度看，类似于新产业生态系统中的群落，全球研发具有广泛的参与者，包括个人、政府、企业、大学和其他社会组织等在内的各主体间能够建立良好的分工协作关系；（2）从技术存量形成与演化方式看，全球研发不仅指在国外建立研究实验室，还包括如专利交换、全球招聘等其他关键要素，不同形式都以有效提升群落整体技能为目标；（3）从全球研发流程看，按比较优势原则全球配置研发资源、按统一国际规则管理全球研发活动和全球共享研发成果（王春法，2008）能够展示出价值链加长、加粗的特性；（4）从成本收益角度看，获取优良资源、增强国际竞争力等潜在收益往往大于沟通不畅、知识转移障碍等潜在成本，从而可以有效提供"内生性"激励；（5）从组织经营活动的各项功能角度看，全球研发所产生的尖端技术必然要应用于产品的工艺设计、生产加工、后勤作业、市场销售等环节，彼此间良好协同关系正如新产业生态系统中为满足消费者需求所组成的群落体系。可见，全球研发内涵与新产业生态系统的特征非常接近，而现有文献大多用全球价值链理论分析全球研发，弊端在前面已述，实不足取。

32.4.2 国际金融危机以来我国企业全球研发特点及问题

国际金融危机以来，我国企业通过在海外设立研发机构、对外直接投资和引进外商投资等形式开展全球研发的数量猛增，取得了一定的成效，也存在一些问题。

（1）规模迅速增长，差距依然显著。国际金融危机以来，我国企业全球研发规模迅速增长，主要表现在整体研发支出迅速增长和研发成果显著提高两方面。我国整体研发支出1991年仅为75.32亿美元，到2011年已达到2081.72亿美元，增长了27.64倍，其间，我国研发支出规模在1998年超过韩国、2001年超过英国、2002年超过法国、2005年超过德国、2009年超过日本，已成为除美国外最大研发支出国。在专利申请和授权数量方面，1994年我国在国外的专利申请和授权数量分别为291件、119件，到2011年增至20315件、5817件，分别增加了69.81倍和48.88倍[①]。与此同时，也应该看到，我国与发达国家在全球研发上仍然差距较大。一方面尽管研发支出规模增长较快，但2011年我国研发支出仍然只有美国的50.14%；另一方面我国研发支出占国内生产总值的比重仍然较低，2011年这一数值仅为1.84，而法国、德国、日本、韩国、美国、新加坡则分别达到了2.24、2.88、3.39、4.03、2.77和2.23[②]。

---

① 数据来自WIPO数据库。
② 数据来自OECD数据库。

(2) 主体集中于国有企业，研发水平参差不齐。由于大中型国有企业拥有较强的国内市场势力，且在政策支持上享有较为优厚的条件，所以，不管是在国内市场与外国企业进行研发合作，还是在海外建立研发机构或者对外直接投资进行研发活动，都是我国企业全球研发的主体。尽管我国国有企业完成了近80%的海外研发投资（孙福全和陈宝明，2011），但平均全球跨国指数超过50%的还很少，说明这些企业在全球化经营中的能力还有欠缺，同时，尽管在2013年财富世界500强中我国国有企业的平均经营业绩稍高于整体平均成绩，但9家商业银行的总利润占我国上榜企业利润总额的55.2%，有11.76%的内地上榜企业处于亏损状态，其中有6家[1]进入了财富世界500强亏损额最大的企业名单，且有38.82%的企业净利润同比出现下滑趋势[2]。

对非国有企业来说，一方面与国有企业相比研发支出较少；另一方面内部也有较大差距。2007年我国工业企业研发费用分布中，大多数工业企业的研发费用都处于较低水平，超过10亿元的企业仅有17家，研发费用总额为3224.43亿元，尽管以华为为代表的11家非国有企业研发支出占17家企业总研发支出的72.99%[3]，但华为研发支出分别是中兴、美的、奇瑞的2.38倍、3.86倍、6.54倍[4]，可见我国企业研发投入规模的高集中度。2013年，华为研发支出超过300亿元，尽管与三星、西门子、思科等发达国家企业相比有较大差距，但与国内如联想、海尔、吉利等非国有企业差距也在进一步加大。正是这种参差不齐的研发水平才是导致我国企业全球研发难以取得显著绩效的主要原因之一。

(3) 投资区域较为集中，有向其他区域转移的趋势。我国企业全球研发投资区域较为集中。海外研发区域主要集中在美、欧、日等发达国家的高技术产业园区，如美国的硅谷、德国的阿德勒斯霍夫、英国剑桥工业园区、日本筑波科学城等。阿里巴巴、华为、腾讯、海尔等企业都已在美国硅谷建立相关研发机构，而德国斯图加特正吸引我国工程机械行业企业的青睐。国内研发区域主要集中在东部地区，一方面由于东部地区有得天独厚的地理优势，在国家政策鼓励下较早对外开放；另一方面由于东部地区经过30多年的发展，已积累了大量的人力、技术、资本等要素资源，使发达国家跨国公司有意愿在东部地区和相关企业开展研发合作。以北京为例，韩国三星和LG、美国微软和高通、德国拜耳和巴斯夫、日本松下和富士通、法国施维雅、瑞典爱立信和安发玛西亚、芬兰诺基亚、荷兰的飞利浦等企业都已在京设立研发机构。

2014年前后我国企业全球研发投资有向其他区域转移的趋势。新兴经济体

---

[1] 分别是中国人寿保险公司、鞍钢集团、中国冶金科工集团、中国铝业公司、中国远洋运输总公司、中国化工集团。
[2] 根据2013年财富世界500强盈亏情况汇总而得。
[3] 此处仅就17家企业而言，故与非国有企业在总体研发支出上较国有企业少的结论并不矛盾。
[4] 数据来自中国工业企业数据库。

和资源丰富的国家或地区逐渐引起我国企业的关注。一是由于发达国家跨国公司正加强对这些区域的投资，从而带动世界范围内的资本流向；二是因为我国企业的发展经验更贴近现有这些国家或地区经济发展现实，更能有效指引和推动当地企业成长和经济发展，同时，国内生产要素成本上升等因素也是推动我国企业海外研发区域转移的重要原因。

（4）产业分布较广，但也高度集中。我国企业全球研发最早起步于家电、通信、电子设备制造等产业，现已扩展至汽车、医药、能源、软件信息服务、工程机械、服装纺织、文化等产业。在家电产业，海尔集团实施"三位一体本土化"战略，通过并购等形式建立海外研发机构，2011年收购日本家电制造企业三洋电机部分白电业务，2012年又收购新西兰厨电企业Fisher & Paykel，已在韩国首尔、日本东京和大阪以及琦玉县、美国洛杉矶和南卡罗来纳、德国慕尼黑、意大利米兰、丹麦哥本哈根等地建立了研发和设计中心。在汽车产业，长安汽车除在北京、上海、重庆、黑龙江和江西等国内地区拥有研发机构外，还在英国诺丁汉、日本横滨、意大利都灵和美国底特律等国外地区建立研发中心，已形成"五国九地、各有侧重"的全球研发格局，其中，英国研发中心集中于发动机和变速器，美国研发中心偏向汽车底盘技术开发与匹配，日本横滨的研发中心侧重于整车造型设计、内部装饰等。在服装鞋帽产业，李宁公司在香港和美国波特兰设立研发中心，加强新产品开发和设计实力。在软件信息服务产业，东软除在北京、上海、天津、大连、沈阳、广州、成都等地拥有研发机构外，还与美国易安信、澳大利亚基础设施工程资产集成管理研究中心、美国甲骨文、日本阿尔派等企业合作，共同开展软件产品、平台及服务的研发工作[①]。

尽管我国企业全球研发的产业分布较广，但也高度集中。第一，我国企业通过对外直接投资开展海外研发等活动所涉及的产业主要集中在石化、矿产、金属、建筑、电信、运输等产业。据统计，2011年末我国境外企业在制造业、批发和零售业、租赁和商务服务业以及建筑业中的占总数的75.04%。第二，国外企业通过对外直接投资在华产业分布也较为集中。2009年，最大500家外商投资企业在我国产业分布排名前五位的共占企业总数的64.4%，分别是通信设备和计算机及其电子设备制造业152家、交通运输设备业72家、黑色金属冶炼及压延加工业35家、化学原料及化学制品业32家、农副食品加工业31家[②]。

（5）动机仍以跟踪先进技术和获取资源为主，但"倒逼"机制正逐步形成。改革开放以来，我国大部分企业技术发展遵循"引进消化吸收再创新"的思路，实践中往往过于偏重"引进"环节而忽视自主创新，从而导致我国企业在全球价值链中长期处于"被俘获"地位，陷入"引进—落后—再引进—再落后"的恶

---

① 参见各企业官方网站。
② 本节数据来自商务部2011年度中国对外直接投资统计公报和2011中国外商投资报告。

性循环。尽管国际金融危机为我国企业实施"走出去"发展战略提供了良好机遇，但现实中我国企业开展全球研发活动的动机仍主要以获取资源和跟踪先进技术为主。在获取资源方面，主要表现为我国企业并购外国能源及矿产业企业，如 2013 年中海油并购加拿大尼克森；在跟踪先进技术方面，以李宁公司为例，2004 年 8 月在香港成立研发中心，负责李宁品牌服装产品的设计等工作，2009 年在美国俄勒冈州波特兰成立研发中心，负责跟进耐克领先科技和母公司研发设计人员培训。实际上，近年国内"山寨"产品的流行可见一斑，只有像华为、联想、海尔等企业在跟踪世界领先技术的基础上，结合自身优势，对产品价值链进行重新整合，形成完善的新产业生态系统，才能创造并实现新的价值。

尽管如此，"倒逼"机制正逐步形成。一方面，由于消费者偏好往多样化、精细化方向发展，导致各国家或地区的消费者需求和习惯差异更加显著，仅仅靠跟踪先进技术并不能使企业摆脱"被俘获"的命运，也不可能满足所有的市场需求；另一方面，像耐克那样"随气候变而迁的候鸟式"经营方式终有尽头，我国不断上涨的生产成本和逐步减少的优惠政策将在可预期的未来给那些"固执"的企业带来巨大压力。我国企业只有以新产业生态系统的思维加强全球研发、提升系统整体的技术实力，才能实现转型和持续成长。

（6）组织形式多样，但新建研发机构居多。我国企业全球研发所采取的组织形式可分为联盟、并购和新建三类。联盟主要体现在技术项目合作、技术交叉授权、技术许可、技术与非技术交易等方面。由于联盟可以节省大量资本和时间投入、产生外部优势互补效应、填补"战略缺口"、抢占有利市场地位，跨国公司间往往会结成技术联盟，像甲骨文与微软的云端联盟、诺基亚与微软的智能手机联盟、三星与 SK 海力士半导体芯片联盟、丰田与宝马的柴油发动机联盟等。需要注意的是，这些联盟内企业双方实力大体相当，故联盟较为稳定。而对我国大部分企业来说，由于与发达国家跨国公司技术差距明显，联盟往往采取技术和非技术交易的形式，在联盟中往往处于弱势地位。并购可使企业在短时间内掌握相关技术，但也伴随着跨文化整合与管理等问题，若不能有效留住被并购方的核心人才，并购失败的可能性很高。吉利并购沃尔沃使前者迅速掌握汽车安全、节能环保等方面的核心技术，并大大提高了品牌价值，从而被认为是国内汽车企业自主品牌并购的成功案例，而 TCL 并购汤姆逊和阿尔卡特后跨文化管理不力、核心人才流失等导致并购失败也是值得吸取的教训。

2014 年前后，我国企业全球研发采取新建形式居多。一方面，我国企业与发达国家跨国公司实力差距明显，后者在进入我国市场时更愿意采取独资形式；另一方面，我国企业在进入国际市场时，动机主要是跟踪先进技术，可能并无必要联盟甚至并购，同时，由于知识产权制度不完善等原因，发达国家跨国公司往往并不愿意将先进技术进行授权和转售。随着我国市场化改革和对外资相关政策福利的逐渐消失，在可预期的未来，我国企业全球研发将可能更多采取联盟形式。

32.5 结论与建议

本章首先从我国企业实践发展的角度出发，对长期应用全球价值链理论的现实指导意义发出质疑，并在综合现有模块化、商业生态系统和产业生态系统研究的基础上，提出新产业生态系统的概念。由于在当前经济环境迅速变化背景下新产业生态系统较全球价值链分析范式具有更优异的特质，能成为一种自洽稳定的动态协同演化过程，更加适应指导我国企业未来发展实践。尽管目前还不存在完整或较成熟的新产业生态系统的实践形态，但全球研发能快速稳健推进其形成，是我国企业未来转型升级与发展的关键立足点。为此，本章从以下两方面提出相关建议：

32.5.1 对企业的建议

首先，要在国际经济环境发生变化的基础上，认清全球价值链分析范式在指导实践中存在的弊端，积极转变思维，用新产业生态系统框架指导实践、应对挑战。其次，我国企业要认识到新产业生态系统本质上仍是一种分工形态，需要灵活运用多种投资形式和组织方式有效配置资源。在投资形式方面，以全球研发为例，早期受相关政策约束，发达国家跨国公司主要采取合资合伙的方式进入我国，我国企业全球研发主要体现在技术引进的本土化上，投资形式以联盟为主。自加入 WTO 后，上述约束逐渐消除，我国企业全球研发本土化和国际化趋势都有体现：在本土化趋势中，发达国家跨国公司更倾向于采取独资形式开拓我国市场，所以，我国企业全球研发的投资形式仍主要体现为联盟；在国际化趋势中，发达国家跨国公司不甘心将本土市场拱手让出，又不愿意与我国企业分享先进技术，所以，我国企业全球研发的投资形式以新建和并购为主。在组织方式方面，以全球集中型为例，一些具备领先技术并致力于开拓国际市场的企业可采用该组织方式，优点在于全球研发的效率较高，通过与国际制造商、科技园、当地供应商和大型顾客紧密联系，提升对当地市场和科技发展趋势的敏感度，但也有忽视系统国际化风险、当地产品或服务内容供应限制和市场狭小等缺点，需要警惕。最后，我国企业要充分利用国内国外两种市场和两种资源合理布局新产业生态系统结构。仍以全球研发为例，客观来说，国内庞大的消费市场规模使企业更有动力倾注主要精力，但一些发达国家跨国公司已然布局我国市场，并取得卓有成效的业绩，即使在中国本土市场，竞争也向着国际化方向发展。我国企业全球研发既要立足国内市场，利用本土化优势积极参与和发达国家跨国公司的竞争与合作，也要布局国外市场，利用国际金融危机带来的历史机遇，加大海外投资力度，强化国际品牌渗透。此外，我国企业还要围绕全球研发在人才配置、自然资源获取等方面加大努力。

32.5.2 对政府的建议

政府不仅要积极引导各方参与构建新产业生态系统的实践形态，还要建立健全国家创新政策体系，为新产业生态系统保驾护航。具体来说，一要积极参与国际大科学计划，着力完善多边科技合作机制，发挥政府间国际科技合作项目的带头作用，适时推动企业全球研发与国际科技合作有效结合，为我国企业通过全球研发构建新产业生态系统拓宽渠道；二要继续加强人才强国战略，通过加大教育、科研经费投入提高人力资本存量，同时，通过提供丰厚的物质待遇、灵活的就业机制和便利的生活条件等方式建立高层次人才网络，为新产业生态系统提供人才基础；三要不断完善知识产权保护，并通过资助、奖励等机制支持企业到海外申请专利，促进新产业生态系统外延扩张；四要简化行政审批手续，利用国家优势建立各国或地区的信息咨询平台，降低新产业生态系统的运行成本和系统风险；五要加大财政、税收、金融等扶持力度，为新产业生态系统形成创造稳定有利的国内环境。

参考文献

[1] Gereffi G, The Organization of Commodity Chains: How U.S. Retailers Shape Overseas Production Networks, in Gary Gereffi and Miguel Korzeniewicz, Commodity Chains and Global Capitalism [C]. Greenwood Press, 1994, 95: 122.

[2] Man R. J., Commercializing Open Source Software: Do Property Rights Still Matter? [J]. Harvard Journal of Law &Technology, 2006 (1): 1 - 47.

[3] Moore J. F., Predators and Prey: A New Ecology of Competition [J]. Harvard Business Review, 1993 (2): 75 - 86.

[4] 曹亮，汪海粟，陈硕颖. 论模块化生产网络的二重性——兼论其对中国企业的影响 [J]. 中国工业经济，2008 (10): 33 - 42.

[5] 胡岗岚，卢向华，黄丽华. 电子商务生态系统及其演化路径 [J]. 经济管理，2009 (6): 118 - 124.

[6] 李东. 面向进化特征的商业生态系统分类研究——对33个典型核心企业商业生态实践的聚类分析 [J]. 中国工业经济，2008 (11): 121 - 131.

[7] 李晓华. 模块化、模块再整合与产业格局的重构——以"山寨"手机的崛起为例 [J]. 中国工业经济，2010 (07): 138 - 147.

[8] 刘浩，原毅军. 中国生产性服务业与制造业的共生行为模式检验 [J]. 财贸研究，2010 (3): 60 - 65.

[9] 刘明宇，芮明杰. 价值网络重构、分工演进与产业结构优化 [J]. 中国工业经济，

2012（05）：150-162.

[10] 刘志彪, 张杰. 全球代工体系下发展中国家俘获型网络的形成、突破与对策——基于 GVC 与 NVC 的比较视角 [J]. 中国工业经济, 2007,（5）：39-47.

[11] 沈于, 安同良. 再集成：一种"模块化陷阱"——基于演化视角的分析 [J]. 中国工业经济, 2012（02）：91-99.

[12] 石磊, 刘果果, 郭思平. 中国产业共生发展模式的国际比较及对策 [J]. 生态学报, 2012, 32（12）：3950-3957.

[13] 宋磊. 中国版模块化陷阱的起源、形态与企业能力的持续提升 [J]. 学术月刊, 2008（2）：88-93.

[14] 孙福全, 陈宝明. 科技发展的国际化问题研究 [M]. 北京：经济管理出版社, 2011.

[15] 王春法. 科技全球化与中国科技发展的战略选择 [M]. 北京：中国社会科学出版社, 2008.

[16] 王桤伦. 民营企业国际代工的"市场隔层"问题研究 [J]. 浙江社会科学, 2007（1）：40-48.

[17] 文嫮, 金雪琴. 价值链环节的衍生与再整合影响因素研究——以国产手机产业价值链为例 [J]. 中国工业经济, 2008（06）：150-159.

[18] 徐宁, 皮建才, 刘志彪. 全球价值链还是国内价值链——中国代工企业的链条选择机制研究 [J]. 经济理论与经济管理, 2014（01）：64-76.

[19] 杨蕙馨, 李峰, 吴炜峰. 互联网条件下企业边界及其战略选择 [J]. 中国工业经济, 2008（11）：88-97.

[20] 杨蕙馨, 王海兵. 国际金融危机后中国制造业企业的成长策略 [J]. 北京：经济管理, 2013（9）：41-52.

[21] 于明超, 陈柳. 垂直专业化与中国企业技术创新 [J]. 当代经济科学, 2011, 33（1）：62-68.

[22] 袁增伟, 毕军. 生态产业共生网络形成机理及其系统解析框架 [J]. 生态学报, 2007（08）：96-102.

[23] 张国胜. 全球代工体系下的产业升级研究——基于本土市场规模的视角 [J]. 产经评论, 2010（1）：38-45.

[24] 张庆霖, 苏启林. 代工制造、金融危机与东部地区产业升级 [J]. 经济管理, 2010（1）：33-42.

[25] 张睿, 钱省三. 区域产业生态系统及其生态特性研究 [J]. 研究与发展管理, 2009（1）：45-50.

[26] 钟耕深, 陈衡, 刘丽英. 企业发展与商业生态系统演进——基于奇虎 360 公司和腾讯公司纷争的案例分析 [J]. 东岳论丛, 2011（10）：161-166.

[27] 卓越, 张珉. 全球价值链中的收益分配与"悲惨增长"——基于中国纺织服装业的分析 [J]. 中国工业经济, 2008（07）：133-142.

第 33 章

经济全球化条件下的国际生产网络与发展中国家价值链的重构[*]

经济全球化条件下生产技术与信息技术的进步使得产品生产在空间上可以分离，产品内国际分工成为现实，企业可以更方便快捷地获取各种信息，交易费用大幅度的降低；跨国公司为了在全球范围内寻求最佳的投资地点开展经营，不受地理上分割的劳动力流动和市场的限制，通过向发展中国家外包非核心业务，最大化自己的利润，促进了产品内分工的发展；经济全球化条件下关税水平的降低，投资领域的进一步开放，使得产品贸易成本大幅缩减；同时许多发展中国家对于引进外资和产品出口都实行优惠的政策，如中国对加工贸易实行免税，这些出口导向型的政策措施也极大地促进了产品内分工的发展和国际生产网络的形成。

本章对产品内分工条件下，国际生产网络的形成过程及国际生产网络中价值链分工的层级关系进行了深入的剖析，明确了发展中国家在国际生产网络中的地位及参与国际生产网络对国内经济发展的影响，提出了促进发展中国家特别是中国价值链升级、重构和产业升级的对策建议。

33.1 经济全球化条件下的国际生产网络的形成

伴随着经济全球化进程的深入，国际产业分工进一步细化，逐渐从产业间分工、产业内分工发展到了产品内分工，产品生产过程包含的不同工序和区段，被拆散分布到不同国家进行，形成以工序、区段、环节为对象的分工体系，在这一分工体系中产品生产过程中的研发、制造、分销等环节都表现出了国际化的趋势，产品的国际生产网络逐步形成。

---

[*] 本章作者为赵明亮、杨蕙馨，发表在《产业经济评论》2012 年第 1 期（有改动）。

33.1.1 研发活动的全球化

跨国公司的研发活动以往大多在母公司基地进行，但是，随着经济全球化的深入，研发活动出现了全球化的趋势，一些企业全球性的研发网络已经形成。例如，IBM在全球拥有80多个研发中心，松下电器在美国（新泽西、加利福尼亚、普林斯顿、马萨诸塞等）、欧洲的德国兰根（Langen）和英国爱丁堡、亚洲的中国（北京、苏州、杭州）、新加坡、马来西亚、越南等地建立了几十所海外研究机构[①]。研发全球化的推动力主要源自：一是顺应产品制造阶段向海外转移和全球市场开发的需要，研发需与全球生产、营销紧密结合，促使企业在世界各地设置研发据点；二是产品生命周期越来越短，产品更新换代越来越快，生产技术需迅速应用到产品生产中，以快速占领全球市场，研发与制造分隔两地，不利于技术转移和提升企业的全球竞争力，这就客观上要求研发的全球化；三是为了搜寻产品销地需求信息，开发出符合当地需求的产品，为客户提供技术服务，企业也会在海外设置研发基地；四是在某些产品生产有相对优势的发展中国家设立研发机构，可以低成本雇佣当地的优秀研发人才，降低研发成本；五是在全球产业集聚地设立研发机构，便于获取技术外溢的好处，吸收当地竞争对手的先进技术和知识，提高自身的研发能力和技术水平。发展中国家的跨国企业多是采用这种方式接触前沿技术，如中国华为公司的海外研发机构遍及硅谷、达拉斯、班加罗尔、斯德哥尔摩和哥德堡等地区，这些地区都是高科技公司集聚和技术研发最前沿的地方，华为在硅谷设立研发机构加强了与硅谷厂商间的技术交流和合作，能够掌握最新技术发展趋势。2009年，华为在哥德堡临近竞争对手爱立信开设了一家新的研发中心，专注于微波、基站和基于IP的网络研发，目的主要是利用当地雄厚的研发人才和研发实力，同时获取技术外溢的好处，以提高自己的研发水平[②]。

33.1.2 产品生产的全球化

随着经济全球化的发展和供应链管理的普遍实施，跨国公司在全球范围内按比较优势原则在发展中国家设厂或寻找代工厂商生产零部件，以降低成本，然后通过全球采购完成产品的组装生产。全球采购是采购商通过在世界范围内寻找最佳供应商、获得质量最好、价格最优的产品的交易过程，是对全球生产要素与资源的最充分利用，数量大、范围广和持续性是全球采购的重要特征。正是基于全球采购的这些特征，跨国公司与供应商之间已经不再是一种单纯的买卖关系，而

---

① 资料来源：http://auto.163.com/special/000840DB/beiqisaab.html。
② 资料来源：http://tech.sina.com.cn/t/2009-10-23/09513532022.shtml。

是建立起了紧密的战略合作关系，大大提高了跨国公司应对市场变化的能力，并能保持较高的盈利水平。在某些零部件供应紧张的情况下，这种紧密的战略合作关系可以使跨国公司及时得到零部件的供应，保证产品的生产。

33.1.3　全球品牌培育及分销渠道的建设

跨国公司在注重研发和生产的同时，还高度注重品牌培育、分销渠道建设和服务，以树立形象、提高销量。跨国公司在全球范围内开展品牌经营，在销售产品的同时，通过全球市场策划和各种宣传手段，强化产品质量和经营服务的理念，不断提升企业形象，以此提高客户的忠诚度，带来价值增值和商业优先机会。跨国公司在全球范围内根据产品和地区特点，选择经济、合理的分销渠道，把商品送到目标市场，大多数商品采用间接分销，在全球范围内选择中间商，掌握分销渠道，使产品在世界范围内尽可能广泛的分销，扩大市场，而某些大型设备、专用工具及技术复杂需要提供专门服务的产品采用直接分销，同时建立与全球销售相匹配的完善的售后服务体系，以提高顾客满意度和忠诚度，增加产品的营销附加值。

经济全球化条件下以跨国公司为主导的产品内分工占据了重要的地位，跨国公司在世界范围内组织生产经营活动，实行高度专业化的分工生产，建立起跨国公司内部及企业间精密细致的专业化分工合作关系，产品的研发设计、零部件生产、产品组装制造、分销以及售后服务发生在不同的国家和地区。跨国公司协调这些发生在不同国家和地区的复杂多样的经营活动形成一体化的国际生产，即国际生产网络。作为一种新的国际分工形式，它使国际分工从产业层次过渡到产品层次，一个产品的价值增值过程在不同的国家和地区完成，全球资源得到了更有效的配置和整合，实现了更高层次的专业化生产与分工协作。

33.2　国际生产网络中价值链分工的层级关系

33.2.1　产品内分工条件下全球价值链形成

在产品内分工条件下，同一产品不同环节或工序在全球范围内的分散生产使产品生产的价值链发生了重大的变化，全球价值链形成。按照联合国工业发展组织的定义，全球价值链指为实现商品或服务价值而连接生产、销售、回收处理等过程的全球性跨企业网络组织，涉及从原材料采购和运输、半成品和成品的生产与分销，直至最终消费和回收处理的整个过程。包括所有参与者和生产销售等活动的组织及其价值、利润分配，散布于全球的处于价值链上的企业进行着从设计、产品开发、生产制造、营销、交货、消费、售后服务、最后循环利用等各种增值活动。价值链分工使得一国的竞争优势不仅体现在某个特定产业或产品上，而是更多地体现在同一产品生产的不同环节或工序上，从而广大的发展中国家可以利用自己的资源禀赋优势加入生产网络中来，在产品的某一价值增值环节从事生产，进而获取分工的利益。

33.2.2 全球价值链分工的层级关系

虽然全球价值链把越来越多不同经济发展水平的国家纳入其中，但是，在全球价值链中参与价值创造的国家和地区在价值创造过程中的地位差别很大，存在明显的层级关系。施振荣于1992年提出了"微笑曲线"理论，很好地说明了价值链分工的层级关系，如图33-1所示。

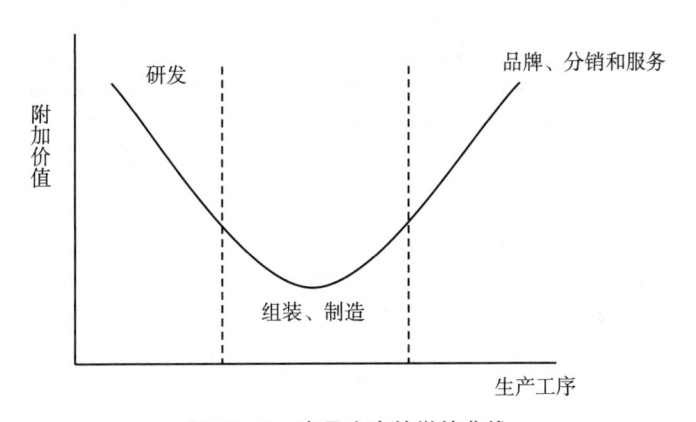

图 33-1　产品生产的微笑曲线

资料来源：施振荣（1996）。

微笑曲线中间是附加值低的组装和制造环节，左边的研发和右边的品牌、分销和服务是附加值较高的环节。从研发产品到组装制造产品再到最终产品的销售，价值链上各环节创造的价值随要素密集度的变化而变化。发展中国家的企业由于缺少核心技术，主要从事制造加工环节，然而，无论加工贸易还是贴牌生产，制造加工环节付出的只是土地、厂房、设备、水、电等物化要素成本和简单活劳动成本，虽然投入很大但附加值低，在不同国家间具有可替代性，企业为了争取订单，常常压低价格，而发达国家的跨国公司依靠在信息、技术、管理、人才等要素方面的优势控制了研发环节和品牌、分销、服务等价值增值较多的环节，成为价值链分工的最大受益者。

美国苹果公司iPod产品在世界不同国家或地区的生产及其价值链构成比较典型地反映了价值链分工中的层级关系。iPod的知识产权为苹果公司所有，但该产品的部件生产却不是在苹果公司的工厂里完成的，参与产品生产的企业分布于世界不同的国家和地区。苹果第五代 iPod 产品总价值 299 美元，共有 451 个部件，其主要分工网络和价值分割体系包括硬盘制造、显示器模块、芯片、存储器、组装、资源整合和销售等众多区段，图 33-2 是苹果公司 iPod 产品的全球价值链分布。

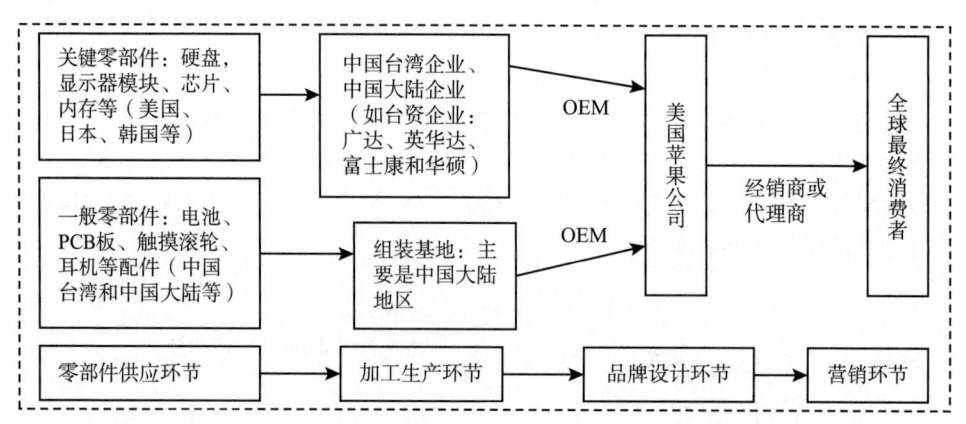

图 33-2　苹果公司 iPod 产品的全球价值链

资料来源：根据戴德里克等（Dedrick, Jason, et al., 2008）整理。

在苹果公司的零部件供应上，关键零部件主要由美、日、韩等发达国家提供，实际生产地大多分布于发展中国家。一般零部件由中国大陆、中国台湾及东南亚的一些国家和地区提供，产品在中国大陆完成组装。苹果公司负责产品设计和资源整合，由经销商和代理商将产品销售给最终消费者。

iPad 产品的生产投入构成如表 33-1 所示：

表 33-1　2005 年苹果公司 30GB 第五代 iPod 产品主要投入构成

零部件投入	供应商	所在国	投入价格（美元）	投入价格占工厂生产总投入的比重（%）	供应商毛利润率（%）	价值增值（美元）
硬盘	东芝	日本	73.39	51	26.5	19.45
显示器模块	东芝 Matsushita	日本	23.27	16	28.7	6.68
视频、多媒体处理芯片	Broadcom	美国	8.36	6	52.5	4.39
控制器芯片	Portalplayer	美国	4.94	3	44.8	2.21
电池	—	—	2.89	2	30	0.87
MobileSDRAMmemory-32MB	三星	韩国	2.37	2	28.2	0.67

续表

零部件投入	供应商	所在国	投入价格（美元）	投入价格占工厂生产总投入的比重（%）	供应商毛利润率（%）	价值增值（美元）
MobileRAM-8MBytes	Elpida	日本	1.85	1	24	0.46
NORFlashMemory-1MB	Spansion	美国	0.84	1	10	0.08
上述总计			177.91	82	—	—
其他零部件投入价格			22.79	16	—	—
组装成本			3.86	3	—	3.86
工厂生产总投入			144.56	100	—	38.66

注：价值增值因工人工资数据不可得，用公司毛利润代替，毛利润不等于价值增值，因为毛利润不包括工人工资。

资料来源：戴德里克等（Dedrick et al.，2008）。

日本东芝公司提供的硬盘价格 73.39 美元占到了生产总投入的 51%，价值增值也最多，为 19.45 美元，而硬盘实际是外包给中国的企业进行生产。显示器模块、芯片等附加值较高的零部件生产也由日、美等发达国家的公司控制，并将一部分产品的生产外包给中国台湾、新加坡等地的企业，电池、耳机等附加值低的配件主要在东亚及东南亚发展中国家生产。最终产品在中国完成组装，得到 3.86 美元的收入。可见，日、美等发达国家的公司作为关键零部件的生产商将一部分零部件的生产转包给发展中国家的企业，发展中国家生产商从中得到的价值增值非常有限。

除产品制造成本外，iPad 价值链上其余部分价值的分配如表 33-2 所示：

表 33-2　苹果公司 30GB 第五代 iPod 产品价值链构成

零售价	299 美元	工厂成本	144 美元
渠道商（10%）	30 美元	苹果公司毛利润	80 美元
零售商（15%）	45 美元	苹果公司毛利润率（80/224）	36%
批发价格	224 美元	—	—

资料来源：戴德里克等（Dedrick et al.，2008）。

其中，渠道商得到 30 美元，零售商获取 45 美元，虽然苹果公司不进行产品的生产，但通过对产品设计和品牌营销环节的控制，得到了 80 美元，毛利润率达 36%，远超过其他环节的利润率。

33.2.3　全球价值链分工的层级关系对发展中国家经济发展的影响

全球生产网络的形成，产品内国际分工的发展与深化，使以前无法从事高技术含量产品生产的广大发展中国家,也加入复杂的高技术含量的产品生产中来,从事某一特定环节的生产,一定程度上利用了比较优势,获取了规模经济带来的好处和分工的利益。但产品内国际分工的发展对发展中国家也带来了一些负面的影响。在产品内国际分工体系中,发达国家在价值链上占据主导地位,广大的发展中国家处于价值链的低端,从事产品的代工生产,生产的标准由发达国家制定,发展中国家没有自己的生产技术和分销渠道,对这种分工体系和跨国公司的流程式订单有很大的依附性,长此下去越来越多的企业缺乏市场"弹性",一定程度上失去了自我适应市场需求的应变能力,一旦发达国家取消订单或遇到经济萧条,发展中国家的企业往往处于破产境地。如2007年由美国次贷危机引发的全球金融危机,逐步波及世界各国,由于美国消费需求锐减,中国的出口大幅下滑,加上中国《劳动合同法》的实施,使以往不规范用工带来的劳动力成本"节约"不复存在,同时电力、原材料成本的大幅上升,这些因素使得中国"珠三角"和"长三角"等沿海地区的大量加工贸易企业不得不关门歇业或倒闭,大批工人失业。据广东省中小企业局统计,2008年1~9月广东企业关闭总数为7148家,主要集中在珠三角地区,其中东莞市1464家、中山市956家、珠海市709家、深圳市704家、汕尾市587家、佛山市526家以及潮州市432家。从产业分布看,主要集中在纺织服装、五金塑料、电子产品等传统型、低技术、高耗能产业。① 另据浙江省工商局的统计,2009年上半年浙江省逾1200家企业关门歇业。中小企业聚集的温州市中小企业精简人员约占企业总人数的20%。② 这些倒闭企业也多是低技术、高耗能的低附加值加工生产企业,低端的订单式生产模式、落后的生产技术设备、自主品牌和分销渠道的缺乏,极差的市场适应能力,在外部不利环境的冲击下就不堪一击,很容易陷入破产境地。

因此,处在国际生产网络中的发展中国家和地区不应满足目前的地位,应积极主动进行技术研发和创新,培育自主品牌,构建自己的分销渠道,提升在价值链中的地位,重构价值链以获取更多的分工利益,最终促进国内产业结构调整和升级。

33.3 经济全球化条件下发展中国家价值链的重构与产业升级

33.3.1 发展中国家企业应积极向价值链的两端延伸

一国或地区参与国际分工的地位及收益主要取决于在价值链上所处的位置,

---

① 资料来源:http://www.zz91.com/cn/trade47120.html。
② 资料来源:http://www.dzwww.com/rollnews/finance/200912/t20091221_5314259.htm。

第33章 经济全球化条件下的国际生产网络与发展中国家价值链的重构

发展中国家在国际分工中处在价值链的中间环节，从事低附加值加工生产制造环节，不仅价值增值小，而且很大程度上依附于发达国家跨国公司的订单需求，缺乏适应市场需求的能力。价值链各环节的要素结构是处在不断变化中的，全球价值链也呈现动态的组合与创新，各国企业在微笑曲线上的位置也不是一成不变的，为了获取更多的国际分工利益、实现国内产业升级和经济的持续健康发展，发展中国家应采取相应措施改变在价值链分工中的地位，向价值链高端延伸升级。

（1）加大研发创新力度，提高技术水平。如果只专注于制造环节，就只能受制于技术或标准拥有者，发展中国家应积极提高研发水平改变这种状况。一是在发达国家技术转移过程中，注意结合自身需要积极模仿并创新；二是通过与科研实力强的企业合作或并购相关企业来获取技术；三是与拥有相关知识或能力的产业上下游企业、大学研发机构等外部知识源建立合作关系，积极进行自主研发，提高技术水平；四是到发达国家产业聚集地区设立研发机构，充分利用当地大量的研发人才和雄厚的研发基础，动态及时地获取国际最新的科技信息以及技术溢出的好处。如2009年中国三大电信运营商在终端、系统平台及业务应用领域的开发创新呈现出合作态势。中国电信联合微软开发即时通信软件"天翼Live"，中国移动与沃达丰、软银合作构建跨手机终端平台，中国联通宣布加入谷歌组建的开放手机联盟，这些都是合作研发的典范。在通过跨国并购获取技术方面，2009年12月北汽控股1.97亿美元收购瑞典萨博汽车公司相关知识产权，包括萨博9-5、9-3等三个整车平台和两个系列的涡轮增压发动机、变速箱的技术所有权以及部分生产制造模具。同时，萨博还支持北汽运用萨博技术研发制造自主品牌车型。北汽借助这次收购，可以弥补技术研发上的劣势，实现自主品牌乘用车产品研发与国际同步，达到国内领先水平[①]。

（2）积极采取措施向品牌、分销和服务等高附加值环节扩展和转移。在价值链中，品牌、分销和服务占据重要位置，只有掌握了品牌和分销渠道，才能提升企业在价值链中的地位。从事低附加值产品生产的加工贸易企业应重视向品牌、分销和服务环节延伸价值链，加大产品研究设计力度，拓展分销、服务等高附加值环节。安踏体育用品有限公司1993年开始为跨国公司贴牌生产运动鞋，在此期间与众多贴牌制鞋企业不同的是，安踏公司不单单承接海外订单，还时时关注国内市场，致力于开拓国内市场分销渠道，创建自主品牌。2001年，北京安踏开始实施产品多元化与品牌国际化的新发展战略，跨向运动服装、配件等服饰系列产品领域，从单一运动鞋向综合体育用品生产与销售过渡。IBM原来的业务集中在计算机的制造上，目前这一部分业务已经剥离，个人电脑业务出售给了联想，更多的精力和资源集中在了提供系统服务上，实现了向高附加值价值链环节的转移。

---

① 资料来源：http://auto.163.com/special/000840DB/beiqisaab.html。

33.3.2 在融入全球价值链基础上构建新的全球价值链

在融入全球价值链的基础上,处于价值链低端的国家或企业有可能随着知识密集要素的培育、竞争优势的发挥跃升到价值链高端,依靠领先的技术以及对终端市场的控制把其他国家的企业纳入自己主导的国际分工体系中,从而形成新的价值链。而原来处于价值链高端的国家或企业也有可能丧失原有的优势,下滑到价值链低端,成为别国企业的"生产车间"。

发展中国家应依托国内成熟的产业集群积极构建新的全球价值链,从根本上突破发达国家对价值链的控制,掌握价值链的主导权,获取更多的分工利益。在构建价值链的初期,由于国内企业在技术上没有绝对优势,可以从生产技术较为成熟、国内产业基础良好及国内市场需求较大的产品生产入手。在产业集群中存在着主导企业和大量专业化配套协作企业的生产网络,更利于产品的生产和技术创新。以产业集群为依托进行产品的生产和创新,同时国内市场需求量大的发展中国家,对国际市场的依赖较小,这样企业可以比较容易地控制产品的销售渠道,更好地应对跨国公司的竞争,更容易成功构建价值链,掌握整条价值链及价值链的主导权。如2008年以来中国国内山寨手机日益兴起,正是依托深圳华强北市场而成功构建了新的价值链。华强北市场处于珠三角电子信息产业集群内,电子信息产业发展较为成熟,集群内存在大量上下游配套协作企业,规模经济优势明显,交易效率高,有利于产品研发与创新,为价值链的构建提供了良好的产业基础。终端手机制造商在山寨手机价值链中居于核心地位,手机模具制造商、工业设计与手机设计企业、相关软硬件配套生产厂商都是围绕其从事经营。山寨手机全部使用台湾联发科公司提供的MTK手机基带芯片[①],但联发科在全球芯片市场中处于相对弱势,联发科并不试图对山寨手机终端制造商的核心地位施加明显的影响。山寨手机的制造商多为终端集成能力强的中小企业,其利用上游企业之间的激烈竞争,获取定价权压缩成本,同时,采用完全柔性生产体系,产品生产速度快,降低了存货成本,产品制造商在产品制造环节获取了大量利润。山寨手机不提供售后服务,这样就节约了成本,满足了低收入消费者对廉价低端手机的需求。在产品营销上,建立了以代理为主的销售渠道,采用电视购物、网络销售平台和批发等形式,降低了销售成本,提高了发货速度,迅速占领了低端手机消费市场,从而使国内山寨手机制造商牢牢占据了价值链的主导地位。山寨手机

---

① MTK手机基带芯片由台湾联发科公司于2004年研发而成,能高度集成通话和多媒体功能。2005年为了解决下游厂商研发能力不足导致研发周期过长的问题,联发科又推出了交钥匙解决方案。该方案将芯片、软件平台和第三方应用程序捆绑,将手机所有流行功能,如摄像头、MP3等全部集成于芯片之中,从而提供一站式解决方案,其实质是将手机的核心技术在芯片上打包出售,为终端手机制造商提供了现成的技术平台,降低了后者进入手机制造领域的技术门槛。

生产厂商对国内市场需求充分了解，它们对产品的性能进行创新，对产品准确定价，迅速占领市场，这种能力是企业做品牌、产品研发和积极构建新的价值链所必须学习、培养和加强的。

发展中国家依托产业集群初步构建的价值链也存在进一步发展的制约因素：一是主导企业的规模偏小，大、中、小型及家庭作坊生产企业并存，缺乏有核心竞争力的主导企业；二是价值链不完整，如中国的山寨手机缺少售后服务环节，不利于价值链的健康持续发展；三是市场竞争秩序不够规范，过多生产制造厂商的存在容易形成恶性竞争；四是政府相关部门对产品质量、知识产权保护等问题没有明确的规定，不利于市场规范化发展。

因此，在初步建立价值链的基础上，发展中国家应积极培育有技术与品牌优势的主导企业，扩大企业规模，提高市场支配地位，鼓励主导企业进行核心技术创新，以期在关键技术上取得突破，从而构建起附加值更高的全球价值链，从根本上使产品竞争力得到提升，占据高端产品的生产领域。当构建起全球价值链后，主导厂商可以在全球范围内外包低附加值生产环节，自己则掌握研发、品牌、营销等高附加值环节，不断完善价值链，在全球范围内优化资源配置，建立分工网络，获取更多的分工利益。

33.3.3 在价值链重构基础上促进产业结构调整和产业升级

在价值链重构的基础上，发展中国家的企业和政府应采取措施促进产业结构调整和产业升级，维持国内经济和产业的健康协调发展。

（1）调整产业政策促进产业结构调整和产业升级。在资源约束和环境问题越来越严重的形势下，以加工贸易为主的国家应根据国际经济形势和国际产业转移的新趋势，适时调整国内产业政策，逐步取消低附加值加工贸易的优惠政策，转而通过税收优惠等政策鼓励企业从事高附加值加工贸易。仅靠从事简单的加工装配不能促进产业结构的调整升级，企业应加大科技创新投入，积极与科研院所和高校开展合作研发，逐步掌握核心技术和自主知识产权，进而加大产品的营销力度和品牌建设，逐步拥有自主品牌，实现从贴牌生产（OEM）到原始设计商（ODM）、自有品牌生产商（OBM）的转换。大型企业实力雄厚，可以建立自己的研发机构和分销渠道，加强售后服务，创建自主品牌。而信息技术的发展使实力薄弱的中小企业也可以通过电子商务快速发展自己的品牌，如淘宝网上的化妆品品牌"植物语"以前就是为国内外众多知名化妆品品牌做OEM代工，通过电子商务渠道，"植物语"成功转建成了自主品牌。这些增强产品附加值，创建自有品牌的措施都在提升第二产业竞争力的同时，推动了第三产业的发展，使产业结构更加合理，产业竞争力得到增强。

（2）重视产业集群的形成发展对产业结构调整和升级的作用。在产业集群中，大量相关企业集中在一个特定的地域范围内，企业共同利用各种基础设施、服务设施、信息资源和市场销售网络等区域公共产品，有利于降低成本，产生范围经济效应。集群内完善的产业配套体系，大量集群企业的同质化需求，形成规模化的专业生产和服务，企业专业化于特定产品或零部件的生产，分工得以深化，获得规模经济。集群内企业地理位置上接近，可以加强交流，增进互信，极大地减少信息搜寻和交易成本。集群内的企业存在密切的合作关系，同时又有着激烈的竞争，集群内企业在生产、销售、服务方面的分工关系使它们必须加强合作，而大量同类企业存在于集群内，竞争就不可避免，企业要在激烈的竞争中保持竞争优势，也要不断地进行创新，积极研发新产品，提高研发和创新能力。集群内企业的这种竞争合作关系，使企业可以在联合开发新产品、开拓新市场、市场营销以及培训、金融、技术交流等方面实现高效的互动和合作，有利于各种新思想、新观念、新知识和新技术的传播，促进一些隐性知识和技术的转移和扩散，获取知识和技术的"溢出效应"，技术相对落后的生产协作企业可以利用领导厂商的知识外溢，学习先进技术和管理经验，通过模仿创新到自主创新的转变，提升企业的竞争力。产业集群中企业间的合作与竞争以及群体协同效应带来的规模经济、范围经济等方面的优势，促进了知识的扩散和研发，提升了整个产业集群的创新和竞争力，进而促进了一国产业结构的优化和升级。

33.3.4　经济全球化条件下促进中国价值链重构和产业升级的措施

经济全球化条件下，中国既有发展中国家的一般性也有其特殊性。中国自身的特殊性主要表现在两个方面：一方面由于中国较早实行了对外开放政策，加工贸易发展迅速，在国际贸易中占据主导地位，一些企业在长时间的代工生产中积累了比较丰富的经验，获取了相关的技术和分销渠道，具备了自主研发和创建自主品牌的条件。同时，国内加工贸易所面临的资源约束和环境问题也越来越严重，面临印度、越南等自然资源、劳动力资源更为丰富的国家的竞争，在国际代工体系中的地位越来越被动，这促使中国企业必须进行价值链重构。另一方面中国国内市场巨大，文化底蕴深厚，从品牌营销切入提升价值链有先天优势，再加之中国正处在经济转型升级的关键时期，国内消费结构的升级为企业实施品牌战略带来了发展机遇，因此中国进行价值链重构和产业升级应着重采取以下两个措施：

（1）加快加工贸易企业转型升级。正是自身的特殊性决定了中国进行价值链重构的重点应在加快加工贸易企业转型升级，加强企业的自主研发能力，注重品牌和分销渠道的建设，搞好售后服务，向价值链的两端延伸，在某些基础良好的产业，鼓励企业积极构建新的全球价值链。当前，中国加工贸易企业进行价值链重构首先应积极采取措施向产品的研发设计环节转移，注重产品专利的申请与保护，促进研发成果的转化，其次应注重品牌和分销渠道的建设，搞好售后服务，由贴牌生产向委托设计和创建自有品牌转型,努力打造一批世界级的知名品牌。同时,在某些基础良好的产业,鼓励企业依托国家的优惠政策和国内巨大的消费市场,积极构建新的全球价值链,建立自己主导的国际分工体系,获得更多的分工利益。

(2)政府在价值链重构和产业升级过程中应起到更为积极的作用。价值链重构过程中,政府应进一步规范市场秩序,严厉打击以次充好和假冒伪劣行为。各级地方政府可以通过办展会或论坛等形式加强优势企业的推介和宣传,改变人们心目中中国是低质量产品和假冒伪劣产品生产国的国际形象,积极培育民族文化认同感和自信心,加大宣传国内的流行文化,纠正对国外流行文化的过度崇拜心理。

经济全球化条件下的国际生产网络已经形成,在产品生产的国际分工体系中,广大的发展中国家处于价值链分工的低端,产品生产的附加值低,缺少自己的生产技术和分销渠道,应通过积极向价值链的高端环节延伸,在融入全球价值链基础上构建新的全球价值链等措施促进产业结构调整和升级。

参考文献

[1] 符正平. 论企业集群的产生条件与形成机制 [J]. 中国工业经济, 2002 (010): 20 – 26.

[2] 江静, 刘志彪. 全球化进程中的收益分配不均与中国产业升级 [J]. 经济理论与经济管理, 2007 (07): 26 – 32.

[3] 刘志彪. 全球化背景下中国制造业升级的路径与品牌战略 [J]. 财经问题研究, 2005 (05): 25 – 31.

[4] 施振荣. 再造宏基 [M]. 上海: 上海远东出版社, 1996.

[5] 巫强, 刘志彪. 双边交易平台下构建国家价值链的条件、瓶颈与突破——基于山寨手机与传统手机产业链与价值链的比较分析 [J]. 中国工业经济, 2010 (03): 76 – 85.

[6] Dedrick J, Kraemer K L, Linden G. Who Profits from Innovation in Global Value Chains?: A Study of the Ipod and Notebook PCs [R]. Working Paper, 2008.

[7] Hummels D L, Ishii J, Yi K M. The Nature and Growth of Vertical Specialization in World Trade [J]. Social Science Electronic Publishing, 2001, 54 (1): 75 – 96.

后　记

自20世纪90年代中期，我在南开大学跟随著名经济学家谷书堂先生攻读博士学位起，就开始研究产业组织与企业成长领域的相关问题。本书即是我这些年来在该领域部分研究成果的汇总。其中个别章节是与我的同事张圣平教授、臧旭恒教授一起完成的。自21世纪初，我开始在企业管理和产业经济学两个专业指导博士研究生，学生们的研究绝大多数集中在"产业组织与企业成长"领域，取得了不少的成果，集结在该书中的部分章节就是我们共同研究的成果，他们是冯文娜、陈庆江、刘春玉、王硕、纪玉俊、李宁、吴炜峰、田洪刚、吴学花、张鹏、王海兵、李贞、辛晴、王长峰、刘明宇、赵明亮、李峰、高新焱等。他们现在有的在高校任教，早已经是各个院系的骨干，有的已经是博士生导师、硕士生导师和教授，有的在政府部门、企业担任重要职务，有的还在攻读博士学位。硕士研究生高新焱协助我对书稿进行了编辑校对，最后由我审定定稿。

感谢国家哲学社会科学基金多年来对我的支持和厚爱。感谢教育部创新团队发展计划的资助和支持。在近三十年的研究过程中，我们团队进行了大量的调研和访谈，通过参加会议与举办会议相结合的方式，了解和把握最新实践与学术动态。我们一直坚持45~50天进行一次团队讨论的做法，邀请专家学者、政府经济管理部门人员、行业管理者、企业家等参加，获益匪浅。在承担完成各类课题和研究过程中，还得到了社会各界许多专家学者的关心、支持和帮助。在此，一并表示衷心的感谢。

作为老朋友，我还要感谢中国财经出版传媒集团吕萍女士为该书出版所做出的努力。

杨蕙馨
2020年冬于泉城济南